미래부동산

메타버스 프롭테크
Metaverse Proptech

경정익

박영사

이 저서는 2024년 대한민국 교육부와 한국연구재단의 지원을 받아 수행된 연구임
(NRF-2024S1A5B5A17037481)

이 책은 세종사이버대학교의 출판 지원사업으로 제작되었습니다

미래부동산

메타버스 프롭테크
Metaverse Proptech

머리말

    메타버스는 시간과 공간을 초월하는 현존감을 구현하여 세상을 바꾸는 미래 기술이다. 현실인물이 가상인물로 변환되어 디지털 가상세상에서 생활하고 반대로 디지털 가상인물이 물리적 현실에서 생활하기도 하여 디지털 세상과 물리적 세상을 넘나들어 현실과 가상이 구분이 모호해지는 메타버스 세상이 구현되는 것이다. 가까이 다가오는 메타버스 세상은 현재는 미래를 구성하고 미래는 현재를 구성한다는 미래학의 '미래와 현재의 상호구성원리'가 적용이 되지 않는 것이다.

    메타버스는 인터넷과 스마트폰에 이어 세 번째 IT혁명을 가져오는 혁신기술로서 지금까지 겪어본 적 없는 세계로 우리를 인도하게 될 것이다. 경제, 산업, 사회, 교육 등 우리를 둘러싼 환경과 삶이 새로운 방식으로 바뀌게 될 것이다. 이러한 메타버스는 단순히 잠시 지나가는 트렌드가 아니며 새로운 문명으로 불러야 할 정도로 거대하고 빠른 흐름으로 세상을 뒤흔들어 새로운 변화를 일으키게 될 것이다.

    미래학자 레이 커즈와일은 '특이점이 온다'라는 저서에서 2020년대 후반이 되면 가상현실은 현실과 구분이 불가능할 정도로 정교해져 오감 충족은 물론 감정을 자극하여 인간과 기계, 현실과 가상현실, 일과 놀이 사이에 경계가 없어지게 될 것이라 예측한다. 코로나 19로 인해 메타버스는 디지털전환이 더욱 가속화되면서 초실감의 구현이란 이 예측은 현실이 되어 가고 있는 것이다. 미래를 선도하는 MS, 애플, 구글, 페이스북, 아마존, 테슬라 등의 빅테크들은 메타버스를 미래 신성장 사업으로 삼아 막대한 투자가 이루어져 메타버스 시장은 2030년에 최고 3조 달러에 이를 것으로 전망되고 있다.

    세상을 혁신적으로 변화발전시킨 요인이 무엇인가?에 많은 학자들의 논쟁의 결과를 보면 혁신적인 기술에 의해 세상이 변화 발전시킨다는 기술결정론이 다수설이다. 바로 메타버스라는 기술이 또 세상을 혁신적으로 크게 바꾸게 될 것이라 예상되는 것이다.

저자는 이 책을 저술하면서 메타버스에 의해 우리가 사는 이 세상에 중요한 한 부분인 부동산의 미래는 어떻게 변화 발전할 것인가를 살펴보고자 하였다. 그래서 메타버스에 의한 몇 가지 부동산의 변화발전을 상상하면서 부동산의 미래에 대한 해답에 접근하려고 하였다

메타버스로 부동산의 미래는 현실세계와 가상세계가 자연스럽게 연결되어 시공을 초월하면서 다양한 부동산활동을 경험하게 될 것이다. 부동산 메타버스 플랫폼이 활성화되어 이용자들은 메타버스에서 다양한 부동산 활동의 영역이 더욱 확장되어 현실세계보다 규모가 더욱 커질 수 있을 것이다. 또한 대체불가토큰(NFT)에 의해 부동산 거래가 더욱 활성화될 것이다. 디지털 세상과 현실세계의 경계가 모호해져 디지털 기반 부동산 소유권 인증서인 NFT가 메타버스에서 더욱 강화될 것이다.

본 서는 메타버스는 부동산의 혁신적인 변화와 발전을 기할 수 있는 중요한 기술로서 부동산 측면에서 메타버스에 대해 학습할 참고도서가 필요할 것으로 생각이 되어 2년간에 걸쳐 집필을 하였다. 따라서 본 서를 통해 부동산 측면에서 메타버스에 대한 이해와 창의적인 인사이트가 창출되고 부동산산업의 혁신적이며 글로벌한 프롭테크 발전에 도움이 되길 바라며, 메타버스에 의한 부동산의 미래에 대한 연구와 정책수행에 조금이라도 도움이 되길 기대한다.

본 서를 집필하는데 아내 김금숙님은 늘 곁에서 성원해 주고 생소한 용어와 내용으로 인내심이 요구됨에도 자료정리와 교정작업을 하여 주었고, 우리 가족 진현, 용현, 혜민과 예쁜 다미에게 감사와 사랑을 보낸다.

2025년 4월
별내 서재에서
恥人 경정익

차례

CHAPTER 2 제4차산업혁명과 사회변화

CHAPTER 3 디지털전환과 부동산

PART 2
메타버스와 정보기술 융합

PART 3
메타버스 정책과 활용

CHAPTER 6 메타버스 추진정책

CHAPTER 7 메타버스 활용과 전망

PART 4
메타버스 프롭테크

CHAPTER 8 프롭테크

미래부동산

메타버스 프롭테크
Metaverse Proptech

PART 1

미래사회와 부동산

미래사회와 메타버스

I 미래를 들어가 보며

장자의 제물편(齊物篇)에 있는 호접지몽(胡蝶之夢)에서 '꿈에서 나비가 나인지 내가 나비인지 알 수 없다'는 그 모호한 인식에 대한 이야기는 장자의 미래사상을 대변하는 철학적 사고라 할 수 있다. 이러한 철학적 사고는 최근 제4차산업혁명을 구현하는 중요한 이슈 중 하나인 메타버스(Metaverse)에서 더욱 의미심장하게 다가온다. 장자의 호접지몽에서 말하는 물아(物我)의 경지는 이제 우리 안에 중첩·융합되고 체화되는 것같다. 이렇듯 '융복합과 초연결이 만들어낸 메타버스의 등장을 조금씩 경험하는 요즈음의 이러한 현상을 장자가 바라보면 무어라 할까? 이러한 예지몽(豫知夢)과도 같은 지금의 현상은 이제 철학에만 있는 것은 아니라 현실에도 나타나는 시대인 것이다.

그간 여러 매체에서 소개한 한 만화가의 1965년 당시 바라본 '서기 2000년대의 생활의 이모저모'라는 만화는 당시의 미래가 된 지금에 살펴보면서 감탄하고 있다. 1965년에 2000년대의 세상을 그렸던 만화가는 추후 다시 2020년의 미래를 예측하는 만화를 더 선보였다. 마치 그 만화 속의 세상은 만화적 상상을 넘어 시간여행자가 되

그림 1-1 | 2000년과 2040년 생활의 상상

어 미래를 다녀온 것처럼 과학적 실현을 건네준 상황을 그려냈다. 그저 만화라고만 하기엔 지금 이뤄지고 있는 것과 진행되고 있는 것들을 보면 그려낸 그의 상상력이 놀랍기만 하다. 하지만 당시 지금의 세상을 마치 미리 엿보기라도 한 듯이 이 만화가는 "신문을 스크랩해 가며 분석하고 자신의 상상을 그려 낸 것"이라고 하니 더욱 놀랍다.

이런 만화가 그려지기 전이나 제4차산업혁명이란 말이 작금의 화두가 되기 전에도 우리는 기술의 진보에 따라 변화되는 삶을 살아가고 있었다. 혁명이란 단어는 이데올로기적이고 역사적인 사건의 의미를 포함하여 늘 혁신을 뛰어넘는 비장함으로 단순한 기술의 진보 이외의 의미와 인상을 건네주지만, 사실 제4차산업혁명은 과학기술이란 이름 아래 늘 우리 주변의 상으로 존재했던 실체이다. 그러므로 우리가 온몸으로 제4차산업혁명의 파고를 마주하며 집중해야 할 것은, 혁명이란 그 단어의 의미보다는 우리 삶이 좀 더 편리하고 행복한 미래를 위해 지속적으로 발전하려고 하는 것이 아닐까 싶다. 즉, 사람 중심의 기술발전이 연결되고 융합되며 현실을 넘어선 미래을 경험하는 것과, 기술발전이 궁극적으로 우리 삶을 좋게 변화시키는가에 대해 주목해야 하는 것이다.

그리고 기술과 문화 간의 속도 격차를 의미하는 '문화지체(Cultural Lag)'라는 용어처럼, 당장에 닥칠 초연결지능사회의 변화들을 따라가지 못하는 정신문화적 측면이나 대비해야 할 현실에 대한 고민과 함께 앞으로 벌어지는 일들을 깊게 생각하여야 한다.

얼마 전, '테슬라'와 '스페이스 X'의 오너인 일론 머스크(Elon Musk)도 인공지능이 인류의 존재를 위협하는 존재가 될 것이라고 경고하고 나서며, '인공지능이 제3차 세계대전의 원인이 될 수 있다'는 트윗을 한 바 있다. 인공지능이 우리의 역할을 대신해 판단하고 결정하여 우리가 그것을 받아들일 수밖에 없는 혼돈스러운 미래사회를 염려하는 것이다. 그러나 우리는 그와 같은 두려움을 회피하기보다는 받아들이고 다가올 시간을 당겨 삶을 시뮬레이션하며 스토리텔링 해보아야 할 것이다. 마치 과거에 우리가 그러했던 것처럼 일상에 존재하는 모든 것을 소재로 하여 상상하고 고심해보아야 할 것이다(윤 주, 2017).[1]

Ⅱ 급변하는 미래 세상

1. 기계에 자율성을 부여하는 시대

얼마 전 『철학과 현실』이라 논문집에 '제4차산업혁명과 포스트 휴먼사회(백종현 외, 2017)'라는 흥미로운 특집 논문이 실렸다. 저자는 이 논문에서 다음과 같은 재미있는 질문을 한다: '자동차를 운전한다'와 '자동차가 운전한다'의 차이는 무엇인가? 이른바 자율주행차 등장 이전의 시대와 이후의 시대를 비교하는 질문인데, 단지 (자동차)'를'과 (자동차)'가'라는 조사 한 글자만 바꿨을 뿐인데 의미는 전혀 다르다. 이런 다른 의미를 주는 이유는 자동차라는 기계장치에 '자율'이라는 가치형 명사를 붙였기 때문일 것이다. 과연 기계장치에 자율성을 부여하는 것이 적절한가? 기계가 사람의 개입 없이 스스로 정보를 수집하고 판단하고 의사결정을 내릴 수 있을까?

현재 자율주행차는 자동화의 진전된 형태다. 그러나 생각을 좀 더 확장해 만약 우리사회가 기계에 자율성을 부여하는 것이 자연스러워진다면, 이는 혁명적인 변화임

---

1) 윤 주(2017), 4차산업혁명에 대한 소고, Future Horizon Vol.34, STEPI.

그림 1-2 | 스티븐 홀딩과 왓슨의 벽화 작업

이미 예술계는 변화를 앞서 보여주고 있다. 미국의 예술가 스티븐 홀딩(Stephen Holding)은 IBM의 왓슨 컴퓨터와 협업해 '왓슨의 세계(World of Watson)'라는 벽화를 완성했다(박성원 외, 2016). "홀딩은 자신이 의도했던 이미지에 왓슨이 코치해 주는 색깔을 조합해 한편의 훌륭한 벽화를 완성했다(박성원, 2017). 왓슨을 만나기 전의 화가 홀딩과 왓슨을 만난 뒤의 화가 홀딩은 전혀 다를 것으로 생각할 수 있다. "왓슨이 판단하여 알려준 색깔은 빅데이터 분석을 통해 세계적으로 통용되는 감정(예를 들어 빨간색은 확신, 노란색은 혁신 등)에 기반을 둔 것이다." 왓슨은 어떤 색깔의 조합이 미학적인지를 분석하고 어떤 이미지가 어떤 심리적 감정을 불러일으키는지도 분석을 한다(박성원 외, 2016).

에 틀림없다. 물론 지금 당장 실현되는 것은 아닐지라도 그다지 먼 미래도 아닐 것이다. 사실 우리는 벌써 아무렇지도 않은 듯 자율주행차라는 말을 사용하고 있으며, 실제 택시 기사들은 이 자율주행차의 등장으로 일자리를 걱정하고 있고, 이미 도심에서는 시험용 자율주행차가 돌아다닌다.

질문은 이제 이렇게 바뀌어야 할 것이다. 기계가 스스로 움직이고 일을 한다면 당신은 직장을 떠나 무엇을 할 수 있는가? 예컨대, 자동차를 운전하던 시대에서 자동차가 운전을 하는 시대로 접어들 경우, 당신은 차 안에서 무엇을 하겠는가?에 질문을 던져야 할 것이다.

"우리가 지금 살아가는 시대는 근대적인 삶의 양식 자체가 흔들리고 있는 대전환기라며 "너무나 당연하게 생각하는 사고방식과 끊임없이 마찰을 일으킬 것으로 전망되는 것이다(신상규, 2017). 스스로 판단하고 결정하는 인공지능 기술의 비약적인 발전으로 그동안 '지능(Intelligence)'이라는 단어는 인간에게만 국한해서 사용할 수 있다는 사고가 이제 바뀌고 있다. 커뮤니케이션 분야 학자들은 로봇과 '생산적인 대화'를 하려면 기계적 혐오증(Mechanistic Disdain)을 버리고 좀 더 열린 마음을 가져야 한다고 한다(Heo & Kim, 2013). 기계는 감정이 없으니 냉담하게 대한다거나 기계는 감정이입과는 무관하다는 인식 등이 바로 기계적 혐오증의 한 사례라 할 수 있다. 로봇도 생각이 있다거나 이들과 대화하는 데 예절이 있어야 한다는 주장은 아직 어색하고 낯설지만 멀지 않은 장래에 인간은 기존의 사고와 많은 갈등을 일으킬 것이 명확해 보인다(과학기술정책연구원, 2017).

미래 시대에 우리는 다양한 인공지능과 함께 인간이 과거에 경험해보지 못한 어떤 새로운 프로젝트와 사업을 할지 상상하고 대비할 필요가 있는 시점이다. 또한 '멀티모달(Multimodal)'이 활성화되면 텍스트나 이미지로만 가능했던 활용 영역을 엄청나게 변화시킬 것이다. 멀티모달은 시각, 청각을 비롯한 여러 인터페이스를 통해서 정보를 주고받는 기술이며, 이렇게 다양한 채널의 모달리티를 동시에 받아들여서 학습하고 사고하는 AI를 '멀티모달 AI'로서 인간이 사물을 받아들이는 다양한 방식과 동일하게 학습하는 것이다.

멀티모달 AI는 일반적으로 단일 유형의 데이터를 처리하도록 설계된 기존의 AI 모델과 달리 다양한 형태의 데이터 인풋(Input)을 결합 및 분석하여 보다 포괄적인 이해를 달성하고 보다 강력한 아웃풋(Output)을 생성한다. 예를 들어, 멀티모달 모델은 풍경 사진을 인풋으로 받아 해당 장소의 특성에 대한 서면 요약을 생성할 수 있다. 또는 풍경에 대한 서면 요약을 받고 해당 설명을 기반으로 이미지를 생성할 수 있다. 여러 모달리티에 걸쳐 작동할 수 있는 기능으로 강력한 역량을 제공한다.

예를 들었던 챗봇 AI는 단순하게 고객이 말하는 자연어를 분석해서, '이 정보를 찾아달라고 하는 거구나'를 목적으로 하는 것이 대부분이다. 그러나 멀티모달 AI라면 '번호판이 3X가1234인 차량의 전면부가 크게 파손되어 있는 사진'만 보험사에 전송하면, 해당 차량이 가입된 보험 상품을 검색하고, 고객의 피해 정도가 얼마나 될지 예측한 다음 담당자와 고객에게 사고 접수와 처리를 바로 진행하도록 해줄 수 있다. 첩보영화에서나 보던 테러범의 이미지를 분석하여 CCTV에서 실시간으로 찾아내는 상상

속의 이야기가 실제가 될 것이다. 자동차 업계에서는 자율주행에서 필수적인 속도, 차선 위반, 운전자의 상태, 날씨까지 여러 정보를 기반으로 하는 AI도 멀티모달 기반으로 구현될 것이다. 의료계에서도 사람의 눈으로는 알아낼 수 없는 질병의 초기 진단이나 원격 진료에서도 크게 활약할 것으로 예상된다. 즉 사람과 동일한 방식으로 세상을 인지하지만, 더욱 날카롭고 정확하게 분석해 낼 수 있는 것이 멀티모달 AI가 될 것이다.[2]

초지능의 AGI에 의한 특이점 도달 임박

알트먼 오픈AI CEO는 2024년부터 인공일반지능(AGI)이 가까워졌다는 발언을 거듭한 것으로, 새해 초부터 AGI를 화두로 내세운 것으로 볼 수 있다.

미래학자이자 컴퓨터 과학자인 커즈와일은 2024년 저서를 통해 2029년까지 컴퓨터가 인간 수준의 지능에 도달한다고 예측한 바 있다. 특이점은 이때부터 AGI의 등장을 말하는 단어로 통하게 됐다. 또 보스트롬 교수는 2003년 시뮬레이션 논증을 제안했는데, 이는 인간의 의식을 포함한 모든 현상을 디지털 시뮬레이션화할 수 있다면 우리가 그 속에 살 가능성이 높다는 내용이다. 이는 영화 '매트릭스' 등에서 핵심 개념으로 등장했다.

알트먼 CEO는 오픈AI가 AGI를 일부 달성한 것으로 해석해야 한다는 것을 말하려는 의도로 보인다. 또 그는 이제 AGI는 대단한 것이 아니라며, 상위 개념으로 ASI를 내세우고 있다. ASI는 AGI를 넘어 인간을 뛰어넘는 것은 물론, 자의식을 갖춘 AI이다.

이러한 AGI와 ASI에 대한 개념은 최근 실리콘밸리의 기술 리더 사이에서도 보편화되고 있다.

노벨상을 수상한 제프리 힌트 토론토대 교수는 얼마 전 "AGI의 개념은 아직 모호하며, 초지능이 AGI를 설명하는데 더 정확할 것"이라고 말한 바 있다. 일리야 수츠케버 전 수석 과학자도 지난달 뉴립스를 통해 추론의 발전으로 초지능이 등장할 것이라고 예고했다. 심지어 일론 머스크도 2024년 3월 "아마도 내년에는 AI가 어떤 개인보다도 똑똑해질 것"이라

---

[2] 인공지능(AI)의 '대부'로 불리는 노벨물리학상 수상자인 제프리 힌턴 캐나다 토론토대 교수는 2024년 12월 24일 BBC 라디오에 출연해 AI 기술의 급속한 발전으로 향후 30년 이내에 인류가 멸종할 가능성이 10~20%에 이른다고 진단했다. 이는 과거 10%의 암울한 확률 수치를 더 높인 셈이다(YTN, 2024. 12. 29).

며 AGI의 출연을 예고했다.

이에 따라 최근에는 특이점, 즉 AI가 문명을 근본적으로 바꾸고 인간 의미를 재해석할 정도에 도달하는 것은 ASI의 등장 순간을 의미하는 것으로 통한다.

자료: AI 타임즈(2025. 1. 6)

2. 500세까지 살 수 있는 시대

유전자란 부모로부터 물려받은 것으로 바꿀 수 없는 운명적인 것으로 과거에는 생각하였으나 현재 그렇게 생각하는 사람은 소수다. "유전자 정보의 해독, 유전자 세포 치료, 유전자 가위기술(변형된 핵산분해효소를 사용하여 특정 부위의 DNA를 제거, 첨가, 교정함으로써 유전자를 편집하는 기술) 등이 개발되고 발전하고 있다"(박성원, 2017). 이렇듯 유전자 조작을 통해 원래의 기능을 회복하거나 없던 기능을 추가할 수 있는 인류를 GMO-사피엔스로 부른다(뇌플러, 2016; 박성원 외, 2016). 영국의 사회학자 스티브 풀러(Steve Fuller)는 한 발 더 나아가 부모로부터 받은 신체를 그저 주어진 것으로 받아들이지 않고 변형할 수 있다고 믿는 인간을 '인간 2.0(Humanity 2.0)'이라고 정의하며, 현재 인류는 2.0시대에 접어들었다고 주장한다(Fuller, 2011).

그림 1-3 ┃ 500세 시대 열겠다는 구글의 벤처기업 칼리코(Calico)

인류 2.0 시대, 인류는 얼마나 오래 살 수 있을까? 지난 2013년 구글의 창업자 세르게이 브린(Sergey Brin)과 래리 페이지(Larry Page)는 글로벌 제약회사 애브비(AbbVie)와 함께 15억 달러(약 1조 8천억 원)를 투자하여 '칼리코(Calico: California Life Company)'라는 바이오 기업을 창업하여 언론의 주목을 많이 받은 바 있다.

이 회사는 인간의 수명을 500세까지 하는 기술을 발명하는 것을 비전으로 극비리에 연구가 진행되고 있어 구체적으로는 알 수 없으나, 간간이 이 기업에서 연구하는 연구자들이 학술대회에서 발표하는 내용을 조각 맞춤해서 이들이 무엇을 연구하는지 가늠해 볼 수 있다. 지금까지 알려진 사실에 따르면 칼리코는 벌거숭이 두더지쥐[3]를 연구하여 인간의 수명을 연장하려는 연구를 수행하고 있다는 것이다. 이와 같은 연구를 통해 인간의 수명은 500세 이상도 가능할 수도 있을 것이라 추측할 수 있다.

만약 4차 산업혁명의 핵심기술 덕분에 우리가 500년을 산다면 당신은 현재 어떤 계획을 포기하고, 어떤 새로운 계획을 세우겠는가? 물론 당장 실현되는 기술은 아니고, 또 가능하다고 해도 그 기술로 내가 어떤 혜택을 볼 수 있을지는 미지수다. 그럼에도 이 질문이 중요한 이유는 우리 사회가 어디로 가고 있는지 가늠할 수 있기 때문이다. 그래야 기술발전의 방향을 이해할 수 있고, 우리 세대뿐 아니라 미래세대가 살아갈 미래를 예측해 볼 수 있기 때문이다.

이러한 혁신적인 현상들을 비추어 볼 때 사실 요즘 흔하게 논하고 있는 100세 시대에서 우리는 500세 시대를 예측해 볼 수 있어야 하는지도 모른다. 100세 시대의 등장만 해도 여러 가지 혁명적인 변화가 예상되어 이를 대비해야 할 것이다. 당장 은퇴 연령의 조정이 필요하고, 그에 따른 각종 사회보장 시스템도 바뀌어야 하며, 건강보험 등에도 많은 변화가 요구될 것이다. 어쩌면 결혼은 한 번 이상으로 바뀔 것이고, 성별의 전환도 자주 일어날 수도 있으며, 그리고 오래 산다면 다른 성(性, sex)으로 살고 싶은 욕망이 생기지 않을까? 또한 한 사람이 가질 수 있는 직업의 수도 대폭 증가하는 등 다양한 혁신적인 변화를 예상하고 대비하여야 할 것이다.

---

3) 벌거숭이 두더지쥐의 수명은 32년으로 다른 쥐보다 10배가 길다. 인간으로 치면 800세까지(평균 수명을 80세로 잡는다면) 사는 셈이다. 아프리카 동부에 사는 이 벌거숭이 두더지쥐는 세포의 변형을 막는 특별한 물질을 스스로 만들어내 암세포 증식을 막는 것으로 알려져 있다. 또 통증신호를 전달하는 단백질의 형태도 달라 통증을 느끼지 않는 것으로도 유명하다.

20세기의 위대한 미래학자 앨빈 토플러는 '학교에서 아이들에게 과거의 역사는 가르치면서 왜 다가올 미래에 대해서는 가르치지 않는가?'라고 통렬하게 지적한 바 있다.

최근 들어 각국, 기업 등에서 미래사회는 어떠할지 많은 관심이 쏟아지고 있다. 미래사회는 앞서 예견하는 사람들이 만화, 영화, 글로 미리 보여주기도 한다는 점에서 그리고 무엇보다도 인간이 사는 세상으로서 그동안 과거에 보여준 모습에서 크게 벗어나지 않은 모습을 보여줄 것이라는 인식에 익숙할 수 있다. 그러나 제4차산업혁명에 사는 현시점에는 그 모습이 정확히 언제 어떤 모습으로 나타날지 예측한다는 것은 거의 불가능하다고 할 수 있다. 그럼에도 불구하고 미래사회는 다가오는 불확실한 미래를 맞이하며 좀 더 삶의 질(LoQ)을 높여나가야 하는 과제를 해결하려는 노력이 필연적으로 요구되는 것이다. 그리고 장수명 시대를 맞이하여 이전보다 더 먼 미래를 내다보며 오늘을 의미있게 살아야 하기 때문에 미래에 대한 관심과 대비가 중요하다.

미래는 과거와 현재를 지나 맞이하게 되는 연장이다. 따라서 미래는 과거와 현재에 의해 규정될 수밖에 없는 것이다. 그러나 소망하는 미래의 모습을 구현하고자 하며, 그에 따라 현재를 살고 과거를 재해석하기도 한다는 점에서 미래는 현재와 과거를 규정하기도 하는 시점이다. 현재라는 시점에서 과거가 재해석되는 미래라는 시점이 정해지는 의미를 갖게 되고, 현재는 시간의 흐름 속에서 과거와 미래 역시 고정되어 있지 않고, 과거와 미래의 의미 역시 달라지는 것이다(윤여각, 2018).

▮ 인간의 상상으로 그려지는 미래의 모습

미래는 어떠한 모습일까를 생각해 보는 것은 우리 인간은 상상하는 존재이기 때문이다. 우리는 지나온 과거와 현재의 모든 자료를 활용하여 미래를 상상하며, 상상하는 모습 역시 현실에서 자료가 됨으로써 이를 토대로 더 상상력을 발휘하여 좀 더

색다른 미래를 상상하기도 한다.

사실 우리는 동일한 세계에서 살고 있는 것이 아니라 모두 서로 다른 세계에서 살고 있다. 우리가 사는 이 세계는 중첩이 될 수는 있으나, 모두 온전히 동일한 세계에서 사는 것 역시 불가능하다. 즉 사는 세계가 다르기 때문에 경험이 다르고, 경험이 다르기 때문에 사유하고 실천하는 방식 또한 다르다. 그리고 우리 각자가 사는 세계 속으로 다른 사람이 들어오기도 하고, 들어 왔다 나가기도 한다. 우리가 사는 세계 속에 들어와 죽음을 맞이할 때까지 함께 한다고 하더라도 그 세계 안에서 참여하는 하위세계가 다르기 때문에 우리는 여전히 서로 다른 삶을 사는 것이다.

이와 같이 무한한 상상이 가능하고 사는 세계가 각기 다르기 때문에 미래를 정확하게 예측한다는 것 자체가 불가능한 것이라 할 수 있다. 그러나 미래는 성격상 인간에게는 무한한 가능성으로 열려 있기도 하지만, 상상하는 만큼 우리는 미래를 추측해 볼 수도 있다.

우리는 현재 도달해 있지 않지만 도달하기를 바라는 상태 또는 상황에 대한 소망 또는 꿈을 가지고 있다. 이러한 소망과 꿈이 이루어지는 시점이 바로 미래인 것이다. 이 미래는 우리의 역량과 준비 정도에 따라 점점 현실이 될 수 있다. 만약 역량도 안 되고 준비도 제대로 하지 않는다면 소망하는 미래는 실현이 되지 못하고, 경우에 따라서는 허황된 꿈으로 사장될 수도 있다. 다시 말해 현재가 제대로 뒷받침되지 않으면 소망하는 미래는 실현되지 않는다는 것이다.

인간이 상상할 수 없는 미래는 존재하지 않는다. 즉 상상할 수 없는 미래는 현재의 인식 범위 안에 존재하지 않는다는 의미이기도 하다. 그러나 인간으로서 혼자만 존재하는 것이 아니라 다른 사람이 존재하고, 상상할 수 없는 것을 상상할 수도 있기 때문에 상호 도움을 주고받는다면 상상의 지평은 더 넓어질 수 있고, 이전에 상상하지 못했던 것도 상상할 수 도 있을 것이다. 그러나 반대로 미래사회는 특정인에 한정된 미래가 아닌 전혀 예상하지 못한 미래를 맞이할 수도 있음을 유념하여야 할 것이다.

■ 미래사회에 대한 다양한 담론

우리가 미래에 몸담게 되는 사회가 바로 미래사회다. 사실 미래에 대한 이런저런 상상을 한다. 그러나 그 상상에 해당하는 사회가 도래할 가능성은 크지 않으나 지속적인 사유, 조망을 할 필요가 있다.

사회는 '사람들 간의 상호작용 관계체제'이기 때문에 미래사회에 대해서는 좀 더 체계적인 상상이 필요하다. 미래사회에 대한 담론에서는 매우 규모가 작은 사회를 염두에 두지 않고 큰 흐름을 타면서 맞이하게 되는 변화된 국가나 세계를 염두에 둔다. 따라서 미래사회는 일반적인 의미의 사회라기보다는 큰 변화가 예상되는 사회이다.

그러므로 미래사회에 대한 담론에는 현재로부터 미래로 이어지는 큰 흐름과 여기서 벗어나기 어려운 현실에 대한 판단 때문에 이에 대한 대비가 필요한 것이다. 다시 말해 미래사회에 대한 담론은 미래사회가 어떻다는 정보를 제공하는 데 초점이 있는 것이 아니라 그 정보를 토대로 하여 현재의 시점에서부터 무엇을 어떻게 대비해야 하는지에 대한 사유와 실천을 촉구하는 것이 핵심이다.

어떤 현상도 어떠한 관점을 가지고 보느냐에 따라 다른 정보가 생성되기도 한다. 그래서 현재 시점에서 생성 가능한 자료를 토대로 어디까지 이야기할 수 있는지는 그 현상을 어떤 관점으로 보는지에 따라 생성되는 정보는 달라진다. 이렇게 보면, 미래사회의 성격은 그 사회를 조망하는 관점의 영향을 받을 수밖에 없는 것이다. 이렇게 조망하는 관점은 어느 날 갑자기 갖게 되는 것이 아니라 오랜 시간의 흐름 속에서 내면화되어 생성되는 것이라는 점에서 간단하지도 단순하지도 않다. 따라서 이러한 관점을 드러내고 논의하는 것이 필요하며, 이를 토대로 미래사회로 제시하는 외형적 모습에 주목하는 것을 넘어서야 한다. 바꾸어 말하면 미래사회로 그려지는 모습에 어떤 사유체계가 담겨있는지에 주목해야 그 사회의 성격에 대한 진전된 담론이 가능하게 되는 것이다.

Ⅰ 미래예측

미래란 본질적으로 불확실성(Uncertainty)이란 특성이 있다. 불확실성이란 우리에게 불안감과 위험을 주는 반면, 확정적이지 않기에 적절하게 대비를 하는 경우 많은 가능성과 기회를 포착할 가능성이 있다는 의미하기도 한다. 이는 위기가 위험과 기회를 동시에 의미하는 것과 같은 맥락에서 이해될 수 있을 것이다.

앞으로의 미래는 더욱 복잡하게 연계되고 의외의 이례적인 현상이 빈번히 속출하는 시대로서 미래사회는 단선적으로 변한다기보다는 다양한 요소에 의해 그리고 복잡한 과정을 통해 진화하는 방향으로 흘러갈 가능성이 높다. 따라서 미래사회에서 유연한 전략으로 대응하기 위해서는 어떠한 모습일 것인가에 대한 미래사회 예측이 필수적일 것이다.

불확실한 미래를 보다 면밀하게 예측하기 위해서는 현재 놓여있는 현실과 앞으로 다가올 미래가 연결되는 시점에서의 거시적 변화의 흐름이 어디로 가고 있는 지에 대한 충분한 이해가 필요하다. 이러한 거시적 변화의 흐름 포착은 메가트렌드(Mega Trend) 변화의 추적을 의미하기도 하며, 한 사회 성원들의 인식과 행동에 영향을 미치는 제도, 규범적 틀인 패러다임(Paradigm)의 커다란 변화 등을 의미하기도 한다. 이러한 메가 트렌드와 패러다임의 포착을 하기 위해서는 단선적인 변화를 통해 예측을 하기보다는 복합적으로 고려하여야 할 것이다. 왜냐하면 세계를 구성하는 주체들이 서로 모순적인 관계로 구성되는 경우가 많기 때문이다. 특히 세대문제에 있어서의 패러독스(Paradox)는 이미 고대로부터 이어져 온 것이며, 조직의 크기에 있어서의 패러독스는 글로벌화 등 거시적 시각의 미래예측을 하는 데 도움이 되는 것이다(정재호, 2006).

▐▌ 미래의 불확실성

미래전략은 현명하게 미래에 대처하기 위한 미래예측으로 필수적인 요소이다. 조직은 더 나은 미래를 위해서 또는 힘든 현실을 극복하기 위해서 구성원들의 적극적인 참여가 반드시 필요하다. 그리고 구성원들의 적극적인 참여를 이끌어 내기 위해서는 구성원들이 합의한 공통의 목표와 그 목표를 실제로 구현시킬 대안이나 전략이 필요하다. 미래전략은 이러한 모든 작업의 총체라 할 수 있다. 그런데 문제는 미래의 목표를 설정하기 위해서는 미래에 나타날 모습을 그려보아야 하는데, 그 미래의 모습이라는 것이 지극히 모호하고 불확실하여 난해한 것이다.

예를 들어 가족 구성원들이 합의를 하고 이를 위해 주말에 있을 스키 여행을 가자는 것에 동의하여 역할분담을 하고 여러 준비를 하는데, 주말의 주변 상황이 너무 불확실할 수도 있다는 것이다. 즉 주말에 폭설이 내릴지, 이상기후로 너무 따뜻해서 스키장에 눈이 다 녹아 버릴지, 바쁜 회사원인 가장이 갑자기 주말에 일을 있어 사무실에 나가야 할지 모르는 것이다. 이와 같이 불확실한 환경하에 대처하기 위해서 필요한 것이 미래전략이다. 미래전략은 이러한 주변 상황의 불확실함을 비정상적인 것으로 보지 않고, 오히려 정상적인 것으로 보며, 이에 대비하여 치밀한 전략을 수립하여 최대한 목표에 가깝게 갈 수 있도록 준비하는 것이다. 위의 가족의 예를 들면, 단지 스키 여행만을 유일한 방법으로 추진할 것이 아니라, 상황이 바뀌어 여행을 못 떠나더라도 제2, 제3의 대안을 어느 정도는 구체적으로 전략을 준비하고 대비하는 것이다.

미래전략이 성공하고 실패하는 것은 전략을 수행하는 주체가 속해 있는 환경이 어떻게 변하느냐에도 크게 영향을 받는다. 한국이 아무리 IT산업전략을 발전시킨다고 해도, 글로벌경쟁 환경에 제대로 적응하지 못한다면 결국 한국의 IT산업은 내수위주의 산업으로 위축되어 종국적으로는 실패한 전략이 될 수도 있는 것이다. 보다 쉬운 예로 아무리 산간지방에서 열심히 공부를 한다고 한 들, 입시환경과 출제 문제 경향이라는 외부환경을 제대로 파악하지 못한다면 그 학생은 결코 입시에서 성공할 가능성이 낮을 것이다. 그렇기 때문에 한 주체, 조직의 성공을 위해서 반드시 필요한 것이 자신들을 둘러싸고 있는 환경을 제대로 이해하고 조심하는 것이 중요하다.

이와 같이 문제는 이러한 외부환경 만큼 불확실하게 변화하는 것이 없다는 것이다. 역설적으로 외부환경이 불확실하기 때문에 승자와 패자가 있는지도 모른다. 외부환경이 너무도 확실하고 그 변화를 예측하기가 쉽다면 누구든지 이 환경에 쉽게 적응하게 되어 패자는 존재하지 않을 것이다. 즉 국가의 경우도 동일하여 글로벌 경제가 어떻게 변하게 될지 예측하기 쉽다면, 예를 들어 오일문제와 중동 분쟁이 어떻게 변화될지 예측하기 쉽다면, 이 문제로 타격을 받을 국가는 없을 것이다. 그러나 이 문제들이 너무도 불확실하고, 또 그 파급효과가 막대하기 때문에 예측을 제대로 하는 국가와 그렇지 못한 국가는 국제무대에서 그 위상은 확연히 다를 것이다. 우리나라의 경우 1997년 IMF 사태를 예측하지 못하여 국가적 위기 상황을 이미 맞이한 바 있다. 그렇기에 앞으로 전략을 수립하는 데 있어서 불확실성을 내포한 미래상을 예측하고 준비하는 것이 더욱 절실히 요구된다.

그리고 불확실한 미래를 다루는 데 있어서 중요한 것은 복잡하게 얽혀 있는 환경을 파악하고 이해하는 것이다. 복잡계(Complex System)라고도 불릴 수 있는 이러한 환경이 어떻게 얽혀 있고, 어떻게 변화하고 있느냐를 읽어내는 것은 불확실한 미래를 예측하기 위한 핵심이다. 그러기 위해서는 과거와 현재에 벌어졌던 일들을 분석해 보아야 한다. 과거에 유사한 상황에서 어떤 일들이 벌어졌는지를 포착하고 이에 영향을 미쳤던 환경들을 분석해 보고, 이 상황들이 시계열로 어떻게 변화해 왔는지에 대한 통시적 고찰을 해야 한다. 그래야만 미래를 보는 안목이 확대될 수 있다.

따라서 이러한 불확실성을 잘 이해하기 위해서는 첫째, 불확실성에 해당하는 어떤 것들이 있는지 정확히 이해하는 것이 중요하다. 예를 들어 내년 여름에 과연 홍수가 날 것인가 말 것인가 하는 것은 불확실한 것이다. 그러나 이 홍수는 과거에 일어난 적이 있는 사건이기 때문에 우리는 내년에 홍수가 날 가능성이 어느 정도인지를 대략적으로 예측하여 볼 수 있다. 내년 여름의 날씨가 어떻게 될 것인지를 기상청의 통계적 예측을 통해서 알아볼 수 있는 것이다. 그러나 이 역시 완전하게 불확실성을 없앨 수는 없으며, 단지 과거 사례에 불과하여 이러한 원인과 결과 분석을 통해서 가능성을 확률적으로 제시할 수 있을 뿐이다. 확률이 80%가 넘더라도 실제로 그 일이 발생할 지 또는 발생하지 않을지는 아무도 모른다. 이때 그 발생 가능성을 추정해 볼 수는 있지만 실제로 발생할 가능성이 어느 정도인지는 그 누구도 모를 때 '위험성(Risk)'이

생기는 것이다.

그런데 이러한 불확실성은 역설적으로 어떤 기업이나 국가에 있어서는 기회가 될 수도 있다. 불확실한 미래에서 성공하기 위해서는 불확실성을 모두 극복하려고 할 것이 아니라 오히려 그 불확실성을 허용할 수 있는 수준으로 조정하고 이에 대한 준비가 필요하다. 즉 앞으로 다가올 위험이나 앞으로 전개될 여러 가지 정황들을 예측하고 이에 대비함으로써 불확실성을 기회로 활용할 수 있을 것이다.

둘째, 불확실성으로 어떤 사건들이 최초의 고유한 것이라면 과거에 이미 일어났던 사례를 포착하기 힘든 경우이다. 예를 들면 한국에서 정보공유의 길을 열어 놓은 인터넷의 등장은 너무나 고유한 사건이다. 인터넷과 유사한 기술은 과거 그 어느 시점에서도 발생되지 않는다. 정보사회에 들어서 벌어지는 많은 새로운 현상들이 바로 이러한 '선례가 찾기 힘든 고유한 사건'에 속한다. 물론 이 현상들도 나름대로 인과관계를 가지고 있다. 하지만 유사한 선례의 사건이 없었기 때문에 우리는 그 인과관계만을 통해서 그 사건이 앞으로 어떠한 방향으로 전개될 것인지를 제대로 예측하는 데는 한계가 있다. 그렇게 때문에 우리 앞에 놓여있는 지능정보화사회와 관련되는 여러 현상들의 미래를 예측하는 것은 더욱 어려운 것으로 이를 '구조적 불확실성'이라고 한다.

셋째, 불확실성은 우리가 어떤 사건이 벌어질 것이라고 생각 조차 또는 상상조차 할 수 없을 때를 의미한다. 과거를 돌아다보면 우리는 상상조차 할 수 없었던 그런 일들이 실제로 벌어졌던 사건이 수없이 많다. 그러나 우리는 그 사건들이 미래에 어떻게 벌어질지 알지 못한다. 인간의 인지적 한계가 여기에서 드러나게 되는 것이다.

그렇다면 불확실한 미래는 어떻게 예측해야 하는가? 어떤 상황의 미래가 불확실하면 할수록 그 상황의 미래에 영향을 미칠 변수들을 최소한으로 설정하는 것이 필요하다. 하지만 이 말은 몇 가지 한정된 상황만을 보라는 것이 아니라 좀 더 포괄적인 변수들을 골라내는 것이 필요하다. 상황의 불확실성이 높으면 높을수록 이 상황에 영향을 미칠 사건들이 많아지게 된다. 이러한 모두를 변수로 취급하다 보면 분석이 어려워지고 복잡해질 뿐만 아니라 이를 통해서 나오게 되는 결론 역시 애매모호하게 될 수 있다. 그렇기 때문에 이때는 상황이 영향을 미칠 다양한 사건들을 다시 거시적으로 들어다 보고 이를 묶어내는 분석하는 작업이 필요하다.

⚊ 미래연구 필요성

미래는 예측이 가능한 것인가? 인간은 현재를 살아가면서 항상 이러한 질문에 대면해 왔다. 역사상 아무도 명쾌한 답을 주지 않은 이 질문은 21세기 제4차산업혁명 시대에 들어 정보화기술로 인해 사회의 변화 속도가 더욱 빨라지면서 그 어느 때보다 우리에게 의미있게 다가온다.

어떤 이들은 인간은 한치 앞을 내다볼 수 없는 존재라고 하면서, 미래를 예측하는 것은 불가능한 일이라고 한다. 반면 또 어떤 이들은 미래의 모습을 완벽하게 예측하는 것은 불가능하지만 실제 모습에 가까운 미래모습을 예측하는 것은 가능할 수 있다고 한다.

미래예측과 관련해서는 일기예보를 들 수가 있다. 일기예보에서 우리는 내일의 날씨가 예보에서 얘기해준 대로 100% 맞을 것이라고 기대하지는 않는다. 그러나 그러할 가능성이 높다고 판단하여 만일 비가 올 경우, 만일 추울 경우를 대비해서 필요한 장비와 옷들을 챙겨서 외출하곤 한다. 미래예측의 중요성은 바로 여기에 있다. 예측이 정확하느냐의 유무를 떠나, 미래에 지혜롭게 대비할 수 있는 방안을 제시하는 데 미래예측의 필요성과 의미가 있다.

미래예측이 필요한 이유는 미래에 일어날 상황에 대비할 수 있는 유연한 전략을 갖추기 위함이다. 여기서 미래예측이라 함은 미래연구에서 제시하고 있는 발생 가능한 개연성들을 예측하는 것을 의미하며, 이 개연성들을 모두 고려할 때 전략은 유연해지는 것이다. 최근 빠르게 변화하고 발전하는 사회와 주위환경에 어떻게 적절히 빠르게 대응하느냐가 승자와 패자가 결정되기도 한다. 특히 속도가 중요한데, 급격한 변화 상황에 빠르게 대응하는 것은 미리 그 상황이 벌어질 것을 염두에 두고 이미 구상 가능한 전략을 세워놓을 때에 가능하다. 미래를 잘 예측하기 위해서는 우리가 사는 사회의 여러 영역이 얽혀있는 것을 의미하는 '복잡성(complexity)'을 염두에 두어야 한다. 모든 것이 복잡하게 얽혀 있는 미래사회의 모습을 볼 때, 그 모습들 간의 인과관계와 연결 관계를 찾아내고 이를 토대로 미래에 벌어질 가능성들을 예측하는 것이다.

다시 예측은 과연 가능한 것인가라는 질문으로 돌아가보자. 수학적으로 볼 때 예측은 확률을 도출할 수 있는 영역에서 의미가 있다. 사실 예측할 수 없다면 제대로 삶을 살아가는 것은 극히 제한된 것이다. 바로 앞에 벌어질 사건들에 관해 어느 정도는 예측하면서 현재를 살아가는 것이 우리들의 삶인지도 모른다. 예를 들어 우리가 길을 건널 때에도 건널목의 신호등이 파란불일 때는 옆에서 오는 자동차가 멈출 것을 예측하고 길을 건넌다. 신호등이 없는 곳에서는 저쪽에서 오는 자동차가 내가 길을 건널 때까지는 건널목 근처까지 도착하지 않을 것이라는 예측을 해야 우리는 그 길을 건널 수 있듯이 우리는 언제나 예측을 하면서 살고 있다.

그런데 예측으로 인해 발생 가능한 문제는 우리가 이미 과거에 벌어졌던 일들이 미래에도 반복 될 것이라고 너무 쉽게 생각해버리는 경향이 있다. 그러나 사건이 발생하는 과정에서는 언제나 극적으로 변화하는 어떤 '시점'이란 것이 있다. 그렇기 때문에 예측을 할 때에는 현재에서 미래로 가는 과정에 무언가 큰 변화를 가져올 계기와 시점을 찾아낼 필요가 있다.

예측이 얼마나 어려운가는 종종 그 예측의 시간적 연장이 어디까지인지, 또는 예측의 대상의 질적 수준이 어떤 것인지에 따라 결정된다. 예를 들어 한국의 아파트 전세값의 변이를 예측하는 데 있어서 당장 2025년의 값을 예측하는 것보다는 10년 후의 변이를 예측하는 것이 더 어려울 수도 있지만 경우에 따라서는 가까운 미래를 예측하는 것보다 먼 미래를 예측하는 것이 더 쉬운 경우도 있다.

미래를 예측하는 데 있어서 우리에게 익숙한 것은 하나의 미래의 상을 예측하는 것이다. 예를 들면 내일 날씨는 맑을 것이다, 내일 온도는 몇 도일 것인가가 바로 그것이다. 이러한 미래예측은 컴퓨팅 작업을 통해 사람들에게 일어날 개연성이 가장 많은 것을 제시해주고 이에 대비하도록 한다.

전문적 미래연구에서의 미래예측은 하나의 미래상을 제시하는 것이 아니라 일어날 개연성이 높은 몇 가지의 가능성들을 제시하는 것이다. 그리고 한 가능성이 제시되기까지 가능성 도출 작업에 참여했던 사람들 간의 토론과 논쟁이라는 긴 과정과 이를 통한 합의의 정당성에 의하여 예측하는 것이다.

미래는 본질적으로 불확실한 것이기 때문에 미래학자들에게 미래는 확실히 예측을 할 수 있는 대상이 아니나, 미래에 벌어질 사건들은 현재에 벌어지고 있는 여러 사건들의 인과관계에 기초하는 부분이 크기에 미래학자는 여러 가지 미래의 모습은 제시할 수 있는 것이다.

Ⅳ 패러다임과 패러독스

1. 패러다임 쉬프트

미래를 예측하기 위해서는 현재와 미래로 가는 과정에서 생기는 급격한 인식과 행위에 대한 틀(패러다임)의 변화를 포착하는 것이 중요하다. 미래예측에 있어서의 패러다임의 변화, 즉 패러다임 쉬프트(Paradigm Shift)의 포착이 필연적이라고 할 수 있다. 이는 거시적 시각을 가지고 있어야 미시적인 현상들이 더 잘 보이고 이해할 수 있기 때문이다.

패러다임이라는 단어는 그리스어에서 연유한 것으로 곡선의 모델, 혹은 곡선의 패턴을 의미한다. 현대사회에서 패러다임을 다음의 두 가지 성격을 지닌 규칙들과 규범들의 집합체로서 정의된다. 하나는 경계를 설정하고 규정해 주는 규칙과 규범들의 집합체이며, 또 하나는 그 경계 내에서 행위자들이 어떻게 행위를 하는지를 보여주는 규칙과 규범들의 집합체이다.

근대를 지배했던 패러다임은 진보의 패러다임이었다. 이 진보의 패러다임하에서 정부정책, 기술정책이 결정되었고, 근대 사회의 구성원들은 이 진보의 패러다임을 받아들여 기술적으로 발전된 것에 우선적 가치를 두었으며, 그중 합리성만을 유일한 최고의 가치로 여겼다.

유럽의 포스트 모더니스트들은 이러한 진보의 패러다임이 21세기 들어 감성의 패러다임으로 바뀌고 있다는 주장이 제기되고 있다. 만약 그것이 사실이라면 이는 패러다임 쉬프트라고도 불릴 수 있는 것이다. 패러다임을 달리 표현해보면 개인의 생각과 의식이 그 개인의 존재와 행위를 규정하는 방식이라 할 수 있다.

패러다임은 거시적으로 오래 지속되든, 아니면 비교적 미시적이면서 짧게 지속되는 것이든 사회의 구성원들의 의식이 변하고, 기술이 변하고, 관계가 변하기 때문에 순환 주기를 갖는다. 새로운 상황에 적응하기 위해서 필요한 하나의 대응으로서 새로운 패러다임이 자연스럽게 등장하게 되는 것이다. 이렇게 패러다임은 강제되는 것이 아니고 사회 구성원들에 의해서 부지불식간에 나타나 그 구성원들의 의식과 행위에 영향을 미치는 것이다.

새로운 상황에 즉면한 사회 구성원들은 새로운 상황에서 발생하는 문제를 해결하는 데 있어 당황하기도 한다. 왜냐하면 풀어야 할 문제는 완전히 새로운 상황에서의 문제인데, 적용하려는 접근 방법이나 인식방법은 과거의 모델이기 때문이다. 이에 새로운 패러다임이 요청되는 것이다. 따라서 새로운 패러다임에서는 문제를 바라보는 새로운 시각을 필요로 한다. 과거의 패러다임으로는 절대 불가능한 것으로 보이는 문제들도 새로운 패러다임으로 접근하게 되면 풀릴 가능성이 높아진다. 현재 한국에 산적해 있는 문제들, 예를 들면 저출산, 저성장, 부동산 문제, 지능정보화사회 대응, 인구감소 등은 앞으로 해결하기 어려워 보인다. 그러나 이 또한 우리가 과거의 패러다임으로만 접근하기 때문에 그런지도 모른다.

따라서 풀리지 않는 문제들이 왜 풀리지 않는가를 고민하면서, 문제를 접근하기 위해 새로이 등장하고 있는 패러다임들을 포착해 낼 필요가 있다.

2. 미래예측과 패러독스

포퍼(Popper, 2008)는 효과적으로 미래를 예측하기 위한 미래예측연구 방법(Foresight Methodology)으로 미래예측 다이아몬드(Foresight Diamond)모델을 제시하였다. 이는 뛰어난 식견을 가진 전문가의 창의성(Creativity)과 전문가 또는 사회 구성원 간의 민주적인 참여와 교류를 하는 상호협력성(Interaction), 개별 전문가들의 전문성(Expertise), 신뢰성 있는 문헌, 데이터, 통계, 지표 등 근거 기반(Evidence Based)의 네 가지 꼭짓점이 있으며 이는 다양한 연구방법을 구분하는 축이 되고 있다.

그리고 미래를 예측할 때 항상 염두에 두어야 하는 것 중 하나가 바로 패러독스(Paradox)의 문제이다. 특히 미래예측의 대상 중 중요한 것으로 부상하고 있는 지식, 조직, 세대, 기업의 경우가 그러하다. 지식은 앨빈 토플러(Alvin Toffler)를 비롯한 많은

그림 1-4 | 포퍼(Popper)의 미래예측 다이어몬드

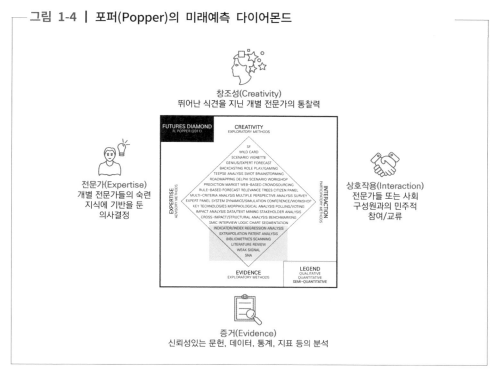

자료: Poppr(2008)

미래학자에 의해서 미래의 부의 원천이라고 여겨지고 있다. 토플러는 그의 저서 '부의 미래'에서 지식을 '미래의 석유'로서 21세기 모든 부가가치의 원천이 될 것이라 하였다. 또한 그는 고갈되기 마련인 한정된 자원인 석유와는 달리 지식은 무한 확장성을 본질로 하며 사용하면 사용할수록 더 증가된다고 하였다.

지식은 무형자원으로 새로운 지적자본이라는 개념으로도 이해되고 있다. 그러나 한편에서 지식은 부의 원천이기 때문에 지식을 생산하는 쪽에서는 이를 통해 부를 얻고자 비용을 지불하는 이들에게만 제공하려 한다. 이러한 패러독스에 의해서 지적재산권의 문제가 발생하는 것이다. 미래의 지식의 변화를 예측하는 데 있어서 이러한 본질적 모순을 염두에 두어야 할 것이다.

미래에 빠르게 변화하여야 할 주체 중 하나가 조직으로, 이 조직은 개인은 언제나 그 안에서 안전함을 찾고자 하는 장소이기도 하다. 개인은 조직의 구성원으로 역할을 하면서 자신의 지위, 경제적 조건 모두 그 안에서 찾고자 한다. 그런데 조직은 개인에게 안전함을 제공하기 위해서 경직된 조직임을 고수할 수는 없다. 조직은 스스로 더 나은 조직으로 발전을 해야 개인에게 안전함을 제공할 수 있는데, 이 과정에서 몇몇 개인들에게는 그 안전함이 박탈당하기도 한다.

노동의 미래를 예측하는 데 있어서 이러한 패러독스를 염두에 두는 것은 특별히 중요하다. 제4차산업혁명시대 소위 철밥통이라고 불리는 공공조직조차도 미래에는 유연한 노동구조로 전환이 될 터인데, 이때 그 조직 안에서 안전하게 있는 개인들은 치열한 경쟁의 장에 나설 수밖에 없게 될 것이기 때문이다.

미래를 예측하는 이들 중 미래는 현재와 전혀 다를 것이라고 예측할 때 자주 등장하는 말이 '미래의 세대는 현재의 세대와 다를 것이기 때문에'라는 것이다. 물론 한 세대와 그 다음 세대 간에는 분명히 인식과 행위의 차이가 존재한다. 그러나 세대차이라는 것은 이미 소크라테스 때부터 존재했던 것이라 새삼 놀라운 것이 아니다.

정보사회 이후를 전망하는 데 있어서도 현재 신세대들은 이미 태어날 때부터 디지털기기를 가지고 살아 왔기 때문에 이들이 기성세대가 되어 가는 가까운 미래사회에는 지금과는 확연히 다른 사회가 될 것이라는 전망을 한다.

그러나 과연 그러할까? 이는 이견의 여지가 있는 부분이다. 왜냐하면 인류 역사를 돌이켜 보면, 한 세대는 항상 스스로는 이전 세대와는 다르게 규정을 하면서, 자신들이 기성세대가 되면 이전의 기성세대와 별다를 바가 없다는 사실을 발견하게 된다. 청소년 시절에는 기성세대에 반항적이던 수많은 이들이 기성세대가 된 후, 자신이 이전에 반항하던 그 기성세대의 모습을 받아들이게 되는 경우가 보편적이다. 이처럼 세대 문제에 있어서도 패러독스는 세대 변화에 기초하여 미래를 예측할 때 중요하게 고려되어야 한다.

또한 미래를 예측할 때 주요하게 언급되는 것 중 하나가 바로 '크기'이다. 미래에는 기업의 크기와 정부의 크기는 커질 것인가, 작아질 것인가 등 크기가 중요한 이슈 중 하나이다. 그런데 크기라는 것은 커지면 커질수록 그 경계 안에 있는 것들 안의 균열이 생기게 된다. 국가가 커지게 되면, 국가 내의 소규모 조직들이 활기를 치게 되어 지역분쟁의 위협을 감당하게 된다.

미래의 글로벌화 양상을 놓고 토플러, 미셸 마페졸리 교수(Michel Maffesoli, 프랑스 소르본대 교수) 등은 대륙간의 경쟁 양상이 벌어질 것이라고 전망을 한 바 있다. 과거에는 미국만이 하나의 제국 형태였지만, 화폐통합을 시작으로 문화통합까지 시작한 유럽이 과거의 제국형태로 미국 제국에 대항하고, 아시아 역시 경제적 이해관계를 토대로 하나의 연합전선으로 이에 맞설 것이라는 시각이 있다. 그러나 이러한 커다란 크기의 주체들이 등장하는 한편, 지엽적이고 국지적인 문제들이 과거에 비해 크게 증가하고 있다. 기업 역시 대형의 초국적 대기업들 위주로 그 경쟁이 치열해지겠지만, 반면 이 초국적 대기업들은 소규모이고 보다 독자적인 단위체들에 의해 운영될 것이다. 이는 크기의 패러독스이며, 정치, 경제, 사회, 외교 등 전 분야에 걸친 미래예측에 있어 염두에 두어야 하는 것이다.

Ⅴ 미래연구 방법론

미래예측을 위한 전통적 방법론으로 우선 '천재적 예측(Genius Prophecy)'을 들 수 있다. 예측가 개인의 고도의 통찰력, 탁월한 식견에 의거한 미래예측으로, 다니엘 벨, 피터 드러커, 엘빈 토플러, 조지 오웰 등의 미래예측을 그 예로 들 수 있다. 광의적으로 보면 신탁(神託)·점성술·계시록 등 직관과 영감에 의한 예언 또한 이에 포함된다고 볼 수 있다. 이러한 천재적 예측은 창의력·직관력·분석력 간 상호작용의 결과로 천재적인 선험성(先驗性), 행운과 통찰력에 대한 의존도가 과도하여 재생산(Replication)이 어렵고, 주관적인 요소가 강해서 객관적 설득력이 미흡하다는 단점을 가지고 있다.

그리고 '역사적 유추(Conjecture)'는 미래예측을 위한 전통적 방법론으로 분류된다. 1943년 독일의 정치사회학자인 플레히트하임(Ossip K. Flechtheim)은 그의 논문 '역사의 미래로의 확장'에서 미래의 변화를 과학적으로 예측하고 대응방안을 연구하는 학문으로써 미래학을 역사학의 한 분야로 도입하였던바, 이를 연속의 원리 및 유추의 원리에 미래예측의 근거를 두고 있다.

과거에 나타났던 현상·법칙이 미래와 연결되어 예측의 기반이 될 수 있다는 단순 가정은 단기예측에는 적합하다고 볼 수 있으나, 최근과 같이 모든 상황이 급변 가능한 장기예측으로는 부적합할 수 있다. 특히 역사라는 학문의 특성은 과거지향성이 미래지향성보다 크다는 점이 예견을 제한하는 단점으로 작용할 가능성이 있다.

천재적 예측과 역사적 유추 외에 미래는 예측하는 전통적 방법론으로 '계량분석(Forecasting)'이 있다. 예를 들어 회귀분석을 통한 인과관계의 발견, 추세외삽법(Extrapolation)을 통한 시계열 분석은 과거 주요 요인들이 미래에도 지속적으로 작용한다는 가정을 전제하고 있다. 그러나 장기변화의 예측에 중요할 수 있는 질적 비계량 요소들이 배제됨에 따라 일정 상황(Single Context)이 지속된다는 가정의 한계가 심화될 수 있어 장기예측용으로는 부적합하다고 할 수 있다. 따라서 계량모형을 장기예측의 기반으로 사용할 경우에는 미도입 변수(Omitted Variables)로 인한 한계를 명시할 필요가 있다.

전통적 미래예측 방법론은 과도한 자의성으로 인하여 설득력이 미약할 수 있어 객관성을 제고함으로써 설득력을 강화할 경우에는 자발적 협력을 유발함으로써 전략을 원활히 추진할 수 있다. 이러한 전통적인 방법론을 보강하기 위한 대표적 개선방안으로 델파이 기법(Delphi technique)4)과 시나리오 기법(scenario technique)5)이 있다. 이 중 시나리오 기법의 활용이 증가하고 있는 추세이다. 또한 델파이 기법은 전문가 합의 도출과정을 통해 객관성 및 설득력을 제고할 수 있는 반면 시나리오 기법은 다양한 불확실성 요소에 대비한 전략 수립의 기반으로 유용하다고 볼 수 있어 이에 대해 좀 더 상세하게 살펴보면 다음과 같다.

---

4) 델파이 기법(Delphi technique): 미래를 예측하는 질적 예측 방법의 하나로, 여러 전문가의 의견을 되풀이해 모으고, 교환하고, 발전시켜 미래를 예측하는 방법을 말한다. 1948년 미국 랜드연구소에서 개발되어 군사·교육·연구개발·정보처리 등 여러 분야에서 사용된 이 기법은 다양한 분야의 미래 예측에 이용되고 있다. (네이버 지식백과)

5) 시나리오 기법(scenario technique): 미래에 나타날 가능성이 있는 여러 가지 시나리오를 구상해 각각의 전개 과정을 추정하는 기법이다. 미래의 가상적 상황에 대한 단편적 예측이 아니라 복수의 미래를 예측하고 각각의 시나리오에서 나타날 문제점 등을 예상해 보는 방법이다. 시나리오 기법은 '미래에는 어떤 일들이 일어날 것인가', '이러이러한 조건들이 만족된다면, 혹은 이러이러한 사건들이 발생한다면 어떠한 일들이 일어날 것인가'라는 질문에 답하는 형식으로 진행된다. 미래예측기법으로 가장 많이 활용된다. (네이버 지식백과)

1. 델파이 기법

'델파이(Delphi) 기법'은 1948년 미 랜드(Rand)연구소의 합의에 의해 최상의 의견 도출을 위한 기법이다. 국방기술 수요와 사회기술 발전추세 예측 등 긴급한 국방 및 사회 문제에 대한 전문가들의 집단 의견을 수렴하기 위해 개발된 기법으로, 미래예측을 포함한 다양한 용도로 활용되고 있다. 문답 결과를 취합한 후, 집계 통계(중위수·확산도·빈도)를 환류(feedback)시킨다. 의견 수정 후 정보의 통제 환류에 의한 학습과정을 적정수준 도달 시까지 반복함으로써 전문가들의 의견 수렴을 유도한다. 전문가 다수 의견의 수렴을 통해 개인적 주관성을 객관화하고 문제 인식에 대한 공감대를 구축하여 해법을 제시하기 위한 선결조건을 제시할 수 있다.

델파이 기법은 사회적 압력, 집단사고(思考) 등 대면(對面)회의의 취약점을 익명 및 개별응답으로 극복하고 있으며, 무엇보다 전문가 풀(pool) 추출이 중요하다. 그러나 책임성과 성실성, 전문성, 중립성, 대표성이 있으면서도 특히 이해관계에 얽혀 있지 않은 전문가 풀을 추출하는 것은 현실적으로 어려우나 중요한 문제이다. 그리고 유도질문 등 조작 및 우문(愚問)에 대한 우답(愚答) 가능성에 대해서도 설문을 만들 때 유의할 필요가 있다. 또한 통제된 집계정보의 환류과정을 반복함으로써 장시간이 소요된다는 단점이 있으나, 이는 실시간 온라인 회의를 통해 단축시킬 수 있다.

그러나 델파이 기법은 대면회의의 지적 자극이 미약하고, 반대토론 관련 탐구가 위축되는 경향이 있다. 또한 다수 의견의 가능성이 원천적으로 배제되는 등 의견 단일화를 향한 압력으로 인해 창의적 발상이 저하될 수도 있다.

창의적 발상을 유도하기 위해 초기에는 갈등을 의도적으로 조성하고, 환류정보에 주요 쟁점의 요약, 근거 및 소수의견을 첨부하며, 필요 시 대면토론 또한 허용할 필요가 있다.

또한 델파이 기법은 미래비전과 미래예측 및 전략의 수립 과정에서도 목표 간의 우선순위 설정, 정책대안들의 적합성, 집행 가능성, 효과의 평정 기준 등 문제인식과 가치기준의 공유를 통해서 내부 갈등요인을 줄이고, 문제의 해결기반을 제고해 줄 수 있다.

2. 시나리오 기법

시나리오 기법 또한 델파이 기법과 마찬가지로 미 랜드연구소에서 1950년 허만 칸(Herman Kahn)을 중심으로 무기발전과 군사전략 간의 관계를 분석하기 위해 개발된 기법이다. 민간 부문에서도 다국적 석유 메이저 기업인 로열 더치 셸(Royal Dutch Shell)이 시나리오 기법에 의해 1973년 제4차 중동전쟁으로 인한 유가급등을 사전에 예측하는 데 성공했을 뿐 아니라, 소련의 붕괴를 예측하고 러시아의 자원개발권을 선취함으로써 현재의 위치를 구축하는 등의 대표적인 사례로 시나리오 경영의 활용이 확산되는 추세에 있다.

시나리오 기법은 복잡하고 급변하는 불확실성 시대의 비선형적 불연속 변화에 대해 창의적 발상을 유도함으로써, 발생 가능한 다수의 대안적 미래(Alternative Futures)에 대한 선택의 폭(Option)을 확장한다. 불확실성의 예측 및 관리(조기 포착, 적시 대응)를 통해 위험의 발발을 사전적으로 최소화할 뿐 아니라, 발발 이후 복구비용 또한 최소화할 수 있도록 시스템 차원에서 전략적인 접근을 유도한다. 특히 시나리오의 구어체 산문 형식은 시각화(Visualization)에 의한 기억 및 설득력 제고 효과가 있을 뿐 아니라, 가상훈련효과를 통해서 사태가 현실화되었을 경우 재난 회피 및 기회 포착이 용이하도록 사전적 준비를 지원한다는 장점이 있다.

이 중 'T.A.I.D.A.'기법은 스웨덴 미래연구국(Kairos Future)에서 정형화한 시나리오 기법으로, 시나리오 수립을 위한 사전준비 차원에서 목표·시계·문제의 정의를 명확히 할 필요성을 특히 강조하고 있는데, 적용 절차는 다음과 같다.

❶ 추적(Tracking): 변화·위험·기회의 징후 조기판별과 추적
❷ 분석(Analyzing): 추적결과의 분석과 복수의 시나리오 작성
❸ 전망(Imaging): 실현 가능한 시나리오 중심으로 바람직한 비전 제시
❹ 결정(Deciding): 시나리오별 장기전략과 지표의 구체적 선정
❺ 행동(Acting): 단기목표를 수립하고 정책을 실행한 후 결과를 관찰

한편, GBN(Global Business Network)의 미래학자 피터 슈워츠가 1991년에 저서 The Art of Long View에서 제시한 시나리오 플래닝 기법은 'T.A.I.D.A.'와 마찬가지로 작업 시작 전에 문제의 초점과 범위를 명확히 할 것을 강조하고 있으나, 'T.A.I.D.A.'에 비해서 미시적 동인을 보다 중시한다는 특성이 있다. 즉 미시적 시각에서 주요 동인(動因 ; Driving Forces)들을 우선적으로 도출한 후, 미시적 동인들에 주요한 거시적 동인들을 도출한다. 따라서 GBN의 시나리오 플래닝 기법은 기업의 전략기획에 적합하다고 볼 수 있으며, 적용절차는 다음과 같다.

❶ 중심주제(Theme)/의사결정 사항 결정
❷ 미래 환경변화에 영향력을 행사하는 동인 도출
❸ 상관관계와 의존도를 분석하여 핵심 환경요인(drivers) 채택
❹ 불확실성과 영향력에 따라 동인들 간의 순위 결정(categorization)
❺ 핵심환경요인들의 조합 중 유의미한 시나리오에 대한 대응방안 모색
❻ 시나리오별 전략을 차별화하고 구체화한 후 스토리 라인 구성
❼ 실행과정을 모니터링하기 위한 주요 지표와 가이드라인 설정
❽ 변화의 방향을 조기에 포착하여 위험의 회피와 기회의 실현으로 연계

3. 기타 미래예측 방법론

미래예측에 많이 사용되는 방법론으로 앞에서 설명한 전통적 방법론과 델파이 기법, 시나리오 기법 외에 다음과 같은 여타 방법론이 있다

❶ 미래 역사: 과거 역사에 대한 조예, 현재 상황에 대한 이해, 역사적 흐름에 대한 분석력과 미래 관련 상상력을 활용하여 과거·현재·미래 현상들 간의 연속성과 주기성, 변화를 발견하려는 시도하에 선택적 미래를 탐구하는 방법이다. 미래의 사건을 가정하고, 현재와 가까운 과거로 돌아가는 방법과 함께 과거 또는 현재에서 가능한 미래를 가설적으로 추출하는 방법이다.

❷ 미래 바퀴: 일정 영역의 추세나 예측된 미래가 다른 영역에 미치는 영향의 탐색을 통해 인과적 결합관계 규명을 통해 미래를 예측하는 방법이다. 규명할 추세나 예측된 미래를 큰 바퀴 내에 기입한 후, 직접적 결과라 할 수 있는 사건을 첫 바퀴에서 파생되는 바퀴 내에 기입한다. 파생된 바퀴들에서 상기 과정을 반복한 후, 유관 관 바퀴들을 동일 색상으로 분류함으로써 바퀴들 간 인과적 결합 관계를 탐색한다.

표 1-1 | 미래예측 방법론에 따른 용도 및 장단점

구분	용도	장점	단점
양적 추세분석	• 인구·경제·기술 예측 • 신뢰가능 자료 장기축적 • 다른 방법과 병행할 필요	• 객관성 및 논리성 • 전달 용이 • 저비용으로 경제성	• 분석 결과의 비중립성 - 기법 의존도 존재 • 고립되고 편향된 분석
질적 추세분석	• 모든 분야의 메가트렌드 • 사회·정치·제도 부문 • 변화와 변화 영역에 주력	• 조기경보 수단 • 기회와 위협 제시 • 시나리오의 시발점 • 전체적 구도와 영감	• 개인적 주관에 의존 • 장·단기추세 판별에 어려움 존재 • 과도한 일반성 가능
델파이 기법	• 전분야(특히, 기술예측) • 통상 여타 방법론과 병행	• 개인보다 신뢰도 높음 • IT 활용 시 신속 저렴 • 과학적 방법으로 간주	• 일부는 비판적 견해 - 최후의 예측방법 • 전문가 추출에 어려움 존재
시나리오 기법	• 불안정한 체제, 환경변화 • 미래 불확실성이 클 경우 • 근본 변화를 추진할 경우	• 대안적 미래 제시 - 결정권자가 선택가능 • 다양한 용도 제공 - 토론근거, 문제공유 - 조기경보, 평가지표 - 가상훈련, 전략수립	• 결정 및 실행에 어려움 존재 - 구체성 결여 • 계량화 필요 - 예산과 연계 미약 • 일부 정책자는 비선호 - 명확한 방향을 선호

---

section 4 **부동산의 미래 변화**

▌ **부동산 미래에 영향을 미칠 주요 이슈**

현재 우리가 사는 세상은 종전과는 달리 상상 이상의 변화가 진행중이며 다가올 미래는 어떻게 변화 발전할지 상상하기조차 쉽지 않을 것이다. 진행 중인 제4차산업혁명에서 '파괴적(Disruptive)'이란 특징은 과거와 현재의 현상과 사고를 파괴하고 미래는 전혀 다른 새로운 세상이 될 것이라는 것이다.

현재까지 새롭게 나타나고 있는 몇 가지 이슈(Issue)를 살펴보면 부동산분야의 가까운 미래를 예측하는 단서를 발견할 수도 있을 것이다.

이러한 주요 이슈로서는 제4차산업혁명을 주도하는 빅데이터, 인공지능, 디지털트윈, 블록체인, 메타버스 등의 핵심기술, 특히 인공지능의 혁신적 발전이라 할 수 있으며, 인구감소 등 인구구조 변화에 따른 경기침체 및 저성장, 기후변화에 다른 팬데믹 발생과 재해 재난 등의 예상치 못한 사건 발생(X-Event), 혁신적 기술의 부동산 적용을 통한 프롭테크 확대 발전 그리고 남북관계 변화 등이 중장기적 부동산의 미래에 영향을 주게 될 중요한 이슈라 할 수 있다.

그림 1-5 | 미래 부동산 주요 트렌드

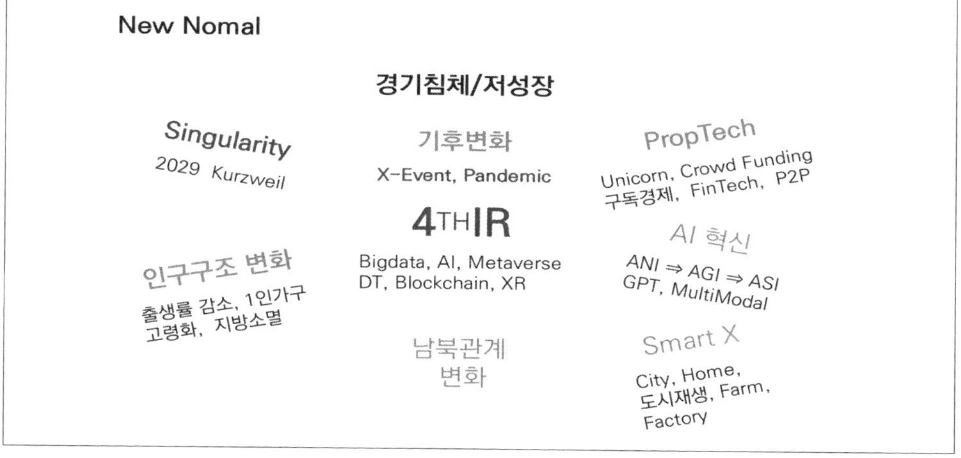

New Nomal

경기침체/저성장

Singularity
2029 Kurzweil

기후변화
X-Event, Pandemic

4TH**IR**
Bigdata, AI, Metaverse
DT, Blockchain, XR

PropTech
Unicorn, Crowd Funding
구독경제, FinTech, P2P

AI 혁신
ANI ⇒ AGI ⇒ ASI
GPT, MultiModal

인구구조 변화
출생률 감소, 1인가구
고령화, 지방소멸

남북관계
변화

Smart X
City, Home,
도시재생, Farm,
Factory

자료: 경정익(2024) 재구성

Ⅱ 부동산 변화와 발전의 주요 트렌드

부동산은 예전과는 다른 사회의 급변과 기술의 혁신으로 많은 변화와 발전이 있을 것으로 예상된다. 이러한 부동산의 미래에 변화를 주게 될 주요 이슈를 사회적 변화와 기술의 발전이란 측면에서 살펴보면 다음과 같다.

그림 1-6 │ 부동산 미래 트렌드 및 주요 이슈

〈자료 : 경정익(2021), 부동산정보기술론〉

자료: 경정익(2024) 재구성

1. 사회변화에 따른 주요 트렌드

우리나라 사회변화에 따른 주요 트렌드는 인구구조의 변화로 저출산에 의한 인구감소와 고령화, 1인가구 증가 등으로 이에 따른 지방소멸이라 할 수 있다.

첫째, 2024년 통계청 발표 자료에 의하면 2020년 합계출산율[6] 0.84명에서 2023년 합계출산율은 0.72명으로 역대 최저치로 경제협력개발기구(OECD)는 합계출산율

1.3명 이하 국가를 초저출산국으로 분류하고 있다. 따라서 인구는 2015년 추계로는 2031년에 고점일 것으로 추계하였으나 8년이나 앞당겨진 2023년이 인구고점으로 인구감소가 급진적으로 진행되고 있다(통계청, 2024).[7]

둘째, 우리나라는 2024년 12월 현재 전 인구의 20%가 65세 이상인 초고령화 사회에 진입을 하였다. 고령인구는 증가하게 되는 반면 2020년 이후부터 생산연령인구는 감소하고 있어 2020년 노인부양비[8]가 41에서 2068년에는 부양비가 100에 이를 것으로 추계하고 있다(통계청, 2023). 이러한 생산연령인구 감소와 노인부양비의 급격한 증가는 장기적으로 저성장과 국내 경기침체로 직결됨으로써 부동산시장에 장기적으로 상당한 영향이 미치게 될 것이다.

셋째, 가구구조 변화 중에 하나인 1인 가구 증가로, 최근 전 세계적으로 1인 가구 증가세가 심화되고 있는 가운데 우리나라에서는 2022년 전체 2,177만 가구 중 1인 가구는 전 가구의 34.5%인 750만 가구로 2010년에 비해 81% 증가하고 있다(한국주택금융공사, 2023).

이러한 저출산, 초고령화사회 진입, 1인 가구 증가 등의 인구구조 변화라는 뉴노멀(New Normal)에 의해 지방소멸의 급격한 진행과 경기침체에 다른 저성장이 예상되고 있어 부동산 측면에서 많은 변화가 나타나게 될 것이다.

2. 기술발전에 의한 주요 트렌드

2016년에 제4차산업혁명 시대로 진입한 이래 빅데이터, 인공지능, 블록체인 등 정보기술의 혁신적 발전으로 새로운 트렌드가 나타나고 있다.

먼저 인공지능[9]의 혁신적 발전으로 향후 상상할 수도 없을 세상이 될 수도 있을

---

6) 15~49세 가임여성 1명이 평생 낳을 것으로 기대되는 평균 출생아 수
7) 통계청(2024), 장래인구추계시도편_2022_2052년_보도자료(2024. 5. 28).
8) 15세에서 64세까지의 생산연령인구 대비 100명당 노인 부양 인원의 비율
9) 인공지능은 1956년 다트머스학회에서 인지심리학자이자 컴퓨터과학자인 존 매카시(John McCarthy)에 의해 처음으로 사용된 용어로, 인간의 생각하는 방식을 모방하여 입력된 정보를 바탕으로 결과를 판단해 제공하는 기계를 의미함

것으로 예상된다. 2022년 11월 챗GPT의 출현을 기점으로 메타, 구글, 오픈AI 등 빅테크 중심의 경쟁적인 생성형 AI의 개발로 인해 인공지능의 전문가는 향후 5년 이내 인간의 두뇌와 유사하거나 능가하는 일반인공지능(AGI)이 이루어질 것이라 예상한다. 미래학자인 커즈와일(Ray Kurzweil)은 2005년에 출판한 그의 저서인 '특이점이 다가온다(The Singularity is Near)'에서 특이점[10]이 2045년에 이를 것이라 하였으나, 2024년 출간한 그의 저서 '특이점이 더 다가온다(The Singularity is Nearer)'에서는 특이점이 2029년에 이를 것이라 하고 있다.

　　최근 들어 인공지능 기술의 성장과 확산이 빠른 속도로 진행되고 있다. 국내에서 인공지능에 대한 대중적 인지도가 높아진 것은 2016년 3월 딥마인드(DeepMind)가 개발한 인공지능 기반의 바둑 프로그램인 알파고(AlphaGo)와 이세돌 9단 간의 바둑 대결에서 알파고가 4승 1패로 승리를 거둔 것이 계기가 되었다고 할 수 있다. 당시에는 인공지능이 향후 우리 경제·사회 전반의 변화를 불러올 것이라는 막연한 기대감이 나타났다. 그런데 그로부터 8년이 가까이 지난 2022년 11월에는 미국의 오픈AI(Open AI)가 초거대 인공지능 언어모델인 GPT-3.5 기반의 대화형 인공지능 서비스 챗지피티(ChatGPT)를 출시하였고, 그로부터 두 달 만에 사용자 수 1억 명을 기록하는 등 전 세계적인 주목을 받았다.[11] 이에 자극을 받은 글로벌 인공지능 기업이 경쟁적으로 대형언어모델(LLM: Large Language Model)이나 대형멀티모달모델(LMM: Large Mutimodal Model) 기반의 서비스를 선보이면서, 이제는 전 세계 누구라도 인공지능을 손쉽게 이용할 수 있게 되었다. 또한 산업의 전 영역에서 업무의 효율성과 생산성을 높이기 위해 인공지능을 적극적으로 활용하고 있고, 이에 따라 일하는 방식이 점차 변화하고 있다.

　　인공지능의 경제적·사회적 가치가 갈수록 높은 평가를 받고 또한 기술 수준이 곧 국가 경쟁력으로도 연결되자, 우리 정부는 국가 차원의 기술 발전 및 혁신 전략을 수립하기 시작하였다.[12]

---

10) 특이점(Singularity)이란 인공지능이 인간의 지능을 넘어서는 시점을 의미

11) Reuters(2023. 2. 3.), "ChatGPT sets record for fastest-growing user base analyst note", https://www.reuters.com/technology/chatgpt-sets-record-fastest-growing-user-base-analyst-note-2023-02-01 (2024. 10. 3. 최종 방문)

대표적인 것이 2019년 12월 발표한 「인공지능 국가전략」인데, 본 전략은 "IT 강국을 넘어 AI 강국으로!"라는 비전 아래 인공지능 관련 인프라 확충, 기술경쟁력 확보, 인재 양성, 규제 개혁, 사업 및 공공분야에서의 활용, 사람 중심의 인공지능 구현 등의 세부 전략을 제시하였다.[13] 또한 최근에는 2024년 9월 26일 '국가인공지능위원회'[14] 출범식에서 "인공지능 3대 강국(AI G3) 도약을 견인할 국가 AI 혁신 비전"으로서의 「국가 AI 전략 정책방향」을 발표하기도 하였다.[15]

본 정책방향은 민관 협력을 통한 범국가적 '4대 AI 플래그십 프로젝트'를 추진하겠다고 밝히고 있는데, 첫 번째 프로젝트는 국가 인공지능 컴퓨팅 인프라의 대폭 확충이고, 두 번째 프로젝트는 민간부문에서의 인공지능 투자를 대폭확대하는 것이고, 세 번째 프로젝트는 국가 전반의 인공지능 대전환을 추진하는 것이며, 네 번째 프로젝트는 인공지능 안전 · 안보 · 글로벌 리더십을 확보하는 것이다.

인공지능 기술의 발전이 과거에는 인간만이 담당하던 영역을 대체하는 등 인간 능력의 한계를 극복함으로써 경제적 · 사회적 혁신을 창출하고 궁극적으로는 삶의 질을 높일 것이라는 기대의 이면에 사회적 불안과 우려가 만연해 있다는 것도 사실이다. 인공지능의 일자리 대체에 의한 실업 발생과 고용의 불안정과 같은 문제는 현실화가 되고 있고, 기술의 한계와 오용이나 악용의 가능성으로 인하여 안전과 신뢰에 대한 우려도 나타나고 있다(정보통신정책연구원, 2024).

특히 생성형 AI의 발전으로 대규모 언어모델(LLM: Large Language Model), 이미지 생성 모델(IGM: Image – Generation Model), 영상생성모델(TVM: Text to Video Model), 소규모언어모델(sML: small Language Model), 대규모멀티모달모델(LMM: Large Multimodal Model), 대규모 액션모델(LAM: LargeAction Model)의 개발 등으로 세상 변화와 비즈니

---

12) 문광진(2024), "인공지능 규제 입법에 관한 일고찰", 《외법논집》 제48권 제3호, 한국외국어대학교 법학연구소, 80쪽.
13) 과학기술정보통신부 보도자료(2019. 12. 17.), "IT 강국을 넘어 AI 강국으로!": 범정부 역량을 결집하여 AI 시대 미래 비전과 전략을 담은 'AI 국가전략 발표.'
14) 국가인공지능위원회는 2024년 8월 6일 대통령령 제34787호로 제정 및 시행된 「국가인공지능위원회의 설치 및 운영에 관한 규정」에 따라 설치되었다.
15) 과학기술정보통신부 보도자료(2024. 9. 26.), "인공지능 3대 강국(AI G3) 도약을 위한 대한민국 AI 혁신의 청사진 제시."

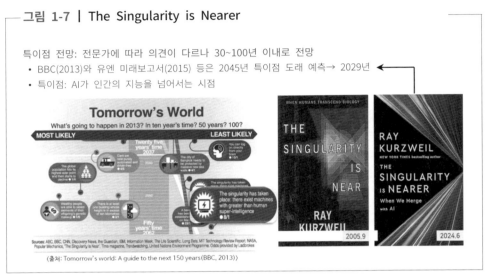

그림 1-7 | The Singularity is Nearer

특이점 전망: 전문가에 따라 의견이 다르나 30~100년 이내로 전망
• BBC(2013)와 유엔 미래보고서(2015) 등은 2045년 특이점 도래 예측→ 2029년
• 특이점: AI가 인간의 지능을 넘어서는 시점

(출처: Tomorrow's world: A guide to the next 150 years(BBC, 2013))

자료: 경정익(2024) 재구성

스 수행의 혁신성이 상상을 뛰어넘게 될 것이라는 것이다.

그리고 4차산업혁명의 추동기술 중에 하나인 블록체인에 의해 부동산분야는 종전의 기술적, 환경적 제한의 한계를 벗어나 부동산 공공서비스의 혁신과 부동산거래, 개발, 금융, 투자분야의 혁신적 발전과 블록체인에 의한 프롭테크가 확대·발전을 하게 될 것으로 보인다. 블록체인의 분산원장기술(DLT)에 의해 중앙집중식 공부 저장 관리에서 부동산공부의 분산저장 관리로 부동산공부의 투명성과 신뢰성이 높아지며, 부동산정보의 공유를 통해 누구든지 신뢰성 있고 시간적 변화에 따른 정보의 현시성이 높아지며, 소요시간과 비용의 절감 효과가 있는 정보에 의한 각종 권리 설정 및 확인이 가능해져 부동산 공공서비스의 혁신이 이루어질 것이다.

그리고 메타버스(Metanverse)에 의한 비대면 트렌드가 확산되면서 메타버스 프롭테크라는 새로운 개념이 확산되어 부동산시장에 혁신이 나타날 수 있을 것이다. 일반적으로 메타버스는 가상현실을 구축하는 것을 목적으로 발전되고 있으나 가상현실을 통해 새로운 부가가치를 창출할 수 있게 될 것이다.

지구라는 공간의 한계성 때문에 부동산 측면에서 지구 이외의 행성에 대한 관심을 가지고 있었던 관심을 메타버스 기술을 활용하여 새로운 가상공간으로 이동시키고 있는 것이다. 즉 디지털 전환시대의 중심으로 떠오르고 있는 메타버스에 의해 새로운 공간으로서 부동산의 개념에도 변화가 오는 것으로 이러한 새로운 가상공간에서 부동산거래 서비스가 등장하고 있다. 즉 메타버스 기술로 가상공간에서 부동산를 구성하여 부동산 거래가 이루어지고 있는 메타버스 프롭테크(Metaverse Proptech)가 더욱 확대될 것이다.

또한 도시와 주택, 공장, 농장 등이 혁신적인 정보기술에 위해 스마트하게 발전하는 스마트 시티, 스마트 홈, 스마트 팩토리, 스마트 팜 등 "스마트 X" 구현이 되고 있으며, 부동산에도 정보기술이 적극적으로 활용 융합되는 프롭테크가 확대될 것으로 보인다.

이와 같이 인공지능, 블록체인 등 스마트 정보기술의 발전 등은 부동산분야의 변화 발전에 주요 트렌드가 되고 있다.

디지털전환에 의한 미래모습

메타노믹스의 확산에 따라 부상할 것으로 보이는 미래는 라이프 시뮬레이션 발달과 맞춤 시대 도래, 아바타를 통한 다중 라이프 정착, 정교해진 재난·재해 대비 시스템, 유니버셜 메타버스의 발달, 트랜스휴먼의 등장, 메타제너레이션의 탄생, 일자리 지각변동 정신과 신체의 건강 악화 등 8가지 상을 포함한다. 국민이 전망한 디지털 대전환 미래상은 빅데이터를 활용한 최적의 맞춤 서비스 발달, 언어를 초월하는 소통 기술 발달, 실시간 통역 서비스로 언어 장벽 해소, 글로벌 재난·재해 대응 시스템 발달, 이동수단 발달로 인류 삶의 영역 확장, 반려 로봇 보편화, 신체의 한계를 극복한 트랜스휴먼의 등장, 기술 발달에 따른 양극화 심화와 계급 고착, 휴식할 수 없는 인류, 인간의 운명을 결정하는 AL, 모든 정보가 데이터로 측정되어 활용되는 상황. 범죄 예측 기술 발달, 완벽한 감정 통제, 로봇 배우자와 자녀, 꿈과 수면을 통한 학습 등으로, 19개의 미래상 중 15개가 인공지능 확산과 밀접한 관련이 있다.

국민들이 긍정적으로 바라보고 기대하는 미래에는 메타휴먼의 등장(트랜스휴먼), 실시간 통역 서비스로 다른 언어권의 인재와 소통, 인공지능이 최적화된 삶의 방향 제시, 자율주행 이동 수단 활용 등 고도화된 인공지능이 활용될 것으로 보았다. 메타 휴먼의 등장은 인공지능과 로봇 기술이 융합된 결과물이고, 실시간 통역은 인공지능을 활용하여 언어 학습의 한계를 뛰어넘는 결과물이다. 최적화된 삶을 인공지능이 제시하는 것은 인간이 할 수 있는 의사결정 중 가장 극단에 있는 의사결정을 인공지능에 맡긴다는 것이다. 자율주행 이동 수단을 이용하는 미래상에서 국민들은 목적지를 입력하면 교통 취약계층도 편리하게 이동할 수있으며, 목적지를 정하지 않고 출발하는 여행도 자율주행의 추천에 따라 즐길 수 있을 것으로 기대하였다. 이러한 전망은 사람들의 의사 결정 비용을 인공지능을 통해 최소화하고, 인공지능을 활용해 확보한 여유 자원을 또 다른 활동에 투입하여 새로운 활동을 영위할 수 있음을 의미한다.

부정적으로 바라보는 미래는 안전과 직결된 사건들과 인간의 본질에 대한 고민의 집합이다. 인공지능이 확산된 미래에 강한 인공지능이 빅브라더가 될 것이라는 우려가 있었으며, 고도화된 인공지능이 학습된 윤리적 판단을 근거로 자신을 해할 수도 있다고 보았다. 다만, 첨단 인공지능이 예방할 수 있는 안전 문제들과 에지 사례로 나올 수 있는 사건들 간의 총량을 비교하여 긍정적으로 보기도 하였다. 본질에 대한 고민은 인간의 의사결정을 인공지능이 대신할 경우, 인간은 인공지능이 결정하는 대로 사는 인형이 될 것으로 보았다. 의사결정 과정의 비합리성이 인간의 행동을 예측하기 어렵게 만들고 새로운 방향을 개척하기도 한다는 점에서 인공지능기반의 의사결정은 학습된 경로만 선택하게 될 것이라고 보았다.

자료: 과학기술정책연구원(2024)

CHAPTER
2

제4차산업혁명과 사회변화

section 1 **제4차산업혁명 등장과 특징**

Ⅰ 제4차산업혁명의 등장

제4차산업혁명은 세계경제포럼의 의장인 클라우스 슈밥(Klaus Schwab)이 2015년 12월 12일 Foreign Affairs지에 기고한 글에서 제4차산업혁명론을 설명하면서 시작되었다. 그리고 다음해 2016년 1월에 개최된 세계경제포럼(다보스 포럼)에서 클라우스 슈밥에 의해 "제4차산업혁명의 이해(Mastering the 4th Industrial Revolution)"를 주요 의제로 본격적인 논의가 시작되었고 2016년 6월에 발간한 소책자를 통해 자세한 논의가 이루어졌다(슈밥, 2016).

클라우스 슈밥이 제기한 제4차산업혁명이란 명제는 다음과 같은 두 가지의 선행 논의를 배경으로 출현을 주장하게 되었다고 볼 수 있다. 즉 슈밥은 제4차산업혁명의 촉발하게 된 배경은 2011년에 시작된 독일의 인더스트리 4.0(Industry 4.0)이란 정책이 하나이며, 또 다른 하나는 인공지능, 로봇 등 디지털 기술의 발전이 일자리에 미칠 영향에 대한 논의이다. 슈밥은 제조업 부문에 국한하여 추진되었던 독일의 인더스트리 4.0을 전 산업분야로 확대됨으로써 제4차산업혁명이 진입하게 되었음을 주장했는데,

이 과정에서 내용적으로는 브린욜프슨과 맥아피(2014) 등 최근의 디지털 기술발전에 대한 문헌들이 많이 참고가 되었다. 사실 독일은 과거 세계 최고 국가에서 시간이 흐름에 따라 국가경쟁력이 떨어지는 경향을 탈피하여 부흥하고자 글로벌 경쟁력은 제조업분야에 인더스트리 4.0(Industry 4.0) 정책을 추진하는 것이었다. 즉 독일은 인공지능, 빅데이터 등 스마트 기술은 활용함으로서 제조업의 혁신적 발전을 통해 국가 부흥을 하고자 하는 인더스트리 4.0 정책을 추진하여 산업의 획기적인 발전과 성과를 이루는 것을 목격하면서 새로운 패러다임을 제시한 것이라 할 수 있다. 즉 스마트기술을 통해 종전과는 다른 혁신적이고 차별화된 변화와 발전이 나타나게 됨으로써 새로운 산업혁명에 직면하였음을 주창하게 된 것이다.

슈밥의 제4차산업혁명을 주창한 초기에는 큰 주목을 받지 못했지만 2016년 3월 이세돌 9단과 인공지능의 바둑대결을 한 알파고 쇼크가 계기가 되어 급속히 확산되었다. 인공지능으로 대표되는 최근의 기술발전이 세상을 크게 변화시킬 가능성이 있다는 인식이 알파고 충격을 계기로 전문가들로부터 일반인에 이르기까지 확산하게 된 것이다.

한편 슈밥이 제시한 제4차산업혁명 진입은 현재 많은 시간이 지났지만 아직도 제도권 학계에서는 이렇다 할 반론이나 코멘트가 활발하지 못하다. 이는 짧은 소책자 형태로 2016년 발표된 슈밥의 제4차산업혁명론에 대한 논리성이 미흡하여 학문적 접근이 되기 어렵기 때문인 것으로 보인다. 그나마 유의미한 비판을 제시한 경우는 고든(2017)과 Rifkin(2016)으로 그 중 고든은 주로 생산성 관점에서 제4차산업혁명론의 배경이 되는 기술 낙관론자들을 비판했고, 리프킨은 산업혁명의 구성 요건과 기술적 연속성 측면에서 비판이 이루어졌다.

Ⅱ 제4차산업혁명론

'산업혁명(Industrial Revolution)'이라는 용어는 1844년 프리드리히 엥겔스가 창안해 세상에 등장한 이후, 1884년 아널드 토인비의 '영국 산업혁명 강의(Lectures on the Industrial Revolution of the Eighteenth Century in England)'에서 구체적으로 언급되었다.

산업혁명의 최초 등장은 1세기가 지난 이후 역사적 의미로 해석되어 세간에 널리 알려졌으며, 증기라는 새로운 동력원에 대한 역사적 발견의 가치가 평가되었다고 할 수 있다. 18세기 말의 제1차산업혁명이 시간축에서 기준점을 설정한 이후, 인류는 1세기마다 새로운 진보를 창출해 내었으며, 이에 대한 공감대는 제2차산업혁명(19세기 말)과 제3차산업혁명(20세기 말)이란 용어의 부여로 정리되었다.

Y2K 버그의 재앙을 언급하며 21세기를 맞이한 기억이 아직도 남아 있으나, 현시점(21세기 초)에서 사람들은 제4차산업혁명을 입에 담기 시작했다. 단순히 언급되는 수준이 아니라 어느덧 제4차산업혁명이란 용어가 자연스럽게 들릴 정도로 언급이 빈번하고 일상화된 상황이라는 표현이 더 적절할 것 같다.

슈밥(2016)은 인터넷과 컴퓨터에 의한 제3차산업혁명을 지나 새로운 산업혁명이 도래하였음을 주장하고 있다. 그는 제1차산업혁명에서 부터 제3차산업혁명의 시기와 핵심 기술동인을 간략하게 언급한 후 제4차산업혁명을 기술하고 있다. 또한 3차례에 걸친 산업혁명을 설명하는 다양한 정의와 학문적 논의를 살펴봤을 때, 오늘날 우리는 제4차산업혁명의 시작점에 있다고 말한다. 디지털 혁명을 기반으로 한 제4차산업혁명은 21세기의 시작과 동시에 출현하였다는 것이다. 유비쿼터스(Ubiquatous) 모바일 인터넷, 더 저렴하면서 작고 강력해진 센서, 인공지능과 기계학습이 제4차산업혁명의 동인이라는 것이다(Schwab, 2016).

제4차산업혁명은 단순히 기기와 시스템을 연결하고 스마트화하는 데 그치지 않고 훨씬 넓은 범주까지를 포함한다. 현재 기술의 발전은 유전자 염기서열분석에서 나노기술, 재생가능 에너지로 부터 양자컴퓨팅까지 다양한 분야에서 거대한 약진이 동시다발적으로 일어나고 있다. 이 모든 기술이 융합하여 물리적 영역, 디지털 영역, 생물 영역이 상호교류하는 제4차산업혁명은 종전의 그 어떤 산업혁명과도 근본적으로 궤를 달리한다고 한다(Schwab, 2016).

기존의 1차로부터 3차에 이르는 산업혁명과는 현저히 구별되는 제4차산업혁명이 현재 진행 중이라는 사실을 뒷받침할 만한 세 가지 근거는 다음과 같다.

- 속도: 제1차~제3차산업혁명과 달리, 제4차산업혁명은 선형적 속도가 아닌 기하급수적 속도로 전개 중이다. 이는 우리가 살고 있는 세계가 다면적이고 서로 깊게 연계되어 있으며, 신기술이 그보다 더 새롭고 뛰어난 역량을 갖춘 기술을 만들어냄으로써 생긴 결과다.
- 범위와 깊이: 제4차산업혁명은 디지털 혁명을 기반으로 다양한 과학기술을 융합해 개개인분만 아니라 경제, 기업, 사회를 유례없는 패러다임 전환으로 유도한다. '무엇'을 '어떻게' 하는 것의 문제분 아니라 우리가 '누구'인가에 대해서도 변화를 일으키고 있다.
- 시스템 충격: 제4차산업혁명은 국가 간, 기업 간, 산업 간 그리고 사회 전체 시스템의 변화를 수반한다.

– Schwab(2016) –

그리고 최근의 기술적 변화가 경제 성장, 일자리, 기업 활동, 국가 및 정부, 국제 관계와 안보, 사회, 개인에게 미치는 영향을 차례로 서술한다. 이러한 슈밥의 논리적 주장을 요약하면, 21세기의 시작과 함께 이전의 디지털 혁명과 구분되는 새로운 산업혁명이 시작되었고, 그 파급 효과는 경제와 사회의 모든 부문에 미치는데, 이것이 이전과 구분되는 새로운 산업혁명인 근거는 최근의 기술변화가 지닌 속도, 범위와 깊이, 시스템적인 충격이라는 것이다.

그러나 이러한 그의 주장은 몇 가지 문제를 내포하고 있다. 우선 지금이 제4차산업혁명인 근거로 최근의 변화가 보여주는 속도, 범위와 깊이, 시스템적 충격을 제시했는데, 이는 매우 모호하고 부적절한 기준이라는 것이다. 또한 얼마나 빨리 변해야 새로운 산업혁명이 되는 것인가?에 대해 슈밥은 구체적인 기준을 제시하지 않았다. 그리고 슈밥도 동의하듯이 1970년대 이래로 디지털 기술은 매년 10%씩 발전하는 것이 아니고 기하급수적으로 발전하는 것을 의미한다. 따라서 향후 5년이나 10년 뒤에 변화의 속도는 지금보다 더욱더 빨라질 것이므로 슈밥은 5~10년 뒤 또다시 제5차산업혁명을 언급해야 할지도 모른다는 것이다. 리프킨(Rifkin, 2016)도 중요한 것은 속도가 아니고 산업혁명을 '규정하는 기술(Defining Technologies)'의 변화 여부라는 것이다.

따라서 슈밥은 변화의 속도를 강조하기 전에 제4차산업혁명의 핵심적인 기술동인이 무엇인지를 설명했어야 하나 이러한 부분이 분명하게 드러나지 않는 것이 가장 큰 한계라 할 수 있다. 슈밥은 처음 제4차산업혁명의 도래를 선언할 때는 모바일 인터넷, 센서, 인공지능을 그 특징으로 제시했다가(Schwab Klaus, 2016: 25) 바로 다음 페이지에서 유전자 염기서열 분석, 나노기술, 재생가능에너지, 퀀텀 컴퓨팅을 언급하면서 물리적 영역, 디지털 영역, 생물 영역의 융합을 언급하고 있다(Schwab Klaus, 2016: 26). 그리고 제4차산업혁명의 추동기술(Driver Tech.)을 기술한 2장에서는 이 세 영역에 존재하는 최신 유망 기술들을 차례로 나열하고 있어 핵심적인 기술동인을 일관성 있게 제시하지 못하고 있다.

Ⅲ 제4차산업혁명의 특징

제4차산업혁명 시대는 인공지능, 빅데이터, 메타버스, 블록체인 등 핵심기술들에 의해 정보를 자동으로 수집, 데이터화하고 분석하여 현실과 가상의 세계를 하나로 연결한 O2O(Online-To-Offline) 체계가 구축되는 것이다.

제4차산업혁명은 오프라인과 온라인이 혼합되며 현실공간과 가상공간이 공존하여 형성된 정보를 바탕으로 개인별 맞춤형 생산을 촉진한다는 점에서 정보를 수동적으로 온라인에 입력해야 했던 제3차산업혁명과 구별된다. 제4차산업혁명은 기술적인 측면에서 사물인터넷(IoT)에 의한 '초연결화' 그리고 인공지능(AI), 빅데이터(Bigdata)에 의한 '초지능화', 확장현실(XR: eXtended Reality)에 의한 '초실감화' 그리고 블록체인(Blockchain)에 의한 '초신뢰화'가 이루어지는 시대로서 '모든 것이 상호 연결되고 보다 지능화된 사회로 변화'한다는 특징이 있다. 제4차산업혁명은 인류가 지금까지 전혀 경험하지 못할 만큼 빠른 속도로 획기적인 기술의 진보와 전 산업 분야의 혁신적인 개편을 불러일으킨다는 것이다.

또한 행태적인 측면에서 제4차산업혁명은 급진적, 파괴적, 융복합적이란 특징이 있어 이에 대해 살펴보고자 한다.

그림 2-1 | 제4차산업혁명의 특징

자료: 경정익(2024)

1. 제4차산업혁명의 특징 1: 급진적

급진적이란 특징은 정보기술의 획기적인 발전 및 기술혁신의 가속화로 산업혁명의 주기가 단축되고 기술발전과 산업발전 및 규모가 종전과는 달리 상상 이상의 빠른 속도로 변화 발전이 이루어지고 있는 것이다. 예를 들어 과거에는 창업을 하여 유니콘(Unicorn) 기업으로 성장하기 위해서는 20여 년이 소요되었으나 최근에는 인공지능, 빅데이터 등과 같은 스마트 기술에 의해 불과 1~2년 만에 유니콘 기업으로 급성장하기도 한다. 또한 인공지능이 1980년 발전의 한계에 봉착한 이후 알파고는 2016년 이세돌 9단과 바둑 대국을 통해 사람의 지능을 뛰어넘을 수 있는 가능성을 본 이후 불과 1년 후 알파고와는 차원이 다른 알파고제로를 개발하였으며, 2018년에는 단백질의 구조변화를 예측하여 단기간에 획기적으로 신약개발 등 난제를 해결할 수 있는 인공지능인 알파폴드(AlphaFold)를 개발하게 되는 등 기술의 발전이 급진적으로 이루어지고 있다.

┌── 그림 2-2 │ 급진적 발전 사례

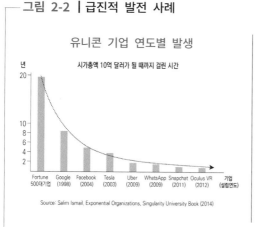

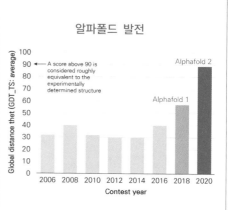

자료: Salim Ismail(2014)[1]; NIA(2022)[2]

2. 제4차산업혁명의 특징 2: 파괴적

제4차산업혁명시대는 과거, 현재와는 전혀 다른 현상이 나타나게 된다는 것이다. 현 시점에서의 미래 예측은 과거와 현재를 바탕에 두고 이루어진다. 즉 미래는 불확실성이 더욱 커져 미래를 예측하기가 거의 불가능해진다는 것이다.

예를 들어 아시아뿐 아니라 러시아와 유럽에 이르는 세계 최대 제국을 건설하였던 몽고의 징기스칸(Genghis Khan, 1162~1227)의 사고는 매우 파괴적이라 할 수 있다. 원정을 출발하여 도달하기까지 소요되는 시간을 상상 이상으로 단축하여 상대가 대비를 하기도 전에 도달하여 공격을 하는 기습의 효과가 전 세계를 정복하는 핵심 요인이 된 것이다. 징기스칸은 기마병의 말에 고기를 묶어 달리면서 마른 고기를 먹으며 기동을 함으로써 이동속도를 상상이상으로 단축하였던 것이다. 기존에는 취사와 병참선을 확보하고 보급을 받으며 기동을 하는 과거와 현재의 방법을 파괴하고 기동

---

1) Salim Ismail(2014), Expontial Organization, Singularity University
2) 한국지능정보사회진흥원(2022), 현대인공지능의 역사적 사건 및 산업사회변화 분석, IT & Future Strategy 제11호(2022.12.31)

과 함께 식사를 하고 보급을 받으며 이동을 하여 도달하기까지 소요되는 시간을 상상 이상으로 단축하였던 것은 파괴적 사고의 사례라 할 수 있다.

또 다른 사례로 커즈와일은 「특이점이 온다(The Singularity is Near)」라는 저서에서 기술적 특이점이 2045년에 다가올 것이라 하였다. 인공지능이 사람의 지능을 뛰어넘는 기술적 특이점이 2045년이 될 것이라는 것이다. 그는 또다시 2045년에는 「특이점이 더 다가온다(The Singularity is Nearer)」 저술을 통해 특이점이 2049년에 도래할 것이라 한다. 인공지능이 인간의 지능을 능가하게 된다면 어떠한 현상이 나타날 것인가 하는 예상은 과거와 현재까지 없었던 현상이다. 즉 제4차산업혁명시대는 과거와 현재의 사고에 기반을 두지 않고, 즉 과거와 현재의 경험을 파괴하고 전혀 다른 미래가 될 것이라는 것을 예고하는 것이다.

3. 제4차산업혁명의 특징 3: 융복합적

제1, 2, 3차에 걸친 산업혁명을 거치면서 세상은 많은 변화와 발전을 이루어 기술적, 학문적, 산업적 모든 면에서 발전은 어느 정도 한계에 이르게 되었다고 할 수 있다.

제4차산업혁명은 디지털 정보기술로 융복합 기술의 공진화, 제조업 부문의 혁신적인 산업구조적 변화, 플랫폼 비즈니스 등 파괴적이고 혁신적인 패러다임 변화를 야기할 것으로 예상된다.

이러한 커다란 변화를 가져올 미래에 대응하는 본질적인 키워드는 '유연성'으로 이를 바탕으로 물리학, 생물학을 비롯한 다양한 영역의 기술들은 빅데이터, AI, IoT, 클라우드컴퓨팅 등 디지털기술과 결합하여 공진화하며 지능적인이고 혁신적인 상용화된 기술이 도출될 수 있다. 또한 3D프린팅 기술을 활용하는 디지털기반 1인 제조방식이 확산되고, 제조업이 서비스나 소프트웨어와 결합되는 등 새로운 부가가치를 생성하기 위해서도 유연함은 필수적인 항목이다. 또한 공유경제, 블록체인시스템 등 온디맨드(On Demand) 기반의 플랫폼 비즈니스는 수요자와 공급자가 필요시에 즉각 거래가 이루어지는 특성상 유연함이 전제가 되며, 이는 임시계약 노동수요를 야기할 것으로 예상된다.

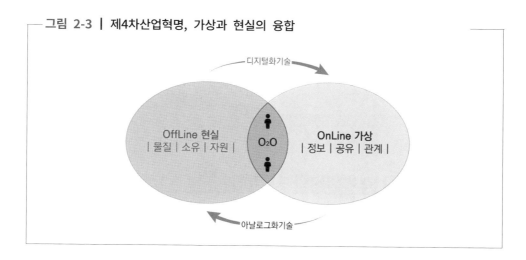

그림 2-3 ┃ 제4차산업혁명, 가상과 현실의 융합

디지털화기술

OffLine 현실
┃ 물질 ┃ 소유 ┃ 자원 ┃

O₂O

OnLine 가상
┃ 정보 ┃ 공유 ┃ 관계 ┃

아날로그화기술

그리고 이제 우리에게는 제조와 서비스를 하나의 가치사슬 내에서 파악하는 융합적 사고로의 전환이 필요하다. 기존방식대로 제품을 판매하면서 서비스가 덧붙는 경우에서부터 제품이 플랫폼화되어 서비스가 주력 비즈니스가 되는 모델까지, 산업구조는 매우 유연하게 변화하고 있다.

시장의 빠른 변화속도는 자체적인 기술개발을 통한 시장선점 못지않게 M&A활성화, IP전략 등 비제조 역량의 중요성 또한 배가시키고 있어, 핵심역량을 확보하기 위해 적극적인 정책마련이 필요해 보인다. 또한 새로운 산업구조 대두에 따른 생태계 구축을 저해하는 규제를 재검토하고, 산업구조 변화로 불가피하게 발생하는 고용구조 변화에 대한 기업과 개인의 부담을 줄이기 위한 정책적 노력이 있어야 한다.

또 다른 측면에서 보면 제4차산업혁명은 제1, 2, 3차 산업혁명이 만든 현실과 가상을 인간을 중심으로 융합하는 혁명이라 할 수 있다. 제4차산업혁명은 현실과 가상을 순환하는 기술이 필요로 하게 되어 현실을 가상화하는 디지털화 기술과 가상을 현실화하는 메타버스 기술 적용이 활발하게 이루어질 것이다. 즉 제4차산업혁명은 메타버스에 사물인터넷과 같은 디지털화 기술과 3D 프린터와 같은 아날로그화 기술에 의한 현실과 가상의 융합이라 할 수 있다.

즉 초연결화(Hyper Connected)로 ICT를 기반으로 하는 사물인터넷(IoT) 및 만물인터넷(IoE; Internet of Everything)의 진화를 통해 인간－인간, 인간－사물, 사물－사물을 대상으로 한 초연결성이 기하급수적으로 확대되며, 초지능화(Hyper Intelligence)로 인공지능(AI)과 빅데이터의 결합·연계를 통해 기술과 산업구조의 지능화가 강화되며, 융합화로 초연결화, 초지능화에 기반하여 기술 간, 산업 간, 사물－인간 간의 경계가 사라지는 '대융합'의 시대가 전망된다.

section 2 제4차산업혁명의 사회변화

세계경제포럼(WEF)의 회장인 클라우스 슈밥은 2016년 다보스 포럼을 통해 현재 우리는 제4차산업혁명에 진입하였으며, 미래는 혁신적이고 파괴적인 변화를 가져올 것이라는 점을 강조하였다. WEF(2016)에서 정의하는 제4차산업혁명은 인공지능(AI)과 기계학습(ML), 로봇공학, 나노기술, 3D프린팅, 유전학, 생명공학기술과 같이 이전에는 서로 단절되어 있던 분야들이 경계를 넘어 분야 간 융복합을 통해 발전해나가는 '기술혁신'의 패러다임이라는 것이다. 혁신적인 기술의 융복합 트렌드는 향후 스마트홈, 스마트공장, 스마트농장, 스마트그리드 또는 스마트시티 등 스마트시스템 구축으로 공급사슬 관리부터 기후 변화에 이르기까지 다양한 문제에 대응할 수 있는 범용적인 기술로 자리잡을 것으로 예상하고 있다. 이와 같은 기술혁명과 병행하여 진행되는 일련의 광범한 사회경제적, 지정학적, 인구학적 발전은 기술적 요인에 버금가는 영향을 미칠 것이다.

세계경제포럼에서는 기술적 측면을 강조한 반면, 제4차산업혁명의 가장 주목할 만한 혁신은 '제조업 혁신'이다. IoT, 클라우드 컴퓨팅, 3D프린터, 빅데이터 등 ICT기술을 통해 생산공정과 제품 간 상호 소통시스템을 지능적으로 구축함으로써 작업 경쟁력을 제고하는 것으로 독일의 '인더스트리 4.0'이 대표적이다. 즉 제4차산업혁명은 제조공정에 사이버물리시스템(CPS)이 도입되어 자동화, 지능화되어 '제조공정의 디지털화'와 '제품의 서비스화'라는 측면이 강조되고 있다.

제조공정의 디지털화는 스마트공장의 확산을 의미하는데, 3D프린터를 기반으로 맞춤형 소량생산이 가능해진 공정혁신으로부터 현재 GE의 산업인터넷(Industrial

Internet)전략처럼 공정 전반과 제품의 유지관리, 제품을 기반으로 고객 접점을 확보하고 지속적인 AS를 지원하는 것까지 광범위하다. 즉 제조업의 수익 모델이 기존에 제품을 판매하는 것에서 제품이라는 플랫폼을 기반으로 각종 서비스를 판매하는 것으로 변화하고 있으며, 모바일 기기 이외에도 자동차, 가전기기 등 여러 제품군에서 변화의 바람이 이루어지고 있다.

한편 광의의 관점에서 보면 제4차산업혁명은 플랫폼을 활용한 신규 서비스시장 전체를 의미한다. 이는 플랫폼 비즈니스가 확산되고 있다는 것을 의미하는데 공유경제나 온디맨드(On Demand)서비스시장이 바로 여기에 해당된다. 새로운 산업들은 중개인(에이전트)을 대신하는 지능적인 플랫폼을 기반으로 유휴자원에 대한 수요와 공급을 즉각적으로 연결해주는 특징을 가지고 있어 고용시장이 유연해진다. 서로 모르는 사용자들끼리 신뢰를 주는 공적기관을 두지 않은 상태에서 프로그래밍을 통해 암호화되는 시스템(예: 블록체인)을 공동으로 만들어가는 산업구조인 플랫폼 비즈니스로 발전하게 된다. 현재 이러한 블록체인 기술을 이용하여 금융거래를 하고 있으며, 향후 부동산거래, 각종 국가발급 증명서, 보험금 청구, 의료기록, 투표 등 안정성과 신뢰성·효율성이 강화된 모든 거래가 블록체인시스템을 통해 구현되고 있다.

이와 같이 제4차산업혁명은 크게 첫째는 융복합되며 공진화하는 기술혁신이며 둘째는 제조업의 산업구조 혁신(제조공정의 디지털화, 제품의 서비스화)이다. 그리고 셋째는 AI 기반의 플랫폼 비즈니스(공유경제, 블록체인 등)라는 3가지 측면으로 파악될 수 있다.

I 제4차산업혁명 혁신적 기술과 영향

1. 제4차산업혁명의 혁신기술

제4차산업혁명시대는 디지털 정보기술과 기존의 영역의 기술들은 상호 융복합되고 공진화되는 혁신기술이 부각되고 있다. 즉 제4차산업혁명시대는 혁신기술을 기반으로 하는 플랫폼이 확산되며 산업구조가 변화되거나 새로 창출되도록 영향력을 가진다. 세계경제포럼(WEF)은 제4차산업혁명을 주도하는 혁신기술로 인공지능, 메카트로닉스, 사물인터넷(IoT), 3D 프린팅, 나노기술, 바이오기술, 신소재기술, 에너지저장기술, 퀀텀컴퓨팅 등을 기반으로 기가인터넷, 클라우드 컴퓨팅, 스마트 단말, 빅데이터, 딥러닝, 드론, 자율주행차 등의 산업이 확산되고 있다고 보고 있다.

　　세계경제포럼(WEF) 회장인 클라우스 슈밥(Klaus Schwab)은 2016년 다보스포럼에서 현재 우리는 제4차산업혁명에 접어들고 있어 가까운 미래에 급진적이며 혁신적이고 파괴적인 변화를 맞이하게 될 것이라는 점을 강조하였다. 또한 그는 제4차산업혁명을 인공지능(AI)과 기계학습(ML), 로봇공학, 나노기술, 3D 프린팅과 유전학, 생명공학기술과 같이 종전에는 서로 단절되어 있던 분야들이 융복합되고 공진화(Co-Evolution)되는 혁신기술은 패러다임의 변화가 있을 것이라 하고 있다(WEF, 2016). 이와 같이 혁신기술을 기반으로 하는 플랫폼이 다양한 산업분야에 확산되면서 산업구조의 변화와 신 가치 창출에 영향력을 가진다는 것이다. 또한 혁신기술의 융복합 트렌드는 향후 스마트도시, 스마트 홈, 스마트 공장, 스마트 농장, 스마트 그리드 등 '스마트-X' 시스템 구축으로 공급사슬 관리부터 기후 변화에 이르기까지 다양한 문제에 대응할 수 있는 범용적인 기술로 자리 잡을 것으로 예상하고 있다. 따라서 제4차산업혁명은 기술혁명과 함께 진행되는 일련의 광범위한 사회경제적, 지정학적, 인구학적 혁신적 발전에 영향을 미칠 것이다(경정익, 2020).

　　제4차산업혁명을 이끄는 주요 기술혁신은 디지털 정보기술을 광범위하게 활용하여 전개되고 있다. 클라우스 슈밥 회장의 저서인 "제4차산업혁명(The Fourth Industrial Revolution, 2016)"에서 메가트렌드 관점에서 주요 혁신기술 중 스마트 정보기술인 빅데이터와 인공지능, 사물인터넷, 블록체인 등을 언급하고 있어 이를 살펴보고자 한다.

　　먼저 빅데이터와 인공지능은 제4차산업혁명에서 핵심적이고 혁신적인 기술이라 할 수 있다. 빅데이터, 인공지능은 공공서비스, 제조분야, 의료분야, 유통분야 등 다양한 분야에서 혁신적인 발전을 기할 수 있는 기술로 그 시장은 더욱 확될 전망이다.3)

---

3) IDC(2022)는 생성형 AI를 포함한 인공지능의 시장가치는 2022년에는 1,180억 달러, 2026년에는 3,000억 달러에 이를 것이라 하며, Statista(2023)는 2023년 2,418억 달러, 2030년에는 7,387억 달러에 이를 것으로 예측하고 있다.

그리고 사물인터넷(IoT)으로 상호 연결된 기기와 사람 그리고 다양한 플랫폼을 기반으로 사물과 인간을 연결하여 대량의 데이터가 생성 활용하게 되는 새로운 패러다임이 창출되고 있다. IoT 환경에서 생성되는 다양하고 광범위하게 생성되는 데이터를 처리하기 위한 클라우드 컴퓨팅 그리고 빅데이터 산업이 발달하고, 일련의 혁신적인 기술들에 인공지능(AI)이 더해져 급진적인 변화를 이끌어내고 있다. 더 나아가 사물인터넷 시대는 온디맨드(On Demand) 경제구조로 산업구조의 빠른 전환을 야기한다(경정익, 2021).

또한 블록체인(BlockChain)은 비트코인에 의해 알려진 일종의 분산원장시스템(DLS: Distributed Ledger System)으로 이미 금융, 보험, 주식거래, 물류분야, 공공서비스 등에서 이미 상용화가 이루어지고 있다. 발생한 데이터(장부)는 특정한 해시(Hash)값에 의해 서로 연결되어 블록체인에 참여한 모든 노드(Node)에 지속적으로 누적된다. 따라서 한 번 등록된 데이터에 대해서는 수정이 불가능하며, 지속적으로 쌓인 데이터는 임의 조작이 불가능하게 된다. 이러한 특성으로 인해 블록체인은 저장된 데이터의 신뢰성과 무결성이 보장된다.

또한 이더리움의 스마트계약(Smart Contract)은 의료, 자동차, 부동산, 보험, 복권, 공급망 관리, 암호 교환거래, 금융거래, 계약, 법률, 정부(전자 투표 시스템) 등과 같은 다양한 산업분야에서 유용하게 활용될 것으로 전망되고 있다. 그리고 ICO(Initial Coin Offering)와 토큰화(Tokenization)를 통해 획기적인 변화가 예상된다(경정익, 2020).

물리학기술은 무인운송수단, 3D프린팅, 로봇공학, 그래핀 등 신소재 유형의 소재, 제품에 ICT기술을 접목하여 혁신적인 제품들이 등장하고 있다. 센서와 인공지능의 발달로 자율 체계화된 모든 기계의 능력이 빠른 속도로 발전함에 따라 드론, 트럭, 항공기, 보트 등 다양한 무인운송수단이 등장하고 있다. 3D프린팅은 디지털 설계도를 기반으로 유연한 소재로 3차원 물체를 적층(Additive)하는 방식으로 기존 제조공정과 완전히 다른 작업환경을 필요로 하여 이미 다양한 분야에 활용되고 있다. 로봇은 센서의 발달로 주변 환경에 대한 이해도가 높아지고 그에 맞춰 대응도 하며, 다양한 업무 수행이 가능해졌다. 기존에 없던 스마트 소재를 활용한 신소재(재생가능, 세척가능, 형상 기억합금, 압전세라믹 등)가 시장에 등장했다.

표 2-1 | 제4차산업혁명을 이끄는 기술

메가트렌드	핵심기술	
물리학 (Physical) 기술	무인 운송수단	• 센서와 인공지능의 발달로 인한 자율 체계화로 드론, 차량, 항공기, 보트 등 다양한 무인운송수단 등장 • 현재 드론은 주변 환경의 변화를 감지하고 이에 반응하는 기술을 갖추어 충돌을 피하기 위해 자율 항로변경 등이 가능
	3D프린팅	• 디지털 설계도를 기반으로 유연한 소재로 3차원 물체를 적층(Additive)해 나가는 기술 • 현재 자동차, 항공우주, 의료산업에서 주로 활용되며, 의료 임플란트에서 대형 풍력발전기까지 광범위한 활용 가능
	로봇공학	• 로봇은 점차 인간과 기계의 협업을 중점으로 발전 • 센서 발달로 로봇은 주변 환경에 대한 이해도가 높아지고 그에 맞춰 대응도 하며, 다양한 업무 수행 가능 • 클라우드 서버를 통해 원격정보에 접근이 가능하고 다른 로봇과 네트워크로 연결 가능
	그래핀 (신소재)	• 기존에 없던 스마트소재를 활용한 신소재(재생가능, 세척가능, 형상기억합금, 압전세라믹 등) 등장 • 그래핀(Graphene)과 같은 최첨단 나노소재는 강철보다 200배 이상 강하고, 두께는 머리카락의 100만분의 1만큼 얇고, 뛰어난 열과 전기의 전도성을 가진 혁신적인 신소재
디지털 (Digital) 기술	사물 인터넷	• 사물인터넷은 상호 연결된 기술과 다양한 플랫폼을 기반으로 사물(제품, 서비스, 장소)과 인간의 관계를 의미 • 더 작고 저렴하고 스마트화된 센서들은 제조공정, 물류, 집, 의류, 액세서리, 도시, 운송망, 에너지분야에 내장되어 활용
	블록체인 시스템	• 블록체인(Blockchain)은 서로 모르는 사용자들이 공동으로 만들어가는 시스템으로 프로그래밍이 가능하고 암호화(보완)되어 모두에게 공유하여 특정 사용자 시스템 통제불가 • 블록체인 기술을 이용하여 금융거래, 부동산거래, 각종 국가증명서 발급, 보험금 청구, 의료기록, 투표 등에 블록체인시스템 활용
생물학 (Biological) 기술	유전학	• 유전자 염기서열분석의 비용은 줄고 절차는 간단해졌으며, 유전자 활성화 및 편집도 가능 • 인간 게놈프로젝트 완성에 10년이 넘는 시간과 27억 달러가 소요되었으나, 현재는 몇 시간과 100달러 비용 소요
	합성생물학 (Synthetic biology)	• DNA데이터를 기록하여 유기체를 제작할 수 있어 심장병, 암 등 난치병 치료 • 데이터 축적으로 개인별 맞춤의료 서비스 및 표적치료도 가능 • 농업과 바이오 연료생산과 관련 대안 제시
	유전자 편집	• 유전자 편집기술을 통해 인간의 성체세포를 변형할 수 있고 유전자 변형 동식물도 만들어 낼 수 있음

자료: 클라우스 슈밥(2016)

생물학기술은 기술적으로 빠르게 발전하고 있으나 생물학의 한계는 기술이 아닌, 법·규제 그리고 윤리적인 문제이다. 과거 인간 게놈프로젝트 완성에 10년이 넘는 시간과 27억 달러가 소요되었으나, 현재는 몇 시간과 100달러가량의 저렴한 비용이 소요되는 것으로 알려졌다. 합성생물학기술은 DNA데이터를 기록하여 유기체를 제작할 수 있어 심장병, 암 등 난치병 치료를 위한 의학분야에 직접적인 영향을 주고 있다. 그리고 유전공학의 발달은 경제적이고 효율적인 작물을 키워내는 것부터 인간의 세포를 편집하여 병증을 미연에 방지하는 것까지 광범위하고 우리의 삶과 직결되어 있다.

▐▌ 제4차산업혁명과 산업구조 변화

제4차산업혁명의 전개과정에서 혁신적 선도기업들이 제4차산업혁명에서 추진하고 있는 가치사슬상의 혁신과 생산방식의 변화, 더 나아가 비즈니스모델의 혁신에 대한 논의를 기반으로 산업구조의 변화 방향을 살펴보면 다음과 같다.

초연결성과 초지능화 확산에 따른 제품과 서비스의 스마트화, 시스템화센서와 초고속통신 기반의 사물인터넷과 빅데이터, 인공지능(AI), 클라우딩 컴퓨팅 등 지능정보기술의 적용과 확산으로 사람과 사람, 제품과 서비스, 기계와 기계의 상호 연결성이 강화되고 있다. 또한 초지능화가 진행됨에 따라 제품과 서비스의 경쟁요소가 단순히 가격과 품질이 아니라 데이터를 연결하고, 지능화하여 누가 먼저 새로운 가치와 시장을 선점하느냐가 중요해지고 있다.

또한 초연결성과 초지능화 확산에 따라 제품의 경쟁단위도 단순 제품(Stans alone) 생산에서 시스템 또는 시스템의 시스템으로 확대되고 있다. 예를 들어 농기구 제조업체가 트렉터, 경작기, 파종기 등 농기계를 스마트 및 네트워크화로 통합할 경우, 농기계 전반의 성능향상 외에 날씨정보시스템, 파종최적화시스템, 관계시스템과의 연계가 가능해진다. 이러한 방식으로 새로운 비즈니스 확장이 이루어지고 있다. 따라서 전체 시스템에 가장 큰 영향을 미치는 제품과 서비스를 보유한 기업은 이러한 통합과정 전체를 리드하여 상대적으로 더 큰 부가가치를 창출할 수 있는 역량과 전략적 시야를

그림 2-4 | 산업별 디지털전환 현황과 전망

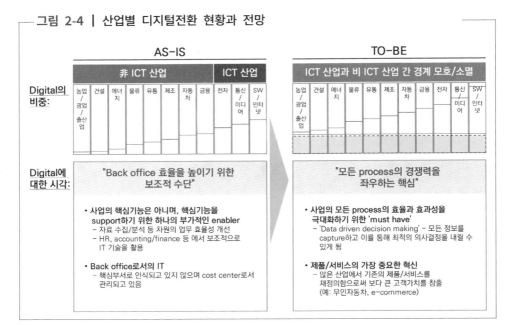

자료: 건축도시공간연구소(2018)

확보하는 것이 중요해지는 것이다.

하드웨어와 소프트웨어의 융합으로 인한 제조업과 서비스업의 융합화와 지능정보기술 기반의 디지털화가 급속히 진전되면서 일상의 모든 영역이 끊임없이 상호 연결되며, 네트워크화된 자원에 의존도가 점차 심화되고 있다. 네트워크화된 센서, 액추에이터, 내장형 하드웨어·소프트웨어 등을 통해 물질세계와 가상세계가 통합되면서 산업모델도 점차 변화가 진행되고 있다. 그 결과 기존의 제품기반(Product-Based) 산업이 서비스 기반(Survice-Based)으로 전환되고, 자동화·표준화의 진전 및 개인 맞춤형 제품 생산이 확대되고 있다. 이러한 제조업의 서비스와 융합화의 진전으로 장기적으로 제조업의 비중이 다소 줄어들지만, 엔지니어링, 소프트웨어, 컨설팅, 기업법률자문 등 지식기반 서비스산업의 비중이 확대되는 것이다.

이 과정에서 기존의 제조업체가 융합형 혁신을 통해 제품과 서비스의 영역을 재정립하는 등 선도자의 우위를 유지하는 경우에는 신규 기업의 진입을 방해할 수 있다. 따라서 기존 제품과 서비스를 보호하는 소극적 대응으로 일관할 경우, 기존 제품이 범용상품으로 전락하거나 새롭게 부상하는 플랫폼 기반의 신규 진입기업에게 주도권을 상실하고 OEM공급자로 전락할 가능성도 배제할 수 없다.

1. 제4차산업혁명과 제조업의 미래

제4차산업혁명의 도래로 기존의 제조업은 빅데이터, 인공지능, IoT 등 디지털기술 및 플랫폼 비즈니스와 같은 새로운 패러다임으로 변화되며, 맞춤형 소량생산, 스마트공장 등 제조공정 측면의 혁신과 소비자 접점이 제품에서 IoT 제품 기반의 서비스로 혁신적인 변화가 진행되고 있다.

(1) 제조공정의 혁신: 3D프린팅기술 도입에 따른 맞춤형 소량생산 가능

디지털 제조는 기존의 저비용 기반의 대량생산 및 유통시대로부터 인터넷을 통해 생산, 유통, 소비가 가능한 시대로의 전환이 이루어지고 있으며, 개인이나 벤처, 중소기업들도 소규모 자본으로 생산이 가능한 공정의 혁신이 나타난다. 누구든지 혁신적인 아이디어를 디지털화하고 시제품 공유와 피드백을 통해 제품의 완성도를 높일 수 있는 기회가 주어진다.

인터넷 플랫폼 기반의 온디맨드경제가 확산됨에 따라 다품종 소량생산에 대한 수요가 지속적으로 증가하고 있다. 또한 어디서나 접속이 가능한 네트워크 기반 스마트기기들이 클라우드, 빅데이터와 결합된 디지털 제조공정이 가능해짐에 따라 비용 절감을 위해 해외에 있던 공장이 국내로 회귀하는 리쇼어링(Re-shoring) 현상이 일부 나타나고 있다. 그리고 3D프린팅은 컴퓨터로 디지털도면을 수정하고 전송하면 언제 어디서나 3D프린터로 즉시 제품을 제작할 수 있는 제조업의 디지털화를 가능하게 한다.

종전의 금형을 제작하여 주물을 찍어내고 용접하는 과정을 반복하는 제조공정으로는 수요자의 요구에 따라 맞춤형 소량생산으로 대응을 해야 하는 온디맨드경제구조에 대응하기 어려운 상태이다. 그러나 설계도와 소프트웨어 등이 공개된 오픈소스(Open Source)의 등장과 3D프린팅의 확산으로 제조기술에 대한 진입 장벽이 완화되어 아이디어와 소자본으로 누구나 창업이 가능한 환경이 조성되고 있다.

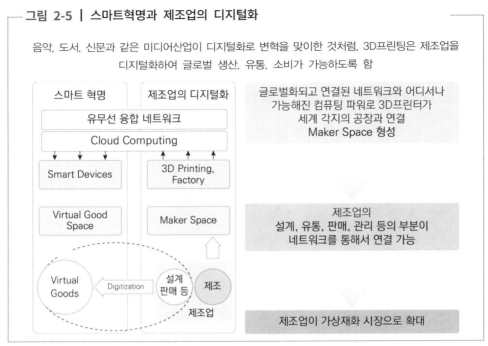

그림 2-5 | 스마트혁명과 제조업의 디지털화

음악, 도서, 신문과 같은 미디어산업이 디지털화로 변혁을 맞이한 것처럼, 3D프린팅은 제조업을
디지털화하여 글로벌 생산, 유통, 소비가 가능하도록 함

스마트 혁명	제조업의 디지털화
유무선 융합 네트워크	
Cloud Computing	
Smart Devices	3D Printing, Factory
Virtual Good Space	Maker Space

Virtual Goods ← Digitization ← 설계 판매 등 · 제조

제조업

글로벌화되고 연결된 네트워크와 어디서나
가능해진 컴퓨팅 파워로 3D프린터가
세계 각지의 공장과 연결
Maker Space 형성

제조업의
설계, 유통, 판매, 관리 등의 부분이
네트워크를 통해서 연결 가능

제조업이 가상재화 시장으로 확대

자료: 디지에코(2013.6.27) 재구성

테크숍(Techshop), 메이커 운동(Maker Movement) 등 저렴한 비용으로 제조설비
를 대여하는 개방형 제조 플랫폼이 등장하여 생산 인프라 확보를 위한 사회 전체적
인 투자비용을 절감시키고 있다. 예를 들어, 하드웨어 제작 플랫폼인 퀄키(Quirky)는
고객이 직접 원하는 다양한 제품을 생산하는 새로운 사업모델로, B2B(Business to
Business) 기반의 대량생산이라는 전형적인 제조업사업 모델이 아닌 디지털 플랫폼
기반의 생산방식을 제공하는 대표적인 업체이다. 퀄키는 지금까지 150여 개의 제품
을 출시하고 113만여 명의 회원이 확보된 하드웨어 제작업체로 회원들의 아이디어
를 받아 투표를 통해 선정한 후 클라우드 소싱(Crowd Sourcing)을 이용해 하드웨어를
제작한다. 또한 스마트워치의 선두기업인 페블(Pebble) 역시 완벽히 작동하는 시제품
을 공개한 후 클라우드 펀딩(Crowd Funding)을 통해 자금을 조달하여 제품을 사용하
는 데 성공하였다.

(2) 스마트공장 확산(공정의 자동화, 지능화)

IoT를 통해 수집한 빅데이터를 클라우드 방식으로 공유하고, 빅데이터로 상황을 분석, 현실 또는 메타버스에 의해 생산 시뮬레이션을 가동하여 생산의 효율성을 시하는 생산체계가 구축되고 있다. 제조설비, 부품, 제품 등에 센서와 RFID를 장착하여 제조환경, 설비 운영현황 등 생산공정 전반에 걸친 자료를 실시간으로 수집하고, IoT 및 사이버물리시스템(CPS: Cyber Physical System)을 통해 생산 공정의 사전검증 및 실시간 관리가 이루어지는 것이다.

GE가 표방하고 있는 산업인터넷전략은 바로 스마트공장시스템을 전제로 가능하다. GE는 디지털 트윈에 의해 그리고 각종 센서를 장착한 기기로 다종다양한 데이터를 수집하고, 빅데이터분석을 통해 제품 및 장비의 사고방지, 유지관리 고도화, 운영의 최적화를 추진한다. 제품 판매 후에는 유지/보수서비스를 포괄적으로 제공하며 고객과의 접점 확보를 통해 '제조업의 서비스화'를 추진하고 있다.

현실적으로 스마트공장의 범위는 3D프린팅을 기반으로 맞춤형 소량생산이 가능해진 공정혁신으로부터 현재 GE의 산업인터넷(Industrial Internet)전략처럼 공정 전반

표 2-2 | 스마트공장의 수준별 정의

수준 정의	표준	IoT 대상	특성	조 (구축 수준)	주요 도구
Level 5	자율운영	작업자, 설비, 자재, 운전조건+환경	맞춤 및 자율 (Customized)	모니터링부터 제어, 최적화까지 자율로 진행	인공지능, AR/VR, CPS 등
Level 4	최적화	작업자, 설비, 자재, 운전조건	최적화 (Optimized)	공정 운영 시뮬레이션을 통해 사전 대응 가능	센서 제어기, 최적화 도구
Level 3	제어	작업자, 설비, 자재	분석 (Analysed)	수집된 정보를 분석하여 제어 가능	센서+분석도구
Level 2	모니터링	작업자, 설비, 자재	측정 (Measured)	생산정보의 모니터링이 실시간으로 가능	센서
Level 1	점검	자재	식별 (Identified)	부분적 표준화 및 데이터 관리	바코드, RFID

자료: 중소벤처기업부(2020).[4]

---

4) 중소벤처기업부(2020), 부산 스마트공장 보급 확산 사업안내

에서부터 제품 및 장비의 유지관리, 나아가 판매된 제품을 기반으로 고객접점을 확보하고 지속적인 AS 지원에 이르기까지 광범위하다. 스마트공장의 경우에도 현장 자동화, 공장운영, 기업자원관리, 제품개발, 공급사슬관리(SCM: Supply Chain Management) 등의 단계에 따라 디지털 기술의 미적용 수준에서 고도화까지 수준에 따라 매우 다른 양상으로 나타난다.

스마트공장의 제조기반을 보유하지 않은 기업에서도 맞춤형 소량생산서비스를 제공하는 혁신사례도 등장하고 있다. 한국전자통신연구원(ETRI)이 개소한 개방형 제조서비스는 스타트업 또는 중소기업이 인터넷을 통해 제품 제작을 의뢰해 오면(시제품 포함) 스마트공장에서 제품을 생산해서 온라인 마켓플레이스를 통해 제품을 전달하는 서비스이다. ETRI가 지원하는 스마트공장에는 3D프린터, 로봇, 컴퓨터 수치제어(CNC) 등이 주요 설비이며, 향후 IoT, 모델링, 무선통신, 클라우드 컴퓨팅, 인공지능 등 ICT기반의 미래형 공장을 추구하고 있는 것이다(테크엠, 2016).

(3) 제품의 서비스화(제품과 서비스의 결합, 제품과 SW의 결합)

제품의 서비스화는 제조업 가치사슬에 서비스의 역할이 새로 편입되거나 확대되는 것을 의미한다. 사실상 이미 글로벌기업들은 자사의 제조업에 디지털기술기반의 서비스를 결합한 비즈니스를 의미한다. 애플이 하드웨어, 소프트웨어 그리고 서비스를 연계할 수 있는 플랫폼을 구축하고 소비자와 콘텐츠 제공자를 그 플랫폼으로 연결시키는 새로운 소비생태계를 구축한 것이 대표적인 사례라 할 수 있다. 애플은 스마트폰(제품)과 앱스토어(서비스)를 결합하여 고객에게 고부가가치를 제공하는 것이 2015년에 전 세계 시가총액 1위가 되는 결정적인 계기가 되었었다.

특히 사물인터넷(IoT)기술의 확산으로 제품의 상태를 고객에게 지속적으로 알려주며 서비스를 제공하는 것이 용이해진 것이다. 구글이 2014년 인수한 자동온도조절기 네스트도 제품시장에서 서비스시장으로 사업영역을 확대하였다. 그리고 미국의 전기차 업체인 테슬라도 SW 업그레이드를 통해 판매한 자동차의 성능을 개선하고 문제점을 보완하고 있으며, 전통적인 자동차 업체인 GM, 포드 등이 차량 공유서비스에 나서거나 관련 업체에 투자하는 경우도 이런 제품의 서비스화에 해당한다. 또한 스마트TV를 판매한 후 다양한 콘텐츠 및 서비스를 온라인으로 제공하는 삼성전자, LG전자도 제품의 서비스화가 진행되는 사례이다(테크엠, 2016.5).

전통적인 제조업은 기술이 표준화되고 글로벌 아웃소싱을 통해 최저비용으로 생산이 이루어지다 보니 더 이상 가격과 성능으로는 제품의 차별화를 통한 경쟁력을 확보하기 어려워지고 있다. 선도업체와 후발업체 간의 품질의 차이는 없어져 가격 인하 혹은 생산기간을 단축하는 등 출혈경쟁이 이어지고 있는 것이다. 이러한 상황에서 '제품의 서비스화'는 제품 차별화를 위한 좋은 대안이 되고 있다. 즉 고객 다변화, 글로벌시장 경쟁 심화 등으로 인해 하드웨어 중심의 경쟁력으로는 글로벌시장 내 경쟁우위를 점하기 어려워짐에 따라 디자인, UI/UX,5) 임베디드 소프트웨어 등 소프트파워에 기반한 차별화 전략이 고객유인의 핵심이 되고 있는 것이다.

2. 온디맨드 경제의 등장과 고용구조의 변화

(1) 온디맨드 경제(On Demand Economy)

온디맨드경제는 플랫폼과 기술력을 보유한 회사가 수요자의 요구에 즉각적으로 대응하여 서비스 또는 제품을 제공하는 경제전략 혹은 활동을 의미한다. 제4차산업혁명에 따라 '자동화', '노동대체기술의 발전', 그리고 '온디맨드 플랫폼 비즈니스 확대' 등의 산업구조적인 패러다임 변화가 빠르게 진행되고 있으며, 이는 일자리 지형을 바꾸는 고용구조 변화로 이어질 것으로 예상된다.

기존 산업구조에서의 시장원리는 사람, 유휴자산(재화)과 정보를 유통 플랫폼에 등록하고, 수요와 공급자가 모두 그 안에서 거래하는 방식이다. 이때 공급과 수요가 만나는 지점에서 가격이 결정되고 시장 전체에 통용되는 것이다.

반면 온디맨드경제는 거래에 당사자들이 제품과 서비스를 소유하지 않고 이용할

---

5) UI(User Interface)는 사람과 컴퓨터시스템·프로그램 간 상호작용을 의미한다. 그러므로 UI 디자인은 사용자와 컴퓨터·프로그램 간 의사소통의 효과성과 효율성을 극대화하기 위해 인간, 환경, 기술 요소를 통합하는 활동이다.
　　UX(User Experience)는 사용자 경험으로 디지털시대 주요 키워드로 사용자가 어떤 제품이나 서비스를 이용하면서 축적하게 되는 모든 지식과 기억, 행동과 감정의 총체적 경험을 의미한다.

수 있으며, 디지털 플랫폼이 거래의 중개 역할을 담당한다. 디지털 플랫폼은 충분히 활용되지 못한 자산들(자동차 주차시간, 집의 남는 방, 거래 중개자, 배달이나 집수리를 위한 기술 등)을 효율적으로 사용하도록 하며, 서비스를 추가로 제공할 때 발생하는 한계비용이 거의 제로에 가깝다는 특징이 있다. 이러한 이유로 디지털 플랫폼은 자산을 활용하여 거래하거나 서비스를 제공할 때 발생하는 거래비용이나 마찰비용을 크게 감소시켜, 참여자 모두에게 경제적 이익을 부여하는 것이다.

세계 최대 택시기업인 우버(Uber)와 숙박 제공업체 에어비앤비(AirBnB)는 자동차와 부동산을 직접 소유하지 않고 운영하여 수익을 창출하는 디지털 플랫폼 비즈니스는 기존의 비즈니스와는 완전히 다른 형태임을 보여준다.

온디맨드경제는 차량, 숙박뿐만 아니라 배달, 청소 등 단순노동서비스로 확장되

표 2-3 | 분야별 온디맨드 비즈니스 사례

업체명	구분	내용
Lyft	택시	우버와 유사한 카쉐어링 업체로 택시서비스 제공
InstaCart	장보기	코스트코, 홀푸드 등 마트에서 고객이 원하는 신선식품 등을 1시간 이내에 배달하는 쇼핑 대행서비스 제공
Handy	가사노동	집안 청소, 가구조립, 실내 페인팅, TV설치, 에어컨설치, 전구교체 등 각종 가사노동 및 수리서비스 제공
TaskRabbit	심부름	지역 내 인력 매칭 플랫폼으로, 청소, 이사, 배달, 출시일 맞춰 매장에 줄서기, 각종 수리서비스 등을 제공
DoorDash	음식배달	자체 배달서비스를 제공하지 않는 지역 내 유명 레스토랑 음식을 배달해주는 서비스 제공
Luxe	발레파킹	주차공간을 찾는 데 오랜 시간이 걸린다는 점에서 착안, 모바일 앱을 통해 주차대행서비스 제공
DogVacay	팻시터	펫시터 반려동물을 돌봐주는 플랫폼
Fiverr	전문가	음악, 그래픽, 번역, 비디오편집, 디자인, 이력서 첨삭, 웹분석 등 각종 분야의 전문가서비스 제공
Quicklegal	법무	법률적 조언이 필요한 사람과 변호사를 연결
HourlyNerd	컨설팅	1~2인 회사부터 대기업까지 17,000명의 각 분야의 독립 컨설턴트를 연결하고 컨설팅서비스를 제공

자료: KB금융지주경영연구소(2019.8.1)

어 진행되고 있으며, 최근에는 법무 및 컨설팅 등 전문인력서비스분야에도 적용되고 있다.

새로운 환경에서 혁신적인 비즈니스 모델은 직무능력(Skill Set)의 파괴적 변화로 이어지고 있다. 이와 관련한 설문조사에서 응답자들은 이미 광범위한 일자리와 산업에서 디지털 정보기술에 의한 파괴적 비즈니스 모델 변화로 기존 직무능력의 적합성에 가시적인 변화를 느끼고 있다고 한다.

혁신기술에 대한 요구가 빠르게 높아질수록, 개별 직업군과 직업에 대한 기술요건의 변화 정도는 더욱 확연해지고 있다. 예를 들어, 로봇공학과 기계학습 같은 기술의 파괴적 변화는 기존 직업과 직종을 완전히 대체하기보다는 직업의 일부로 이전에 수행하던 특정 과업만을 대체하게 된다. 따라서 근로자는 보다 자유롭게 새로운 과업에 집중할 수 있게 되어 이들 직업에서 핵심 직무능력에 급속한 변화가 일어나고 있다. 심지어 기술적 변화의 직접적인 영향을 받지 않는 안정적인 고용 전망을 가진 직종으로 예를 들면, 신흥시장의 새로운 인구 층을 겨냥한 마케팅이나 공급사슬 전문가 역시 불과 몇 년 후에는 활동하게 될 생태계의 변화에 따라 크게 달라진 직무능력을 요구받게 될 것이다. 이처럼 비즈니스 모델에 대한 기술적, 인구학적, 사회경제학적 변혁의 영향은 고용 지형과 직무능력 요건의 큰 변화를 불러오며 이에 따라 인재의 채용, 훈련과 관리에 상당한 어려움이 초래될 것으로 예상된다(WEF, 2016).

(2) 노동의 변화

제4차산업혁명시대와 인공지능 특히 생성형 AI와 관련하여 가장 많이 이슈화되는 사회변화는 일자리 증감 여부이다. 프레이와 오스본(2013)이 미국에 있는 직업의 47%가 자동화되어 20년 이내에 사라진다는 전망을 한 후, 인공지능과 로봇이 인간의 일자리를 빠르게 대체할 것이라는 전망이 속속 나오고 있다. 벨기에의 브르겔(Bruegel) 연구소는 EU에서 직업의 54%가 자동화되어 사람들이 심각한 노동위기에 처할 가능성이 있다는 연구결과를 발표하기도 하였다.

클라우스 슈밥은 제4차산업혁명에 따라 효율성과 생산성이 장기간에 걸쳐 향상되면서 생산 비용이 줄어들어 새로운 시장이 생겨나고 경제가 성장할 것이라 전망한다. 반면 자동화 기술로 인한 노동 대체의 가능성과 경제적 불평등은 사회적 위협으로 작용할 수 있다고 강조하고 있다. 또한 그는 제4차산업혁명이 비즈니스에 미치는 네 가지 중요한 변화로 소비자 기대, 제품 향상, 협력적 혁신, 조직 형태를 들고 있다. 제4차산업혁명의 추동기술로 인해 혁신 기업은 품질, 속도, 가격이라는 가치 전달 방식을 개선하여 기존의 가치사슬을 붕괴시키고, 데이터 접근방식의 보편화로 인해 소비자 중심으로의 경제로 전환되기 때문에 이에 대응하기 위한 새로운 형태의 협력과 조직 형태가 요구된다고 보는 것이다.

그러나 인공지능에 의한 일자리 감소 연구들은 다음과 같은 반론이 있다. 대체적인 방향성은 지금까지의 일자리 변화에 대한 예측이 어느 정도 설득력은 있으나 구체적인 일자리 변화를 예측하기에는 별 도움이 안 되고 있다는 것이다. 무엇보다 일자리 변화에 영향을 미치는 다양한 변수를 반영하지 못해 예측과 실제 결과가 다르게 나올 가능성이 매우 농후하다는 것이다. 예컨대 각 직업군이 갖는 정치적 영향력은

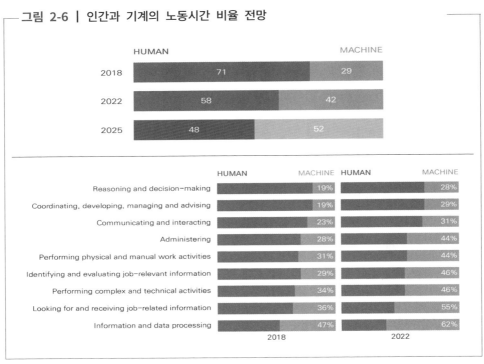

그림 2-6 | 인간과 기계의 노동시간 비율 전망

자료: WEF(2018)

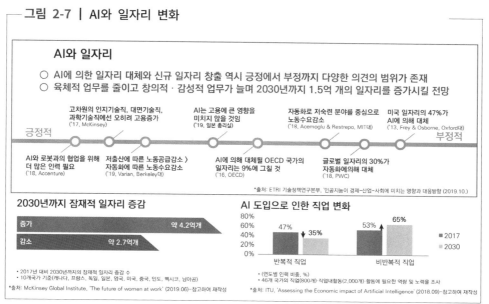

그림 2-7 | AI와 일자리 변화

자료: 경정익(2024), 강의자료

업무의 속성 못지않게 일자리 대체 여부에 결정적인 영향을 미치지만 이를 제대로 반영한 연구는 찾아보기 어렵다. 관련된 여러 변수들을 과학적으로 반영하거나 통제하지 못한 결과로 일자리 변화의 전망이 연구마다 큰 차이를 보이고 있다. 전 세계에서 자동화로 사라지는 일자리가 작게는 180만 개에서 크게는 20억 개로 예측되어 그 차이 폭이 너무 넓어 가늠하기가 쉽지 않다. 따라서 MIT 연구진은 이런 현상을 두고 "우리가 내릴 수 있는 유일한 결론은 기술진보에 따라 얼마나 많은 직업이 실제로 사라질지 우리가 모르고 있다는 것이다"(Winick, 2018)라고 하여 시사하는 바가 크다.

기술의 발전과 고용의 관계를 좀 더 살펴보면, 기술에는 노동의 생산성을 높여주는 보완적인 기술이 있고 노동을 불필요하게 하는 대체기술이 있다. 예를 들어 컴퓨터기술은 일을 빠르고 쉽게 효율적으로 처리할 수 있게 하여 노동의 생산성을 높여주는 보완적 기술이다. 반면에 자율주행자동차를 구현하는 기술은 운전자를 아예 필요 없게 하는 대체기술이다. 이 두 가지 기술 중 산업계에서 선호하는 기술은 보완적 기술보다 대체기술일 것이다. 이는 임금의 문제이기도 하지만 경영차원에서 보면 노사관계의 어려움에서 해방되고 생산성도 월등히 높일 수 있기 때문이다.

과거에는 단순하고 반복적인 육체노동이 주로 컴퓨터와 기계로 대체되었으나 인공지능이 발전하고 이를 장착한 로봇이 상용화되면서 고급 지식노동자까지 급속도로 대체되어 가고 있다. 인공지능이 발전하면서 방대한 자료를 분석하고 패턴을 발견하며 이를 바탕으로 예측하는 기능은 인간이 인공지능과 로봇을 따라갈 수 없음은 알파고를 통해 입증되었다. 또한 생성형 AI와 멀티모달은 더욱더 인간의 노동을 대체할 수 있을 것이다.

부동산분야에서는 인공지능 특히 생성형 AI으로 인하여 컨설팅이나 중개사의 입지가 더욱 좁아질 것으로 보인다. 미국의 경우 부동산전문가가 아닌 비전문가에 의해 방대한 데이터를 기반으로 상용화한 부동산가격 예측 모델(예: Zestimate)에 의한 가격 예측이 월등히 정확하다. 부동산 대출 업무 역시 인공지능 컴퓨터에 의해 대체될 가능성이 크다. 또한 예를 들어 미국의 베터 홀드코(Better Holdco)와 같이 인공지능에 의해 대출 업무 프로세스를 통합 자동화하는 프롭테크는 아무리 대출심사가 복잡하고 까다롭다고 하더라도 일정한 규칙이 있거나 반복적인 업무는 컴퓨터가 더욱 잘하기 때문이다. 그리고 실제 미국 등 외국에서는 부동산 관련 세무업무의 상당부문을 인공지능이 하며, 법률 소비자의 정보를 정리하거나 관련 법령을 체크하고 과거의 판

그림 2-8 | 생성형 AI 에 의한 부동산 활용분야

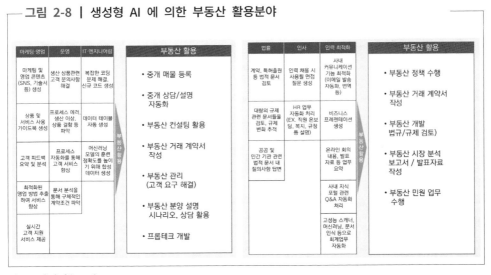

자료: 경정익(2024)

례를 조사하는 등의 업무에서 인공지능이 활용되는 리걸테크(LegalTech)6)가 발전되고 있다.7) 따라서 인공지능으로 인해 밀려난 노동자들은 일자리를 잃거나 비정규직으로 될 것이며 임금수준도 정규직의 60% 정도에 미치지 못할 수 있다. 따라서 규모가 크고 복잡한 업무를 세분화해서 다수의 작은 단위로 만드는 기술이 급속도로 발달함에 따라 하청이나 역외고용이 한층 확대될 것으로 보인다.

다른 한편에서는 일자리 감소에 대한 사람들의 우려는 기술진보가 갖는 일자리 창출효과를 과소평가하는 문제도 있다. 지금까지 역사를 되돌아보면 기술발전은 항상 더 많은 일자리를 창출했음을 끊임없이 증명해 왔다. 현재 문제가 되는 인공지능과 로봇의 경우에도 일자리에 미치는 영향을 실증적으로 따져보면 우리가 걱정하는 것과 달리 사라지는 것보다 창출되는 일자리가 더 많을 것이라는 결론에 도달할 가능성이 높다. 자동화로 인해 파괴되는 직업과 창출되는 직업을 함께 제시한 연구에서 세계경제포럼의 경우를 제외하고, 대부분 감소되는 것보다 더 많은 일자리가 창출될 것으로 전망하고 있다. Bassen(2016)과 OECD(2018)의 연구도 자동화가 서비스분야의 일자리를 증가시킨다는 것을 실증적으로 증명했다. 그들의 연구가 의미있는 것은 컴퓨터, 인공지능 등 각종 자동화기술을 적극적으로 활용한 분야에서 오히려 일자리 증가 속도가 높았다는 것을 밝힌 것이다. 따라서 기술변화에 소극적으로 대응하는 것보다 적극적으로 대응하는 것이 사람들의 우려와 달리 일자리 문제를 궁극적으로 해결하는 데 더 좋은 전략이 될 수 있다는 의미이다.

인공지능에 의한 일자리 창출이 일어나는 메커니즘은 크게 세 가지 방식이 있다. 첫째는 거시적으로 제조업에서 줄어든 인력이 서비스업으로 이동하는데 제조업보다 서비스업의 성장 속도가 더 빨라 국가 전체적으로 일자리가 늘어나는 것으로 미국의 경우 산업 간 인력구조 고도화로 일자리를 증가시키고 있다(OECD, 2018). 둘째는 인공지능을 활용하여 기존에 존재하지 않던 새로운 상품과 서비스를 개발함으로써 새로운 일자리를 만들게 되는 것이다. 자율주행자동차, 디지털 어시스턴트, 챗GPT(Chat

---

6) 리걸테크(LegalTech)는 4차산업혁명과 관련된 빅데이터, 인공지능을 법률서비스에 적용하는 것으로 판사, 검사, 변호사 등이 수행하는 법률서비스(Legal Service)와 기술(Tech)의 합성어이다.
7) 인공지능 판사가 인간재판의 결과를 79%의 정확도로 예측하기도 한다고 한다(조선일보, 2016. 10.25).

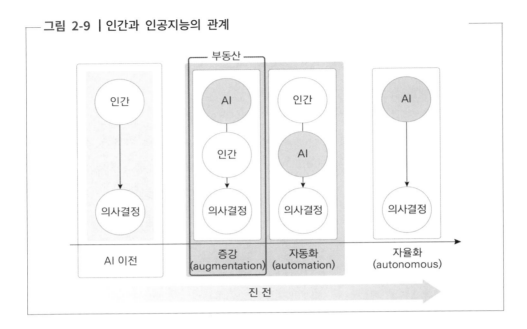

그림 2-9 | 인간과 인공지능의 관계

부동산

인간	AI	인간	AI
인간	AI		
의사결정	의사결정	의사결정	의사결정

AI 이전 / 증강(augmentation) / 자동화(automation) / 자율화(autonomous)

진전

GPT) 등 현재 출현한 지능서비스들이 모두 이런 효과를 수반한다. 셋째는 인공지능이 인간의 능력을 강화하여 일자리를 늘리는 경우이다. 예를 들어 내비게이션을 활용하면 길을 모르는 사람도 택시 기사로 일할 수 있는 것과 같이 일자리의 접근성이 높아진다.

이 중 부동산산업은 세 번째 방식의 의미가 크기 때문에 좀 더 자세히 살펴보고자 한다. 인간과 인공지능의 관계는 [그림 2−9]와 같이 자동화(Automation)와 증강(Augmentation)으로 구분할 수 있다. 자동화는 인공지능이 직접 의사결정을 내리고 인간이 이를 감독하는 경우를 말하는 것으로 반복적인 업무에 우선 적용할 수 있는 반면 증강은 인공지능이 결정한 것을 인간이 의사결정하는 것이다. 부동산활동은 자동화든 증강이든 인간과 인공지능 사이에 일종의 협업관계가 형성되는 것으로 인간이 인공지능에 의한 정보를 바탕으로 의사를 결정할 가능성이 높다. 이는 부동산은 고가이며 심리, 느낌, 감각(촉) 등 무형의 부분이 중요하게 작용하여 반드시 인간이 최종적으로 의사결정하게 될 것이기 때문이다. 더욱이 인간이 전혀 관여하지 않는 자율화는 아직 기술적으로 요원한 상태이다. 일자리 관점에서 보면 자동화는 인간을 대체하는 효과가 두드러지지만, 증강은 일자리를 늘리는 데 크게 기여할 수 있다(Gartner, 2017).

결과적으로 부동산산업은 비용 측면에서 보면 숙련도가 떨어지는 경우에도 업무수행이 가능하여 서비스 제공에 소요되는 비용이 줄어들게 되어 그 결과 부동산 서비스 수요는 증가할 수 있을 것이다. 또한 질적인 측면에서는 개인맞춤서비스 등 새로운 고품질서비스가 개발되어 고부가 서비스 수요를 창출하게 되어 일자리는 증가하게 될 것이다.

만물의 네트워크화가 진행되고 온디맨드경제가 대두됨에 따라 고용구조는 현재의 상용근로직에서 임시계약직으로 변화할 수 있는 가능성도 높다. 기존에는 회사가 직접 직원을 채용해서 고객에게 제품이나 서비스를 제공하기 위해 노동력을 사용했다면, 온디맨드경제구조에서는 수요에 대응한 초단기 계약직을 다수 활용함으로써 기존의 양질의 일자리가 줄어드는 사회문제를 야기할 수 있다.

이렇듯 기업들이 필요한 시점과 기간에 따라 정규직이 아닌 계약직이나 임시직으로 인력을 활용하고 대가를 지불하는 '긱 이코노미(Gig Economy)'란 경제형태가 나타나게 될 것이다. 2016년 6월 미국 상무성은 긱 이코노미와 관련된 통계자료를 만들기 위해 이 용어를 명확히 정의한 바 있다. 우버(Uber)가 전 세계 디지털 플랫폼을 이용하는 기사들과 직접적인 고용을 맺는 대신 '드라이브 파트너'라는 임시계약구조를 가져가는 것이 바로 긱 이코노미의 대표적인 예라 할 수 있다.

III 제4차산업혁명시대 부동산 변화

1. 제4차산업혁명시대 부동산 변화

기존 상업용부동산 가격예측시스템과 옐프(Yelp)[8]의 빅데이터 기반의 예측시스템을 비교해 본 결과, 옐프는 기존의 가격결정체계[9]와는 전혀 다른 POI(Point of

---

8) 옐프(Yelp)는 미국 중심으로 발전한 지역 리뷰 사이트로, 1억 2천만 건이 넘는 누적 데이터를 보유하고 있음
9) 상권 내 소비자들의 중위 소득, 상가 공실률, 건물의 준공연도 등이 포함되어 있음

Interest: 관심 지점)의 밀집도와 POI에 대해 사용자가 매긴 별점의 평균 등은 전체 분석 대상 정보량의 60%를 포함하여 가격평가된다는 분석결과를 발표하였다(McKinsey & Company, 2018).

프롭테크와 부동산서비스의 발전은 '부동산서비스산업 진흥법' 제정을 기회로 프롭테크가 부동산 산업발전의 중심역할을 하고, 융복합 협의체를 중심으로 새로운 기술의 유연한 도입을 위한 민관의 공감대 형성과 해결노력의 필요성과 담당기관의 의지가 중요하다(김성환, 2020).

인공지능(AI), 사물인터넷(IoT), 블록체인(Blockchain) 등 정보기술 발달로 인한 제4차산업혁명은 부동산산업 분야 중 부동산 중개업, 그리고 임대관리업, 자산관리업, 시설관리업 등의 부동산관리 등에 크게 영향을 미칠 가능성이 높아 이에 대해 살펴보면 다음과 같다.

먼저 Forrester Research(2015)은 부동산 중개업을 인공지능이 도입될 수 있는 분야로 공사노동직, 단순 사무보조, 영업판매직과 함께 고위험 직업군으로 분류하고 있다. 부동산의 부동성, 비공개성, 지역성이란 특성이 있어 제4차산업혁명시대 다른 부동산분야보다 상대적으로 부동산 중개업은 중장기적으로 일자리 위험에 노출될 가능성이 매우 높다. 따라서 근본적으로 상대적인 경쟁력과 고도의 전문성을 갖추는 것이 요구되며, 단기적으로는 효율성과 생산성을 향상할 수 있는 방안을 모색해야 할 것이다.

부동산 관리 중 시설관리와 임대관리업 등은 디지털기술에 의해 더욱 체계적이고 과학적인 관리가 가능해질 것이며 온디맨드(On Demand)서비스로 전환될 수 있도록 하여야 한다. 더불어 부동산관리의 가치사슬의 연관 업종을 통합 체계화하거나 네트워크화하여 규모의 경제를 도모함으로써 대규모로 변모해야 한다.

부동산금융업도 단기적으로 제4차산업혁명시대 정보기술이 가장 빠르게 적용되어야 한다. 금융분야의 수요자인 개인이나 기업이 빅데이터, 인공지능과 메타버스, 블록체인 등 정보기술을 통해 효율적인 자금 조달과 최적화된 서비스를 제공받을 수 있어야 한다. 즉 다변화되는 금융시장의 수요를 반영하기 위해 인공지능, 빅데이터와 메타버스, 블록체인 등의 활용 확산이 요구된다.

정보기술을 바탕으로 한 확장현실(XR: eXtended Reality)과 디지털 트윈(Digital Twin)이 적용된 콘텐츠를 활용하여 인테리어나 리모델링 작업을 디지털 시뮬레이션으로 구현함으로써 부동산 판매와 마케팅산업의 발전을 기할 수 있어야 한다.

부동산개발업은 다른 부동산과 관련된 산업에 비해 기획, 디자인 등의 분야는 상대적으로 제4차산업혁명의 영향을 받는데 비교적 장기간이 소요될 것으로 보인다. 빅데이터, 인공지능, 메타버스 등의 디지털기술에 의해 대용량의 자료와 기계적 학습을 통해 기획단계에서 시작하여 개발사업 추진단계까지 활용을 확대해 나가도록 하여야한다.

2. 프롭테크

프롭테크(PropTech)는 부동산(Property)과 기술(Technology)의 합성어로 부동산업에 정보기술을 적용한 새로운 형태의 산업, 서비스, 기업을 의미한다(경정익, 2020). JLL은 프롭테크(Proptech)를 부동산 중심 관점으로 기술을 활용하여 부동산서비스를 보다 효율적으로 개발하거나 개선하는 것으로 정의하여 부동산의 구매, 판매, 임대, 개발, 관리의 전(全) 단계에서 기술을 활용하는 것이라 한다(JLL, 2018). 그리고 KB금

그림 2-10 | 프롭테크 범주

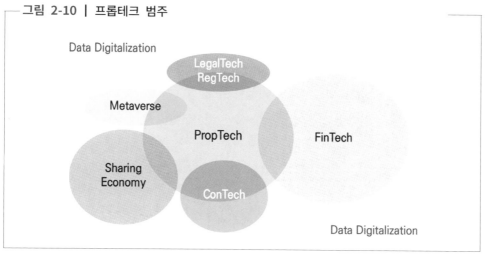

자료: 경정익(2024)

융지주연구소는 기업의 형태에 의미를 부여하여 프롭테크를 부동산 데이터에 기반하여 성공한 스타트업과 디지털화된 신(新) 부동산서비스를 제공하는 기업들로 정의하기도 한다(KB금융지주연구소, 2018).

다시 말해 프롭테크는 부동산분야에 빅데이터, 인공지능, 블록체인, 메타버스(확장현실) 등 다양한 정보기술을 활용하는 부동산산업과 기업, 서비스이다. 즉 [그림 2-10]과 같이 콘테크(ConTech:Construction Technology), 핀테크(FinTech: Financial Technogy), 레그테크(RegTech: Regulation Technology), 리걸테크(Legal Technology), 공유경제, 메타버스 등에서 부동산과 연관된 부분을 모두 포함하는 개념이라 할 수 있다.

프롭테크는 1980년대 영국을 비롯한 유럽에서 시작되어 부동산서비스에 스마트 정보기술을 활용하여 효율성과 효과성을 높이기 위한 비즈니스로 발전이 진행중에 있다.

프롭테크의 연혁에 대해 살펴보면 먼저 1980년대 중반에 상업용 부동산에 대한 설계, 재무, 중개부문의 소프트웨어 업체들이 등장하면서 RETech(Real Estate Technology) 영역으로 영국에서 태동하였다. 그 당시 대표적인 프롭테크인 Yardi(1984)는 부동산 회계·자산관리 통합시스템(Basic Property Management)을 제공하여 부동산 기업이 업무를 효율적으로 수행하도록 하는 것이다. 그리고 CoStar Group(1987)은 사무실, 산업부지, 소매점 등 상업용 부동산에 대한 매매 및 임대 물건정보, 시세분석, 임차인정보 등을 DB로 구축한 'CoStar Property Professional'을 개발10)하여 중개사와 구매자에게 구독정보를 제공하는 비즈니스를 하여 1998년 나스닥에 상장하여 2019년까지 25년간 매출액이 연평균 36% 성장하고 있으며, 2017년 기준으로 기업의 자산가치가 67억 달러가 되는 유니콘기업11)이다

2000년대에는 인터넷 이용이 부동산 중개부문에 활발히 적용되면서 RETech기업

---

10) 중소형 빌딩, 리테일 시설 등 상업용 부동산에 30년 이상 데이터 축적하여 데이터 관리 분석에 10억 달러 이상 투자

11) 유니콘(Unicorn)은 원래 머리에 뿔이 하나 달린 신화 속의 동물을 일컫는데 경제분야에서는 기업가치가 10억 달러 이상인 비상장 신생기업(Startup)을 의미하며, 데카콘(Decacorn)은 전설 속에 등장하는 머리에 뿔이 10개 달린 희귀한 말을 의미하여 기업가치가 100억 달러 이상인 스타트업을 지칭하는 용어로 사용한다.

들이 성장하였다. 대표적인 프롭테크로 라이트무브(RightMove)는 2000년에 Halifax, Countrywide plc, Royal&Sun Alliance, Connells 등 4개의 대형 부동산기업이 합자하여 설립한 영국의 온라인 부동산 포털 기업이다. 이 프롭테크는 부동산 중개사들의 매물 검색서비스와 주택가격지수를 제공하여 2017년 기준으로 기업의 자산가치가 46억 달러에 해당하는 유니콘기업으로 성장하였다.

1990년대 말부터 유럽을 중심으로 성장한 新 ReTech는 모바일 채널과 빅데이터 분석, VR 등 하이테크를 결합하는 특징이 있다. 특히 영국으로부터 출발한 RETech 중 2008년 부동산 중개 포털을 런칭한 Zoopla가 기존 부동산기업들을 인수하면서 2009년 7백만 파운드의 수익 달성을 계기로 프롭테크는 크게 확대되었다.

북미와 아시아 지역에서도 프롭테크 스타트업의 창업이 급격히 증가하고 있으며, 최근에는 미국이 2011년 Airbnb, 2014년 Wework, Houzz, Ten-X가 프롭테크 유니콘 또는 데카콘(Decacorn)기업으로 성장하였으며 2016년에는 SMS Assist, Homelink, Compass, Opendoor 등이 유니콘기업으로 성장하는 등 프롭테크가 확장 중[12]으로 전 세계 프롭테크 투자 건수의 반 이상이 북미와 아시아 지역이다.

특히 중국은 2015년 대중창업, 만중창신 선언을 통해 프롭테크 및 기타 기술기반 기업의 성장을 장려하고 있어 2017년 8월 알리바바와 항저우 저장성 지방정부는 주택 임대를 위한 온라인시스템을 시작하는 등 민간기업과 지방정부가 협업하여 프롭테크 발전이 가속화되었다.

2016년부터 2018년까지 프롭테크 분야의 투자유치액 연평균 성장률(CAGR)은 148.5%로 동 기간 헬스케어(34.6%), 모빌리티 서비스(26.4%)의 성장률 대비 큰 폭으로 증가하였다.

국내에서 2018년 11월 한국프롭테크포럼이 창립시에는 회원사는 26개사였으나 2024년 1월 현재 329개사로 증가하였고 2024년 6월 기준 프롭테크 스타트업의 누적 투자유치 금액도 6조 1,190억원에 이르는 것으로 집계된다(한국프롭테크포럼, 2024).

---

12) 현재 글로벌한 프롭테크 스타트업은 800여개 이며, 기업가치가 10억 달러 이상의 유니콘기업은 2021년 기준으로 총 41개(CB Sight, 2021)로 중개 및 관리, 개발 및 건설, 투자 및 자금조달 순이다.

세계 각국은 코로나 19(Covid-19) 팬데믹으로 인한 급격한 사회변화와 경제적인 충격은 다양한 분야에 크게 영향을 미치게 되었다. 코로나 19 확진자는 2023년 4월 현재 전 세계 7억 4,617만 명이며, 국내는 3,118만 명에 이르고 있다(NCOV, 2023. 5. 1). 2019년 말에 발생하여 전 세계를 휩쓴 코로나 19 충격은 예상과 달리 장기화되면서 코로나 19 이후(Post Cobid-19)는 2022년 4월 코로나와 공존(With Covid-19)하는 체제로 전환을 하여 지금에 이르고 있다.

역사적으로 보면 흑사병, 콜레라 등의 전염병이 인류 역사에 큰 영향을 미친 것처럼 인류는 이번 코로나 19 팬데믹 역시 세계사적 변화와 위기를 동반하면서 국가, 기업, 개인에 이르기까지 엄청난 충격과 변화를 가져왔다. 되돌아보면 감염병은 지속적으로 발생하여 이번 코로나 19 팬데믹도 예견된 위험인 '회색 코뿔소'로서 위험에 대한 과소평가와 미온적인 대비로 나타난 재앙이라 하고 있다.[13]

코로나 19 확산이 시작된 2020년 초 다수의 부동산 전문가는 부동산시장이 침체될 것이라는 부정적 영향이 매우 강할 것으로 예상하였다. 그러나 이러한 예상과는 달리 발생 초기에만 단기간 주택시장의 하락세를 보이다가 그 이전과 다름없거나 오히려 지표상 상승세를 이어갔다. 코로나 19로 인한 경제 침체를 대응하기 위해 막대한 유동성 증가와 저금리로 유럽, 미국 등 주요 선진국과 국내 부동산 시장도 상승세가 지속된 것이다. 코로나 19로 인한 경기침체를 대응하기 위해 이루어진 대규모 통화의 양적완화는 유사 이래 최대 인플레이션으로 세계경제의 심각한 침체가 우려되었다. 따라서 팬데믹이 종식되는 2022년 중반 이후 선제적으로 이를 대응하기 위해 급격한 금리인상이 전격적으로 단행됨으로써 부동산시장은 냉각되는 상황에 이르게 되었다.

코로나 19는 사회·경제·산업 등 모든 분야에서 많은 변화가 있듯이 주거와 사무

---

13) 위험예측보고서인 WEF 글로벌 리스크 리포트는 2007년 발간이 시작된 이래 2020년까지 매년 대규모 감염병 유행을 경고해왔으며, 코로나 19 발생 직전인 2019년 11월에는 넷플릭스 다큐멘터리 'The Next Pandemic'에 빌 게이츠가 출연해 신종 바이러스 대유행을 예고하기도 했음(CNN, 2020.6.26).

실, 상가 등 부동산에도 향후 많은 변화가 있을 것으로 예상되고 있다. 따라서 실제 코로나 19로 인한 부동산의 영향과 변화를 검증해 본다는 것은 향후 부동산 정책수행과 부동산 산업 및 투자자 그리고 일반 소비자에게 이르기까지 매우 중요하다고 할 수 있다.

I STEEP에 의한 영향과 변화

1. 코로나 19의 영향과 변화

코로나 19 팬데믹은 전 세계 사회, 경제, 문화 등 전 분야에 걸쳐 많은 변화와 충격을 주고 있다. 특히 디지털 기술의 발전으로 급진적이며 파괴적, 융복합이란 특징이 있는 제4차산업혁명시대의 디지털전환(Digital Transformation)은 코로나 19로 인해 더욱 가속화되었다. [그림 2-11]과 같이 코로나 19는 감염을 방지하기 위해 디지

그림 2-11 | 코로나 19로 인한 변화 경로 및 영향

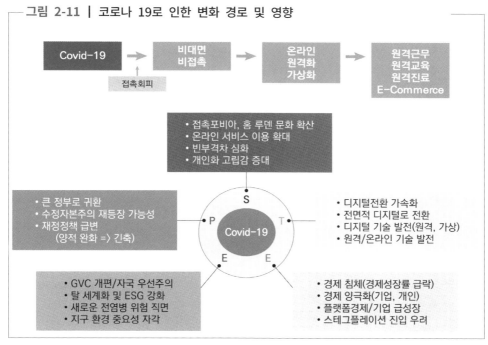

자료: 경정익(2023)

털 기술에 의해 비대면 비접촉으로 인한 온라인화, 원격화, 가상화가 구현되어 STEEP에 의한 다양한 분야에 미치는 영향을 살펴보면 다음과 같다(경정익, 2023).

2. 사회(Social) 부문

코로나 19가 사회부문에 미치는 영향과 변화에 대한 선행연구를 살펴보면 첫째, 코로나 19로 인한 영향으로 동료 및 고객과의 근접성, 대인간 상호작용 등 직업의 물리적 속성이 일자리 변화의 주요요인으로 부각되고 있다. 따라서 현장에서 고객서비스를 제공하는 등 물리적 접근성이 높은 직업군에는 심각한 타격이 되었다. 그리고 고객과 직접적으로 대면하는 상호작용이 없는 컴퓨터 기반 사무분야에서는 원격근무가 확대되어[14] 이는 디지털전환이 가속화하고 지속될 것으로 예상하고 있다(Mckinsey Global Institute, 2021).

둘째, 코로나 19로 접촉을 회피하는 현상이 더해지면서 전개되는 비대면 사회는 단순히 빠른 디지털 사회로의 전환에 그치지 않고 경제활동의 거리, 일과 노동 방식의 거리두기라는 새로운 현상이 나타나고 있다.

셋째, 코로나 19 발생 이후 원격화를 중심으로 노동계급이 재편될 것이라는 함의가 형성되고 있다. 코로나 19의 장기화로 유연근무제는 확대와 정착이 가속화되고 있으며(김유한, 2020; 정익중, 2020), 인공지능의 발전으로 지식노동의 무인화·알고리즘화와 함께 일자리와 노동구조에 급격한 변화가 이루어지고 있다.

넷째, 1인 가구가 증가함에 따라 개인화(Personalization) 트렌드는 코로나 19 이후에 물리적 측면의 타의적 고립에서 심리적인 자의적 고립으로 변모하며 기존의 개인화 추세를 더욱 강화할 것으로 보인다(한국전자통신연구원, 2020). 따라서 개인은 밖에서 활동을 기피하고 집에서 시간을 보내는 '홈 루덴(Home Ludens)'문화가 나타나고 있다.

---

14) 취업 플랫폼인 사람인이 800개 기업을 대상으로 "재택근무 시행 및 지속 여부'에 관해 조사한 결과 53% 기업이 코로나 확산 이후 재택근무를 실시하였으나 거리두기가 완화된 시점에 15%만이 재택근무방식을 유자할 계획이라 함. 반면 네이버는 사내 설문에서 55%가 전면 재택근무를 원하고 있음(한국경제, 2022.5.26).

다섯째, 코로나 19의 높은 감염율과 확산으로 건강과 안전에 대한 이슈가 크게 부상되었다. 일상생활로부터 업무수행에 이르기까지 개인의 건강과 안전이 가장 우선 시되는 의식의 변화가 있다.

여섯째, 소비행태는 오프라인에서 온라인으로 빠른 변화가 나타나고 있다. 즉 코로나 19가 기존 트렌드의 변화를 가속화 하는 것이다. 코로나 팬데믹으로 인한 '온라인 60%'라는 의미는 소비 방식에 있어서 온라인이 주가 되고 오프라인이 부가됨으로써 모든 삶의 디지털화로 주종관계가 역전된다는 것이다.

3. 기술부문(Technology)

우리의 의지와 무관하게 디지털 전환에 대한 사회적 수용성은 높아져 생산과 소비, 일하는 방식 등 경제·사회 전 영역에서 변화가 이루어지고 있다.

인공지능, 빅데이터, 메타버스(XR) 등으로 대표되는 제4차산업혁명의 추동기술이 코로나 19로 인한 비대면 기조를 구현해 줄 수 있는 대안으로 사회 전반에 매우 빠르게 적용되어 디지털 전환을 가속화시켜 이에 대한 영향과 변화는 다음과 같다.

첫째, 종전까지는 부분적이며 단편적으로 진행되어 온 디지털화(Digitalization)는 코로나 19 이후 완전하고 전면적인 디지털화로 전환이 가속화되고 있다(한국경제, 2021; 맥킨지앤드컴퍼니, 2021).

인공지능, 빅데이터, 블록체인, 메타버스(XR) 등 제4차산업혁명 기술들은 코로나 19 방역과 비대면을 구현해 줄 수 있는 대안이 됨으로써 사회 전반에 매우 빠르게 활용되고 있어 제4차산업혁명 시대로의 전환을 가속화시키며 이로서 거대 ICT 기업은 승자독식의 빅테크기업으로 성장하고 있다.

둘째, 생산과 소비, 유통 등 경제 전반에서 자동화와 지능화를 통한 생산성 향상을 위해 활용되는 디지털 기술은 코로나 19 대응 과정에서 비대면·비접촉 거리를 유지한 채 무중단 생산과 서비스 제공이 가능한 무인화와 확장현실(XR)과 메타버스 기반의 비대면 기술이 발전하는 계기가 되고 있다.

셋째, 코로나 19를 대응하는 과정에서 디지털 기술은 생존의 필수재로 삶의 질을 개선하고 경제활동의 기본 인프라로 인식되고 있다. 먹고, 자고, 건강을 지키고, 소비하는 일상의 모든 삶에 디지털 기술이 기반이 되고 있어 세계 각국은 서둘러 디지털 기술을 도입하고 있으며, 유례없이 빠른 속도의 변화가 체감되고 있다.

넷째, 코로나 19로 인해 디지털 기술은 생산성을 높이고 인간관계를 확장하기 위한 보조 수단에만 머물지 않고 개인의 건강과 생계를 보호하고 공동체의 지속가능성을 보장하는 생존의 필수품이라는 점을 확고하게 인식시켜 주고 있다.

4. 경제부문(Economy)

첫째, 주요국들이 팬데믹에 대응하는 과정에서 풀린 유동성과 코로나 19라는 질병이 발생시킨 공포 그리고 이 질병이 가속화한 나라별·지역별 갈등 등이 현재의 매우 복합적인 인플레이션을 발생시킬 수 있다(정용택, 2022).

둘째, 경제적 양극화란 메가트렌드는 팬데믹에 의해 더욱 자극되고 있으며 그 충격은 상대적으로 저소득 노동자 계층에 크게 나타나고 있다. 감염 위험과 사망률뿐만 아니라, 고용 불안정과 소득 규모 감소가 이들에게 집중되어 이를 해소하기 위해 재정정책에 포함된 현금지원 등이 일종의 기본소득처럼 작동되고 있다(중앙일보, 2020).

셋째, 코로나 19 대응 과정에서 기존 편리함을 추구하는 소비자 니즈(Needs)에 접촉 포비아(Phobia) 현상이 더해지면서 온라인 소비의 규모와 범위가 빠르게 증가하고 있으며, 이 과정에서 축적된 소비자의 디지털 경험은 향후 온라인 소비를 지속시킬 관성으로 작용되고 있다.[15) 그 예로 코로나 19 대응 과정에서 온라인 소비의 전체 매출이 증가했을 뿐만 아니라, 식료품 같은 오프라인 중심으로 소비가 이루어지던 제품들도 온라인으로 대체되고 있으며 오프라인 위주로 운영되던 교육, 쇼핑 및 의료 서비스 등이 온라인으로 대체되는 등 원격－X 서비스가 급증하고 있다(한국전자통신연구원, 2020).

---

15) 인공지능이 주도하는 4차산업혁명은 기존에 물리적으로 진행됐던 산업혁명보다 파급 속도가 빠르며, 이는 인간의 직업, 고용, 노동구조에 근본적인 변화를 초래하고 부(富)의 양극화로 이어질 것으로 예상되고 있음.

넷째, 비접촉 요구 증가로 인해 라스트 마일(Last mile)16) 배송까지 포함하는 모든 유통부문의 무인화가 진행되고 있다. 향후 유통시장은 차별적 무인화 서비스를 제공하는 소수 대형업체 중심의 무인화로 가격 및 서비스를 차별화할 것이며, 궁극적으로 무인화 기술을 가진 소수의 유통 대형업체의 시장으로 집중될 것이 전망된다(한국전자통신연구원, 2020).

5. 환경부문(Encology)

첫째, 인류의 역사는 세균과 바이러스와의 끊임없는 싸움의 여정이라 할 수 있다. 인류는 기원전 5세기 장티프스, 17세기 흑사병, 19세기 콜레라, 20세기 이후 스페인독감과 사스, 메르스 그리고 현재 코로나 19에 이르기까지 다양한 바이러스와 세균에 의한 새로운 질병(Disease X)은 인류를 크게 위협하고 있다.

둘째, 최근 코로나 19에 인한 각국의 봉쇄정책으로 인해 글로벌 공급망의 심각한 문제가 노출되어 글로벌 가치가슬(GVC)의 안정성을 강화하고 국제분업 구조를 재구성하는 계기가 되고 있다. 공급망의 원거리와 집중화로 공급 불확실성이 비례되어 다변화, 지역화, 분산화가 요구되고 있다. 이렇듯 글로벌 금융위기, 신흥국의 공급망 확대 등으로 인해 탈세계화 움직임은 코로나 이후 더욱 강화되고 있다.

셋째, 코로나 이후 생산과 소비, 유통의 모든 영역에서 디지털화를 넘어 비대면·비접촉 경제에 성공적으로 안착한 기업과 그렇지 못한 기업 간 격차는 더욱 크게 벌어지고 있다. 그리고 종전까지 디지털 기술로 인한 일자리와 노동환경의 변화는 단순·반복적인 업무와 저숙련 노동자 대체가 주였으나, 코로나 19 대응 과정에서 비대면과 비접촉으로 전환됨으로써 지식노동자의 일자리에도 본격적인 변화가 나타나고 있다.

넷째, 코로나 19로 인해 가속화되는 디지털 사회에서는 무인화에 대한 사회적 수용성이 높아지면서, 고용환경의 디지털 전환이 빨라지고 일자리가 더욱 다양해질 전망이다.

---

16) 유통업체의 상품이 발송을 하여 목적지에 도착하기까지의 전 과정을 의미함.

6. 정책부문(Policy)

첫째, 팬데믹으로 인해 탈 세계화와 자국 우선주의, 재국지화(Deglobalization and Relocalization)가 유발되고 경기 침체로 대량실업에 따른 노동시장 변화, 충분한 유동성 공급에 의한 금융 위기 그리고 민간과 공공의 부채 증가에 따른 재정상태 악화가 우려되고 있다(양승철, 2020). 그리고 주요국이 동시다발적으로 추진한 코로나 19 대응 경기부양책에는 국민에 대한 현금지원을 포함하고 있어 일종의 기본소득 제공과 같은 효과로 나타나고 있다.

표 2-4 | 팬데믹(Covid-19)에 의한 영향과 변화

분 야	팬데믹(Covid-19)에 의한 영향과 변화
사회부문	• 광범위하고 빠른 전 세계적 감염으로 상상이상의 위기감 고조 • 비접촉 비대면 사회로 변화 강요 - 사회전반의 미증유로 혼란과 변화 직면 • 팬데믹에 의한 원격화의 새로운 일상 고착 • 원격화에 의한 노동계급 개편 • 개인화에 의한 사회적 고립감 증대
기술부문	• 디지털기술에 의한 일자리와 노동환경 변화 • 디지털전환의 가속화 • 무인화, 원격화, 가상화로 특징되는 디지털기술 발전 • 부분적 디지털화에서 완전하고 전면적인 디지털로 전환 • 전자상거래(e-Commerce)의 이용 증가
경제부문	• 팬데믹(Covid-19)에 의한 전 세계 경제위기 직면 • 경제 활동의 형태, 방식 변화 강요 • 팬데믹에 의한 경제적 양극화 심화 • 온라인 소득 규모와 범위 확대 가속화 • 유통 전 구간 무인화 대행업체 집중 투자
환경부문	• 새로운 전염병 위협 • 글로벌 공급망(GVC)의 탈세계화, 다변화 및 지역화, 분산화 가속화 전망 • 유연(재택, 원격)근무 정착 • 일자리의 디지털 전환 • 탈세계화 및 ESG 강화
정책부문	• 큰 정부로 귀환 • 경제적 불평등과 수정자본주의 재등장 가능성 • 대규모 재정 투입 및 저금리 정책 추진 - 소상공인, 중소기업 경제적 피해 최소화 및 보상 정책 추진 • 적극적인 재정정책 추진 • 자가격리 및 방역강화 우선 정책 추진

둘째, 코로나로 인한 경제적, 기술적 양극화 해소와 경제 악화를 대비한 사회안전망에 대한 국민의 기대가 높아지면서 '큰 정부로의 귀환'이 당연시 되어가고 있다(Mazzucato & Ouaggiotto, 2020).

셋째, 코로나 팬데믹으로 인한 경제적 불평등은 과거 100년 동안 경험한 수정자본주의와 신자유주의라는 두 차례의 자본주의 변화에 버금가는 경제 정책 전환의 촉매제로 작용하고 있다(한국전자통신연구원, 2020). 즉 코로나 19로 인한 경제적 불평등 구조는 국민의 사회안전망 강화 요구를 상승시켜 정부의 역할과 시장개입을 더욱 강화시키는 수정자본주의가 재등장할 가능성이 있다.

▌Ⅱ▐ 코로나 19로 인한 부동산 변화

코로나 19로 인해 생활양식부터 산업구조에 이르기까지 앞에서 살펴본 바와 같이 그 이전과는 차별되는 새로운 패러다임 변화로 인해 부동산에도 많은 변화가 나타나고 있어 코로나 19 이후 부동산에 영향을 미칠 수 있는 이슈를 도출해 보면 [표 2-5]와 같다.

표 2-5 | 코로나 19 이후 부동산시장 변화에 대한 주요 이슈

구 분	부동산시장 변화 주요 이슈
유연근무	코로나 19 이후 유연근무 지속 여부
	코로나 19 이후 유연근무와 기존 근무를 혼합한 근무 가능성
부동산 가치	코로나 19 이후 도심 및 외곽지역 주택가치의 변화
	코로나 19 이후 도심 및 외곽지역 주택임대료 변화
	코로나 19 이후 도심 및 외곽지역 상가가치 변화
	코로나 19 이후 도심 및 외곽지역 상가임대료 변화
	코로나 19 이후 도심 및 외곽지역 사무실가치 변화
	코로나 19 이후 도심 및 외곽지역 사무실임대료 변화
	코로나 19 이후 도심 외곽 공유오피스 수요 변화
주택의 변화	유연근무로 인해 거주 공간 확대 요구 증가로 도심에서 넓은 공간의 외곽으로 이동 여부
	비접촉 비대면에 따라 직주근접에 따른 도심의 주택 수요 증가
	코로나 19로 인한 주택의 적정면적 증가

구 분	부동산시장 변화 주요 이슈
	주택의 다양한 기능(흡입과 배기, 공기청정 및 소독기능, 비접촉 출입기능 등)이 있는 주택 선호 여부
	주택의 문화와 여가 활동을 충족할 수 있는 기능 보완 요구
토지의 변화	코로나 19로 전자상거래가 확대되고 물류서비스의 경쟁으로 물류시설 설치를 위한 토지 수요 확대
	코로나 19 이후 용도지역 변경을 통해 적정 밀도를 조절하고, 복합적인 토지이용을 추진하여 이동 감소와 과밀 해소
	코로나 19로 인한 심각한 상권쇠퇴지역 위험 정도에 따른 토지가격 영향
정책	코로나 19 이후 정부의 지나친 개입으로 부동산시장이 왜곡될 가능성

첫째, 코로나 19 이후에 유연근무는 지속되거나 확산될 것인가이다. 유연근무의 지속성 여부가 부동산시장에 미치는 영향은 매우 크다고 할 수 있다. 즉 유연근무는 주택가격과 형태와 배치, 규모, 기능 등에 많은 변화를 야기할 것이며, 사무실과 상가 등 상업용부동산에도 미치는 영향이 지대하다. McKinsey는 코로나 19가 최고조로 달했을 때 보다는 감소할 수 있으나 국내·외에서 재택근무는 지속될 가능성이 커 선진국의 경우 약 20~25%가 주 3~5일 집에서 근무할 가능성이 있으며 글로벌 설문조사에서 800여 명의 고위경영진 중 2/3이 자동화 및 AI에 대한 투자 증대를 예상한 바 있다(Mckinsey, 2020).

실제 애플과 구글은 2022년 4월부터 사무실 복귀가 예정되었으나 주 5일 중 3일만 출근하는 것으로 알려졌으며, 트위터의 경우도 2022년 3월부터 사무실을 개방하면서도 출근 여부를 선택하도록 하였다. 그리고 EY컨설팅이 22개국 1,500개 기업 임원들과 직장인 1만 7,000여 명을 대상으로 실시한 설문 조사에 의하면 기업 임원 측 응답자의 22%는 주5일 전면 사무실 출근을 시행하기를 원하는 반면 직원의 80%는 최소 주 2일 이상 재택근무를 하는 하이브리드 근무 형태를 선호하는 것으로 나타났다(한경 비즈니스, 2022.7.12).

국내에서는 2022년 4월 23일 상업용 부동산 데이터 업체인 알스퀘어와 커리어 플랫폼 사람인이 직장인 2,625명을 대상으로 '직장인 근무환경 인식'을 조사한 결과 37.1%가 오피스 출근을, 36.9%가 오피스 출근과 재택근무가 혼합된 하이브리드 근무 형태를 선호하는 것으로 나타나고 있다.

그림 2-12 | 전염병 발생 구간 및 주택가격 변동추이

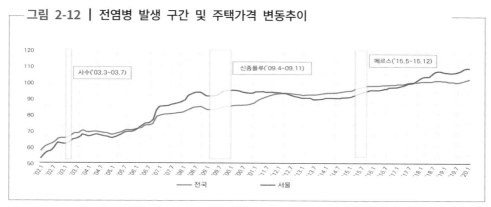

자료: 국토연구원(2020)

둘째, 코로나 19로 인한 경제 침체를 극복하기 위해 적극적으로 추진한 양적 완화정책은 향후 인플레이션을 넘어 스테그플레이션(Stagflation)[17])을 우려하게 되며, 큰 정부의 귀환과 수정자본주의 재등장을 우려하고 있다. 2021년 미국 경제가 코로나 19 위기로부터 빠르게 회복하면서 달러가 강세로 전환하였고, 2022년 들어 미국 연방준비제도이사회(FED)가 통화긴축을 가속화하면서 달러화 가치가 더욱 가파르게 상승하여 무역 감소, 물가상승 압력, 외채부담 가중, 자본유출 확대 등으로 이어져 경제성장 및 금융안정에 걸림돌로 작용할 가능성이 있다(국제금융센터, 2022).[18]) 이러한 현상은 정부의 적극적인 시장 개입으로 부동산시장의 왜곡 가능성 있으며, 장기적인 부동산 경제침체가 우려된다.

한국건설산업연구원(2021)에서는 2000년 이후 코로나 19 감염 시기는 대부분 거시경제, 부동산시장 모두 경기 순환 주기상 상승기로서, 사스와 신종플루, 메르스 등의 3차례 감염병이 직접적으로 주택시장에 영향을 미쳤다고 판단하기는 어렵다고 분석하고 있다.[19]) 그리고 국토연구원(2020)에서도 2003년 사스와 2009년 신종플루 그리

17) 스태그플레이션(Stagflation)은 침체(stagnation)와 폭등(inflation)의 합성어
18) 국제금융센터(2022a), 달러 강세는 신흥국 스태그플레이션 위험을 확대, Global View 「세계경제 해외시각」(2022.7.1).
19) 2000년 이후 발병한 감염병인 중증급성호흡기증후군(사스, 2003.3~), 인플루엔자A H1N1(신종플루, 2009.4~), 중동호흡기증후군(메르스, 2015.5~) 이후 전국 아파트 매매가는 상승세로서 발병 이후 40개월째 되는 달(M+40)과 발병 직전(M-1) 아파트 가격과 비교하면 상승 폭은 각

고 2015년 메르스의 유행이 주택가격 변동에 미치는 영향은 크지 않은 것으로 분석한 바 있다.

반면 미국의 경우 연방준비은행의 존 먼드레곤과 UC샌디에이고의 조핸스 월랜드는 미국 민간 연구조직인 미국경제연구소(NBER)의 '주택 수요와 재택근무'라는 연구보고서에서 코로나 19에 따른 재택근무 확산으로 도시 이주수요가 증가되고 주택 수요 급증과 임대료 상승으로 인해 미국의 주택가격이 15% 상승하였다. 이는 투기적 거품도 재정지출 확대나 저금리 같은 부양책이 원인이 아니라, 경제 팬더맨탈 요소라 할 수 있는 근무형태의 변화를 원인으로 분석하고 있다(한국경제, 2022.5.26).

코로나 19로 인한 사회적 거리 두기의 일상화와 학교 개학 연기 그리고 재택근무 권유 및 유도, 자가격리 의무화 조치 등으로 주거공간이 재조명받게 되었다. 재택근무와 '집밥' 취식문화와 '집콕' 여가문화의 확산 등으로 인해 주거공간에 머무르는 시간이 증가함에 따라 주거시설에서 필요한 기능이 다양화하고, 고도화되면서 적정 면적 증가와 최소 주거기준, 국민주택 규모, 소형주택 기준과 기능에 대한 정책적 변화가 요구되고 있다. 또한 최근 주택시장에서 직주근접에 대한 선호가 높아져 왔는데, 감염병에 대한 경각심이 높아지며 대중교통 이용을 피하거나 이용시간을 줄이기 위해 직주근접 주택의 선호가 더욱 강화되고 있다. 이러한 현상은 도심 내 주택 수요의 증가로 이어질 것으로 예상되고 있다. 즉 도심 내 상업부동산 수요 감소와 맞물려 포스트 코로나 시대 도시의 토지이용 계획제도의 전반에 대한 근본적 변화가 요구되고 있다. 그리고 비주거용 부동산 역시 수요의 감소와 주거 및 복합용도 수요 증가와 직주근접 선호 강화에 대응해서 기존의 토지이용 제도를 재검토할 필요가 있다. 예를 들어 상업지역에 강제되고 있는 비주거용도 의무비율을 축소할 필요가 있다.

코로나 19로 인한 각국의 봉쇄정책으로 글로벌 협업체계가 제한되고 글로벌 공급가치사슬(GVC)이 재편되어 원자재 가격이 상승하였다. 이러한 건축자재 가격 상승은 분양가 상승과 주택가격 상승에 영향을 미치게 될 것으로 최근 정부는 분양가 상승에 대해 발표한 바가 있다(국토교통부, 2022).[20]

각 20.4%(사스), 16.0%(신종플루), 8.9%(메르스)에 이르고 있다. 또한 경기종합지수도 감염병 발병 초기 1~2개월 동안만 둔화된 이후 지속해서 상향 곡선을 나타냄.

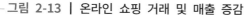

그림 2-13 | 온라인 쇼핑 거래 및 매출 증감

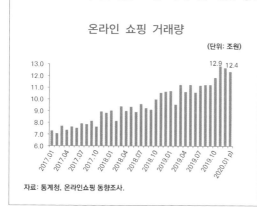

온라인 쇼핑 거래량

(단위: 조원)

자료: 통계청, 온라인쇼핑 동향조사.

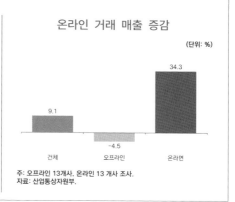

온라인 거래 매출 증감

(단위: %)

주: 오프라인 13개사, 온라인 13 개사 조사.
자료: 산업통상자원부.

셋째, 코로나 19로 인해 주거용 부동산은 많은 변화가 예상된다. 실제 코로나 19로 인한 비접촉 비대면 근무가 확산됨에 따라 거주 공간에서 근무, 교육, 문화활동 등을 하게 됨에 따라 공간의 확대가 요구되고, 거주비용의 제한으로 이를 해결하기 위한 도심에서 근교로 이주소요가 증가할 것이다. 또한 비접촉 비대면 증가로 직주근접에 따른 도심의 주택수요도 증가할 것이다. 그리고 주택공간도 적정면적의 증가와 다용도 공간(Multiroom)이 추가 요구되며, 주택의 기능도 스마트화 될 것이다. 즉 실내공간의 흡입과 배기 기능과 공기청정 및 소독기능, 비접촉 출입기능이 요구되며, 문화여가활동을 위한 기능도 요구될 것이다.

넷째, 디지털 기술에 의한 디지털전환은 코로나 19로 인해 가속화가 됨으로써 오프라인에서 온라인으로 빠르게 전환이 이루어지고 있다. 이러한 디지털전환의 가속화로 인해 비대면 전자상거래가 확대되고 있다.

통계청에서 매월 발표하는 온라인쇼핑 동향에 대한 보도자료를 살펴보면, 코로나 19가 발생하기 전보다 코로나 19 이후 온라인 거래액이 크게 증가되었다(통계청, 2020; 통계청, 2022). 특히 코로나 19 발생 시기인 2020년 2월 주요 유통업체(오프라인 13개사, 온라인 13개사) 매출 증감률을 확인해 보면 온라인 부문은 34.3% 증가한 반면, 오프라인 유통업체 매출은 4.5% 감소한 것으로 조사되고 있다. 즉 대형마트 10.6%, 백화점 21.4% 매

20) 국토교통부(2022.6.21), 분양가 제도운영 합리화 방안.

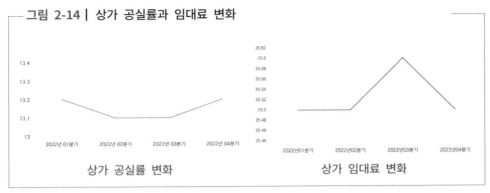

그림 2-14 | 상가 공실률과 임대료 변화

| 상가 공실률 변화 | 상가 임대료 변화 |

자료: 한국부동산원(2023)

출이 감소하는 것으로 나타나는 등 유통업체의 어려움은 더욱 심해지고 있다.[21]

특히 디지털전환으로 전자상거래가 확대됨에 따라 오프라인에 의한 상가부동산의 수요 감소의 진행이 더욱 급속도로 확대되는 계기가 되고 있다. 쇼핑, 의료, 교육에 이르기까지 광범위한 영역을 포함한 언택트 소비가 코로나 19 이후에도 지속될 것으로 예측되고 단기적 트렌드가 아닌 장기적 생활 방식이 되고 있다. 이러한 코로나 19의 감염회피로 인한 비대면 비접촉으로 온라인화, 원격화 확산으로 오피스, 상가 등 상업용 부동산시장이 축소되는 구조적 문제가 발생하고 있으며, 온라인과 오프라인의 양극화가 더욱 심화되고 있다. 상가는 코로나 19 발발 이전에도 빈 점포가 증가하는 추이가 지속[22]되고 있었으나 코로나 19의 여파로 중대형 상가를 중심으로 공실률이 더욱 상승하면서 가치는 점차 하락할 것으로 예상된다.

또한 언택트(Untact)의 확산으로 인한 전자상거래의 증가와 새벽 배송 또는 1시간 배송 서비스가 출시되고 있는 등 배송 경쟁의 심화로 도시 내 또는 인근 물류시설 확충과 시설의 고도화가 이루어지고 있어 물류 부동산의 수요가 증가할 것으로 예상

---

21) 중소기업중앙회 설문 결과, 코로나 19 지속시 감내할 수 있는 기간이 3개월 이내라고 응답한 기업이 42.1%에 이름(중소기업중앙회, 2020).

22) 미국은 2017년에서 2018년 1만 5천 개, 2019년 9천 개, 2020년 상반기 1위 명품 백화점인 니만마커스(Neiman Marcus)를 비롯한 2만 5천 개의 매장이 폐업을 할 것으로 예측하고 있으며, 국내는 1993년 이후 승승장구하던 이마트가 2019년 사상 첫 적자를 기록하고 홈플러스, 롯데마트 등도 성과가 적은 매장 중심으로 정리를 하는 중임(황지영, 2020).

된다.

　다섯째, 코로나 19로 주거의 질과 주거밀도는 거주민의 건강문제에 악영향을 미쳤다는 연구결과가 있다(Tinson and Clair, 2020). 밀집도가 높은 생활환경은 집단감염 발생의 가능성을 높여 이를 대비하기 위한 완충공간이 필요하게 되었다. 용도지역제에 의한 밀도 조절은 주거지역의 밀도와 함께 인구 이동, 교통 정체를 모두 조절할 수 있다는 연구결과(Brinkley, 2020; Suleiman, 2021)와 같이 복합적인 토지이용은 이동을 감소시켜 감염병 전파를 예방할 수 있다(Ercoskun & Mhlanga, 2020)고 한다. 따라서 용도지역 변경을 통해 적정 밀도를 조절하고, 복합적인 토지이용을 추진하여 이동 감소와 주거과밀 해결을 통하여 감염병 전파위험성을 낮추어야 할 것이다(이진희 외, 2021). 코로나 19로 인해 심각한 상권 쇠퇴가 예상되는 지역에 대하여 용도지구 변경을 고려하여 보다 유연한 이용을 통하여 쇠퇴를 예방할 수 있는 방안을 강구해야 할 것이다.

　여섯째, 코로나로 인한 양극화 해소와 경제 악화를 대비하기 위해 '큰 정부로의 귀환'과 국민의 사회안전망 강화에 대한 기대와 요구를 상승시켜 정부의 역할과 시장 개입이 강화되어 수정자본주의가 재등장할 가능성이 있다. 따라서 부동산 시장에 정부의 지나친 개입으로 시장이 왜곡될 가능성이 있다.

CHAPTER 3

디지털전환과 부동산

section 1 디지털전환

I 디지털전환의 의의

'디지털전환'이란 산업뿐 아니라 사회의 디지털화와 ICT 적용으로 생산성의 향상, 새로운 비즈니스 창출, 소비자 편익 증진이 나타나는 현상(장윤종·김석관 외, 2017)이다. 1970년대부터 시작된 컴퓨터와 인터넷으로 대표되는 정보혁명의 산물이 기술적 기반이 되어 산업과 사회의 디지털화가 심화되는 과정으로 이해할 수 있는 이 현상은 새로운 산업혁명으로의 구분 논의가 있을 정도로 경제사회에 미칠 높은 파급력이 기대되고 있다(김석관 외, 2017).

디지털전환에 대한 초기 논의는 산업계에서 디지털 혁신기술의 확산에 따른 기업의 체질개선과 경쟁력 강화를 통해 수익을 창출하려는 데에 초점을 맞추었다. 따라서 기업에서의 디지털전환은 인공지능, 빅데이터, 사물인터넷, 클라우드 컴퓨팅 등 디지털 기술을 활용하여 조직의 운영방식과 서비스를 혁신하는 것을 의미하였다. IBM 기업가치연구소(2011)는 디지털전환을 기업이 디지털과 물리적 요소를 통합하여 비즈니스 모델을 변화시키고 산업의 새로운 방향을 정립하는 전략으로 정의하였으며,

OECD(2019)는 디지털전환의 개념을 디지털 기술의 활용에 의한 비즈니스 모델 확산이 생산성 향상으로 이어지는 것으로 정의하며 전산화, 디지털화 단계를 거쳐 발전하는 것으로 초기 디지털전환에 대한 논의는 생산성과 효율성 향상, 제조업의 디지털화 등에 따른 제품과 서비스의 혁신, 비즈니스 모델의 전환을 의미하는 것이었다.

코로나 19 이후에는 기업과 산업 분야에서 디지털전환이 조직 생존의 필수 요건으로 인식되면서 디지털 방식으로 사고하는 조직으로의 전환에 중점을 두게 되었다. 코로나 19 이전의 디지털전환은 디지털화로의 전이적 성격이 강했다면, 팬데믹 이후의 디지털전환은 모든 가능한 디지털화 과정에서 인식과 문화의 변혁이 필수적으로 수반되는 과정이다. 따라서 최근 산업계에서의 논의는 비용 절감을 위한 기술 투자와 비즈니스 모델 변화에 초점을 둔 디지털화(Digitalization)를 넘어 고객 경험(UX)과 프로세스, 운영에 이르기까지 비즈니스의 모든 측면을 고객이 주도하는 디지털 우선

표 3-1 │ 디지털전환이 다양한 정의

주체	정의
Bain & Company	디지털 엔터프라이즈 산업을 디지털 기반으로 재정의하고 게임의 법칙을 근본적으로 뒤집음으로써 변화를 일으키는 것임
AT Kearney	모바일, 클라우드, 빅데이터, 인공지능(AI), 사물인터넷(IoT) 등 디지털 신기술로 촉발되는 경영 환경의 변화에 선제적으로 대응하고 현재 비즈니스의 경쟁력을 높이거나 새로운 비즈니스를 통한 신규 성장을 추구하는 기업 활동
PWC	기업경영에서 디지털 소비자 및 에코시스템이 기대하는 것들을 비즈니스 모델 및 운영에 적응시키는 일련의 과정임
Microsoft	고객을 위한 새로운 가치를 창출하기 위해 지능형 시스템을 통해 기존의 비즈니스 모델 및 절차를 사고방식, 데이터, 프로세스를 결합하는 새로운 방안을 수용하는 것임
IBM	기업이 디지털과 물리적인 요소를 통합하여 비즈니스 모델을 변화(Transform)시키고 산업(Entire Industries)의 새로운 방향(New Directions)을 정립하는 것임
IDC	고객 및 마켓(외부환경)의 변화에 따라 디지털 능력을 기반으로 새로운 비즈니스 모델, 제품, 서비스를 만들어 경영에 적용하고 주도하여 지속가능하게 만드는 것임
WEF	디지털 기술 및 성과를 향상시킬 수 있는 비즈니스 모델을 활용하여 조직을 변화시키는 것임
Shahyan	디지털라이제이션에 의한 총체적인 사회적 파급효과
이지효	기존산업의 게임의 법칙을 디지털 기술을 활용하여 뒤집어엎는 과정으로 디지털 엔터프라이즈가 수행하는 역할

(Digital First) 접근 방식이다.

이와 같이 다양한 디지털전환에 대한 정의를 종합하여 보면 디지털전환은 디지털 기술의 개인·조직·사회적 적용을 넘어서 이로부터 촉발되는 모든 현상을 포괄하는 개념으로 디지털 기술의 도입 및 활용으로 인한 사회 및 산업체제 전반의 지속적인 변화를 의미한다.

기술이 발전할수록 사회에 적용할 수 있는 방식 또한 다양해지므로 디지털전환은 기술적 진화 관점만으로 설명될 수 없으며 기술의 발전과 사회의 유기적인 작동방식으로 인해 변화 발전은 지속적으로 나타나게 되는데 이를 디지털전환으로 지칭하는 것이다.

이러한 디지털전환은 일시적인 현상이 아니라 단계적으로 진화·확장하는 개념이다. 인터넷이 본격적으로 도입된 1990년대 말 '디지털 인프라 구축 단계'를 지나 인터넷 기반의 상거래 및 마케팅이 활발해진 2000년대 초에 '디지털 비즈니스 추진 단계'를 거쳐, 2010년대 초에는 정보통신기술이 고도화되면서 현재 산업 전반을 혁신하는 '디지털전환 단계'에 이르게 된 것이다.

그리고 디지털 기술에 의한 사회와 산업의 변화는 디지트화(Digitization)에서 시작하여 디지털화(Digitalization)를 거쳐 디지털전환(Digital Transformation) 순으로 진행되었다. 디지트화, 디지털화, 디지털전환은 본질적으로 대상과 목표 그리고 시기는 상

표 3-2 | 디지트화, 디지털화, 디지털 전환 비교

구분	전산화(디지털 변환) (Digitization)	디지털화 (Digitalization)	디지털 전환 (Digital Transformation)
개념	아날로그에서 → 디지털 형식으로 이동(문서정보의 디지털 구현)	디지털 기술을 적용하여 기존의 비즈니스 모델을 변경	기술의 잠재적 가능성을 발굴하여 새로운 형태의 비즈니스 모델을 창출
과제	디지털 형식으로 전환이 필요한 정보와 영역 선정	• 기술 투자 • 새로운 수익원 확보 • 고객 참여기회 창출	• 기술, 조직, 구성원 모두에 대한 투자 • 고객 니즈에 선제 대응
관점	디지털 변화	디지털 기술 적용	디지털 사고(Digital First)
검토 대상	디지털 구현 가능 여부	• 비즈니스 모델 효과 • 성과지표(KPI)와 비용효과(ROI)	• 고객·직원의 경험 • 운영의 최적화 • 디지털에 준비된 문화

자료: OECD(2019)의 디지털전환 발전 3단계 참고 재구성

이하지만, 활용되는 기술 등은 서로 겹치는 부분도 있어서 이로 인해 개념적 차이와 유사성이 발생하여 지금까지 혼용되어왔다. 즉 디지트화에서 디지털화를 거쳐 디지털 전환에 이르는 과정을 디지털전환의 각 진화단계로 보아 관련된 기술, 응용 분야, 방법론, 사회적 이슈로 구분하여 정리하면 [표 3-2]와 같다.

Ⅱ 디지털전환에 의한 사회변화

1. 사회 변화

디지털 전환시대는 디지털 기술이 확산되면서 다양한 정보에 접근성이 강화되어 개방형 혁신이 심화되고 다양성이 증가하는 특성이 있다. 이와 더불어 1인 가구 증가, 고령화, 모바일 연결에 익숙한 MZ 세대의 경제활동을 하는 연령 진입 등 인구와 사회구조의 변화가 함께 나타나면서 삶의 방식, 일하는 방식, 그리고 공간에서 변화가 일어나고 있다(PeW Research Center, 2010; HMS부동산랩, 2018).

우선 MZ 세대의 라이프스타일인 늦은 결혼, 1인 가구 증가, 차량과 주택 소유보다 공유 선호 등을 반영하여 일-주거-소비 활동이 상호 연관되어 이루어지는 환경을 선호하면서 그 공간의 연계가 강화되고 있으며(HMS부동산랩, 2018), 언제 어디서나 일할 수 있는 환경이 가능해지면서 원격근무, 디지털 노마드 등 업무환경의 변화가 나타나고 있다.

디지털전환은 초연결·초지능·초실감·초신뢰 기반의 수평 사회로 전환이 되며, 디지털 대전환을 이끄는 기술혁신은 모든 사물과 사람 간 연결이 강화되고, 기술과 다양한 산업 간 융합을 통한 새로운 가치가 창출되는 초지능 사회로의 진전을 촉진할 것으로 전망된다. 또한 수평적 공동체 사회로서 블록체인 기술 기반의 스마트 계약 방식의 확산은 경제를 넘어 사회에서 서로 협력하는 새로운 형태의 조직으로 부상하는 수평적 공동체인 DAO(Decentralized Autonomous Organization)23) 생태계가 형성되

---

23) 제3자에게 의존하지 않는(Decentralized) 공통의 목적을 가진 이해 관계자들이 모여 자율적으

─ 그림 3-1 │ 디지털 전환의 사회 전망에 관한 시나리오

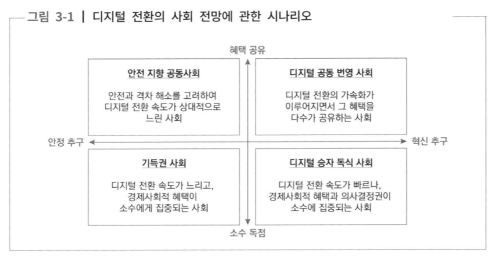

자료: 과학기술정보통신부·중앙일보(2022)

고 있다. 즉 블록체인 기술의 진전 속에서 웹 3.0의 논의와 함께 새로운 사회적 조직의 대안으로 부상하여 인간의 개입이 어려운 컴퓨터 프로그램을 기반으로 운영되는 조직으로서 오픈 소스(Open Source)를 통해 투명하게 정해진 규칙과 미리 프로그래밍된 스마트 계약(Smart Contract)을 통해 작동하게 될 것이다. DAO의 사회적 의미는 개념 탄생의 초기 주요하게 다뤄져 온 경제적 투자와 이익 관점을 초월하여 '가치관의 공유' 관점으로 확대되면서 공동체를 위한 플랫폼으로 발전이 될 것으로 전망된다.

국내 언론사와 정부 공동으로 분석한 디지털전환과 사회 모습의 관계에 대한 시나리오는 디지털전환 가속화 속에서 혁신의 추구 정도와 디지털 혜택의 범위에 따라 4가지 전망[24]을 제시하였다. 즉 디지털전환을 선도하는 혁신기술의 발전과 공동의 가치를 지향하는 조직문화의 사회적 확산은 디지털 혜택의 공유와 혁신 추구의 상승작용을 통한 공동번영 사회를 지향하는 것이다. 그리고 디지털전환의 가속화 속에서 혁신보다 안정을 선호하고 디지털에 의한 혜택의 기회가 일부에게 머물게 되는 경우

───────────────

로(Autonomous) 조직(Organization)을 운영하는 것을 의미

24) 디지털전환에 따른 미래전망 시나리오는 2021년 12월 개최된 '제1회 디지털 대전환 메가트렌드' 학술세미나에서 발표된 것으로 정보통신정책연구원(KISDI)에서 디지털 대전환의 2030년 미래상에 관한 시민 대상 조사 결과를 바탕으로 4개 유형 도출

기득권 편중 사회로 남아있거나 디지털전환의 흐름에서 도태될 가능성이 있다. 또한 디지털 혁신에는 성공적이나 디지털 혜택의 기회가 여전히 소수에게 집중될 경우 '디지털 승자독식'의 불균형이 여전히 유지되어 사회적 갈등이 종전보다 더욱 심화될 가능성이 있다.

디지털 노마드(Digital Nomad)란 생업을 유지하면서도 시간이나 자유에 제한 없는 여행을 할 수 있는 라이프스타일을 추구하는 노동자 그룹을 의미한다. 디지털 노마드로 스마트폰을 비롯한 각종 디지털 장비, 어디서나 쉽게 이용 가능한 초고속 인터넷망과 온갖 자료를 공유할 수 있는 클라우드 서비스와 같은 기술을 활용하여 장소에 제약받지 않고 세계 어느 곳이든 원하는 곳에서 일하며 살아갈 수 있는 삶이 가능해졌다(MBO partners, 2018; 도유진, 2017).

디지털 노마드의 등장은 원격근무의 시작과 그 궤를 같이 하는데 세계 유수의 기업이 원격근무를 장려하고, 디지털 노마드족이 점차 증가하는 것은 회사를 운영하는 쪽과 노동을 제공하는 쪽 모두 경제적 이점이 있기 때문이다. 경영진 입장에서는 사무실 임대료와 같은 운영비를 절감할 수 있으며, 인력 충원에 있어서도 전 세계 어디서든 원격으로 근무하며 만족스러운 결과물 이상을 창출 가능한 글로벌 인재를 채용할 수 있게 되었고 노동자 역시 근무장소 선택의 자유가 주어지면 출퇴근에 들어가는 비용과 체력 소모를 절감하고, 굳이 직장 근처나 역세권에 살 필요가 없기 때문에 대도시의 생활비 부담을 절감하고, 유연한 시간 사용으로 업무의 효율성을 높일 수 있다(도유진, 2017).

디지털 노마드의 등장과 더불어 지식기반의 경제성장 등 다양한 분야 간 융복합에 기반한 개방형 혁신의 필요성이 증가하고 협업과 네트워킹 중요성이 증가하면서 코워킹 스페이스(Co-Working Space), 공유 오피스 등 제2의 업무공간이 각광받고 있다(한국산업기술진흥원, 2017).

2. 경제 변화

디지털 전환으로 인한 경제변화는 비대면 중심의 가치경제 생태계로 전환이 이루어지고 있다. 코로나 19 이후 집안에서 소비가 이루어지는 홈코노미(Home－Economy)가 급부상하고 있으며, 디지털 매개의 금융·소비·의료 등의 비대면 경제생활 양식이 확산되고 있다. 즉 디지털 친화적인 기업으로 시작한 시장경제 주체들은 새로운 형태의 소비자와 사회적 요구를 더 빨리 수용하고 디지털 방식의 경쟁을 선점하면서 유리한 입지를 선점하고 있다.

세계경제포럼(WEF)은 2020년 디지털 전환 보고서에서 '세계는 코로나 19를 거쳐 디지털 세상으로 가고 있다'고 하며 디지털 기술이 내재화된 기업 중심의 경제성장을 전망한 바 있다. 지난 3년간 디지털 친화적 기업의 약 47%가 10% 이상의 성장을 이루었으며, 빠른 디지털전환을 이루는 기업이 시장에서 높은 평가를 받는 것으로 조사되었다(WEF, 2020· KOTRA, 2021). 딜로이트(2020)는 수요와 공급 측면에서 비대면 경제의 확산을 촉진하는 주요 동인으로 다음과 같은 5가지 요소를 제시하고 있다.

◇ 수요 측면의 건강과 안전에 관한 관심 증대
　팬데믹 위기의 재발에 대한 우려로 비대면 선호
◇ 수요 측면의 디지털 활동에 익숙해진 소비자 태도의 유지
　거리두기 속에서 일상화된 디지털 채널을 팬데믹 회복 국면에서도 유지하고자 하는 소비자의
　디지털 일상화 경향성
◇ 공급 측면의 5G 기반의 초연결성
　인터넷 연결성의 강화로 인공지능, 사물인터넷, 클라우드 컴퓨팅 등의 혁신
　기술의 영향력이 증폭되면서 서비스 개선 등 비대면 경제 조성
◇ 공급 측면의 이용자 경험을 중시하는 플랫폼
　모든 면에서의 디지털전환을 통해 보다 인간적 경험을 강화하는 기술을
　선호하는 소비자 욕구를 충족하려는 기업의 대응
◇ 공급 측면의 클라우드 기반의 신기술 아키텍처
　혁신적인 디지털 경험 서비스를 제공하기 위해 데이터와 자원의 효율적
　활용을 위한 클라우드 네이티브 모델 확산

비대면 경제의 확산은 기업들이 수익창출 중심의 비즈니스 생태계에서 안전, 인권, 환경에 관련된 위기관리를 얼마나 하는지에 대한 ESG(환경·사회·지배구조) 경영관리 요소를 반영한 가치창출 중심의 경제 생태계로 전환할 것을 촉구하고 있다. 코로나 19로 인한 환경문제는 인류의 비대면 생활방식에 적응하도록 변화시켰으며, 기존의 실물적 소비를 디지털 소비로 전환시켜 환경과 지배구조에 영향을 미치면서 ESG의 본격화가 구현될 수 있다. ESG 경영을 실현하기 위해 기존의 기업 경영 방식과 관행들의 디지털 전환이 필수적 요건으로 인식되면서 기업 내외부의 시스템 혁신에 디지털 역할이 증대된다.

3. 산업 변화

디지털 전환에 의한 산업변화를 농업과 제조업, 서비스업으로 구분하여 살펴보면 다음과 같다.

첫째, 농업 부분에서는 디지털 전환을 이끌고 있는 주요 기술인 인공지능, 빅데이터, 블록체인, 로봇, 드론 등이 농업현장에 적용 중이며, 농촌 작업환경의 자동화와 경험 기반 농업에서 데이터 기반 농업으로의 전환을 이끌고 있다. 농업분야는 국가와 지역별 기후와 토양에 따라 생산 농작물이 구분되고, 생산에 소요되는 기간과 출하시기 등이 계절적인 요인에 의해 결정된다는 점에서 디지털기술을 기반으로 한 온디맨드 경제체제 등으로의 전환이 쉽지 않다. 그러나 스마트 팜(Smart Farm)에 의해 원격으로 농작물을 모니터링하고, 최적의 농작환경에 필요한 조치를 수행할 수 있게 됨에 따라, 농작물 생산지와 농작물 생산자의 거주지가 분리될 수 있는 가능성이 발생되고 있다. 특히 도심형 스마트팜, 버티컬 팜(Vertical Farm)의 구현을 통해 농업이 수요자와 가까운 도시로 진입하는 현상이 촉진되고 있다(Despommier, 2013). 스마트 팜은 IoT를 통해 일조량, 온도, 습도, 이산화탄소 농도, 식물 상황과 같은 작물과 농장의 상황을 모니터링 하고 농장 시설 전반을 효율적으로 관리하고자 하는데, 건물 실내의 여러 층의 재배대와 LED 조명을 이용하는 버티컬 팜으로 구현되고 있다(Despommier, 2013). 별도의 농경지가 필요하지 않고, 농약이나 제초제 등이 사용되지 않기 때문에 소비자가 많은 도심지에서 생산이 가능하고, 기후적 조건에 관계없이 적용될 수 있다는 가치가 있다(Despommier, 2013).

둘째, 제조업 부분은 대표적으로 디지털 기술이 생산공정에 적용하는 스마트 팩토리(Smart Factory)가 개발·확산됨에 따라 생산공정의 자동화와 유연화, 온디맨드화가 촉진되고 있다.

스마트 팩토리는 IoT, 인공지능, 빅데이터, 로봇 기술 등을 바탕으로 그간의 자동화된 공정을 보다 고도화시킬 뿐만 아니라, 생산공정의 모듈화, 이동형 무인로봇의 활용 등으로 생산공정의 변화가 유연해지고 있으며, 소비자 수요에 따른 온디맨드 생산으로 전환되고 있다.

이와 같이 스마트화의 영향으로 노동력이 감소하고 시장 수요와 연계되는 온디맨드 생산이 가능하게 되면서 수요자 근처로 생산 시설이 이동하는 리쇼어링이 발생되고 있다(김은 외, 2017; 조호정, 2013). 스마트 팩토리로 고도의 자동화를 이룩하여 필요한 노동력이 크게 감소하게 됨에 따라, 인건비 절약을 위해 저임금 국가에 구축되어 있었던 글로벌 기업의 공장들이 스마트 팩토리의 구현을 위한 인력과 인프라가 잘 갖추어져 있으며, 생산품 판매 시장이 가까운 선진국으로의 리쇼어링 가속화되고 있다(김은 외, 2017). 대표적인 사례로, 아디다스의 스피드 팩토리의 경우 중국, 베트남 등의 생산 거점을 벗어나 미국 애틀랜타, 독일 안스바흐에 건설되었으며, 신발 50만 켤레 생산을 위한 인력이 500명에서 10명으로, 맞춤형 신발을 주문하고 생산되기까지의 시간이 6주에서 5시간으로 획기적으로 감소하고 있다.

또한 3D 프린팅 기술이 발전되고 보급될수록 특정 수요에 대한 소량의 제품을 소규모 기업이나 개인이 보다 가까운 곳에서 보다 빠르고 저렴하게 제작할 수 있게 되어 생산공간의 시장 근접 수요는 더욱 증가할 것으로 예상된다(김 은 외, 2017). 디지털 전환시대 서비스업 부문의 경우 ICT 기반 B2B, B2C 서비스를 제공하는 기업들의 급격한 성장이 전망되며, 이는 생산 및 혁신 활동이 도시 집약적으로 이루어질 가능성이 높아짐을 의미한다. 디지털 전환시대에는 현실의 정보를 디지털화로 가상화하여 생성하는 빅데이터를 분석하는 것을 통해 신 수요를 발굴하고 공정의 고도화, 공급ー수요의 실시간 연결 및 공유경제 등 밸류체인의 모든 영역에서 새로운 가치가 창출된다. 구글, 페이스북 등과 같은 ICT 서비스 업체들은 축적된 데이터와 보유한 분석역량 등을 바탕으로 디지털화를 기반으로 변화하는 모든 산업부문의 새로운 경쟁자가 되고 있어, 우버, 에어비앤비 등 O2O 플랫폼 업체의 위상이 비약적으로 높아지고 있다(김석관 외, 2017).

ICT 기반 서비스업은 제조업과 달리 시설의존도가 낮고, 전문 인력의 원활한 수급이 가장 중요하며, 넓은 면적이 필요하지 않아 본사가 도심에 위치하는 경향이 있다. 구글, 페이스북 등 주요 IT 기업들은 샌프란시스코 인근 실리콘 밸리에 본사가 있으며, 많은 ICT 기반의 스타트업들이 실리콘밸리와 보스턴 등 전문 인력과 시장수요가 풍부한 도심지 내로 이동하고 있다. 더구나 ICT 기술을 바탕으로 한 제조업의 서비스화 현상에 의해 해당 서비스 업무 영역을 수행하기에는 전문 인력과 소비자가 모여 있는 도심 집중이 가속화될 것으로 보인다.

IoT 기반의 공유경제 서비스 플랫폼은 다양한 분야에 적용되어 생산과정과 자원 활용의 최적화를 이루어 내며, 공간 활용 방식도 직접적 영향을 미칠 것으로 전망된다. 자동차 공유, 특히 자율주행차의 공유서비스가 활성화될 경우, 자동차의 수요가 감소하게 되고, 주차장에 주차하고 있는 자동차가 적어지게 됨에 따라 주차공간으로 낭비되고 있는 도심의 공간이 새로운 용도로 활용하게 되어 도시 내 공간 혁신 수요가 증가할 것으로 보인다(김석관 외, 2017). 빈 상가, 회의실 등의 부동산에 대해서도 공유경제가 적용될 수 있으며, 부동산 이용률의 증가, 부동산 이용 가격의 하락을 촉진할 수 있을 것이다.

한편으로 자율주행차가 보급될 경우 이용자의 출퇴근 피로도를 현저히 감소시킬 수 있으며, 출퇴근 시간을 활용하여 자동차 실내에서 작업을 수행할 수 있기 때문에 거주지의 분산이 촉진될 수 있다(김석관 외, 2017).

전반적으로 디지털 전환시대 생산환경 변화에 따른 공간 변화는 생산비용이 저렴한 외곽 지역에서 전문인력과 소비자와 풍부한 도심 지역으로 이동하는 경향으로 변화되고 있다. 농업의 경우 도심형 스마트 팜, 버티컬 팜구현을 통해 농업이 수요자와 가까운 도시로 진입하는 현상이 촉진되고 있으며, 제조업의 경우 필요 노동력이 감소하고 시장 수요와 연계되는 온디맨드 생산의 중요성이 강조되면서 시장 근처로 생산 시설이 이동하는 리쇼어링이 발생되고 있다. 무엇보다 디지털 전환시대에 ICT기반 B2B, B2C 서비스를 제공하는 기업들의 급격한 성장이 전망되며, 이는 생산과 혁신 활동이 도시 집약적으로 이루어지게 될 것으로 예측하게 한다.

section 2 디지털경제

▐ 디지털경제의 등장

디지털경제(Digital Economy)란 재화와 서비스의 생산, 분배, 소비 등 주요 경제활동이 '디지털화, 네트워크화된 정보와 지식'이라는 생산요소에 의해 이루어지는 경제를 의미한다. 또한 협의의 디지털경제는 IT산업과 인터넷을 기반으로 하는 전자상거래에 의해 이루어지는 경제라 할 수 있다.

디지털경제를 견인하는 디지털기술은 1970년대에는 주로 컴퓨터의 연산 기능에만 이용되었으나, 1980년대에 들어서면서 방송과 통신기술의 응용분야 등으로 확대되면서 전 산업들에서 획기적인 생산성 향상은 물론 신산업을 출현시키는 계기가 되었다. 또한 인터넷기술의 발전으로 정보와 네트워크 형성에서도 새로운 변화가 나타나고 있다. 1980년대에는 기업이나 은행 등 조직에서 내부 정보를 교환하기 위한 네트워크 시스템이 주로 폐쇄형이었으나, 1994년 인터넷서비스회사인 넷스케이프가 인터넷 상용서비스(WWW: World Wide Web)를 개시하면서 온라인에 의한 개방형 네트워크화가 일반화되기 시작하였다. 이러한 인터넷의 등장은 물리적 공간 개념을 뛰어넘은 가상공간까지 형성되어 전 세계가 하나의 인터넷이란 단일망으로 연결되고 있다.

이러한 디지털기술은 다음과 같은 특성이 있다. 첫째, 광속성으로 빛과 같은 속도로 정보가 전달되며 둘째, 무한 반복 사용해도 정보가 줄어들거나 질이 변하지 않는다. 그리고 셋째, 조작 및 변형의 용이성으로 정보 가공이 쉽고 다양한 형태로 변형이 가능하며 넷째, 양방향성으로 정보 처리량이 방대하고 양방향 전달이 용이하다. 따라서 디지털기술은 이러한 특성으로 정보의 생산, 가공, 교환, 유통 등에 있어서 아날로그기술을 대체하는 주류기술로 정착된 것이다.

이러한 디지털기술은 동서 냉전이 무너지고, 전 세계 물적, 인적, 자본적, 과학기술적, 정보적, 제도적 교류가 확산됨에 따라 디지털기술과 이에 연관된 산업들, 그리고 인터넷으로 초래된 가상공간의 세계적 이용과 보급으로 확산되었다. 이와 같은 세계화의 물결과 디지털기술의 발전이 디지털경제를 발전시키는 주요 동인으로 작용된 것이다.

이러한 동인들과 디지털기술의 특성으로 나타나는 디지털경제는 단순히 디지털기술을 활용한 컴퓨터나 이동전화, 디지털 TV 등 개별 제품들의 혁신을 훨씬 뛰어넘

그림 3-2 | 디지털경제의 대두

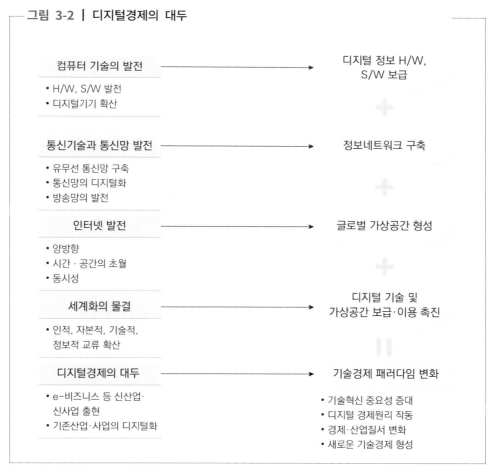

자료: 박기홍 외(2000), 수정보완

는 개념으로 변해가고 있다. 즉 디지털경제는 이들 제품들이 전 세계적인 네트워크로 연결되어 새로운 정보유통 채널을 형성함으로써 경제 질서 자체가 혁명적으로 변화하는 추세를 일컫는다고 할 수 있다. 즉 디지털경제는 디지털기술을 직접 생산하는 전자·정보·통신·인터넷산업과 이 기술을 활용하는 제조업과 서비스산업과 관련한 의미로 언제, 어디서, 누구와도, 대량의 정보를 교환하는 것이 가능한 세계적 정보 네트워크가 형성되어 경제활동의 합리성을 결정하는 원리 자체가 달라지는 경제시스템 전반의 변화로 이어지고 있다(박기홍 외, 2000).

❚❚ 디지털경제의 특징과 변화

디지털경제는 기존의 경제와 비교할 때 여러 가지 현상적, 원리적 특징을 지니고 있으며, 산업·기업·제품·시장·소비자들을 변화시키고 있다. 경제주체들이 디지털경제에서 산업적, 전략적, 정책적 성공을 추구하기 위해서는 다음과 같은 차별적 특징과 변화 방향을 잘 이해할 필요가 있다.

1. 네트워크 및 사이버경제로서의 디지털경제

디지털경제는 네트워크로 연결된 경제주체들이 지식과 정보를 쉽게 탐색하고 이용할 수 있는 경제의 하나로, 지식과 정보를 공유하여 경제적 측면에서 매우 중요한 의미를 갖는다.

과거에는 시간과 공간적 제약으로 정보공유가 제한적일 수밖에 없었으나 현재는 전 세계가 연결되는 인터넷으로 인해 누구나 쉽게 정보를 공유하고 활용할 수 있어 더욱 효과적, 효율적으로 업무를 수행할 수 있는 환경이 되었다. 이러한 인터넷은 물리적 공간의 한계를 넘어 사이버 공간을 형성하여 전 세계의 모든 경제주체들은 이런 사이버 공간을 통해 생산과 공급과정에서 분업 및 협력의 범위를 더욱 확장시키게 된 것이다.

디지털경제는 인터넷에 의한 사이버 공간에서 새로운 산업과 사업 영역을 형성해 나가고 있다. 최근 빅데이터, 인공지능, 메타버스 등 다양한 정보기술에 의한 서비스 모델이 이러한 디지털경제의 직접적인 형태라고 볼 수 있으며, 기존의 산업들도 디지털경제와 연계하여 다양한 형태로 발전하고 있다. 물론 디지털경제가 발전한다고 하여 기존의 산업들이 없어지는 것은 아닐 것이다. 다만 디지털경제에서는 새로운 디지털산업이 획기적으로 증가하는 한편 디지털기술들이 전통적인 제조업과 서비스업에 광범위하게 활용되어 기존의 산업과 사업이 디지털화되고, 디지털경제와 합류되는 것이다.

2. 경제 구성요소의 변화

(1) 산업구조의 변화

디지털경제하에서 전반적인 산업구조의 변화가 이루어지고 있다. 기존의 경제체제에서는 철강, 건설, 석유화학, 전자, 기계산업 등이 경제발전의 핵심산업군 역할을 수행하였다면, 디지털경제에서는 디지털 수렴(Digital Convergence) 현상으로 인해 산업구조와 내용이 변화하고, 빅데이터, 인공지능, 메타버스, 블록체인 등 스마트정보기술에 의한 주요 산업으로 부상하고 있다.

(2) 기업구조 및 경쟁방식의 변화

디지털경제에서 대다수 기업은 관련 전문가들과 연결되고, 더 많은 근로자가 지금보다 더 작은 작업단위 내에서 일하게 되거나, 혼자 일하는 경우가 증가한다. 이렇게 되어 성실과 신뢰, 그리고 개방된 의사소통이 기업들 간, 그리고 기업과 고객 사이의 계약관계의 성격이 재정의되고 있다.

한편 기발한 발상과 선구적인 사업계획을 작성하는 개인들이 과거에 비해 보다 쉽게 자신의 생각을 비즈니스로 전환시킬 수 있게 되고 있다. 또한 클라우드 펀딩(Crowd Funding)에 의한 소요되는 벤처자본을 쉽게 끌어 모을 수도 있다. 이와 같이 시장 신규 진입이 종전에 비해 용이해짐에 따라 경쟁이 더욱 심화되고 있는 것이다.

(3) 생산·유통방식 변화

과거에는 대규모 생산설비 구축과 인력투입 등 대량생산체제 구축을 통한 규모의 경제가 경쟁력의 중요한 핵심요소였다. 그러나 디지털경제하에서는 지식과 정보의 디지털화와 양방향 네트워크로 산업전반에 걸쳐 지식과 정보의 공유가 쉽게 이루어짐으로써 대규모 집중식 생산방식이 아닌 분산적, 공유적 생산체제로 규모의 경제 및 범위의 경제를 실현할 수 있고 이를 통해 생산성 향상을 거둘 수 있게 되는 것이다.

또한 대기업 또는 중소기업 생산자는 전자상거래의 유통 채널로 등장하면서 인터넷을 통해 전 세계의 소비자를 대상으로 과거에 비해 적은 거래비용하에서 직접 마케팅 활동, 제품판매를 할 수 있다. 또한 중소기업들도 과거 대기업만이 할 수 있었던 대규모 서비스를 제공할 수 있게 되었다. 따라서 디지털경제에서는 대규모 설비에 근거한 대량생산능력보다 다품종 소량생산을 기반으로 소비자 기호에 더욱 밀착된 생산 및 마케팅을 할 수 있게 되었다.

따라서 디지털경제 하에서 정보의 생산과 유통이 더욱 용이해지는 반면, 새로운 많은 정보의 흡수능력의 한계로 정보를 추출, 처리, 편집할 여과장치를 마련할 필요성이 더욱 증대되고 있다. 기업의 입장에서 보면 경쟁사보다 한발 앞서 새로운 브랜드를 개발하고 생산할 수 있는 신기술 확보가 더욱 절실해지고 있는 것이다. 이와 같이 디지털경제하에서 정보의 의미와 생산·유통방식이 변하고 있다.

(4) 시장 및 소비자의 변화

소비자들은 시간, 장소에 구애받지 않고 제품에 대한 여러 정보를 실시간으로 얻고, 쉽고 경제적인 구매를 할 수 있게 되었다. 그리고 소비자가 직접 제조 과정에 참여하는 것도 가능해져 과거에는 불가능했던 대량맞춤생산(Mass Customization)이 가능해지고 있다. 또한 네트워크의 진전과 활발한 네트워킹이 전개됨에 따라 소비자들 사이에 사이버 공동체(Cyber Community)들이 형성되고, 소비자들은 이러한 공동체를 통해 과거에 비해 강력한 교섭력을 발휘할 수 있게 되었다.

또한 소비자들도 다양한 정보를 바탕으로 개인적 욕구를 최대한 충족시켜 주는 차별화된 제품에 보다 많은 관심을 보이는 경향이 심화되고 있다. 즉 네트워크가 발전함에 따라 소비자들은 자신이 원하는 것을 원하는 시간과 장소에서 정확히 주고받을 수 있게 되어 결과적으로 개인 한 사람을 위한 콘텐츠(Contents for one)를 주문하거나 공급할 수도 있게 된 것이다.

Ⅲ 디지털정보의 생산·유통상 특징

디지털경제에서 정보란 디지털화될 수 있는 모든 것이라고 정의할 수 있다(Varian, 1987, 1988). 따라서 디지털경제에서 정보상품은 정보가 비트(Bit)들의 흐름으로써 코드화되어 소비자에 의해 소비되는 것들을 의미한다. 야구 점수, 데이터베이스, 잡지, 영화, 음악, 주식 시세표, 그리고 웹페이지(Webpage) 등이 모두 정보이며, 디지털경제에서는 이러한 것들이 디지털화되어 상품으로 유통될 수 있다.

1. 디지털정보의 생산·유통비용구조

하이테크(High Tech) 제품뿐만 아니라 소프트웨어, 영화, 게임 등과 같은 콘텐츠산업들은 기술의 노하우에 대한 의존도가 높지만, 물질적 자원에 대한 의존도는 상대적으로 낮다. 따라서 연구개발의 초기 비용은 매우 큰 반면, 단위 생산에 필요한 비용은 매우 적은 특성을 가지고 있다. 기존의 전통적인 산업은 초기 연구개발, 설비투자에 들어가는 비용뿐만 아니라 제품생산 자체에 들어가는 비용도 중요한 요소이다. 그러나 디지털화된 소프트웨어, 콘텐츠 등과 같은 정보상품은 가공이나 복제가 쉽고 생산에 한계비용이 거의 들지 않아 초기 개발비용은 높으나 한계비용(Marginal Cost)이 거의 제로에 가깝다. 또한 초기 비용은 단순히 고정비용(Fixed cost)이 아니라 매몰비용(Sunk cost)이라서 고정비용이 생산 이전 단계에서 발생하고 실패할 경우 회수가 거의 불가능한 특징이 있다.

그리고 인터넷으로 네트워크화된 디지털경제에서는 재생산된 디지털정보 제품들은 저렴한 유통비용으로 쉽게 동시에 전 세계에 유통될 수 있다. 즉 디지털정보상품의 유통비용도 역시 물리적 상품들의 유통비용에 비하면 매우 적게 소요된다.

2. 정보의 과적과 주목(Attention)의 과소

디지털정보는 빠르고 어느 곳에서나 매우 적은 비용으로 사용할 수 있어 오늘날 디지털정보에 접근할 수 있느냐 하는 문제보다는 정보의 과적(過積)이 문제되고 있다. 따라서 대부분의 유명한 웹사이트들이 사람들에게 필요한 웹사이트들을 걸러주는 검색엔진서비스를 제공하는 것이다.

그리고 디지털경제하에서는 소비자들의 주목을 끌기 위해 과거 방송매체를 통한 대량 광고나 마케팅보다는 점차 점대점(P2P: Peer to Peer)에 의한 타겟 마케팅이 강해지고 있다. 즉 디지털경제하에서 웹서버(Web Server)들은 자사 웹사이트를 이용하는 수많은 소비자의 소비행위를 관찰, 기록, 분석할 수 있고, 즉시 주문형 광고를 붙여서 주문형 콘텐츠를 생산할 수 있다. 이러한 강력한 웹서버들에 의해 축적된 정보는 소비자들의 현재 행동을 제한한다. 왜냐하면 소비자의 프로필과 인구 통계학적 정보와 연계된 과거의 데이터베이스에 지속적으로 축적되기 때문이다. 많은 웹사이트에 소비자가 회원으로 가입할 시 소비자들의 개인 신상이나 취미에 대한 정보를 입력하면 무료 전자메일서비스 등을 제공한다. 이것은 웹사이트 제공자로서는 자신이 직접 하거나 전문적 마케팅업자와 연결하여 간접적으로 웹사이트 이용자로부터 정보를 수집하는 것이다.

이러한 새로운 점대점 마케팅은 광고주와 소비자 모두에게 이익을 준다. 광고주에게는 소비자에게 정확하게 광고로부터 판매에 도달하게 하며, 소비자들은 취향에 맞는 광고에만 주목하고 집중하기 때문이다. 웹서버들과 연계된 점대점 마케팅 업자들은 인공지능과 빅데이터에 의해 소비자에 맞는 개인화된 좋은 정보를 수집·분석하여, 정보를 제공할 수 있어 더욱 유용한 제품을 기획하여, 생산·제공할 수 있다. 더욱더 많은 정보를 확보하여 이러한 종류의 마케팅에 정통한 회사들은 번창하게 될 것이다. 반면에 여전히 집중되지 않고 무분별한 광고를 계속하는 회사들은 상대적으로 불리한 위치에 놓이게 될 것이다.

따라서 미래에는 혁신적으로 발전하는 인공지능과 빅데이터 등의 기술적용 방안을 모색하며, 더욱 많은 정보를 수집하는 플랫폼을 운영하는 기업과 그렇지 못하는 기업과는 양극화가 더욱 심화될 것으로 보인다.

Ⅳ 디지털경제 원리

제4차산업혁명시대에는 인공지능(생성형AI), 빅데이터, 블록체인, 사물인터넷, 메타버스(XR) 등 정보기술이 다양한 분야에서 혁신적인 발전과 변화를 이끌 것이다. 따라서 종전의 비즈니스 모델이 아닌 새로운 기술혁신이 지속적으로 일어나고 있어 새로운 경제의 기본원리를 파악하는 것은 매우 중요하다. 디지털경제에 있어 사업자들과 정책입안자들은 기술적 변화라는 '나무'도 알아야 하지만 사업적 성공과 실패를 좌우하는 기본적 경제원리라는 '숲'도 이해를 하여야 할 것이다.

1. 네트워크 외부성(Network Externality)

네트워크경제하에 다양한 정보기술들은 상호 호환성(Comp Atibility)을 확보함으로써 더 많은 편익을 향유할 수 있다. 어느 두 정보기술이 비호환적인 경우(두 기술이 상호 정보를 교환할 수 없는 경우 다른 조건들이 모두 같을 때) 소비자들은 더 많은 사람들이 사용하는 호환성이 높은 기술을 선호한다.

이와 같이 소비자가 특정 제품을 사용함으로써 획득하는 효용은 이 제품과 호환적인 제품을 사용하는 소비자들이 많을수록 가치가 증가하게 되는데, 이를 '네트워크 외부성(Network Externality)'이라 한다. 즉 이러한 제품들은 사용자들이 많아지면 공급자의 추가적인 노력 없이 제품의 가치가 증가하는 외부성이 존재한다(Shapiro and Varian, 1999). 이러한 네트워크 외부성으로 인해 결국 사용자가 많은 제품은 더 많은 수요를 창출하고, 사용자가 적은 제품은 더 이상 수요를 창출하지 못하고 시장에서 사라지게 되는 것이다.

디지털경제는 전 세계의 경제주체들이 인터넷과 연결됨으로써 네트워크를 형성하여 발전되어 가고 있다. 따라서 네트워크 외부성은 디지털경제를 이해하는 중요한 경제원리이다. 네트워크 외부성은 어떤 재화들이 서로 연결되어 있을 때 그 재화로부터 얻을 수 있는 효용이 승수로 증가하는 것을 의미한다. 예를 들어 전화와 같이 가입자가 많아질수록 개별 가입자가 느끼는 효용이 더욱 커지는 것과 같은 현상이다.

개발한 상품이 시장에서 성공하기 위해서는 네트워크 외부성이란 특성으로 인해 기술적인 우위뿐만 아니라 초기부터 자신의 네트워크를 크게 키워나가는 것이 중요하다. 그리고 네트워크 외부성이 존재하는 상황에서는 호환성 및 표준화의 개념이 매우 중요하다. 호환성이 있게 되면 다른 시스템과 부품, 소프트웨어 등의 상호 교환이 가능해지기 때문에 규모의 경제, 학습효과 등을 극대화 할 수 있으며, 시장에서 표준을 획득하는 것은 자신의 네트워크 크기를 증가시킬 수 있기 때문에 경쟁에서 우위를 차지할 수 있게 되는 것이다.

2. 수익체증과 초기진입자 우위(First-mover Advantage)

전통적인 경제이론들은 수익체감(Diminishing Returns)이란 전제에 입각하고 있다. 이러한 전제는 생산요소로서 투입할 수 있는 자원이 제한되어 있는 전통적인 산업들을 설명하기 위한 것이다.

수익체감의 가정하에서, 한 기술의 지속적 활용은 자원의 부족 등으로 반드시 생산비용을 증가시키며, 이는 다른 경쟁기술 적용을 모색하게 한다. 따라서 경제체계로 인해 한 기술의 성공은 지속적인 성공을 만들지 못하며, 언젠가는 한계에 부딪히는 음의 귀환체계(Negative Feedback)를 따르게 된다. 결국 각 기술이 활용하는 자원의 부존량에 따라 각 기술을 활용하여 만든 제품의 가격이나 시장점유율은 예측할 수 있는 균형에 이르게 된다. 수력기술과 화력기술은 시장에서 공존하게 되는 것이 바로 그 예라 할 수 있다.

반면에 정보기술에 의해 주도되는 디지털경제체계하에서 추가생산을 위한 추가투입으로 인해 수확이 체감하지 않고 증가할 경우 수익체증 현상이 발생한다.

수익체증(Increasing Returns)의 원리가 지배하는 시장은 양의 귀환체계(Positive Feedback)를 갖는다. 즉 한 번 앞선 기업은 점차 더욱 앞서게 되고 시장에서 우위를 잃은 기업은 더욱 악화되어 최근 정보통신산업분야에서 이러한 수익체증 현상이 흔히 관찰된다.

디지털경제에서 수익체증이 발생되는 이유를 공급자 측면에서 살펴보면 디지털기술을 활용하는 생산방식의 독특한 원가구조와 지속적 기술혁신 가능성에 기인한다.

디지털정보제품의 생산에는 초기 높은 개발비용과 낮은 한계비용이라는 특성이 내포되어 있다. 이는 디지털기술을 기반으로 하는 상품들은 지식의존도가 매우 높은 반면, 원재료 의존도는 매우 낮기 때문이다. 따라서 연구개발(R&D) 등은 높은 고정비용을 갖지만, 변동비용은 매우 낮다.

특히 정보재화의 생산은 초기 소요되는 비용이 높지만, 재생산하는 비용은 거의 없을 뿐만 아니라, 생산능력의 제한도 거의 없다. 따라서 매출액이 증가함에 따라 그에 비례하여 단위당 변동비용은 계속 감소한다. 이론적으로 단위당 변동비용이 평균비용보다 낮은 경우 수익체증이 발생한다. 즉 전통적 경제에서 제한된 범위에서만 발견되던 규모의 경제(Economies of Scale)의 한계가 제거되는 것이다.

뿐만 아니라 디지털경제에서 정보와 지식의 중요성이 더욱 증대되고 있다. 그러나 생산측면에서 한번 생산된 지식과 정보의 재생산에는 앞서 설명한 바와 같이 경미한 추가비용이 소요되거나 거의 추가비용이 소요되지 않는다. 따라서 정보와 지식의 추가생산을 위한 추가투입에 따라 수확이 점차 감소하는 것이 아니라 오히려 증가하는 수확체증의 법칙이 작용한다. 그리고 일단 창출·축적된 지식은 그 스스로 새로운 지식을 계속 증식시켜 나가는 자기증식의 특성도 가지고 있다.

이러한 수확체증 특성과 네트워크 외부성이 디지털 제품에 동시에 작용하게 될 경우, 그 디지털 제품이 시장에서 앞서 나가게 되면 수익체증으로 인해 그 제품이 시장에서 계속 앞서 나가게 되는 현상이 나타난다. 즉 초기 진입자의 우위(First Mover's Advantage)가 발생할 가능성이 매우 커져 결과적으로 독과점이 발생하는 사례가 나타나게 된다.

3. 수요의 임계량과 표준(Standards)

앞서 설명한 바와 같이 제품의 가치가 그 제품을 사용하는 사람 수에 따라 결정될 때 그 제품은 네트워크 외부성 혹은 네트워크 효과(Network Effect)를 가진다는 것을 의미한다.

강한 네트워크 외부성을 가진 기술은 장기간의 리드타임(Lead Time: 기획에서 생산까지의 시간, 발주에서 배달까지의 시간) 후에 폭발적인 성장세를 보이는 경향이 있다. 이러한 현상은 긍정적 피드백(Positive Feedback)의 결과이다. 특정 제품에 대한 사용자의 수가 많아질수록 더 많은 사용자들이 그 제품의 채택가치를 인정하고, 결국에 그 제품은 수요의 임계량(Critical Mass)을 얻게 되고, 따라서 시장의 경영권을 지배하는 실질적인 표준으로 자리 잡게 된다. 결과적으로 단지 생산측면에서 규모의 경제를 얻기 위해서가 아니라 네트워크 효과에 의한 수요측면에서 규모의 경제를 얻기 위해 성장은 전략적으로 긴요한 것이다.

네트워크 외부성을 획득하는 핵심은 임계량을 구하는 것이다. 임계량 이상의 고객을 확보한 후에는 시장은 긍정적 피드백 효과에 의해 스스로 성장하는 경향을 지닌다. 좋은 기술만으로는 불충분하며, 긍정적 피드백 작동을 촉진시키기 위한 가격전략 등 시장전략을 사용해야 한다. 또한 수요의 임계량 확보를 위해서는 자신이 개입되어 있는 정보통신시스템과 자사의 보완 제품들을 잘 이해하는 것이 중요하다.

임계량을 구하거나 표준을 확보하기 위해 경쟁할 때 소비자와 시장의 기대(Expectation)가 매우 중요하게 되어 표준이 될 것이라고 기대되는 제품이 결국 표준이 될 가능성이 높다. 그러한 이유로 네트워크 효과를 지닌 기업들은 자신들의 제품이 결국에는 표준이 될 것이며, 호환성이 낮은 경쟁사의 제품들은 설자리를 잃을 것이라고 소비자들을 설득한다.

기업이 새로운 정보통신기술을 상업화하려고 하거나, 기존 기술의 수명을 연장하여 응용하고자 할 때 중요한 고려 사항 중의 하나는 호환성을 어떻게 할 것인가를 결정하는 것이다. 예를 들어 기업이 게임기를 지속적으로 업그레이드하면서 개발하여 출하시킬 때 예전의 구형 게임기와 신형 게임기 간 계속적으로 호환이 되게 할 것인지, 어느 단계에서부터 호환이 되지 않게 할 것인지는 매우 중요한 전략적 결정사항이다. 이는 호환성 문제가 수요에 영향을 미치게 되고 이는 당연히 수요의 임계량 확보와 연관되며 시장에서의 실질적 표준 확보와 연결된다.

이처럼 디지털경제하에서 정보통신기업들은 수요의 임계량 확보를 통한 실질적 표준 획득을 위한 경쟁에서 어떤 전략들(타이밍, 호환성, 파트너 확보, 기술의 공개, 시장기대 조작 등)을 구사할 것인지, 그리고 표준경쟁에 어떻게 참여해야 하는가에 대한 고민은 매우 중요한 전략적 요소이다.

4. 시스템 경쟁(System Competition)

디지털경제하의 정보기술에 근거한 제품들은 대부분 시스템들로 구성되어 있다. 시스템 구성요소는 운영시스템(OS: Operating System)과 소프트웨어, 중앙처리장치(CPU)와 메모리칩(Memory Chips), 디스크 드라이브(Disk Drive)와 제어카드(Controller Card), 비디오 카세트 레코드와 비디오 카세트 등이다. 대부분의 경우 하나의 기업이 이러한 정보시스템들을 구축하는 모든 요소를 생산하지 못하기 때문에 협업을 통해 다양한 부품들을 여러 제조업자들이 다른 사업 모델에 근거하여 만들어 공급한다.

따라서 전통적인 경쟁전략은 경쟁자, 공급자, 고객에게 초점을 맞추지만 디지털경제하에서 경쟁전략을 디자인할 때는 서로 보완되는 부품 혹은 보완제품을 제조하는 업체에게도 관심을 가져야 한다. 기업이 디지털시스템의 한 부품을 생산, 판매할 경우 그 시스템의 나머지 부분들과 호환되지 못한다면 경쟁하기 어렵다. 그리고 협업을 하는 협력 회사들은 자신이 관여하는 PC시스템의 경쟁력 강화를 위해 노력하는 것이 각자의 이익과 부합된다.

이와 같이 디지털시스템의 구성요소들을 제조하는 기업들은 경쟁함에 있어 자사의 경쟁사들만 의식할 것이 아니라 협력자에게도 초점을 맞추어야 한다. 즉 개별적 경쟁이 아니라 시스템 차원에서의 경쟁이 중요하다. 디지털경제에서는 동맹을 맺고, 파트너를 만들고, 시스템 내에서 부품 간 호환성을 확보하는 것이 매우 중요하다.

과거 기업에게는 제조와 판매가 중요하였지만, 디지털경제에서는 이처럼 상호 시스템 경쟁을 위한 많은 협력적 타협과 기획이 중요한 것이다.

5. 고착화(Lock-in)와 전환비용(Switching Cost)

축음기 레코드(LP)는 CD 플레이어와 호환되지 않는다. 따라서 아무리 값진 LP판이라 하더라도 CD 플레이어에서는 무용지물이다. CD 플레이어를 처음 개발한 소니와 필립스는 CD 플레이어를 개발하여 소비자들에게 소개할 때 소비자들이 LP판에서 CD 플레이어로 전환하기 위해 감당해야 하는 전환비용(Switching Cost)을 심각하게 고려해야만 했을 것이다. 다행히 CD 플레이어는 시장에서 성공하였지만 4채널 사운드(Quadraphonic Sound), 스테레오 AM 라디오(Stereo AM radio), 그림 폰(Picturephone)과 디지털 오디오 테입은 CD만큼 성공적이지 못했다. 이와 같이 하나의 기술 혹은 정보를 저장할 형식을 선택하여 사용하면 해당 기술에 고착화(Lock-In)되어 다시 교체하는 데에 많은 비용이 수반된다.

디지털경제에서 기술적 고착화와 전환비용 문제는 빈번한 중요 전략적 고려사항이다. 만약 이동전화서비스 제공자가 퀄컴의 기술을 사용했다면 이 회사의 이동전화 전송과 수신은 그 기술에 고착화되어 퀄컴이 자사 기술사용료의 가격을 높여도 수용을 거부하기 어렵다. 실제 오늘날 전 세계적으로 많은 사람들이 사용하는 마이크로소프트사의 윈도우는 소프트웨어에 고착화되어 있는 대표적인 사례이다.

Arthur(1989, 1994)는 시장이 하나의 기술에 이미 고착화(Lock-In)되어 있다면, 소비자들의 높은 전환비용으로 인해 새로운 기술이 비록 기술적으로 우월할지라도 시장에서 성공하기 어렵다고 지적한다. 이러한 지적은 기술적 고착화를 통해 지속적으로 초과이윤을 창출할 수 있는 시장지배력을 획득할 수 있다는 의미로 기업전략에 중요한 시사점을 제공한다.

반면에 이러한 기술적 고착화의 전략적 시사점이 잘못된 것일 수 있는 것으로 Liebowitz과 Margolis(1990, 1995)는 현실의 산업변화 과정을 살펴보면서 Arthur가 주장하는 고착화의 예를 찾기 어렵다고 주장한다. 네트워크 외부성에 의한 기술적 고착화는 이론적으로는 타당해 보이나, 장기적으로 열등한 기존 기술에 대한 고착화가 해소되고 신기술로 이전하는 경우가 많이 발생한다는 것이다. 따라서 다양한 산업분야에서 기술혁신은 끊임없이 일어날 수 있다는 것이다(Katz and Shapiro, 1994; Witt 1997).

그리고 기술적 고착 효과(Lock-in Effect)는 장기적이든 단기적이든 전환비용을 항상 발생시킨다는 것이다. 하나의 시스템에서 다른 시스템으로 전환할 때 다양한 종류의 하드웨어와 소프트웨어뿐만 아니라 웨트웨어(Wetware: 개인과 직원들이 소프트웨어와 하드웨어를 사용할 수 있도록 배운 지식 즉, 인간두뇌)도 갱신되어야 한다. 컴퓨터시스템의 교체비용(Switching Cost)은 천문학적일 수 있으며, 오늘의 기술선택은 내일의 유산체계가 된다(Shapiro and Varian, 1999). 따라서 전환비용을 어느 정도로 감수할 것인가가 시스템 구입을 선택하는 하나의 중요한 전략 포인트이다.

Ⅴ 디지털경제하의 기술경쟁: 수확체증, 창조적 파괴

공급자 측면에서 수익체증이 나타나게 하는 요인은 기술에 대한 학습효과(Learning Effects)와 이를 바탕으로 한 디지털 기술혁신이다. 디지털기술은 무한한 발전 가능성을 내포하고 있다. 집적회로의 성능과 용량이 18개월마다 2배씩 향상된다는 무어(Moore)의 법칙이 지난 50년간 유효하였으며, 2010년 이후에는 인공지능 발전으로 매년 10배씩 증가하여 무어의 법칙의 50배 향상의 효과가 나타나는 것이 이를 반증하고 있다.

기업들이 기술혁신을 위해 막대하게 투자하는 현상은 이러한 기술적 발전 잠재력을 뒷받침하고 있다. 기업들의 기술혁신 능력이 그들의 누적적 연구개발 투자에 비

그림 3-3 | 연산속도의 획기적 발전

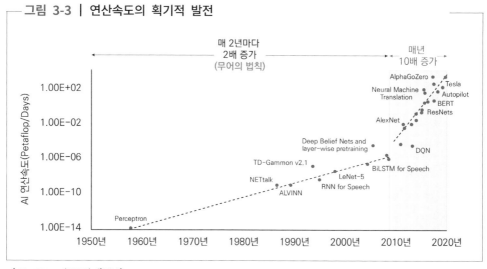

자료: Wang(2020)재구성

례하는 경우 이는 수익체증이 나타나는 원인이 된다(Cohen and Levinthal, 1990). 왜냐하면 연구개발의 성공은 이러한 수익체증으로 인해 더욱더 많은 연구개발을 가능하게 하기 때문이다.

그러나 기술학습의 누적적이고 자기강화적이란 특성은 새로운 기술적 기회의 탐색(Exploration)을 방해하는 요인으로 작용할 수도 있다(Cohen and Levinthal, 1989). 일반적으로 특정한 기술을 지속적으로 활용하여 전문화하면 할수록 단기적으로 그 기술에서 얻는 학습효과가 다른 기술에서 얻는 것보다 더 크기 때문이다.

또한 새로운 기술적 기회의 탐색을 배제한 기존의 기술적 기회의 활용은 단기적으로는 기업 성장에 도움이 되나, 궁극적으로는 장기적 측면에서 자기 파괴적일 수 있게 된다는 문제점은 여러 연구자들에 의해 지적되고 있다.[25]

따라서 디지털경제에서 지속적인 새로운 기술적 기회의 탐색을 통한 기술혁신의 중요성이 강조되어야 한다. 이러한 의미에서 슘페터(Schumpeter, 1934)는 경쟁의 본질을 동태적인 것으로 파악하고, 전통 경제학의 핵심이 되는 균형의 개념에 상반되는 불균형의 개념을 제시하였다. 그리고 기업가 정신(Entrepreneurship)은 이러한 불균형의 원천이 되는 동시에 경제를 움직이는 원동력이 된다. 기업가 정신이란 기술혁신을 통해서 새로운 기회를 창출하여 초과이윤의 가능성에 도전하는 것을 의미한다. 이러한 시도가 성공하면 기존체제의 균형이 깨지고 새로운 구조를 향하여 시스템이 변화한다. 따라서 슘페터는 경제성장의 과정을 '창조적 파괴(Creative Destruction)'의 연속적 과정이라 하고 있다.

이와 같이 디지털경제하에서는 수요측면과 공급측면 모두에서 수익체증의 발생가능성이 존재한다. 또한 앞서 설명한 바와 같이 디지털경제하에서는 기술적 고착화 현상도 나타난다. 그러나 '슘페트리안 기술혁신'과 '기술적 고착화'란 두 가지 논의는 디지털경제의 서로 상반된 경쟁원리와 산업진화 방향을 암시하고 있다.

우선 고착화 논의는 수요측면의 네트워크 외부성으로 인하여 기존의 지배적 기술로의 산업진화가 진행됨을 제시하는 반면, 두 번째 창조적 파괴에 관한 논의는 기

---

25) Competency Trap(Levitt and March, 1988), Core Rigidity(Leonard-Borton, 1992), Learning Myopia(Levinthal and March, 1993), and Short Termism(Laverty, 1996).

업 간 지속적인 기술경쟁으로 인하여 산업진화가 궁극적으로 새로운 기술로 대치되는 것임을 암시한다.

그리고 네트워크 외부성이 존재하는 산업에서 상호 비호환적(Incompatible)인 두 기술 간의 경쟁을 생각해 보자. 특정기술이 선택되어 이미 시장에서 많은 고객을 확보하고 있는 상황에서, 성능이 우월한 새로운 기술이 등장하였다고 한다면 기업들은 기존 기술을 활용하여 제품을 생산하며 경쟁하여야 하는가? 아니면 새로운 기술을 활용하여 제품을 생산하며 경쟁하여야 하는가?

기존 기술을 활용한다면 많은 고객과 호환성을 유지함으로써 네트워크 외부성이 주는 이익을 얻게 될 것이다. 반면에 새로운 기술을 활용하게 된다면 비록 네트워크 외부성이 주는 이익은 상당 부분 잃게 되지만, 높은 품질의 제품을 생산할 수 있게 될 것이다. 두 기술 중 어느 기술을 택해야 하는가? 즉 이러한 기존의 기술적 기회의 활용(Exploitation)과 새로운 기술적 활용(Exploration) 간의 의사결정 문제는 경제학과 경영학에서의 핵심적인 연구주제가 되어왔다(Schumpeter, 1934; Holland, 1975; Kuran, 1988; Goldberg, 1989; March, 1991; Ghemawat, 1993). 이는 기업의 생존과 성장에 영향을 미치는 중요한 의사결정 문제일 뿐만 아니라 사회 전체적 효익과 직결되는 문제이기 때문이다.

따라서 오늘날 인터넷을 활용한 다양한 e-비즈니스들의 발전 잠재력과 현황을 고려해 볼 때, 전통적인 기존의 기업들은 이 새로운 기술적 기회를 어떻게 활용하여야 하는가?와 어떠한 정책적·전략적 방안이 요구되는가? 이는 우리의 미래를 결정하는 중요한 의사결정의 문제로 산업의 기술적 진화 과정과 기업의 기술선택의 효과성이 기술적 특성과 산업의 동태적 변화 과정에 의해 영향받을 수도 있다. 그렇다면 기존의 지배적 기술로 산업진화가 고착화되는 상황요인은 무엇이고, 새로운 기술로 대체되는 상황요인은 무엇인가? 이러한 질문들에 대한 해답을 제시하고자 하는 시도는 학술적으로나 실제적으로나 매우 의미 있는 작업이라 할 수 있다.

네트워크 외부성에 관한 기존 문헌들은 소비자의 채택에 따른 수익체증이 발생하는 수요측면에만 초점을 두어왔기 때문에 기존 기술에의 고착화라는 제한적인 시사점만을 제공해 왔다. 이러한 기존연구의 문제를 해결하기 위한 실마리는 네트워크 외부성이 발생하는 수요측면과 함께 기술혁신에 의한 구체적 기술진보를 발생시키는 공급자측면의 슘페터적 경쟁구조를 고려함으로써 얻을 수 있을 것이다.[26]

Ⅵ 디지털 수렴과 산업변화

인류 역사상 유일하게 천년을 지속한 로마 제국이 융성했던 원인의 하나를 시오노 나나미는 그의 저서 "로마인 이야기(1995)"에서 다음과 같이 기술하고 있다. 도로는 로마 제국이 등장하기 전에도 있었으나 네트워크로 연결하여 국가 전역에 건설한 이 도로망은 로마 제국이 유기적 기능 수행을 천 년간 지속되는 데 핵심적인 역할을 했다는 것이다.

Kevin Kelly(1998)가 지적하듯이 한정된 기능만을 수행하던 부분들을 서로 연결시키면 기대이상의 효과가 발생한다. 뉴런이 세포들 간의 의사소통을 가능하게 했을 때 생명체들이 폭발적으로 다양하게 진화하였던 것처럼 디지털 통신기술의 발전은 전 산업분야에 직·간접적으로 영향을 미침으로써 급진적인 변화가 나타나는 것이다.

제4차산업혁명시대 새롭게 출현한 디지털경제는 이전에는 서로 분리되어 있었던 여러 산업들 즉 전화통신, 텔레비전 방송, 컴퓨터 및 인터넷이 상호 융합되면서 형성되고 있다. 특히 디지털기술을 기반으로 한 통신기술의 비약적인 발전으로 인하여 이전의 유·무선 전화망, 방송망, 그리고 인터넷망이 하나의 공동 네트워크로 수렴하였다. 이러한 변화는 전통적 산업 간의 경계를 붕괴시키고, 새로운 제품과 서비스 유통구조를 창출하고 있다. 따라서 이러한 디지털 수렴(Digital Convergence) 과정은 많은 사업기회를 나타나고 있는 것이다.

---

26) Gary S. Becker(1998)는 네트워크 외부성이 존재하는 시장에서 슘페터리언 경쟁의 중요성을 다음과 같이 지적한 바 있다. 컴퓨터산업과 같이 기술이 빠르게 변화하는 산업들에서는 독점적 지위는 일시적인 경우가 일반적이다. 왜냐하면 혁신적인 새로운 기업들이 기존의 지배적인 기술을 대체할 수 있는 더 나은 기술을 개발해 내기 때문이다.

1. 디지털 수렴

전통적 산업경제에서 생산, 커뮤니케이션, 상거래, 유통은 각기 다른 산업 영역이었다. 그러나 새롭게 생성된 디지털경제는 디지털 수렴(Digital Convergence)과 함께 제품·서비스의 생산 및 유통구조의 대규모 재편을 초래하고 있다. 디지털 수렴이란 디지털기술을 기반으로 한 정보통신기술의 비약적인 발전으로 이전에는 서로 분리되어 있었던 정보통신기술 기반 산업들의 통합이 이루어지고 있다. 1890년대부터의 전화, 1930년대 후반에 시작된 텔레비전, 1980년대부터의 컴퓨터, 그리고 근년의 인터넷이 가지는 유·무선 전화망, 방송망, 인터넷망 그리고 최근 사물인터넷에 의한 인간과 사물의 무한대로 연결됨으로써 하나의 공통 네트워크로 수렴함을 의미한다. 이러한 변화는 전통적 산업들 간의 경계를 붕괴시키고, 새로운 제품과 서비스의 유통구조를 창출한다.

이러한 디지털 수렴으로 인해 지금까지 상호 호환적이지 못하던 기기 및 제품이 호환성을 가지게 되고, 가치사슬의 여러 과정들이 통합되고 있다. 디지털 수렴현상은 다음과 같이 네트워크의 수렴, 제품의 수렴, 시장의 수렴, 그리고 비즈니스 프로세스의 수렴 현상으로 나누어 볼 수 있다(고상원, 2000).

첫째는 네트워크의 수렴(Network Convergence)으로 전화선, 케이블 TV용 동축선, TV 방송, 위성방송, 무선 네트워크, 모바일 디바이스 등 모든 네트워크들이 상호 디지털 신호를 주고받을 수 있게 되는 하나의 네트워크로 수렴된다.

둘째는 제품의 수렴(Product Convergence)으로 유무선 통신의 음성, TV 방송, 음악, 비디오, 책과 잡지 등 종이에 기록되는 정보와 데이터베이스, 소프트웨어, 게임 등의 제품들이 디지털화되고 있으며, 개인정보 열쇠 및 화폐 등도 디지털화되고 있다. 디지털화된 제품들은 디지털 네트워크를 통해 쉽게 이동된다.

셋째는 시장의 수렴(Market Convergence)으로 전화사업자는 케이블 TV 사업자와 경쟁 관계에 놓이게 되고, 인터넷 접속시장을 놓고 인터넷서비스 제공업자(ISP)들과 TV 방송사업자들이 경쟁하게 되는 등 제품과 네트워크의 수렴은 기존의 시장들 간의 경계가 허물어지고 있다.

넷째는 비즈니스 프로세스의 수렴(Process Convergence)으로 인해 기업가치를 창출하는 여러 과정들이 일관된 하나의 과정으로 통합되는 것을 의미한다. 예를 들어 온라인 광고에 대한 소비자들의 반응과 주문은 다시 인터넷을 통해 디지털자료로 입력되어 인터넷 광고업체는 소비자를 분석하고 제품 생산업체는 주문생산을 할 수 있는 등 비즈니스 프로세스가 하나의 과정으로 통합된다. 반면에 이와 같은 수렴현상은 불확실성을 증대시키기도 한다.

그러면 이러한 디지털 수렴을 야기하는 요인들은 무엇이고, 산업구조는 어떻게 변화하고 있는가? 우선 디지털 수렴을 견인하고 있는 요인으로 다음과 같은 세 가지를 들 수 있다.

첫째는 컴퓨터 하드웨어 및 소프트웨어 그리고 디지털 통신기술의 진보이며, 둘째는 인터넷의 급속한 확산과 이에 따른 사업기회를 포착하고자 하는 기업들의 노력이다. 셋째는 정부의 규제완화이다(Yoffie, 1997; Collis, Bane, and Bradley, 1997). 이러한 동인들에 의해 견인되고 있는 디지털 수렴은 산업구조변화에 중요한 의미들을 던져 주고 있다.

컴퓨터 하드웨어, 소프트웨어 및 디지털 통신기술의 진보를 인텔(Intel)의 회장이었던 고든 무어(Gordon Moore)는 "집적회로의 계산능력이 18개월마다 2배씩 증가한다"는 무어의 법칙(Moore's Law)을 언급한 바 있다. 이 간단해 보이는 법칙은 놀랍게도 지난 50년간 거의 틀리지 않았다. 이 법칙이 암시하는 바는 컴퓨터와 같은 집적회로를 이용한 장치를 사용하여 연산능력을 얻는 데 소요되는 비용이 지속적으로 낮아져서 결국에는 거의 제로(zero)가 될 것이라는 점이다.

2. 산업 변화와 그 의미

앞에서 기술한 동인에 의해서 진행되고 있는 디지털 수렴은 정보통신산업과 전 산업분야에 직·간접적으로 영향을 미침으로써 산업구조의 획기적인 변화를 초래하였다. 디지털 수렴이 산업구조 변화에 대해 주는 핵심적 의미는 다음과 같은 두 가지라 할 수 있다. 하나는 종전까지 별도로 운영되던 전화 중심의 유·무선 통신망, 텔레비전 중심의 방송망, PC 중심의 인터넷망을 통합할 만한 공통의 네트워크가 만들어졌다는 것이다. 그리고 또 하나는 이렇게 통합된 네트워크는 많은 제품들과 서비스들의 생산과 유통 구조를 급격히 변화시켰다는 점이다.

디지털 수렴에 의해 디지털혁명이라고 칭할 수 있는 급속한 정보기술혁신, 지식·정보의 중요성 증대, 정보화·세계화의 확산, 소비자 욕구의 변화(인터넷 세대) 등으로 인해 하드웨어, 소프트웨어, 서비스 및 콘텐츠산업들이 변화 발전되고 있다.

그리고 기존에는 각각 별도의 제품으로 인식되던 컴퓨터, 유·무선 통신, 가전제품의 디지털화를 통해 서로 정보를 호환시킬 수 있는 하나의 제품군으로 발전되고 있으며, 소프트웨어 측면에서는 이러한 하드웨어들을 지원하는 패키지화된 솔루션을 제공하는 방향으로 발전하고 있다.

그림 3-4 | 디지털경제에서의 산업의 변화

디지털혁명	
• 급속한 정보기술혁신 • 지식, 정보의 중요성 증대	• 정보화, 세계화의 확산 • 소비자 욕구의 변화(인터넷 세대)

산업의 변화	
하드웨어	**소프트웨어**
• 가전 → 디지털화 • 컴퓨터 → 멀티미디어화 • 유선통신 → 무선/위성통신 • 반도체 → 대용량/고속화 • 일반 전자부품 → Chip화	• 패키지 소프트웨어화, 정보처리 솔루션화
서비스	**콘텐츠**
• 인터넷 기반화, 전자상거래 발전 • 통신, 방송의 융합화 • 방송의 디지털화 • 소비자 밀착형 서비스	• 영화/만화 → 시간·공간 제약 초월 • 출판/신문 → 디지털화 • 게임 → 네트워크 활용

PART
2

메타버스와 정보기술 융합

메타버스 기술발전

section 1 메타버스 개요

메타버스는 초기에는 초월적 세계를 의미하는 가상현실의 개념에서 현실과의 연계를 통한 새로운 비즈니스가 창출되는 공간으로 의미가 확대되어 가고 있다. 즉 메타버스는 가상, 초월을 의미하는 "메타(Meta)"와 세계, 우주를 의미하는 "유니버스(uniVerse)"를 합성한 신조어로 닐 스티븐슨(Neal Stephenson)이 1992년에 저술한 Snow Crash란 소설에서 처음으로 용어가 등장하여[1] 가상과 현실이 융합되어 경제·사회·문화적 가치를 창출하는 새로운 비즈니스 공간으로 개념으로 확대되고 있다.

2021년과 2022년에는 코로나 19의 영향으로 메타버스 산업이 빠르게 성장하면서 페이스북은 '메타(Meta)'로 사명을 변경하고 메타버스 생태계 구축에 집중하기 시작했다. 메타의 주커버그(Zuckerberg)는 사용자가 경험하면서 몰입되고(Immersive), 구체화된(Embodied) 인터넷 플랫폼이 출현할 것으로 보고, 이를 메타버스 플랫폼으로 명명하면서 향후 거의 모든 IT 비즈니스 업계에 지대한 영향을 미칠 것이라는 점을 천명한 바 있다. 이론적으로 보면 무한대의 SNS 사용자가 메타버스 플랫폼에 접속하

---

1) a computer-generated universe that his computer is drawing onto his goggles and pumping into his earphones ... known as the Metaverse

그림 4-1 | 메타버스의 역사

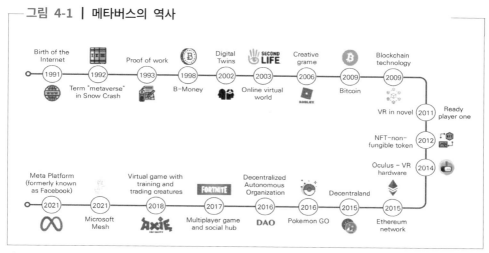

자료: Huynh-The et al.(2023)

여 가상현실 세계에서 현실세계로 넘나들면서 수월하게 소통하는 것이 가능하다고
볼 수 있다.

메타버스는 이로 인해 가상부동산 투자 열풍이 일기도 했으며, 메타버스상에서
패션쇼를 개최하는 등 명품 브랜드의 관심이 고조되었다. 이에 힘입어 글로벌 메타버
스 시장은 2024년부터 2033년까지 연평균 성장률 38.31%를 기록하며 2조 3,697억 달
러(약 3,268조 2,902억 원)로 성장할 것으로 전망하고 있으며(정보통신산업진흥원, 2024),
2022년에는 빅테크 기업을 중심으로 메타버스 산업 성장 촉진을 위한 '메타버스 표준
포럼'이 창설되었다.

2023년에 이어 2024년 메타버스는 새로운 마케팅 채널로 빠르게 부상하면서
ASEAN은 관광산업 강화를 위해 몰입형 통합 메타버스 게임을 개발한다고 발표하였으
며, 메타버스 내 디지털 통화 및 결제 서비스에 대한 관심이 고조되었다. 또한, VR·
AR 기술이 고도화되어 메타버스 몰입 경험 향상에 기여하고 있으며, 최근에는 게임
과 엔터테인먼트를 뛰어넘어 산업형 메타버스로 확장되고 있다.

의료 및 엔터테인먼트 산업은 AR·VR 기술 활용을 증가하면서 메타버스 시장의
성장을 견인하여 가상현실 헤드셋과 헤드업 디스플레이, 헤드 마운트 디스플레이, 스
마트 안경 등의 하드웨어 시장도 함께 성장할 것으로 전망하고 있다.

표 4-1 | 연도별 메타버스 산업 주요 이슈

구분	주요 이슈
2021	• 메타버스 가상 부동산 투자 열풍 • 페이스북 '메타'로 사업 변경하고 메타버스 생태계 구축에 집중 • 명품 브랜드, 메타버스상에서 패션쇼 개최하는 등 관심 고조
2022	• 메타버스 시장 규모, 2030년 2.4조 달러로 성장 전망 • 메타버스 시대에 필요한 차세대 인터넷 기반으로 웹 3.0 언급 • 빅테크 기업, 메타버스 성장 촉진 위해 '메타버스 표준 포럼' 창설
2023	• 메타버스, 새로운 마케팅 채널로 급부상 • 메타버스 내 디지털 통화 및 결제 서비스에 대한 관심 고조 • VR·AR기술 고도화, 메타버스 몰입 경험 향상에 기여
2024	• ASEAN, 관광 산업 강화 위해 몰입형 통합 메타버스 게임 개발 • 중국, 메타버스 산업, 향후 3년간 빠르게 성장할 전망 • 메타버스, 게임과 엔터테인먼트를 뛰어넘어 산업 메타버스로 전환

자료: 정보통신산업진흥원(2024)

특히 재택근무와 원격 교육 등이 증가하면서 메타버스 플랫폼의 사용이 증가하고 있으며, 소셜미디어 플랫폼을 통한 상호작용을 선호하는 사람들이 증가하면서 메타버스 시장은 향후 지속적으로 성장할 것으로 전망되고 있다(정보통신산업진흥원, 2024).

Ⅰ 메타버스 등장 배경

키아누 리브스(Keanu Reeves)가 주연했던 매트릭스(Matrix)라는 영화는 1999년 3월 31일 미국에서 최초로 개봉되어 내용적이나 형식적으로나 큰 충격을 주었다. 한 화면을 여러 방향에서 동시에 찍어서 멈춘 동작을 360도 방향에서 보는 것과 같은 기분을 주는 촬영기법으로 이전의 영화와는 다른 혁신이었으나 우리가 사는 세계가 현실세계가 아닐 수 있다는 인식을 주어 당시의 충격은 상당했다. 이 영화는 연달아서 후속편이 두 편 더 제작되면서 매트릭스 세계관을 형성했고, 이후 많은 영화작품에도 큰 영향을 미쳤다.

이 영화의 1편 내용 중 매우 인상적인 장면은 우리가 인식하는 공간이 0과 1로 구성되는 프로그램으로 치환되는 것을 상징적으로 보여주는 녹색 점들로 구성된 장면이며, 영화의 주인공인 네오는 이 녹색 점들로 구성되는 공간을 자유롭게 변화시키면서 현실세계에서 초능력을 부르는 것들을 실현하는 모습으로 실제세계와 가상세계의 경계를 녹색 점들로 아슬아슬하게 줄타기하는 장면을 보여주었다. 그 이후부터는 무엇이 실제세계이고 무엇이 가상세계 인지의 경계가 모호해졌으며, 관객들은 감독이 만들어 놓은 가상세계라는 플롯에서 영화를 관람하게 한 것이다.

그 이후 2021년 개봉한 매트릭스 후속편에서는 이러한 전면의 모든 내용이 또 다른 가상세계일 수 있다는 점을 보여주는 비틀림을 제시하였다. 그 이전에도 가상현실을 소재로 다룬 영화는 많이 있었지만, 매트릭스는 현실과 가상세계를 병치시키는 동시에 이 둘의 철학적 사유를 담으면서 가상현실을 다룬 대표적인 영화로 알려졌다. 마치 실제세계에서 가상세계로 가서 네오에게 강요된 행동은 두 가지 다른 색깔의 약에서 하나를 선택하는 것이다. 실제세계에서 가상세계로 가기 위해 HMD를 뒤집어쓰는 것 같은 이 행동을 통해서 두 개의 완전히 다른 시간과 공간을 이동하는 것이다. 빨간약과 파란약을 선택하도록 한 것으로 가상세계와 현실세계 중 하나를 선택하는 것이었다. 가상세계에서 빠져나가는 것을 선택한 네오에게 일어난 일은 가상세계가 현실이 아니라는 것을 깨닫고 현실세계로 넘어가는 것이었는데, 그 순간 네오의 앞에 있던 거울에 비쳐진 네오의 얼굴이 일그러지기 시작하면서 그때 있었던 상황이 현실이 아니라 가상이라는 것이 밝혀진다. 이때 거울을 통해 가상과 현실이 분리되기 시작하는 것은 현실을 복제하는 거울의 속성을 보여주는데 이는 여러 가지 철학적 사유가 담겨있는 장면이었다.

이처럼 실제세계와 가상세계를 넘나드는 경계면이 영화가 개봉한 지 20년이 지난 지금 해체되려 하고 있다. 글로벌 기업들은 XR(VR, AR MR)[2], 메타버스, 디지털 트윈 같은 가상세계 관련 기술개발에 매진하고 있고, MZ세대와 알파세대들은 제페토, 로블록스 같은 가상세계의 플랫폼에 익숙하게 되었다. 어쩌면 조만간 네오가 빨간약과 파란약을 선택했던 것처럼 머지않은 미래에 버튼 하나로 가상세계와 실제세계를 순식간에 이동하는 시대가 가까워질 수도 있을 것 같다.

코로나 19 팬데믹이 가져온 일과 여가활동, 협업, 사회관계 등 우리 삶 전반에

---

2) 김병철(2022), 메타버스와 디지털 트윈, 정보통신기술평가원, 주간기술동향(2022.2.25).

새롭게 자리 잡은 뉴노멀(New Normal)이 최신 디지털 기술들과 결합되면서 다양한 플랫폼 서비스들이 만들어지고 있다. 물리적인 현실공간에서 이루어지던 다양한 업무, 관계, 여가활동 등이 가상공간으로 옮겨가면서 공공, 기업과 학교를 비롯한 다양한 조직들이 메타버스(Metaverse) 플랫폼이라고 하는 거대한 가상공간의 세계를 만들어가고 있다. 다양한 계층 간 사용자들은 메타버스 플랫폼에서 업무뿐만 아니라 오락과 사교의 장을 활발하게 펼쳐지고 있다. 메타(Meta), 제페토(네이버Z) 등 국내·외 많은 인터넷 플랫폼 기업들이 경쟁적으로 메타버스 사업에 진출하며 대규모 투자가 이루어지고 있다. 특히 MZ 세대와 알파세대(2010년 이후 출생)와 같은 젊은 세대는 메타버스 플랫폼을 기반으로 하는 다양한 서비스에 적극적으로 참여하고 있으며 메타버스 기반의 가상공간에 점점 더 많은 가치를 부여하게 될 것이다.

최근 들어 다양한 종류의 메타버스 플랫폼들이 새로운 서비스 생태계의 가능성을 실험하고 있다. 아바타 기반 소셜 플랫폼인 제페토(Zepeto)와 비디오 게임 창작 및 퍼블리싱이 가능한 로블록스(Roblox) 그리고 블록체인 기반의 메타버스 플랫폼인 디센트럴랜드(Decentraland)와 가상오피스 플랫폼인 게더타운(Gather.Town) 등이 대표적인 서비스들이다. 이러한 플랫폼을 통해 점점 더 많은 사용자들이 가상공간에서 현실공간처럼 소비하는 것은 물론, 돈을 벌고 투자할 수 있다는 가능성을 제시하고 있다.

관련 기술의 급속한 발전도 메타버스 플랫폼의 다양한 기회를 보여준다. Virtual Reality(VR) 헤드셋, 3D 모델링 기술 등의 발전은 몰입형 가상 환경의 구현을 앞당기고 있다. 특히 VR 헤드셋의 경우, 몇 년 전까지만 해도 컴퓨터 등에 유선 연결이 필요했지만 현재는 사용자 친화적인 독립 기기로 진화하고 있다. 그리고 대체불가능 토큰인 NFT(Non Fungible Token)와 같은 블록체인 기반 기술[3]도 메타버스 플랫폼의 전망을 밝게 한다. NFT는 중앙집권적 검증기관 없이 소유권을 증명하는 디지털 증서 역할을 하는데 이는 메타버스의 가상공간 내에서 사유 재산권과 상호 운용성을 설정하고, 사용자 간 거래를 촉진할 수 있다(CB Insights, 2022). 또한 통신기술도 4G에서 5G로 전환되면서 데이터의 송수신 속도가 20배 이상 증가하게 되어 메타버스 발전에 더

---

3) NFT는 대체되지 않고 고유한 토큰을 발행하기 위해 무료로 공개된 블록체인의 ERC-721 (Ethereum Request For Comment)라는 토큰발행 표준 소스 코드를 사용함

욱 기여하게 된 것이다.

◫ 메타버스 어원

메타버스는 사실 이미 한 세대(30년) 이전에 등장한 개념이며, 또한 동 시대에 출현한 인공현실, 사이버스페이스, 가상현실 등과 경쟁하는 유사한 미래 현상을 가리키는 개념이었다. 우리나라에서도 1990년대 후반에서 2000년대 초반 사이버스페이스, 사이버 문화에 대한 개념이 보편화되었으며, 2010년대 중후반에는 가상현실과 증강현실이 대중적으로 이해되기 시작하였다.

그렇다면 왜 2020년대 들어 전 세계적으로 메타버스가 새로운 것으로서 다시 부상되기 시작하였는가 하는 것이다. 이를 이해하기 위해 메타버스의 의미를 그 어원에서부터 명명된 맥락까지 더 구체적으로 살펴보고자 한다.

메타버스(Metaverse)에서 메타(Meta)는 고대 그리스 시절부터 사용되었던 어원으로 '뒤(Behind)'나 '변화(Change)'의 의미이다. 예를 들어, 전자의 뜻으로는 형이상학(形而上學, Metaphysics: 메타피직스)이며, 후자로는 개심(改心, Metanoia)이라는 의미이다.

고대 로마제국은 초기에 당시 지중해의 헤게모니를 쥐고 있던 그리스 문화로부터 깊은 영향을 받고 있었고, 많은 로마 귀족들은 그리스에 유학하거나 그리스 서적들을 통해 학습하였다. 이 그리스 교재 중에는 피직스와 메타피직스가 있었다. 피직스(Physics)는 퓌지스(Physis)에 대한 학문인 퓌지케(Physike)의 영어식 철자이다. 그리고 퓌지스는 자연(Nature) 특히 인간이 감각적으로 확인할 수 있는 모든 것들을 가리키는 말이었고, 퓌지케는 그러한 자연에 대한 학문, 사물의 이치에 대한 학문을 의미한다. 그래서 학습 편의상(직관적으로 느껴지는) "눈에 보이는" 것에 대한 학문을 먼저 공부하고, 그리고 난 이후 "눈에 보이지 않는" 것들에 대한 학문을 공부하기 위한 것이 메타피직스, 즉 "피직스를 배운 뒤의 학문" 혹은 "자연 다음에 대한 학문"이었다. 그런데 이것이 그리스어에 정통하지 못한 로마인들에게 전파되면서 메타피직스가 다루는 "눈에 보이지 않는" 것이 "보이는 것 너머에 있는" 것들에 대한 것으로 잘못 이해되어 메타가 '너머(超)'라는 의미로 오해가 되어 로마제국의 라틴어 언어적 영향권에 있던 서유럽 지역에 이르기까지 잘못된 메타의 뜻이 널리 퍼져 확장되었다. 한자 문화권에서는 이를 다시 형이상학(形而上學), 즉 모양 위(너머)에 대한 학문으로 번역이 되는 등 현재의 메타는 '너머'나 '초월'이란 의미로 통용되고 있다.

또 다른 의미로 메타버스에서의 버스는 유니버스란 "하나 또는 단일"을 뜻하는 유니(Uni–)와 "향한다 또는 방향"을 뜻하는 버스(–verse)의 합성어로서 하나의 방향, 하나로 향하는 것, 하나로 이어진 것이라고 직역된다. 세계 혹은 우주의 모든 존재가 실상 모두 하나로 연결되어 있다는 뜻에서 우주를 가리킨다. 참고로 한자어 우주(宇宙)는 우주를 집에 빗대어 표현한 것으로서 공간(宇)과 시간(宙)으로 이루어진 시공간 세계를 의미한다. 따라서 메타버스란 "초월적 유니버스"라고 이해할 수도 있고, "변화된 유니버스" 혹은 유니의 의미를 제외한 "다중 우주(소위 멀티버스라고도 하나, 이 단어는 1895년 심리학자 윌리엄 제임스가 조금 다른 의미로 사용한 적이 있음)"라고 이해할 수도 있으며, 사실 그 모든 뜻을 포함하는 의미라고 이해할 수도 있다. 윌리엄 깁슨의 '사이버스페이스: 매트릭스'에 대비되는 닐 스티븐슨(Neal Stephenson)의 '메타버스: 어스(Earth)'라는 용어는 소설 속의 메타버스가 바로 이 지구(The Earth)에 중첩되면서도 다른 세계라는 것을 의미하고 있다.

참고로 메타버스와 메타피직스를 보면 어형은 유사하나 그 뜻은 오히려 반대라고 할 수 있다. 피지스라는 감각할 수 있는 것 너머를 탐구하는 메타피직스와 감각을 통해 "또 다른 세계"를 인공적으로 만들어 내려고 하는 메타버스의 대립구도로 이해할 수도 있다. 그리고 피지스를 만들어 내는 감각 이전의 우주 원리/원형에 초점을 맞춘 메타피직스와 "또 다른 세계"를 만들어 내기 위한 감각 재현에 초점을 맞춘 메타버스의 대립구도로 이해할 수도 있을 것이다.

이렇게 살펴보았을 때 메타버스는 사이버 스페이스나 가상현실 대신 새로운 현상에 대한 이름으로 (재)호명되었다. 그 다음은 이미 대중적인 용어가 된 그것들을 대체하기 위한 의도도 있겠으나 현실세계에 초월적이면서도 중첩 가능하고, 분리·다중적으로도 존재할 수 있다는 것이다. 특히 아바타라는 강림된 신체를 가진 "세계 내 존재(In–der–Welt–Sein)"가 될 수 있는 우주적 세계로서의 개념이 직관적으로 전달되는 느낌이 주효했다고 여겨진다.

메타버스(Metaverse)는 가상 또는 이상이라는 의미의 메타(Meta)와 세계라는 의미의 유니버스(Universe)의 버스(Verse)의 합성어로 초기의 초월적 세계를 의미하는 가상현실의 개념에서 현실과의 연계를 통한 새로운 비즈니스가 창출되는 공간으로 의미 확대되어 가고 있다. 즉 메타버스는 가상, 초월을 의미하는 "메타(meta)"와 세계, 우주를 의미하는 "유니버스(universe)"를 합성한 합성어로 1992년 Snow Crash란 소설에서 처음 등장하였으며 가상과 현실이 융합되어 경제·사회·문화적 가치를 창출하는 새로운 비즈니스 공간으로 개념으로 확대되고 있다.

메타버스는 가상과 현실이 융합된 공간에서 사람과 사물이 상호작용하며 경제·사회·문화적 가치를 창출하는 세계로서, 메타버스의 일반적 의미는 현실 세계와 같은 사회적·경제적 활동이 통용되는 3차원 가상공간이며, 가상과 현실이 상호작용하며 공진화하고 그 속에서 사회·경제·문화 활동이 이루어지면서 가치를 창출하는 세상이다.

가상현실(VR) 기술이 1990년대 말 대두되었으나 세부 기술의 개발에도 불구하고 서비스 플랫폼들의 개발이 부진하여 메타버스는 쇠퇴하면서 현재와는 다소 다른 초

그림 4-2 | 메타버스 신산업 선도전략 메타버스 개념도

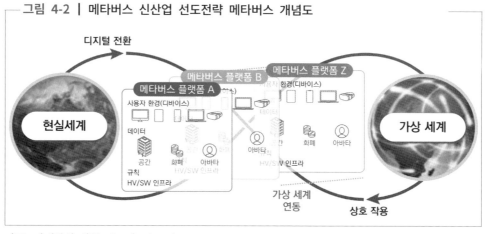

자료: 관계부처 합동 보도자료(2022)

기 메타버스 플랫폼이 등장하게 되었다.

초기에 대표적인 메타버스 플랫폼으로는 한국에서 인기를 모았던 '싸이월드(Cyworld)'라는 플랫폼과 세계에 널리 서비스된 '세컨드 라이프'를 들 수 있다.

싸이월드는 2000년대 중후반 대한민국에서 가장 대중성이 높은 소셜 네트워크 서비스(SNS)이다. 흔히 싸이라고 줄여 말하기도 하는데, 이는 사이버(Cyber)를 뜻하지만 '사이', 곧 '관계'를 뜻하기도 한다. 싸이월드 서비스에 포함된 '미니홈피'는 미국의 페이스북, 마이스페이스와 영국의 Bebo와 같은 개인 가상공간인데, 고유명사로 사용될 정도로 영향력이 있었다. 싸이월드에서 파생된 인터넷 문화는 단순한 네티즌들만의 문화로 그치지 않고 2000년대를 상징하는 시대적 문화이기도 하였다.

또한 세컨드 라이프는 미국의 린든 랩(Linden Lab)이 개발하여 2003년부터 가상공간 체험을 넘어 직접 사이버 공간에서 또 다른 삶을 살아갈 수 있도록 제공하고 있는 3D 기반 가상현실 서비스이다. 제2의 삶이란 명칭처럼 현실과 연결된 또 다른 세상인 이곳에서 우리는 불타버린 숭례문에 갈 수도 있고, 공간이동을 통해 여행을 할 수도 있으며, 부동산 거래 등을 통해 새로운 가치를 창출하기도 하는 등 현실에서 가능한 거의 모든 것들이 '세컨드 라이프' 안에서 가능하게 한 것이다.

이러한 두 서비스를 초기의 메타버스 플랫폼이라고 할 수 있는 조건은 가상공간에서 아바타를 이용하여 경제 활동을 한 것이다. 싸이월드는 선물받은 도토리나 본인이 구입한 '도토리'를 이용하여 본인의 아바타를 꾸밀 수 있는 기능과 마이룸이라는 공간을 개인적으로 꾸미는 기능을 가지고 있다. 그리고 세컨드 라이프 사용자는 가상세계 속에서 직접 의상, 액세서리, 자동차 등을 제작하고, 가상세계의 결제 수단인 '린든 달러(L$)'라는 가상화폐를 이용하여 경제 활동을 하거나 친구에게 선물할 수 있다. 또한 토지를 소유하여 자신만의 안락한 주택을 건축하거나 멋진 섬을 소유할 수도 있다. 이러한 세컨드 라이프 속 가상세계에서는 거주민들에 의해 새로운 문화와 신조어가 생겨났고 가상의 경제활동이 활발하게 이루어지기도 한다.

초기 메타버스에 대한 연구는 2003년 등장한 1세대 메타버스 플랫폼인 세컨드 라이프(Second Life)에 집중되었으나(Kaplan & Haenlein, 2009), 2007년에는 구현되는 공간이 현실중심 또는 가상중심인지에 따라 라이프 로깅(Life Logging), 거울세계(Mirror

World)로 구분되며, 구현된 정보가 외부환경 정보 중심인지 개인 중심인지에 따라 가상현실(Virtual Reality), 증강현실(Argumented Reality)로 구분이 되고 있다(Smart et al., 2007). 그리고 Davis et al.(2009)은 메타버스를 "사람들이 아바타를 통해 다른 사용자와 소프트웨어 에이전트와 상호 작용하는 실제 세계와 유사하나 물리적 제한이 없는 몰입형 3차원 가상 세계"로 정의한다.

초기의 메타버스는 모바일, 통신기술과 컴퓨터 성능 등의 기술적 한계와 이를 활용한 실질적인 애플리케이션의 부족으로 인해 상대적으로 잠잠했으나, 하드웨어의 고성능화와 통신기술의 발전 그리고 가상현실을 비롯한 제반 기술들의 발전으로 새로운 전환기를 맞이하고 있다.

특히 로블록스(Roblox)가 2020년에 뉴욕증권거래소에서 상장되면서 다시 부상한 메타버스에 대한 관심은 마크 주커버그(Mark Zuckerberg)가 페이스북의 사명을 메타(Meta)로 변경한다고 발표하면서 더욱 증폭되었다. 일부 비판적인 전문가들은 메타버스의 개념이 상당히 모호하고 사용자에게 유용한 서비스 등이 충분하지 않다는 이유로 그저 지나갈 유행의 하나라고 평가절하하기도 하지만, 다수의 전문가들은 메타버스가 우리가 디지털 세계와 상호 작용하는 방식을 근본적으로 바꿀 새로운 패러다임이라 한다(Austin, 2021; Lee, 2021).

메타버스는 가상현실(VR) 또는 증강현실(AR)과는 명확하게 구분된다(Park & Kim, 2022). 일부 메타버스 플랫폼에서 VR과 AR기술이 핵심적인 역할을 차지하고 있어 VR과 AR이 메타버스의 중요한 요소로 볼 수는 있겠지만 두 개념을 메타버스와 동일선상에 두고 비교하는 것은 적절하지 않아 보인다. 왜냐하면 메타버스 플랫폼이 본격적인 VR과 AR 기술을 지원하지 않더라도 의미있는 메타버스 애플리케이션이 될 수 있다. 그리고 메타버스는 기술적인 측면보다는 지속 가능한 콘텐츠와 사회적 의미를 지닌 서비스로서의 측면이 강하기 때문이다. 또한 메타버스는 많은 사람들을 수용할 수 있는 확장 가능한 환경을 갖추고 사람들이 몰입하고 참여하는 콘텐츠를 통해 사회적 의미를 강화하는 플랫폼이기 때문이다.

메타버스에서 중요한 역할을 하는 것은 아바타이다. 메타버스 플랫폼에서 사용자의 아바타는 직업, 페르소나(Persona) 등을 통해 사용자가 사회적 역할을 수행하는 매개체로 활용되고 있다(Kim et al., 2012). 예를 들어 메타버스 공간에서 의류 아이템들은 아바타의 사회적 의미를 표현하는 것으로 다양한 명품 및 의류 브랜드들이 메타버스를 주목하고 있는 이유라 할 수 있다. 그리고 젊은 세대는 가상공간이나 현실공간에서 자신의 정체성이 동일하다고 생각하는 경향이 강하여 가상세계의 사회적 의미를 현실세계와 동일하게 생각하는데 이는 현재 논의중인 새로운 메타버스의 개념이 초기 메타버스 개념과 다른 중요한 요인인 것이다.

최근에 논의되고 있는 메타버스는 초기의 메타버스와는 다음과 같은 차이점이 있다. 첫째, 초기 메타버스는 PC 접속 기반으로 제공되어 시간과 공간의 제약으로 일관성이 낮았으나, 현재는 인터넷에 항상 연결할 수 있는 모바일 기기로 인해 언제 어디서나 쉽게 메타버스에 접속할 수 있다. 그리고 메타버스 플랫폼 내에서 다양한 콘텐츠와 애플리케이션이 제공되어 사용자 수와 사용 시간이 급속도로 증가하고 있으며, 이에 따라 다양한 기업과 창작자들의 유입과 소득이 증가하면서 플랫폼이 확장하는 선순환 생태계가 구축되고 있다(Park & Kim, 2022).

둘째, 현재의 메타버스는 사용자들이 손쉽게 공간 및 아이템을 구성하고 사용자 간 커뮤니케이션 및 상거래 활동을 할 수 있는 도구를 제공하기 때문에 사회적 의미가 한층 강화되고 있다. 몰입형 가상공간은 커머스, 게임, 교육, 업무 등의 다양한 활동이 가능하며 암호화폐와 NFT 기술 등이 메타버스 간 상호 운용성을 확장하고, 또 메타버스와 현실 세계를 연결하는 역할을 하고 있다(CB Insights, 2022).

셋째, 현재의 메타버스와 관련된 기술의 발전은 1세대 메타버스와 비교할 수 없는 수준의 몰입감 높은 환경과 자연스러운 움직임을 가능하게 한다(Austin, 2021).

메타버스 핵심은 '확장, 가상, 세계'로서 3차원 가상 공유 공간, 아바타의 사용과 이를 통한 정체성의 연속성과 동기화, 상호작용과 상호운용성을 통한 몰입감 등이라 할 수 있다. 또한 메타버스의 개념은 메타버스 플랫폼이 계속 구축되고 사용됨에 따라 바뀔 수 있는 진화하는 유동적인 개념이라 할 수 있다(김병철, 2022).

따라서 메타버스는 첫째, 현실과 가상 융합을 통해 현실을 가상으로 또 동시에 가상을 현실로 확장하고, 둘째, 가상을 매개로 서로 연결·소통·협력하면서 새로운 가치를 만들며, 셋째, 사람들이 지속적으로 모여 시공간을 넘나드는 사회·문화·경제

표 4-2 | 메타버스에 대한 정의

구분	정 의
매트릭스 월드 메타버스 (2006)	모든 사람들이 아바타를 이용하여 사회, 경제, 문화적 활동을 하게 되는 가상의 세계
Metaverse Roadmap (2007)	가상적으로 향상된 물리적 현실과 물리적으로 영구적인 가상공간의 융합
위키백과 (2021)	현실 세계와 같은 사회적·경제적 활동이 통용되는 3차원 가상공간
과학기술정보통신부 (2021)	'가상·증강현실(VR·AR)'과 같은 가상융합기술(XR, eXtended Reality)의 활용을 강조한 확장 가상세계
메타(Meta) (2021)	서로 다른 물리적 공간에 있는 사람들이 함께 만들고 탐색할 수 있는 가상공간의 집합체
마이크로소프트 (2021)	사람과 사물의 디지털 표현이 가능한 디지털 공간, 새로운 Version 또는 새로운 Vision의 인터넷
유니티(Unity) (2021)	자유롭게 옮겨 다닐 수 있는 여러 공간의 집합체
과학기술정보통신부 (2022)	가상과 현실이 융합된 공간에서 사람과 사물이 상호작용하며 경제·사회·문화적 가치를 창출하는 세계

등 일상 활동을 할 수 있는 현실과 가상의 융합세계이다.

메타버스는 연구자와 기업 및 관련기관 등에서 다양하게 정의되고 있으나 아직 함의된 정의는 없는 상태이다. 따라서 이와 같은 다양한 정의를 바탕으로 본서에서는 메타버스를 가상융합 기술에 의해 구축된 가상과 현실이 융합된 공간에서 사람과 사물이 상호작용하며 사회, 경제, 문화적 가치를 창출하는 세계로 정의하고자 한다. 여기에서 가상융합 기술이란 이용자의 오감을 가상공간까지 확장하거나 현실공간과 혼합하여 인간과 디지털 정보 간 상호작용을 가능하게 하는 기술이며, 융합공간이란 가상과 현실이 융합되며 경계가 사라진 공존하는 공간을 의미한다. 또한 상호작용이란 다양한 주체 간 소통 또는 경험 공유하며 가치창출이란 의미는 사회, 경제, 문화적 활동을 통해 새로운 가치의 생산과 소비 발생한다는 의미이다.

I 메타버스 구성요소

메타버스는 기존의 기술들을 융·복합하여 구성하고 있다. 메타버스를 구성하는 데 필수적인 구성 요소는 크게 기술적 측면과 산업적인 측면으로 나눌 수 있다.

먼저 기술적인 측면은 증강현실(AR: Augmented Reality), 가상현실(VR: Virtual Reality) 및 혼합현실(MR: Mixed Reality)을 포함하는 확장현실(XR; eXtended Reality),[4] 디지털 트윈(DT: Digital Twin), 데이터(Data), 네트워크(Network), 인공지능(AI)이며, 산업적인 측면은 인프라, 하드웨어, 소프트웨어/콘텐츠, 플랫폼 등이다. [그림 4-3]은 메타버스의 구성요소를 나타낸 것으로 좌측은 기술적인 측면이고 우측은 산업적인 측면에서의 구성요소이다.

그림 4-3 │ 메타버스 구성 요소

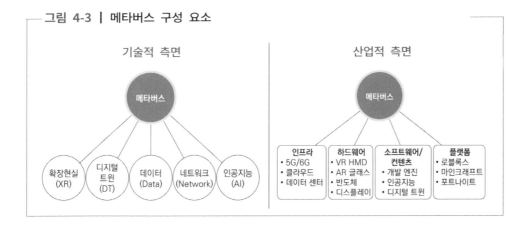

---

4) 1994년 실제현실, 가상현실, 증강현실의 개념을 통합하는 혼합현실이라는 개념 체계를 제안하여, 현실공간과 정보공간이 별개의 것이 아니라 서로 연결되어 있으며, 어떤 가치에 보다 중점을 두느냐에 따라 이를 "실제와 가상의 연속체(Reality-Virtuality Continuum)" 스펙트럼의 형태로 이해할 수 있다는 관점임(Milgram et al., 1994).

Ⅱ 메타버스 유형

메타버스는 과거에는 주로 메타버스와 관련 기술과 구현 형태 및 기술적 특성상 몰입정보 측면에 따라 분류하나, 최근에는 메타버스의 활용 목적 및 주체에 따른 유형 분류로 변화되고 있다.

1. 관련기술과 구현형태에 따른 분류(ASF)

초기 메타버스 유형 분류는 2006년 ASF(미국미래학회)의 형태에 따른 분류로서 메타버스 범위를 증강현실(Augmented Reality), 라이프 로깅(Life logging), 거울세계 (Mirror Worlds), 가상 세계(Virtual Worlds) 등 네 가지 유형으로 분류하였다.

ASF의 메타버스에 대한 초기의 구현행태에 따른 분류 체계를 보면, 친밀한 (Intimate) 기술과 외부(External) 기술 수준을 X축으로 설정하고, 증강(Augmentation) 기술과 시뮬레이션(Simulation) 기술 수준을 Y축으로 설정하여 네 가지의 메타버스 유형을 도출하고 있다. 여기에서 증강(Augmentation) 기술은 기존의 실제 시스템에 새로운

그림 4-4 | 초기 메타버스 유형

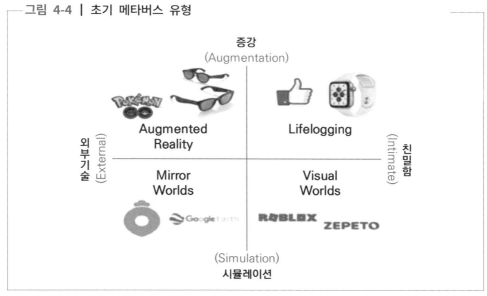

자료: 정보통신산업진흥원(2023. 10).

기능을 추가하는 기술을 말하는 것으로 메타버스 관점에서 증강기술은 새로운 정보나 통제 시스템을 물리적 환경을 바라보는 사람들의 인식 위에 새롭게 중첩시키는 기술을 말한다. 그리고 시뮬레이션(Simulation)기술은 완전히 새로운 환경을 제공함으로써 현실을 새롭게 모델링하는 기술로서 메타버스 관점의 시뮬레이션은 다른 사람들과 상호작용을 위한 공간을 완전히 새롭게 시뮬레이션된 세계(가상 세계)로 바꾸는 기술을 말한다.

친밀한(Intimate) 기술은 시스템 내부에서 개인 사용자나 사물에 정체성과 특정 행동을 표현하기 위한 기술로서, 메타버스 관점에서 친밀한 기술은 아바타를 이용해 메타버스 플랫폼 내에서 사용자를 대신해 활동하도록 가상 환경에서의 대리인을 생성하는 기술이다. 또한 외부(External) 기술은 외부 세계를 초점을 두고 사용자를 둘러싼 주변 세계에 대한 정보와 이를 통제하기 위한 기술을 의미한다.

이러한 기준을 토대로 ASF의 보고서에서는 메타버스의 네 가지 유형인 증강현실, 라이프 로깅, 거울 세계, 가상 세계로 구체화하였다.

(1) 증강 현실

증강현실(외부-증강)은 2D 또는 3D로 표현되는 가상의 사물을 현실 공간에 겹쳐 보이게 함으로써 상황에 대한 이해를 돕는 환경을 의미한다. 예컨대 최근 자동차에 적용되고 있는 HUD(Head Up Display) 기술은 운전자의 주변 상황(운행 속도, 주변 차량, 내비게이션 정보)을 유리에 투영하게 함으로써 운전자가 안전 운행을 할 수 있도록 도와준다. 이케아에서도 '이케아 플레이스(IKEA Place)'라는 앱을 통해 새로 구매하고자 하는 소파, 조명, 침대, 옷장 등의 3D 이미지를 자신의 거실(방) 공간에 증강현실로 겹쳐 보이게 하는 증강을 통해 가구 배치에 대한 소비자의 선택을 도와주는 것이다.

(2) 라이프로깅

라이프로깅(친밀-증강)은 사물과 사람에 대한 일상적인 경험과 정보를 캡처·저장·묘사하는 환경을 말한다. 예컨대 메타(페이스북)나 인스타그램은 삶에 대한 디지털 기록으로 현재까지 대표적인 라이프로깅 서비스로 이용되고 있다. 사람들은 메타나 인스타그램에 자신의 일상생활에 대한 동영상, 사진, 글, 위치, 시간 등을 업데이트함으로써 자신의 삶을 기록으로 남기며 사람들과 소통한다. 최근 나이키에서는 'Nike Run Club'이라는 앱을 통해 개인의 러닝 기록을 기록할 수 있게 하고 있다. 이 해당 앱은 자신이 목표로 하는 기록을 설정하여 기록된 운동 시간 및 구간별 상세 정보와 비교하여 사용자에게 운동에 대한 동기부여를 제공해 준다. 이와 관련하여 애플에서도 '애플 워치 나이키(Apple Watch Nike)' 제품을 출시하여 사람들이 더욱 편리하게 자신의 운동 기록을 관리할 수 있게 하고 있다.

(3) 거울 세계

거울 세계(외부-시뮬레이션)는 현실세계를 복사하여 사실적으로 반영함으로써 정보적으로 더욱 확장된 환경을 말한다. 가상세계의 경우 현실세계와 전혀 다른 모습으로 표현될 수 있는 데 반해 거울 세계는 주변의 환경을 거의 비슷하게 모델링하여 확장된 정보를 제공한다. 예컨대 구글 어스(Google Earth)는 지리정보시스템(GIS)을 통해 지구를 구성하는 사물에 대한 데이터 및 관련 속성을 캡쳐, 저장, 분석하여 실제 현실세계의 사물과 비슷한 형태로 서비스를 제공한다. 아울러 부동산 정보를 제공하는 기업으로 유명한 직방의 모바일 앱에서는 원룸, 아파트, 빌라에 대한 3D 단지 투어 서비스를 제공한다. 이를 통해 소비자는 직접 현장에 가지 않아도 아파트의 단지와 층, 호수를 3D로 확인할 수 있으며 아파트 내부구조는 물론 계절별로 아파트 내부의 일조량과 아파트 내 조망을 3D 화면으로 확인할 수 있다.

(4) 가상 세계

가상 세계(친밀-시뮬레이션)는 현실과 유사하거나 완전히 다른 대안적 세계를 디지털 데이터로 구축한 3차원 컴퓨터 그래픽 환경을 의미한다. 예를 들어 메타의 호라이즌 월드(Horizon Worlds)에서는 물리적으로 지구 반대편의 패널들과의 가상 회의 및 협업이 가능하다. 개인 아바타는 실제 테이블에서 회의하는 것처럼 회의를 진행하는 동안 VR 화이트보드를 통해 서로의 정보를 실시간으로 시각화 또는 공유할 수 있다.

아울러 Covid-19 팬데믹으로 인해 대학교에서는 대면 입학식과 졸업식이 전면 중지되었다. 이에 대학교에서는 메타버스 플랫폼에 가상 대학을 만들고 그곳에서 학생들과 교직원들이 모여 가상 입학식과 졸업식을 하기도 한다.

2. 기술적 특성상 몰입정보 측면

메타버스 유형에 대한 다른 관점에서 Milgram & Kishino(1994)은 메타버스를 기술적 특성에 따른 몰입 정도에 따라 '현실-가상 연속성(Reality-Virtuality Continuum)'의 개념으로 메타버스를 구분하였다. 현실-가상 연속성에서는 가상공간에서의 경험 또는 상호작용에 대해서 사용자가 얼마나 현실처럼 몰입할 수 있는지 정도에 따라 [그림 4-5]와 같이 구분하여 설명할 수 있다(김현준, 2023).

현실세계에서의 객체(object)가 가상세계에서 얼마나 재현되는지 정도에 따라 혹은 가상세계에서의 경험이 현실세계에서 얼마나 받아들여지는지 정도에 따라 사용자의 메타버스에 대한 몰입도는 달라질 것이다.

현실-가상 연결성은 가상현실(VR), 증강현실(AR), 혼합현실(MR)과 같이 디지털 가상세계와 현실의 물리적 세계를 혼합하여 사용자의 경험을 극대화하는 것을 의미한다.

메타버스에서의 사용자는 실제 자신과 유사한 각자의 아바타를 소유하며 사용자의 현실세계를 대신하는 가상의 대안적 삶을 경험한다. 이처럼 현실과 가상을 넘나드는 이중성을 달성하기 위해서 Lee et al.(2021)는 메타버스의 발전은 디지털 트윈(Digital

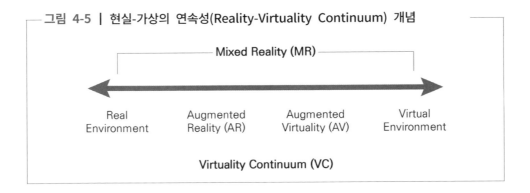

그림 4-5 | 현실-가상의 연속성(Reality-Virtuality Continuum) 개념

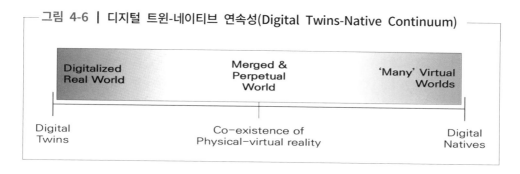

그림 4-6 │ 디지털 트윈-네이티브 연속성(Digital Twins-Native Continuum)

Twins), 디지털 네이티브(Digital Natives), 물리적-가상현실 공존(Co-existence of Physical-virtual Reality)이라는 3가지 순차적인 단계를 거쳐야 한다고 설명하고 있다.

[그림 4-6]은 현실과 가상에 대한 이중성을 기반으로 한 '디지털 트윈-네이티브 연속성'의 관계를 보여주고 있다. 디지털 트윈(Digital Twin)은 디지털 트윈-네이티브 연속성의 출발점으로서 물리적 객체(Object) 또는 물리적 환경을 똑같이 반영하도록 설계된 가상모델이다. 즉 물리적 환경을 디지털화하여 주기적으로 변경 사항을 디지털 환경에 반영함으로써 현실에서 구현하기 어려운 특정 업무에 미치는 요소를 실시간으로 예측하거나 시뮬레이션해 볼 수 있도록 만들어진 디지털 복제본을 말한다 (Grieves & Vickers, 2017).

물리적 현실에 대한 디지털 복제본을 설정한 후 현실 사용자는 아바타를 통해 디지털 세계 내에서 디지털 객체(Object)를 생성하는 데 참여하게 된다. 아바타가 생성된 디지털 객체는 현실세계의 물리적 객체에 연결하거나 디지털 세계에서만 존재하기도 한다. 아울러 디지털 객체의 생성은 현실세계에서 존재하는 사회적 규범 및 법률(디지털 저작권)에 동일하게 지원과 적용받게 된다.

최종 단계의 메타버스는 높은 수준의 독립성을 가지며 물리적 세계와 공존 (Co-exists) 및 상호운용(Interoperates)하는 자립적이며 지속적인 가상세계가 될 것이다. 물리적 세계의 현실 사용자를 대표하는 아바타는 이론적으로 많은 가상세계에 무제한으로 동시에 존재할 수 있는 특성을 가지며 서로 다른 활동을 실시간으로 경험하게 될 것이다(Grieves & Vickers, 2017).

즉 최종적으로 메타버스는 서로 다른 가상세계를 서비스하는 플랫폼 간의 상호

운용성(Interoperability)을 제공하게 될 것이다. 예를 들어 현실 사용자는 마인크래프트 (Minecraft)와 같은 게임에서 아바타 및 콘텐츠를 생성할 수 있으며 생성된 아바타는 계속하여 경험이 쌓이며 정체성(Identity)을 유지한 채 로블록스(Roblox)와 같은 다른 플랫폼으로 이동하여 활동할 수 있을 것이다. 이러한 배경에서 한 개인은 자신의 메타버스 친구들을 자신의 실제 집에 초대할 수 있고, 친구들은 아바타로 초대한 친구의 집에서 확장현실(XR) 또는 홀로그램과 같은 기술을 통해 물리적으로 소통할 수 있다. 또한 아바타는 메타버스의 가상 회의실에 머물며 3D 가상세계에서 물리적 환경에 있는 사람들과 서로 대화할 수 있다.

이러한 메타버스를 구현하려면 인터넷, SNS, 스마트폰, 게임 이외의 새로운 기술이 고려되어야 한다. 증강현실, 가상현실, 고속 네트워크, 엣지 컴퓨팅, 인공지능(AI), 블록체인, NFC 등과 같은 기술들은 성공적인 메타버스 개발에 중요한 요소인 것이다.

3. 활용목적에 따른 분류

메타버스를 최근에는 활용목적 및 주체에 따라 분류하여 산업 메타버스 (Industrial Metaverse), 기업 메타버스(Enterprise Metaverse), 소비자 메타버스(Consumer Metaverse)로 분류된다. 즉 Microsoft의 COO인 Judson Althoff는 소비자·상업·산업 영역이 메타버스 내의 "혁신의 세 가지 범주"라고 설명(2022. 10)하고 있으며, MIT대의 "The emergent industrial metaverse" 보고서에 따르면 메타버스는 주로 하나의 모든 것을 아우르는 디지털 세계로 표현되지만, 산업·기업·소비자의 세 가지 다른 부문으로 나눌 수 있다고 기술하고 있다(2023. 3). 그리고 노키아는 "The metaverse at work" 에서 산업 메타버스(Industrial Metaverse)와 기업 메타버스(Enterprise Metaverse)를 집중적으로 다루며, 메타버스에 대한 시장을 세 가지로 나누어 구분하고 있다(2023. 6).

표 4-3 | 최근 메타버스 유형

구분	산업 메타버스 (Industrial Metaverse)	상업 메타버스 (Commercial Metaverse)	소비자 메타버스 (Consumer Metaverse)
MS	물리적 세계와 디지털 세계를 연결하여 산업을 발전시키는 것. IoT 센서와 같은 기술을 결합하여 제조, 공급망 또는 물류, 프로세스를 보다 효율적으로 모델링하고 이러한 프로세스에서 데이터를 제거	동일한 종류의 몰입형 경험을 가져와 혼합현실 기능을 갖춘 차세대 제품을 설계하기 위해 "작업의 세계"로 가져오는 것	가장 친숙한 영역. 아바타에 생명을 불어넣어 보다 사회적으로 몰입할 수 있는 경험을 제공하는 것부터, 풍부한 게임 환경을 통해 새로운 종류의 엔터테인먼트를 개발하는 것까지 모든 것
	연결/프로세스/모델링	몰입형경험/혼합현실/업무환경	아바타/몰입/엔터테인먼트
MIT	기계, 공장, 운송 네트워크 및 기타 복잡한 시스템을 시뮬레이션하여 산업 및 제조 분야에서 실제 문제를 해결	생산성 도구 및 가상 작업 공간을 비롯한 몰입형 비즈니스 협업을 가능하게 하는 기술	쇼핑, 게임, 사교 및 엔터테인먼트를 위한 디지털 세계 및 몰입형 공간
	산업/제조/문제해결	생산성/상장전략/ 비즈니스 협업	사교/엔터테인먼트/몰입
NOKIA	산업 응용을 위한 물리적-디지털 융합 및 인간 증강. 실제 산업 환경, 시스템, 프로세스, 자산 및 참가자가 제어, 모니터링 및 상호 작용할 수 있는 공간의 디지털 표현 포함	더 나은 디지털 협업 및 커뮤니케이션 도구에 대한 수요에 의해 주도되며, 이는 비즈니스 기능을 수행하고 차세대 가상 연결을 허용하는 핵심 생산성 응용 프로그램을 포함	사용자가 디지털 증강 수단을 통해 실제와 같은 경험을 하고, 아이템을 구입하고, 게임을 할 수 있는 컴퓨터 생성 환경
	산업응용/융합/상호작용	협업/비즈니스/생산성	사교/디지털증강/경헌

자료: MIT(2023)

참고적으로 산업, 상업, 소비자로 구분되는 메타버스 유형별 적용분야와 대표적인 서비스와 기업은 [표 4-4]와 같다.

표 4-4 | 메타버스 유형별 적용 분야 및 서비스, 선도기업

구분		산업용 메타버스		상업용 메타버스 (범용 유료 SW)		소비자 메타버스 (일상, 여가)	
정의		특화된 산업 현장에 적용되어 해당 산업의 공정·업무 효율 증대에 활용되는 메타버스		구독형 유료 SW이며 범용적으로 기업 업무에 활용되는 SW형 형태의 메타버스		여가, 취미활동 등을 위해 소셜, 쇼핑, 게임, 엔터테인먼트 목적으로 사용되는 메타버스	
분야	공공	국방, 재난안전, 교육		공공 업무용		행정	
	민간	제조, 건설, 의료, 유통, 금융 등		오피스, 협업 등		미디어, 엔터테인먼트, 소셜, 쇼핑	
구분		서비스명	공급사	서비스명	공급사	서비스명	공급사
대표 서비스 /기업	국외	옴니버스	엔비디아	워크룸	메타	로블록스	로블록스
		3D Experience	다쏘시스템	Arkio	Arkio	호라이즌 월드	메타
		메쉬	마이크로 소프트		Spatial	마인크래프트	마이크로 소프트
	국내	VRNECT Remed VRNECT Make VRNECT View	버넥트	소마	직방	제페토	네이버제트
		XR 원격 협진 솔루션	서지컬 마인드	오피스	오피스	이프랜드	SKT
		제조 혁신 솔루션	슈타겐			디토랜드	유티플러스

자료: 정보통신산업진흥원(2023.10)

- 옴니버스: 메타버스 응용 프로그램을 만들고 응용하기 위한 플랫폼
- 3D Experience: 산업 조직에 비즈니스 활동 및 에코시스템에 대한 총체적인 실시간 비전을 제공하는 비즈니스 및 혁신 플랫폼
- 메쉬: 공유 몰입형 환경을 지원하는 플랫폼
- VIRNECT Remote: 실시간 무선 영상과 AR로 원격에서 효율적으로 지원, 감독, 기록할 수 있는 솔루션
- VIRNECT Make: 프로그래밍 없이 누구나 쉽게 원하는 정보를 XR 콘텐츠로 제작할 수 있는 솔루션
- VIRNECT View: VIRNECT Make로 제작한 XR 콘텐츠를 시각화하여 업무속도와 정확도를 향상시킬 수 있는 솔루션
- XR 원격 협진 솔루션: 가상현실, 증강현실, 혼합현실 등을 이용 시공간 제약없이 소통 생활할 수 있는 기반기술인 확장현실(XR)을 활용해 실시간 협진 가능
- 워크룸: 메타퀘스트 헤드셋을 착용하여 팀원을 만나고 일을 처리할 수 있는 몰입형 가상 사무실
- Arkio: XR 디바이스를 착용하고, 가상 업무 공간 안에서 3D 건축물 디자인, 결합, 공유 등 협력 건축 디자인(설계)를 할 수 있는 솔루션
- Spatial: 3D 경험 UGC(User Generated Contents) 플랫폼
- 소마: 오프라인과 유사한 환경을 온라인으로 구축한 가상 오피스 서비스
- 오비스: 기업들을 대상으로 원격근무, 행사, 교육 등 다양한 목적의 온라인 가상공간 제공

① 메타버스 요소기술

메타버스 요소기술은 VR과 AR 기술의 융합 또는 기존 VR 기술들에 추가적인 경험을 접목시키는 기술로 그중 디스플레이 기술이 가장 중요한 기술이다. 디스플레이 기술은 디스플레이 장치에 출력될 콘텐츠를 제작하기 위한 기술과 메타버스 시스템 기술, 메타버스 모션 플랫폼 기술, 사용자의 오감에 의한 동작 인식과 상호작용을 가능하게 하는 인터랙션 기술, 메타버스 콘텐츠와 사용자 데이터를 송수신하기 위한 네트워크 등이 중요한 기술로 메타버스 관련요소 기술들을 정리하면 [표 4−5]와 같다.

표 4-5 | 메타버스 요소 기술

구분	내 용
몰입형 디스플레이 기술	• 사용자가 있는 현실 실내 공간을 측량해 실제 사물들과 3D 사물을 덧씌우는 방식으로, 증강현실을 구현하는 HMD 단말이 만들어 내는 3D 사물들을 배치해 새로운 가상의 공간을 구현하는 방식으로 작동하는 기술임 • CPU, GPU가 탑재된 HMD를 착용해 사용. • 투사된 스크린은 이용자가 움직이는 머리 방향에 따라 이동 가능하고, 음성 명령을 통해 제어할 수도 있음. 공중에서 손가락으로 건드려 클릭하거나 방향을 이동시키는 등의 형태로도 UI 제어 및 3D 사물과의 상호 작용이 가능
인터랙션 기술	• 시각, 청각, 촉각, 후각, 미각 등 사용자의 오감을 제시하는 H/W와 이를 구동하는 S/W, VR 콘텐츠와 실시간으로 반응하는 기술로 구분됨 • 차세대 기술로 인간이 환경을 인지하는 수단인 오감의 능력을 극대화하여 인간의 인지능력을 향상시켜 사용자로 하여금 추가적인 인지, 육감(Six-sense)이 생긴 것처럼 느끼게 하는 기술이 개발 진행 중
콘텐츠 제작 기술	• 실시간 컴퓨터 그래픽 영상 생성을 위해서 주로 그래픽 엔진을 위주로 한 도구들을 사용한 합성 영상 기술과 360도 촬영할 수 있는 파노라마 카메라 혹은 360 카메라를 이용하여 실제의 환경을 촬영하여 얻어지는 실사 영상 기술로 분류됨
메타버스 시스템 기술	• 방과 같은 물리적 공간을 활용해 증강현실을 구현하는 기술 • 사용자는 메타버스 공간으로 변한 방 안에서 AR과 같은 다양한 물리적 상호작용을 할 수 있음 • 사용자의 동작을 인식하는 동작 인식 센서와 방의 벽과 바닥, 천장에 CG를 투영해 방 전체를 가상의 공간으로 만드는 6대의 프로캠(Procam) 광시야각 프로젝터로 구현함

구분	내 용
메타버스 모션플랫폼 기술	• 양안 시차를 이용하여 의도적으로 생성시킨 3D 영상에 대해 눈의 초점 조절과 폭 주 작용의 불일치로 인한 눈의 피로감을 덜어줌 • 눈과 귀뿐 아니라 몸 전체로 느끼도록 다양한 효과를 주는 4D 콘텐츠의 중요한 기 술 요소로 쓰임 • 관심도가 증가한 3D 영상에 대한 보조적 역할 혹은 고급 선택 사항으로 MR 모션 플랫폼이 사용됨
네트워크 기술	• 메타버스 콘텐츠가 오감을 만족시키고 사용자들의 동작 인식 및 상호작용 데이터 처리로 콘텐츠에 몰입할 수 있도록 하기 위해서는 높은 해상도의 실시간 데이터를 전송하기 위한 매우 큰 데이터 전송이 요구되고 인터넷 트래픽 또한 크게 확대될 것으로 예상됨

자료: 남현우(2023).

메타버스는 요소기술 발전과 함께 디스플레이를 위한 VR HMD나 AR 글래스 같은 단말기와 자연스러운 영상 생성을 위한 모션 캡처 장비 등의 하드웨어 발전이 필수적이다.

HMD 단말의 경우 2020년 10월 출시된 오큘러스 퀘스트2는 기존 HMD에 비해 무게, 크기, 가격은 낮아지고 성능이나 해상도는 높아지고 있다. 모션 캡처 장비의 경우에도 전신 슈트, 핸드모션, 장갑, 관절 슈트, AI 엔진과 일반 카메라, AI 엔진과 키넥트 등 다양한 제품들이 출시되면서 정확한 모션 캡처라는 특성이 강화되고 있다.

소프트웨어 측면에서는 메타버스 콘텐츠를 개발하기 위한 개별적인 저작도구 개발에 비해 개발기간을 단축시킬 수 있는 개발 엔진을 사용하는 사례가 확대되고 있다. 대표적인 엔진으로는 게임이나 3D 애니메이션 개발에 널리 쓰이는 Unity, 고품질 콘텐츠를 개발하기 위한 Unreal, 웹 기반으로 접근성을 높이고 표준화된 콘텐츠를 개발하기 위한 Open XR 등이 있다. 소프트웨어로 개발해야 할 메타버스 콘텐츠의 핵심요소로 아바타와 가상공간을 들 수 있다. 아바타 기술로는 인물의 사진을 이용해서 실물에 가깝게 인공지능으로 자동 렌더링하고 입 모양과 표정을 생성하는 Realistic Avatar, 제페토에서 사용하는 Semi−Realistic Avatar이 있으며, 네이버 웹툰 등에서 사용하고 있는 Cartoon Avatar가 있으며, 시판 중인 3D 카메라만 연결하면 실시간 볼류메트릭 비디오를 촬영할 수 있는 홀로포트 기술 등이 개발되어 사용되고 있다.

일본에서는 VRM[5] 표준을 이용하여 애니메이션 파일 포맷을 사용하고, 실제 구현된 아바타를 다른 서비스에 활용하는 사례도 시도되고 있다. 또한 가상공간은 대부분 컴퓨터 그래픽(CG: Computer Graphics) 기반으로 제작하지만 360 카메라로 촬영하여 파일로 만든 다음 실사 기반의 3D 공간을 제작하거나 3D 공간을 실측하여 실사기반의 3D 공간을 제작하는 기술이 사용되나 CG에 비해 비용이 높고, 360 카메라를 사용하는 경우 배경이 움직이지 않는다는 단점이 있다. 그리고 사람의 실제 동작을 아바타에 적용하기 위해 모션캡쳐와 인공지능을 결합하여 자연스러운 영상을 생성하려는 기술들이 개발되고 있다.

메타버스 플랫폼 사용자들의 커뮤니케이션을 위해서는 가상공간내 화상채팅, 음성채팅, 텍스트 채팅, 제스처 등의 다양한 기술과 서비스들이 개발되고 있다. 가상공간 속에서 상대 아바타와 정확한 실시간 상호작용을 하도록 하기 위해서는 WOWZA SRT, WebRTC를 이용한 화상, 음성, 텍스트 채팅 등 저지연 실시간 스트리밍 기술, 초고화질 실시간 스트리밍 기술, 5G MEC, 클라우드 렌더링/스트리밍, 화면 공유, 영상, 판서 등의 콘텐츠 동기화 등 네트워크 기반 딜리버리 기술과 SLAM, Vision AI, STT, TTS, NLP, Voice AI 등 AI 기반의 인식 기술들이 활발히 개발 중이다.

▌▌ 메타버스 플랫폼

PwC과 마켓앤마켓(MarketandMarkets), 마켓어스(Market.US)[6]에 의하면 2030년 메타버스 시장규모는 약 1조 달러에 달할 것이라 전망하고 있다. 이러한 전망은 체감하기 어려운 높은 수치이지만, 메타버스라는 기술의 가능성에 대해 전 세계적으로 동의하고, 시장규모가 커질 것이라는 예측에는 이견이 없는 듯하다. 이런 세계적인 분위기에 따라 새롭게 개발이 진행된 메타버스 플랫폼도 존재하고, 기존에 잘 서비스되고 있던 플랫폼들이 메타버스 플랫폼이라는 이름으로 불리기도 한다.

---

5) VRM은 VR용 인간형 3D 모델링 파일 포맷으로 플랫폼에 의존한 3D 아바타 파일 포맷을 제안하는 파일 포맷
6) Market.US(2024), Metaverse market revenue worldwide from 2022 to 2032

그림 4-7 | 대표적 해외 메타버스 플랫폼

로블록스(Roblox)

디센트럴랜드(Decentraland)

포트나이트(Fortnite)

마인크래프트(Minecraft)

자료: 각 메타버스 플랫폼

대표적인 해외 메타버스 플랫폼을 살펴보면 로블록스, 디센트럴랜드, 포트나이트, 마인크래프트 등이 있으며, 국내 메타버스 플랫폼으로는 이프랜드, 제페토 스튜디

그림 4-8 | 대표적 국내 메타버스 플랫폼

이프랜드

제페토

자료: 김영원(2023)

오 등이 있다.

이러한 메타버스 플랫폼은 종전에는 게이미피케이션(Gamefication), 흥미와 오락 위주의 B2C 형태가 대부분이었으나, 최근에는 B2B, B2G 형태의 메타버스에 대한 연구 개발도 활발하게 이루어지고 있다.

초기 형태의 B2C 메타버스는 2D와 3D 게임 형태를 띠거나, VR, AR, MR, 렌더링, 그래픽스 등과 같이 실제로 게임으로 분류하던 것을 메타버스라고 부르기 시작한 것들도 있어 기술적으로도 게임과 관련된 기술이 주류를 이루었다. 그에 반해 B2B 메타버스는 게임이 아닌 실제 산업 현장에의 접목을 목표로 하기 때문에 IoT, 빅데이터, 인공지능 등이 핵심 기술로 꼽힌다. 실제로 가장 흔히 접할 수 있는 산업용 메타버스는 스마트 공장(Smart Factory)에서 제조 공정 등을 완벽하게 복제하여 실세계에 대한 디지털 트윈(Digital Twin)으로 하는 것을 목표로 하고 있다. 메타버스라는 키워드가 워낙 광범위하다 보니 각 플랫폼은 각자의 방향으로 발전해 나가고 있어 메타버스의 궁극적인 발전과 다양한 활용을 위해서는 표준화된 범용 메타버스가 요구되고 있다.

이미 국내에서는 이를 위해 다양한 움직임을 보이고 있다. 특허청에 따르면 세계 5대 특허청(IP5)에 출원된 메타버스 관련 특허는 2011년에서 2020년까지 연평균 16.1% 성장하여 높은 증가세를 보이고 있으며, 이는 성장률이 해당 기간 동안 세계 3위인 것으로 나타나고 있다. 세부 기술 분야별로는 콘텐츠(47.8%), 운영체제(43.9%), 디스플레이(8.1%), 대체불가능토큰(0.2%) 순으로 콘텐츠의 중요도가 매우 높음을 알 수 있다.

또한 산업통상자원부의 국가기술표준원은 2023년 7월 13일 산·학·연 전문가가 참여하는 '메타버스 산업 표준화 포럼'을 발족했다. 이 포럼은 전 세계적으로 통용될 수 있는 메타버스 디바이스 및 플랫폼에 대한 국제 표준 확보를 목표로 하며, XR 디바이스 표준화를 위한 디바이스 분과와 디바이스-플랫폼 간의 내용을 포괄하는 내용에 대한 표준화를 위한 플랫폼 분과와 실제 표준안 개발을 위한 표준개발 분과로 구성된다. 글로벌 시장에서 메타버스의 선도적인 기업 간 경쟁하고 있는 상황에서 해당 포럼을 통해 국제 표준화를 추진하는 첫걸음이며, 산업계가 중심이 되어 우리 기업의 기술이 국제 표준으로 연계될 수 있는 기회가 되고 있다.

그리고 과학기술정보통신부 국립전파연구원은 국제전기통신연합 전기통신 표준화 부문(ITU-T) 표준화 자문그룹(TSAG) 회의에서 우리나라 주도로 메타버스 포커스그룹을 신설해 연구 활동을 지원하고, 관련 기술과 표준에 대한 사전연구를 수행하여 우리나라의 메타버스 분야 국제 표준화를 추진하고 있다.

Ⅲ 메타버스 생태계 및 기술동향

1. 메타버스 생태계

메타버스 생태계는 콘텐츠의 플랫폼·네트워크·디바이스를 모두 포함하는 환경으로 구성되어 있다. 메타버스는 관련 기술이 광범위하고 HW, SW, 플랫폼, 콘텐츠에 연계되어 있어 특정 분류체계에 위치시키기기에 어려움이 있으나 전통적 IT 생태계 분류체계인 '콘텐츠(C)-플랫폼(P)-네트워크(N)-디바이스(D)'(CPND)를 도입하여 메타버스 생태계를 분류하면 [표 4-6]과 같다.

표 4-6 | 메타버스 생태계 구조(기술적 측면)

생태계	콘텐츠(C)	플랫폼(P)	네트워크(N)	디바이스(D)
기술 7계층	• Experience: Contents • Discovery: Social, Curation • CreatorEconomy: Design Tools, Asset Markets • SpatialComputing: 3D Engine, AR/VR/MR • Decentralization: Edge Computing, AI, Blockchain, NFT		• Infrastructure: 5G, 6G, Cloud, CPU	• Human Interface: Wearable, Haptic, Neural
산업 생태계	• 소프트웨어/콘텐츠 개발: 엔진, 발전된 AI, 인공지능, 디지털 트윈	• 플랫폼: 로블록스, 마인크래프트, 포트나이트	• 인프라: 5G/6G, 클라우드, 데이터 센터	• 하드웨어: VR HMD, AR 글래스, 반도체, 디스플레이
경제적 측면의 생태계	• 콘텐츠 - 실감형 창작물: Fortnite, Roblox, Zepeto…	• 플랫폼 - 운영, 서비스 기반: Microsoft, Meta, UNITY	• 인프라 - 네트워크, 클라우드: Azure, AWS, … - 실감형 디바이스: Oculus, Google Glass, Gear, Vive, …	

생태계	콘텐츠(C)	플랫폼(P)	네트워크(N)	디바이스(D)
	• IP - 브랜드 가치: YG, SM, GUCCI, NIKE, DKNY, MLB			
메타버스 구현기술 생태계	• 콘텐츠-플랫폼 - (C) 저작도구(엔진·SW), 실감기술 제공 - (C) 지급결제(가상화폐), 인증 - (P) 클라우드, 운영체제		• 네트워크	• 디바이스 - 저작도구(HW), - 디바이스 - 칩셋(HW)

자료: 김태완(2022)

또한 메타버스 생태계를 가치사슬 관점, 산업관점, 경제적 가치 관점, 구현기술 관점에서 살펴보면 다음과 같다.

그림 4-9 | 메타버스 생태계 구조(산업적 관점)

자료: 한국전자통신연구원(2023)

즉 가치사슬 관점에서의 메타버스 생태계는 인프라, 인터페이스 분산화, 공간컴퓨팅, 크리에이터 경제, 디스커버리, 경험의 가치사슬로 구분하고 있으며(조용민, 2021).

산업적 관점에서 메타버스 생태계는 MS, 구글, 애플, 메타 등에서 구축한 메타버스 플랫폼과 로블록스 마인크래프트, 포트나이트, 제페토 등의 메타버스 서비스, 혼합현실(XR), 5G와 6G 등 통신분야와 클라우드 데이터 센터 등으로 생태계가 구성된다.

경제적 가치 관점에서의 생태계는 네트워크, 클라우드, 실감 디바이스 등의 인프라와 운영 및 서비스 기반의 플랫폼 그리고 실감형 창작물인 컨텐츠, 브랜드 가치로 구분하고 있다(윤정희, 2021).

그리고 구현기술 관점에서의 메타버스 생태계는 저작도구 SW, 지급결제, 클라우드 등 컨텐츠 플랫폼과 네트워크, 저작도구 하드웨어, 디바이스 칩셋 HV 등 디바이스로 되어 있다(심진보, 2016).

Ⅳ 메타버스 주요기술 동향

1. 콘텐츠

3D 콘텐츠는 전문가에 의해 컴퓨터를 통해 생성되었으나 2010년 이후 다중 카메라 촬영을 통한 3D 콘텐츠 자동화 기술들이 발표되면서 최근에는 인공지능과 빅데이터 기술의 급격한 발전으로 양질의 콘텐츠를 생성할 수 있으며 작업시간도 많이 단축되고 있다.

컴퓨터 그래픽 기술 발달로 최근에는 실제 인간 얼굴과 구분이 안 될 정도의 극사실적 디지털 휴먼을 직접 빠르게 제작할 수 있는 개발도구들이 출시되고 있으며 클라우드를 기반으로 운영되어 접근성이 더욱 개선되고 있다.

그리고 음성 및 영상합성 기술은 사용자가 텍스트를 입력하기만 하면 어울리는 인공지능 가상인간을 캐스팅하여 비디오 콘텐츠를 생성할 수 있다.

타입캐스트의 경우 인공지능 성우 서비스로 현재 140명 이상의 AI 성우 목소리를 제공하고 있으며, 런칭한 후 2년 만에 가입자 70만명을 돌파하며 2020년 하반기에는 성우뿐만 아니라 AI 가상인간 연기자 서비스로 플랫폼을 확장하겠다는 계획을 발표하였다. 특히 비디오 콘텐츠의 생성은 최신 GPU를 이용해 클라우드에서도 많은 계산량이 필요해 느리고 비용이 많이 드는 작업으로 빠르고 저렴하게 구현하기 위하여 특화된 AI 반도체에서 처리하도록 퓨리오사 AI와 협업이 추진되고 있다.

그리고 디지털 휴먼(Digital Human)의 핵심은 '실제 인간과 같은 외형 구현'과 '상호작용'으로, 디지털 휴먼을 구성하는 기술 역시 크게 사람과 같은 외형을 제작하는 컴퓨터그래픽 기술과 상호작용 중심의 인공지능 기술(AI) 관련 기술로 구분 가능하다. 외형 구현 기술로 인간과 흡사한 외형과 표정, 행동을 할 수 있도록 볼루메트릭(Volumetric) 캡처기술, 3D 모델링 기술, 휴먼 랜더링 기술 등이 개발되고 있다.

표 4-7 | 디지털 휴먼 외형 구현 그래픽 기술

기술	특징	활용 사례
볼루메트릭 캡처	• 사람의 형상을 3차원 픽셀의 집합으로 만들어내는 기술 • 카메라 수백 대를 갖춘 크로마키 배경의 스튜디오에서 인물의 움직임을 캡처해 360도 입체 영상을 제작하는 모션 캡처 기술 • 이를 통해 제작된 디지털 휴먼 모델은 주변 광원에 맞춰 새롭게 렌더링이 가능하며, 실시간 CG영상과 자연스럽게 합성하여 증강현실(AR) 또는 가상현실(VR) 환경에서 사용 가능 • (한계) 새로운 표정이나 동작을 생성하기 위해서는 3D 모델링으로 변환하거나 영상을 합성하는 기술 활용이 필요	• 구글 – 서던캘리포니아 대학교의 캡처 프로그램 '롤리트테이블'
3D 휴먼 모델링	• 한 장의 얼굴 사진을 이용해 3차원 얼굴 모델을 만들고 애니메이션 3D 모델링 데이터를 움직이거나 변형시키는 기술 • 얼굴만으로는 실재감을 부여기 어렵기 때문에 최근에는 전신 사진을 이용해 애니메이션이 가능한 3차원 모델을 생성하는 기술들이 도입 • 사진에 나타나는 전면의 모습 외에 후면의 형상과 텍스처까지 딥러닝 기법을 사용해 만들어낼 수 있음 • (한계) 세부적인 형상이나 텍스처는 정확하게 복원하기 어려워 화질이 다소 떨어지는 단점이 존재	• 아바타를 이용해 다수가 참여하는 가상회의 등
뉴럴	• 딥러닝 기술을 이용하여 특정 시점 또는 새로운 표정과	• 삼성의 인공인간

기술	특징	활용 사례
휴먼 렌더링	자세로 사람의 영상을 만들어낼 수 있는 기술 • 실제 존재하지 않는 사람의 모습을 만들어낼 수 있을 뿐만 아니라 원하는 표정과 동작도 만들어낼 수 있어 성장 가능성이 큰 분야 • (한계) 수많은 데이터와 오랜 학습시간이 필요하며 아직까지 CG 방식에 비해 고해상도 영상을 합성하는 데에 한계가 존재	• 네온(Neon)

자료: 넥스텔리전스, ETRI 정책용역보고서(2022)

상호작용 기술로는 디지털 휴먼의 자연스러운 상호작용을 위하여 대화형 AI와 자율 애니메이션 기술이 활용되고 있다.

표 4-8 | 디지털 휴먼 상호작용 지원 인공지능 기술

기술	특징	활용 사례
대화형 인공지능	• 음성인식(STT), 음성합성(TTS), 기계학습 및 자연어처리(NLP)를 통해 언어를 수집하고 분석하여 이해한 후 인간처럼 자연스러운 응답을 생성하는 딥러닝 기술 • 인간 외에 내외부 시스템과 서비스를 연결하여 작업을 수행하는 것도 가능 • (한계) 음성인식 오류와 길고 복잡한 문장 처리 시 부자연스러움	• 스텔레람스의 'AI주현영'
자율 애니메이션 (Autonomous Animation)	• 표정 렌더링, 시선 응시, 합성 음성, 실시간 제스처, 개성 있는 몸짓 등으로 외부 자극에 자율적으로 반응할 수 있도록 하는 기술 • 인간과 기계 상호작용(human-machine interface) 관련 AI 기술을 활용해 자율적으로 사용자와 실시간 상호작용이 가능 • 현재 상용화된 사전녹화나 모션캡처 방식에서 더 진화한 형태	• 네슬레의 초코 쿠키 레시피 상담 코치 AI인 '루스(Ruth)'

자료: 넥스텔리전스, ETRI 정책용역보고서(2022) 재구성

2. 홀로그램 기술

홀로그램 기술은 생생하고 재생방식에 따라 유사 홀로그램, 아날로그 홀로그램, 디지털 홀로그램 등으로 구분된다.

표 4-9 | 홀로그램 기술 비교

구분	유사 홀로그램	아날로그 홀로그램	디지털 홀로그램
내용	• 반투과형 스크린 투영 영상, 초다시점 입체 영상으로 홀로그램 효과 구현	• 필름을 사용하여 실물을 입체 영상으로 구현	• 사물로부터 반사된 빛을 디지털화된 기록 및 재현을 통해 현실감을 제공하는 실감 기술
예시	• 공연, 홍보, 원격회의 등	• 홀로그램 사진, 전시 등	• HMD, HUD, HMobile, H게임 등
핵심기술	• 초다시점 콘텐츠 획득·생성·전송·재현 기술	• 홀로그램 필름, 광원 및 광학소자 기술	• 디지털 홀로그램 획득·생성·전송·재현 기술

자료: 과학기술정보통신부, 홀로그램산업발전전략(2014.8)

디지털 홀로그램은 물체의 표면으로부터 반사되는 빛을 기록한 후 3차원 이미지(Image)로 재구성해 보여줌으로써 실제 사물을 보는 것과 동일한 입체감과 몰입감을 주는 것이다.

최근에는 헤드셋 착용에 따른 무게감과 어지럼증, 눈에 대한 피로감 등을 없애기 위한 기술로 무(無)안경 3D 홀로그래픽 디스플레이 기술들이 출현하고 있다. 특히 무안경이 가능한 3D 영상을 표시하는 디스플레이 기술인 라이트 필드(Light Field Display)는 사용자가 입체감을 느낄 수 있는 양안시차를 이용하며 공간 왜곡을 없애는 양안시차뿐만 아니라 시각 인지적인 요소도 보완해 줄 수 있도록 한다.

표 4-10 | 메타버스(디지털 휴먼) 제작 기술

기업	내용
에픽게임즈 (Epic Games)	• 50개 이상의 MetaHuman 프리셋(Presets) 등을 활용하여 한 시간 이내로 디지털 휴먼을 제작할 수 있는 'MetaHuman Creator' 공개('21.2.) • 'MetaHumanCreator' 얼리 액세스 버전 무료 공개('21.4.) • 매우 정교한 실사 베이스의 디지털 휴먼 제작 가능
소울 머신즈 (Soul Machines)	• 고객들이 스스로 디지털 휴먼을 제작할 수 있는 'Digital DNA Studio' 출시('20.5.) - 고객들은 동 플랫폼에서 디지털 휴먼 옵션 선택 → 사용 언어 선택 → 학습 → 호스팅할 UI와 디스플레이 될 배경 선택의 단계를 거쳐 디지털 휴먼 제작 가능
딥브레인 AI	• 기업과 크리에이터(Creator)가 신속하게 디지털 휴먼 동영상을 제작할 수 있는 'AI Studios' 출시('21.11.) - 고객들은 디지털 휴먼을 선택 → 스크립트 입력 → 동영상 다운로드의 순서를 거쳐 디지털 휴먼 동영상 제작 가능

기업	내용
클레온	• 얼굴, 음성, 동작 등 다양한 요소를 선택해 디지털 휴먼을 제작할 수 있는 플랫폼 '클론 스튜디오' 론칭('22.6) • 사진 단 1장과 10문장 이내의 짧은 음성만으로 게임 아바타를 만들 듯 원하는 디지털 휴먼 제작 가능
유니티 테크놀로지스 (Unity Technologies)	• 실시간 인터랙티브 2D 및 3D 콘텐츠를 제작, 실행 및 수익화하는 소프트웨어 솔루션 제공 • 고성능 디지털 휴먼 제작이 가능하도록 새롭게 개발된 유니티 헤어 시스템 (Unity Hair System)과 보다 향상된 디지털 휴먼 툴세트(Digital Human Toolset) 기반으로 최근 신규 테크 데모 '에너미즈' 공개('22.3.) • LG전자와 디지털 휴먼(Digital Human)과 메타 홈(Meta Home) 구현을 위한 기술을 공동 개발 업무협약 체결('22.10.)
자이언트 스텝	• VFX(Visual Effects), 영상 VFX, 리얼타임(Real-Time) 콘텐츠 제작&솔루션을 통해 광고, 영상, 리얼타임 콘텐츠 제공 • 버추얼휴먼(Virtual Human) 부문에서 '이솔(SORI, 네이버 협업)', '한유아(Han YuA, 스마일게이트와 협업)', 동사의 자체 버추얼 휴먼인 '코리(Kori)&브리(Bri)' 등을 출시했고, 향후 버추얼 휴먼을 더욱 확대해갈 계획 • '버추얼 스튜디오(Virtual Studio)' 부문에서는 실시간 XR Live 콘텐츠 One-stop 제작 솔루션을 보유하여, 기존 콘텐츠(콘서트, 공연, 광고, 영화, 드라마, 전시, 미디어아트, 엔터테인먼트 등)를 새로운 XR 콘텐츠 시장으로 재창조해 나가는 것이 목표
이스트 소프트	• 인공지능 버추얼 휴먼을 활용한 영상 제작 서비스인 'AI 스튜디오 페르소(AI Virtual Studio Perso)' 출시('22.10.) • 텍스트 입력과 영상 편집만으로 AI 버추얼 휴먼이 등장하는 고품질 영상 생성이 가능한 전문화된 서비스 • 높은 립 싱크로율, 자연스러운 움직임, 직관적인 사용환경, 신규 IP 제작 등이 강점

자료: 넥스텔리전스, ETRI 정책용역보고서(2022)

3. 플랫폼

게임 및 소셜 네트워크 등의 메타버스 플랫폼에서 디지털 휴먼(아바타)을 기준으로 서비스를 제공하고 있으며 그러한 주요 플랫폼은 [표 4-11]과 같다.

표 4-11 | 주요 메타버스 플랫폼

플랫폼	내용
Mesh (마이크로소프트, 2021년)	• 가상공간에서 원격으로 교육, 설계, 의료 등 시장을 초월한 협업 공간 제공
호라이즌 월드 (메타, 2019년)	• 가상세계 안에서 다른 이용자들과 게임을 하는 등 관련 모임 장소를 제공
로블록스 (로블록스, 2006년)	• 샌드박스 형태의 게임으로 게임 내에서 레고처럼 생긴 캐릭터와 맵을 조립해 게임을 제작하여 공유하거나 판매 • 이용자가 가상세계에서 즐길 수 있으며 자유도가 높음
마인크래프트 (모장스튜디오, 2011년, MS 2014년 인수)	• 채광 및 네모 블록으로 자기만의 세상을 만드는 샌드박스 게임 • 세계의 주요 건축물이 만들어져 있으며 거울세계와 라이프로깅 연결 • 크리에이터 모드(펜실바니아 대학, 청와대 어린이날 행사 등), 마켓플레이스(스킨, 미니 게임 판매)
포트나이트 (에픽게임즈, 2017년)	• 3인칭 슈팅게임으로 '파티로얄' 모드를 통해 게임 내에서 영화, 뮤직, 비디오, 공연 등을 즐길 수 있음
세컨드라이프 (린든랩, 2003년)	• 거대한 가상 도시 안에 아바타를 만들어 접속한 뒤, 현실과 거의 근접한 활동 • 오브젝트 제작, 판매 등 다양한 활동이 가능한 가상공간 제공하며 홀로코스트 기념박물관, 영국 임페리얼 컬리지 등을 통한 교육 가능
제페토 (네이버, 2018년)	• 자신만의 개성이 담긴 3D 아바타를 만들어 가상공간에서 소셜 활동을 즐길 수 있는 플랫폼 • 패션, 자동차, 연예, 금융 등 다양한 기업이 자신만의 공간인 월드를 개설하고 아이템 판매 및 홍보
이프랜드 (SKT, 2021년)	• 다양한 컨퍼런스, 회의, 공연 등의 가상공간 모임 장소를 제공하는 플랫폼

자료: 신진보 외(2021) 및 온라인 자료를 기반으로 재구성

4. 네트워크

5G의 특징은 초고속(Enhanced Mobile Broadband), 초저지연(Ultra-Reliable and Low Latency Communication), 초연결(Massive Machine Type Communication)이다.

표 4-12 | 5G 특징과 기대효과

특징		5G	기대효과
초고속	최고속도	• 20Gbps	• 더 큰 데이터를 보다 빠르게 전송해 초고화질 영상, VR/AR과 같은 대용량 데이터 기반 콘텐츠 이용 활성화
	체감속도	• 100Mbps	
초저지연	지연속도	• 1ms(초저지연 우선) • 4ms(속도 우선)	• 즉각적 응답과 반응이 필요한 원격의료, 자율주행차 등에 이용되어 지연이 없는 실시간 서비스 구현
	이동속도	• 500km/h	
초연결	접속밀도	• km²당 백만대	• 인터넷에 연결될 수 있는 단말과 센서의 수를 크게 증가시켜 만물인터넷, 대규모 IoT 환경을 구현하고 스마트홈, 스마트시티 기반 기술로도 이용
	에너지 효율	• 고효율(4G 대비 100배)	

자료: ITU

5G 구현에 필요한 기술들은 크게 주파수, 기지국, Massive MIMO(Multiple Input Multiple Output), 네트워크 슬라이싱으로 나눠볼 수 있다. 4G 네트워크가 2.6Ghz 이하의 저주파 대역을 사용한 데 반해 5G는 3.5Ghz 저주파와 이보다 훨씬 높은 대역의 28Ghz를 이용한다.

디지털 휴먼 구현을 위해 5G 이동통신 시스템의 몰입형서비스 및 플랫폼 기술 필요하며, 3D, 홀로그램 등 초고화질 콘텐츠를 통해 사용자에게 몰입형 초실감 서비스를 제공하는 기술(가상현실/증강현실 서비스, 텔레프레즌스 서비스, 대용량 콘텐츠 스트리밍 등)을 지원한다.

이동통신사를 중심으로 5G 네트워크를 메타버스 비즈니스 모델 구축에 활용하기 시작하였으며 더 정교한 실감콘텐츠 제공 및 지능형 AR 서비스 구현을 위해 6G 연구 개발이 진행되고 있다.

5. 디바이스(Device)

퀄컴은 온보드 동시처리 기능을 갖춘 유선 AR 스마트 뷰어 레퍼런스 디자인 유선 AR 헤드셋을 위한 디바이스와 온보드의 프로세싱을 분할하는 방식의 헤드셋(스마트 MAYOHITU 뷰어) 레퍼런스 디자인을 발표하였다. 이 헤드셋은 주로 폰이나 PC에 연결되지만 온보드 프로세싱을 위한 칩들도 같이 포함한다.

온보드 프로세서에서 센서 프로세싱과 디스플레이 작업의 일부를 처리하게 디자인되어 연결된 호스트 디바이스의 부하가 약 30%까지 감소시켜 THEY 1800 스마트 뷰어를 스마트폰에 연결해서 사용하는 경우에는 몰입형 AR 애플리케이션뿐만 아니라 '플로팅 윈도'에서 표준 안드로이드 앱이 실행되는 것도 지원하며 또한 윈도즈 PC에도 연결이 가능하다.

(1) VR 헤드셋 기술

마이크로소프트는 증강현실(AR) HMD 기기로 2019 MWC에서 처음 공개한 후 후속작으로 MS 홀로렌즈 2를 기존 홀로렌즈의 단점을 대대적으로 개선하고 여러 추가기능을 추가하여 공개하였다.

MS 홀로렌즈2는 세계 최초의 웨어러블 홀로그래픽 컴퓨터로 스마트폰이나 PC 연결 없이 몰입감 있는 혼합현실(Mixed Reality, MR)을 3D 홀로그램으로 구현하고 이를 사용자의 손동작이나 음성으로 자유롭게 조작할 수 있게 해주는 것으로 국내 시장에는 2020년 11월에 출시되었다.

그리고 VR 헤드셋 기술로는 메타(페이스북)는 삽입 렌즈기업인 VirtuClear와 파트너십을 맺어서 헤드셋 판매 사이트에서 삽입 렌즈를 제공하는데 사용자의 시력에 맞게 처방된 렌즈를 오큘러스 퀘스트2의 내부에 장착하고 있다.

또한 2020년 CES에서 공개된 파나소닉의 VR 안경은 PC에 연결해서 몰입형 비

그림 4-10 | AR 글래스

퀄컴 AR 스마트 뷰어	MS 홀로렌즈2

자료: 이하섭(2021)

그림 4-11 | VR 헤드셋 페이스북 VirtuClear 파나소닉 AVWatch

메타 VirtuClear	파나소닉 AVWatch
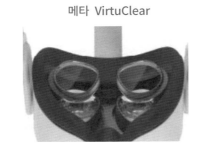	

자료: 이하섭(2021)

디오를 보는 데 주로 사용될 수 있어서 VR 뷰어에 가깝다는 반응이었으나 2021년 디지털 CES에서 파나소닉은 광학식 추적 기능이 추가되고 사양이 많이 개선된 버전으로 선보이고 있다. USB-C 케이블로 스마트폰이나 PC에 연결해서 사용하는 방식이지만 경량화를 통해 소비자에게 어필하며, SteamVR과 협업을 통해 게임과 소셜 활동을 지원한다.

메타는 VR 기기 제조기업인 오큘러스를 2014년 인수하여 보급형인 퀘스트에 이어 전문가용인 메타 퀘스트 프로를 2022년 출시하였다. 그리고 2024년 10월 미국 멘로파크 본사에서 개최된 연례 개발자 컨퍼런스 '커넥트 2024'에서 새로운 혼합현실(MR) 스마트 안경 시제품 '오라이언(Orion)'과 헤드셋 '퀘스트 3S' 공개하였다. 오라이언은 안경 유리에 달린 프로젝터를 통해 3D 이미지를 투사시켜 증강현실(AR) 기능을 구현해 일상적으로 착용할 수 있는 작은 크기와 무게를 구현했으며 별도의 유선 전원 공급이 불필요하여 편리성을 향상시켰다. 오라이언은 지금까지 나온 스마트 안경 중 가장 큰 70도의 시야각을 제공하는 등 그동안 스마트 안경에 대해 시장에서 요구했던 주요 사양을 대부분 반영하였다.

그리고 퀘스트 3S는 전작 퀘스트 3 기능을 유지하면서 가격을 36% 낮춘 보급형으로 멀티태스킹 기능, 패스스루[7] 기능을 갖추고 다양한 콘텐츠를 즐길 수 있는 대중

---

7) 현실과 가상의 경계를 자연스럽게 연결하는 기술로 VR·AR 콘텐츠를 이용할 때 현실 세계와의 연결감을 유지

표 4-13 | 오큘러스 VR 기기 변화

구분	리프트	GO	리프트S	퀘스트1	퀘스트2
PC	필요	선택	필요	선택	선택
Display	OLED	LCD	LCD	OLED	LCD
해상도	2160 x 2100	1280 x 1440	2560 x 1440	1440 x 1600	1832 x 1920
출시연도	2016	2017	2019	2019	2020

자료: 윤정현 외(2021)

표 4-14 | 메타 퀘스트 3S 특징

이미지	주요 사양 및 특징	
	출시 일자	• 2024.9.25 / 한국 시장 출시 2024.10.15
	칩셋	• 스냅드래곤 XR2+ 2세대
	디스플레이	• 듀얼 1832 × 1920p / 120Hz LCD
	시야각	• 수평 96도 / 수직 90도
	메모리	• 128GB, 512GB / 램 8GB
	카메라	• 흑백 6개(플루드 LED 2개), 컬러 2개
	배터리	• 4,324mAh(2.5시간)
	가격	• 128GB 모델 약 42만 원 / 256GB 모델 약 57만 원

자료: 메타 / 글로벌 이코노믹(2024.9.26)

성을 갖춘 것이 특징이다.

최근 VR 헤드셋의 트렌드인 AR과의 융합하여 MR 관련 스펙을 대부분 유지했으며 패스스루 성능은 18PPD(각도당 화소 수)로 퀘스트3와 같아 거의 유사한 AR 환경을 체험할 수 있을 전망이며, 영화 감상, VR 피트니스 앱과 게임 실행 등 사용자 콘텐츠를 넓히고 멀티태스킹 컴퓨터로 포지셔닝하면서 애플 비전 프로에 대응하고 있다.

FeelReal의 멀티센서 VR 마스크는 VR 헤드셋에 연결하여 바람, 진동, 향기와 냄새 등을 실감할 수 있으며 Oculus Rift와 삼성 Gear VR, HTC Vive, Sony Playstation VR 등을 지원한다. 마스크 내부에 장착된 쿨링팬으로 시원한 바람을 내보내거나 내장된 히터를 이용해 더운 공기를 내뿜을 수 있으며 진동 모터와 햅틱 엔진을 통해 타격이나 격렬한 움직임에 따라 진동을 느낄 수 있다. 또한 내장된 9종의 향기 캡슐로 가상공간의 냄새까지 구현이 가능하다.

그리고 애플의 2023년 세계개발자회의(WWDC)에서 처음 베일을 벗은 1세대 공간 컴퓨터[8] 비전프로(Vision Pro)가 2024년 2월 세계 시장에 출시되었다. 비전프로는 전통적인 화면의 경계를 초월하여 공간 세계로 영역을 확장해 가장 자연스럽고 직관적인 입력 체계인 사용자의 눈, 손, 음성을 통해 제어하는 3D 인터페이스로 PC와 스마트폰에서 수행하던 컴퓨팅 기능을 3D 공간에서 구현할 수 있어 화면크기의 제약이 없고 몰입감이 높아 엔터테인먼트에 최적화되어 있다. 그리고 항공우주 등급의 경량 프레임에 마이크로 OLED 디스플레이와 2개 자체 칩셋(M2, R1),[9] 공간 음향 시스템 등 고사양을 갖춘 공간 운영체제(Vision OS)를 장착하였다. 최근 비전 OS 2로 업데이트되면서 노트북 화면을 그대로 비전프로에 띄워 주는 가상 디스플레이 기능을 강화하고 사용자 움직임을 감지하기 위해 12개 카메라와 5개의 센서 탑재하였다.

현재 애플 앱스토어에는 비전프로 전용으로 2,500개 이상의 앱이 개발되어 등록되었으며 카카오톡·네이버웹툰·티빙 등 한국에서 인기 있는 앱을 비롯해 150만 개 이상의 아이폰·아이패드 앱도 비전 프로와 호환이 가능하다. 다만 본체 600g, 배터리

표 4-15 ┃ 비전프로 특징

이미지	주요 사양 및 특징	
	출시 일자	• 2023.6.5 / 세계 시장 출시 2024.2.2 / 한국 시장 출시 '24.11.15
	운영체제	• 세계 첫 공간 컴퓨팅 OS, '비전(Vision) OS'
	입력방식	• 눈동자 추적, 손 제스처, 음성 명령
	세부 사양	• 카메라 12개, 센서 5개, 마이크 6개 • 디스플레이: 마이크로 OLED 2,300만 픽셀 • 프로세서 M2: 비전 OS 가동 등 /R1: 카메라·센서· 마이크 등 구동 • 배터리: 2시간 / 무게 500g~600g
	주요 특징	• 뛰어난 디스플레이 몰입감, 공간 오디오, 강력한 애플 생태계와 연동 등
	가격	• 세계 시장: 3,499달러(약 450만 원부터) / 국내 시장: 499만 원~

자료: 키움증권(2023.6.8), 언론 보도자료 정리

---

8) AR(증강현실)·VR(가상현실)·MR(혼합현실) 디바이스에서 영역을 더 확장한 공간 컴퓨팅의 개념
9) M2 칩은 OS와 전반적인 컴퓨팅 성능, R1 칩은 실시간 센서 처리 담당, 비전 OS는 macOS·iOS·iPadOS를 토대로 구축된 세계 최초의 공간 운영체제

자료: 한국콘텐츠진흥원(2021).

353g 등 총무게가 1kg에 육박하고 거의 500만 원에 달하는 고가로 시장 확산에 제한
이 되고 있다.

(2) VR/AR 인터페이스 기술

1) 메타(페이스북)

메타는 2019년에 CTRL−Labs를 인수하여 XR 입력과 햅틱을 위한 손목 착용 디
바이스를 계속 개발하고 있다. 이 컨트롤러의 핵심 기술은 손의 근육을 제어하는 전
기 신호를 감지하는 근전도 센서로 1mm까지의 움직임도 정밀하게 감지 가능하다.

디바이스를 사용해 타이핑하는 실험 결과 비디오를 보면 오타가 많이 발생하나
상황에 맞는 자동 정정 기능으로 아무것도 없는 바닥에 타이핑이 가능하다.

'Bellowband'라는 프로토타입은 사용자의 손목에 압력을 가하기 위해 부풀리거
나 평평하게 할 수 있는 동전 크기의 주머니(bladder)를 장치의 손목 밴드 안쪽에 부
착하여 주머니의 조합을 다르게 하거나 다른 속도로 펄싱하여 다양한 햅틱(haptics) 효
과[10]가 있다.

또한 Tasbi(Tactile and Squeeze Bracelet Interface)라는 프로토타입은 손목 주위에
6개의 진동 액추에이터와 함께 사용자의 손목을 동적으로 조이고 압력을 가할 수 있

---

10) 햅틱(Haptics)은 그리스어로 '만지는'이라는 뜻의 형용사 'hapesthai'에서 유래한 말로 각종 디지
    털 기기에 진동이나 힘, 충격을 발생시켜 사용자가 촉감을 느끼게 하는 기술을 일컫는다.

그림 4-13 │ VR/AR 인터페이스 컨트롤러

페이스북 손목착용 컨트롤러(타이핑)

페이스북 손목착용 컨트롤러(핸틱)

자료: 이하섭(2021)

는 일종의 장력 기반 손목 압박 메커니즘을 사용한다.

취리히 연방 공과대학교(ETH Zurich) 컴퓨터과학부의 연구 그룹은 TapID라는 손목 밴드를 개발하였는데, 더욱 자연스러운 타이핑 체험을 VR에서 제공하여 손 추적 기능과 함께 사용하여 가상 키보드를 타이핑할 때 키감을 느낄 수 있게 한다. TapID 는 골전도를 이용하므로 몸을 터치하여 입력하는 것도 지원할 수 있어 실제 손목을 치거나 쓸어내려서 입력할 수 있고 이것을 이용하면 3차원 가상 객체의 회전, 확대 등도 가능하다.

그리고 폴렌 로보틱스(Pollen Robotics)는 VR 및 모션 컨트롤러로 텔레프레전스를 제공하는 휴머노이드 로봇을 개발하였다. 폴렌 로보틱스에서 개발 중인 휴머노이드

그림 4-14 │ VR/AR 인터페이스 기술

취리히공과대 TapID

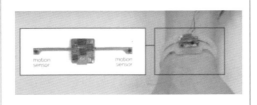

폴렌로보틱스 로봇 Reachy

자료: 이하섭(2021)

그림 4-15 | VR/AR 인터페이스 기술

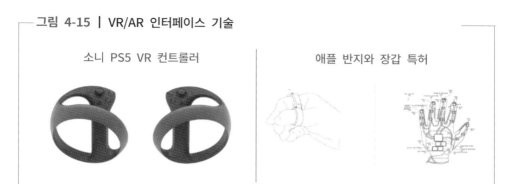

소니 PS5 VR 컨트롤러 | 애플 반지와 장갑 특허

자료: 이승환·한상열(2021)

로봇인 Reachy는 VR 헤드셋과 모션 추적 컨트롤러를 사용하여 원격으로 제어할 수 있다. 따라서 이를 활용하여 우주비행이나 원격 수술 등에 사용 가능한 텔레프레즌스 기술로 실시간으로 움직임이 그대로 전해지며 로봇에게 작업을 어떻게 하는지 방법을 가르칠 수가 있다.

소니는 2016년 PS4용 PSVR을 출시하고 6년 만인 2022년에 PS5를 공개 차세대 VR 콘트롤러를 공개하였으며, 애플은 가상과 현실을 연계하는 인터페이스로 반지, 장갑 등을 활용하는 방식의 특허를 출원하였다.

센서가 탑재된 반지는 착용자의 동작을 해석하고 주변 물체와의 관계를 파악하며, 센서가 많을수록 3D 환경에서 정확한 움직임을 인식할 수 있어 반지를 엄지와 검지에 착용해 두 손가락으로 잡기, 확대 및 축소, 회전을 식별 가능하다.

6. 디지털 트윈기반의 메타버스

디지털 트윈(Digital Twin)은 현실세계를 3차원 형상뿐만 아니라 속성 및 상태를 실시간으로 가상세계에 디지털로 구현하여 실시간 모니터링 또는 시뮬레이션을 통해 다양한 상황의 예측 및 최적화를 가능하게 하는 시스템이다.

이러한 디지털 트윈을 기반으로 하는 메타버스는 실시간 모니터링, 시뮬레이션, 예측 및 최적화뿐만 아니라 사용자가 가상세계에 들어가 체험하고 서로 소통과 협업을 할 수도 있으며, 디지털 자산을 창조하고 소유권을 보호받으며 경제활동을 영위할 수 있다. 디지털 트윈에서는 현실 객체 및 공간에 대한 형상과 속성을 똑같이 구현하기 위하여 3D 모델링, IoT, 네트워크 기술이 중요하며, 시뮬레이션 및 예측을 위해 AI, 빅데이터, 클라우드 등의 요소기술이 요구된다.

또한 디지털 트윈을 기반으로 하는 메타버스는 상기 디지털 트윈 기술의 고도화와 더불어 AR/VR과 같이 사용자 경험 및 인터랙션 기술과 NFT, 블록체인 등 안전한 경제활동을 가능하게 하는 기술이 필요하다.

메타버스와 디지털 트윈은 모두 현실세계의 가상화로 개념적으로도 서로 연계되어 있어 명확한 구분이 쉽지 않다. 원론적으로 디지털 트윈은 가상세계를 이루는 요소를 "시간-공간-인간(3間)"으로 구성할 수 있으며, 현실에 기반을 둔 디지털 세계를 추구하는 것을 나타내는 것이다. 다시 말해 디지털 트윈은 구축된 현실과 동일하게 구축된 디지털 공간은 시간과 공간을 연결하고, 여기에 인간이 참여하고 활동하면서 메타버스를 구성할 수 있는 기반이 갖추어진 것이다.

그림 4-16 | 디지털 트윈 기반 메타버스

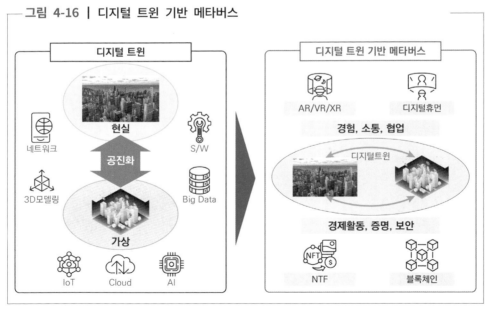

자료: 국토연구원(2023)

도시공간에 디지털 트윈은 공공행정업무 수행이나 도시계획을 수립하는 데 활용하는 것을 목표로 하고 있다. 이러한 도시공간에서의 디지털 트윈을 기반으로 한 메타버스는 현실에 가까운 가상세계를 대상으로 하며, 게임적 캐릭터가 아닌 현실을 살아가는 시민들을 대상으로 참여가 이루어질 수 있다. 따라서 디지털 트윈은 현실에서 시간적·경제적 한계로 인해 테스트하기 어려운 기술과 자원 이용의 최적화를 위한 시뮬레이션이 가능하게 하고, 메타버스는 그 과정에서 필요한 이해관계자, 전문가, 시민 등 다양한 사람들의 참여와 소통을 촉진하게 할 수 있는 디지털 기반 기술로 이해할 수 있다(국토연구원, 2023).[11]

　　메타버스로 구현된 디지털 트윈은 혁신적 기술로 만들어진 가상세계 영역이며, 다양한 현실문제를 해결하고 효율적인 솔루션을 제공할 수 있는 잠재력을 가지고 있다. 여러 국가의 정부는 메타버스의 잠재적인 중요성을 인식하면서 많은 도시의 실제를 가상세계와 동일한 디지털 트윈을 구축하고 있다. 공공에서 추구하는 디지털 트윈은 도시 운영을 최적화해 개발 및 재정을 계획하고, 또한 탄소중립과 같은 친환경적 접근방식의 선택에서 전략적 도구가 될 수도 있다. 그리고 디지털 트윈은 현재 성과를 분석하고 다양한 시나리오를 테스트하며 개선이 필요한 영역에 대한 식별을 제공하기도 한다.

　　디지털 트윈 구축을 통한 시뮬레이션으로 에너지 소비를 줄이고 도시의 공간적 확장성 및 효율성 문제를 해결할 수 있으며, 스마트시티의 목적을 보다 빠르게 달성시킬 수도 있다. 예를 들어 싱가포르는 해수면 상승의 실시간 데이터를 수집 및 대응에 활용하며, 예테보리는 새로운 트램노선을 건설함으로 인해 변화될 거리 교통소음과 미세먼지를 시뮬레이션함으로써 기존에 얻지 못한 인사이트와 함께 계획(안)을 마련하였다. 메타버스 도시는 매우 상세하여 도로망, 통신, 전력망, 수도 시스템 등과 같은 모든 구성요소에 대한 데이터가 포함되어 이를 기초로 전력 효율 극대화, 도로계획으로 더 나은 교통수단 개선, 배기가스를 줄이는 등 도시계획의 직접적 의사결정에 이점을 제공한다(국토연구원, 2023).

　　이와 같이 디지털 트윈 기반의 메타버스는 시뮬레이션과 도시행정 업무 수행과

---

11) 국토연구원(2023), 국토 디지털 전환에 대응한 메타버스 구축 및 활용방안.

그림 4-17 | 메타버스에서의 참여와 소통, 협업 개념도

자료: 국토연구원(2023).

도시계획에 활용, 국가전략 수립 등 의사결정의 효율성을 기할 수 있으며, 사용자 관점에서의 메타버스 참여와 소통, 협업을 확대하는 효과를 기대할 수 있다.

7. 메타버스 연관 기술 동향

메타버스의 주요 연관기술은 XR, AI, 데이터, 네트워크, 클라우드, 디지털 트윈, 블록체인 등이 있으며, 메타버스의 몰입감, 현실과의 연계성 확대를 위한 기술개발도 지속되고 있다(과학기술정보통신부, 2022).[12]

메타버스는 XR, AI, 데이터, 네트워크, 클라우드, 디지털 트윈, 블록체인 등 다양한 ICT 기술의 유기적 연동을 통해 구현된다. 즉 현실세계와 가상세계 간 경계가 허물어지며 일상생활과 경제활동 공간이 확장되고, 새로운 경제·사회·문화적 가치창출을 촉진하는 주요기술로는 XR, 디지털 트윈, 블록체인, 인공지능, 데이터, 네트워

---

12) 과학기술정보통신부(2022), 메타버스 신산업 선도전략

표 4-16 │ 메타버스 연관기술

구분		최신 동향
XR(확장현실)		• 현실과 가상(디지털) 세계를 연결하는 인터페이스로, 현실과 가상세계의 공존을 촉진하고 몰입감 높은 가상융합 공간과 디지털 휴먼 등 구현
	디바이스	• 메타버스에서의 몰입감 증대를 위한 헤드셋, 글래스 등 다양한 XR 디바이스
디지털 트윈		• 가상세계에 현실세계를 3D로 복제하고 동기화한 뒤 시뮬레이션·가상훈련 등을 통해 지식의 확장과 효과적 의사결정 지원
블록체인		• 메타버스 장착물에 대한 저작권 관리, 사용자 신원확인 및 데이터 프라이버시 보호, 콘텐츠 이용내역 모니터링 및 저작권료 정산 등 지원
인공지능		• 메타버스 내 데이터 및 사용자 경험 학습, 실시간 통·번역, 사용자 감성 인지 및 표현 등을 통해 현실-가상세계 간 상호작용 촉진
데이터		• 실세계 데이터 취득 및 유효성 검증, 데이터 저장·처리·관리 등 수행
네트워크		• 초고속·초저지연 5G/6G 네트워크, 지능형 분산 컴퓨팅(MEC) 등을 통해 대규모 이용자 동시 참여, 실시간 3D·대용량 콘텐츠 서비스 제공
클라우드		• 이용자 요구나 수요 변화에 따라 컴퓨팅 자원을 유연하게 배분

자료: 메타버스 아카데미 홈페이지

크, 클라우드 등이 있으며, 메타버스 신산업 선도전략의 메타버스 주요 기반기술 구성을 따르나, 몰입감 강화 도구인 디바이스가 추가되기도 한다.

해외에서는 메타버스 주요 연관기술의 발전이 활발하게 진행되고 있으며, 산업계 적용성 및 활용성을 높이기 위한 기술적 고도화가 지속되고 있다. 특히 AI 융합을 통해 사용자에게 보다 현실감 있고 사용하기 쉬운 환경을 제공하기 위한 개발이 빠른 속도로 진행되고 있다.

메타버스의 몰입감을 증대하는 디바이스 개발, 메타 팩토리, 디지털 트윈 기술개발 등 메타버스 활용성 증대를 위한 기술개발이 지속되고 있으며, 국내에서는 대기업(네이버, 현대차, 카카오 등) 중심으로 확장현실과 메타버스, 디지털 트윈, 클라우드 분야의 기술개발이 지속적으로 이루어지고 있다.

주요 빅테크 기업들은 메타버스 생태계 내 여러 분야를 선점하고 메타버스 생태계 주도권을 잡기 위한 기술개발이 경쟁적으로 진해되고 있다. 메타버스 관련 기술의 국내의 기술 수준은 [표 4-18]과 같이 세계 1위 국가인 미국과 아직 많은 격차가 있다.

표 4-17 | 해외 메타버스 최신 기술 동향

구분	최신 동향
확장현실 (디바이스 포함)	• (혼합현실 공간 컴퓨터 개발) 애플 착용형 공간 컴퓨터 '비전 프로'(Apple Vision Pro) 개발 및 발표('23.6) • (제조 활용 몰입감 강화 디바이스) 캐논은 제조현장 및 혼합현실 플랫폼에서 활용 가능한 HMD/HHD 2 MR 방식의 장비를 개발('22.4) • (오감 활용 몰입감 증대 디바이스) 미국 기술 스타트업 'VRgluv'는 압력센서와 포스 피드백 기술을 적용한 글로벌형 VR 컨트롤러를 개발
디지털 트윈	• (제조 디지털 트윈) 실제 제품의 외형을 3D로 구현하는 것에서 나아가 가상 공간에서 이를 설계, 시뮬레이션, 테스트하여 사물-공장-환경이 상호작용을 통합하는 기술을 제공('23.2)
블록체인	• (CBDC 도입 확대) 영국과 EU에서는 CBDC 도입 타당성을 검토하고 실행 준비를 위한 설계가 본격적으로 이루어지고 있으며('23.2) 중국 및 스웨덴에서는 실제 도입을 목표로 소매용 CBDC의 시범사업 프로젝트 진행중 • (디지털자산) SKT는 '23년 3분기 출시예정으로 가상자산, NFT, SBT, 신분증 등 모바일 지갑을 SKT 플랫폼(이프렌드)과 연계하여 활동도를 높일 예정('23.7)
인공지능	• (생성형 AI 활용 메타버스 공간 제작 도구) 로블록스는 생성형 인공지능(AI) 도입을 통해 개발자가 별도의 코딩 없이 텍스트만으로 가상공간에서 물체를 움직이거나 건물을 만들 수 있는 생성형 AI 도구 개발('23.2) • (생성형 AI 활용 이미지 생성) 엔비디아는 메타버스용 3D 이미지 생성 AI 모델인 '겟 3D' 개발('22.11)
클라우드	• (클라우드 옴니버스로 메타버스 환경 구축) 엔비디아는 개발자와 기업에 산업용 메타버스 애플리케이션을 설계, 개발, 배포 및 관리할 수 있는 전체 스택 클라우드 환경을 제공하는 PaaS인 옴니버스 개발('22.9) • (엣지컴퓨팅 기술 제공) AT&T는 애저와 5G를 통합하여 기업고객에게 엣지 컴퓨팅 서비스 제공('23.7)
네트워크	• (5G네트워크 기술을 메타버스와 융합) 메타버스 버라이즌은 협약을 통해 5G 네트워크를 이용해 메타버스 생태계 구축에 필요한 기술을 개발하고 향후 메타버스에서 협력방안을 모색하기 위한 전략적 파트너십 구축('22.3)

자료: 정보통신기획평가원(IITP, 2023)

표 4-18 | 국내 메타버스 관련 기술 수준 정도

기술	확장현실	인공지능	네트워크	클라우드	블록체인	빅데이터	디바이스
기술수준 (미국 100 기준)	87.7	88.9	89.2	89.5	89.1	89.2	89.4
기술격차 (미국 0년 기준)	1.2년	1.3년	1.2년	1.1년	1.4년	1.0년	1.0년

자료: IITP(2024)

디지털 트윈의 무한 확장

자기공명영상(MRI)을 기반으로 환자의 몸을 가상세계에 똑같이 옮겨 증강현실로 보여주는 디지털 트윈 기술로 AI가 머릿속 무수한 혈관과 뇌 부위별 경계를 정확히 구분해 재현한다. 예전에는 의사가 환자의 MRI 영상을 보고 종양의 상태를 가늠했지만, 이제는 입체적으로 구현된 '디지털 트윈 뇌'를 이리저리 돌려보며 실제 환자의 머릿속을 들여다보듯 정확히 종양의 위치와 상태를 파악할 수 있다.

AI 디지털 트윈의 활용은 무궁무진하다. 심장 모양과 크기, 혈류량 등 심장 관련 빅데이터를 학습한 AI가 가상의 공간에 환자의 심장을 고스란히 구현해 질병을 예측할 수 있다. 현대차는 싱가포르에 최신 제조 시설 글로벌혁신센터(HMGICS)를 건설하면서 초기 단계부터 디지털 트윈을 적용했다. 축구장 6개 규모의 공간을 가상공간에 구현하고, 생산 시설과 인력, 로봇 등 모든 요소를 옮겨 놨다. 이들을 가상세계에서 가동해 보며 최적의 설계를 찾아낸다. 디지털 트윈은 이런 방식으로 장기부터 도시, 지구, 우주까지 복제하며 인류 난제 해결에 도전하는 발판이 되고 있다.

지난달 성남시 분당에 있는 네이버 사옥 '1784'의 사무실 내부 모습을 스마트폰으로 촬영했다. 촬영한 두 장의 이미지를 노트북에 옮기고 네이버의 인공지능(AI) 솔루션 '마스터'에 옮기니 6초 만에 평면(2D) 이미지였던 사무실 모습이 입체(3D)로 구현됐다. 마우스를 이용해 3D 이미지를 돌려볼 수도 있다. 원래 이 같은 3D 이미지를 구현하기 위해서는 사무실 공간의 거리와 높이, 사무실 집기 등을 모두 실측해서 전용 소프트웨어를 사용해야 했다. 하지만 네이버는 단 두 장의 사진으로 몇 초 만에 디지털 트윈을 만들어 낸 것이다. 사무실뿐 아니라 거리와 건물, 도시 등 눈에 보이는 모든 것을 간단하게 가상공간에 재현할 수 있다. 이 공간을 활용해 교통 시스템, 초고층 빌딩 건축 등 다양한 상황을 시뮬레이션할 수 있다. 이 '마스터' 프로그램에는 1,600만종의 공간 데이터를 학습해 디지털 트윈을 구현할 수 있는 AI 모델이 탑재돼 있다. 네이버는 이 모델을 사우디아라비아 등 중동에 판매해 최첨단 인텔리전스 빌딩과 스마트 시티 구축에 활용하는 방안을 추진하고 있다. 이 그룹리더는 "눈앞의 상황을 실시간으로 디지털 트윈으로 바꿀 수 있게 되면, 누구나 손쉽게 가상의 공간에서 다양한 실험을 할 수 있다"며 "로봇이나 자동차의 공간 인식 능력도 향상돼 자율주행 정확도가 비약적으로 발전할 것"이라고 했다.

AI 디지털 트윈은 현실 공간을 가상 세계로 옮기는 것에 그치지 않는다. 그 가상의 세계에서 질병 연구부터 기후 변화, 우주 탐사까지 다양한 상황을 미리 시뮬레이션함으로써 기술 발전의 디딤돌 역할을 하고 있다.

자료: 조선일보(2025. 1. 2)

section 5 메타버스 산업 변화

I 메타버스 시장 분석

맥킨지 & 컴퍼니(McKinsey & Company)의 "메타버스에서의 가치 창조(Value Creation in the Metaverse)" 보고서에 따르면 2022년 메타버스에 대한 투자액은 1,200억 달러로, 전년도인 2021년의 총 투자액보다 이미 두 배 이상 증가했다고 한다.[13] 그리고 2030년까지 메타버스 시장의 가치는 5조 달러를 초과할 것으로 전망하고 있다.

이러한 전망은 체감하기 어려운 높은 수치이지만, 메타버스라는 기술의 높은 가능성에 대해 전 세계적으로 동의하고, 시장규모가 커질 것이라는 예측에는 이견이 없는 것을 의미한다고 할 수 있다.

이러한 메타버스 산업의 빠른 성장 전망을 하는 데는 다음과 같은 두 가지 사항이 있는 것으로 분석된다. 첫째, 코로나 19로 인한 비대면 문화 확산이 가상현실(VR), 증강현실(AR) 등 기술의 발전과 맞물리면서 현실과 가상의 경계가 허물어진 메타버스에 대한 높은 관심이다. 둘째, 글로벌 IT 기업들의 메타버스 시장의 활발한 진출이다. 마이크로소프트, 메타(구 페이스북), 구글, 엔비디아 등 글로벌 IT 기업들은 메타버스 플랫폼 구축과 투자에 적극적으로 나서면서 메타버스 산업의 성장을 견인하고 있다(윤창옥, 2023).

이와 같이 메타버스의 시장은 미래 먹거리 사업으로 많은 주목을 받아 기대가

---

13) https://www.mckinsey.com/capabilities/growth−marketing−and−sales/our−insights/value−creation−in−the−metaverse

큰 만큼, 반대로 최근 그에 걸맞은 만족할 만한 실적을 내지 못하고 있는 면도 있다.

2022년 2월 메타의 랩스(Reality Labs) 발표에 의하면 2021년 영업 손실은 무려 12조 1,913억 원에 달하였으며, 로블록스 역시 1,720억 원의 적자이며, 이용자 수에서도 메타버스는 만족할 만한 실적을 내놓지 못하였다고 한다. 정보통신정책연구원(KISDI)의 '2022년 지능정보사회 이용자 패널조사' 결과에 따르면 10명 중 1명만 메타버스 서비스를 이용해 보았다고 하고, 구글 트렌드에서 검색되고 있는 메타버스의 검색량은 2022년 1월 초 이후로 지속적으로 감소하는 등 최근 들어 메타버스에 대한 관심도가 낮아지고 있다.

과거 출시되어 한때 인기를 끌었던 싸이월드의 인지도와 데이터를 바탕으로 야심차게 다시 출시한 싸이타운은 출시 1년 만에 문을 닫았으며, SKT의 이프랜드는 2022년 12월 51만 명이 넘었던 월간 활성 사용자 수(MAU)가 2023년에는 23만 명으로 급감하고 있다. KT의 지니버스는 2023년 4월 현재 이용자 수가 4,588명에 불과한 것으로 나타나고 있다. 공공기관에서 운영하는 메타버스 서비스도 마찬가지로 서울시가 2022년 4월에 오픈한 메타버스 서울은 1일 평균 방문자 수가 400명에 불과하다.

이러한 메타버스 부진의 주된 원인은 콘텐츠의 부족이라 할 수 있다. 2020년부터 코로나 19의 영향으로 비대면 서비스에 대한 필요성이 높아졌고, 컴퓨터 그래픽스와 네트워크 기술이 접목된 메타버스 플랫폼은 앞으로 펼쳐질 비대면 서비스의 새로운 패러다임이 될 것이라는 기대감을 불러 일으켰다. 당장이라도 개발하지 않으면 뒤처질 수 있다는 위기감 아래 많은 IT 기업들이 메타버스 플랫폼을 개발하였고, 그 형태는 국내에서 널리 알려진 메타버스 플랫폼인 제페토와 크게 다르지 않았다. 그리고 또 하나의 부진요인은 메타버스와 관련한 하드웨어 사용의 편리성과 경제성의 문제라 할 수 있다. 따라서 메타버스의 확산을 위해서는 기술력 향상과 사회 수용성을 고려하여야 할 것이다.

▌II▐ 산업용 메타버스 확대발전

메타버스는 소비자들이 사용하는 소비자용 메타버스(B2C)와 제조 현장에서 사용하는 산업용 메타버스(B2B)로 나뉜다. 두 영역 모두 현실세계가 있고, 그 현실세계를 복제 또는 모방한 가상세계가 존재한다는 공통점이 있다.

다만 소비자용 메타버스(B2C)와 산업용 메타버스(B2B)는 현실세계와 가상세계의 교호작용 측면에서 차이가 있다. 소비자용 메타버스는 미러월드(Mirror World)나 라이프로깅(Lifelogging) 등을 만드는 것으로, '단방향 트랜스포메이션'이라고 할 수 있다. 반면에 산업용 메타버스는 실세계의 외형 뿐 아니라 내면의 메커니즘 구조까지 그대로 복제하는 형태를 취하며, 공정의 혁신을 지향하므로 '양방향 트랜스포메이션'에 해당한다. 그리고 가상세계에 투영된 현실세계는 다시 가상세계에서의 결과에 따라 변하는 선순환 구조를 띠게 된다.

산업용 메타버스는 산업 현장의 물리적 한계를 넘어 팀과 협업 범위를 가상으로 확장함으로써 현실의 문제를 해결할 수 있도록 도와주는 것이다(LG경영연구원, 2024).[14]

ABI Research에서는 종전에 미디어부분에서는 소비자용 메타버스가 많은 관심을 받았지만, 향후 상용화를 주도하는 것은 산업용 메타버스가 될 것이라 전망하며, 시장규모는 2030년까지 1,000억 달러에 이를 것이라 한다. 가트너도 산업용 메타버스 시장이 2031년까지 1,830억 달러로 급증할 것으로 예상하고 있다.

특히 제조와 물류 부문에서 이러한 성장이 두드러질 것이라는 분석이다. 이 제조와 물류 부문은 가장 먼저 디지털화가 진행된 영역으로, AI, XR, 디지털 트윈과 같은 구현기술을 이미 수년 동안 사용해 왔기에 향후 크게 확대될 것으로 전망하고 있는 것이다.

그랜드뷰리서치(Grand View Research)는 철도와 전력 유틸리티를 포함한 다른 산업 영역에서도 향후 산업용 메타버스가 광범위하게 확대될 것으로 전망하고 있다. 이와같이 산업용 메타버스 시장의 급성장을 예상되는 것은 제조분야에서 비용절감에 효과적이라는 인식이 커져가고 있기 때문이다.

노키아와 EY가 2023년 3월 발표한 '메타버스 앳 워크(The metaverse at work)'에 따르면 산업용 메타버스를 도입하는 기업은 아직 도입 계획 중인 기업보다 자본적 지

---

14) LG경영연구원(2024), XR과 만난 산업용 메타버스, 확산 빨라진다. 메타버스 분석 보고서.

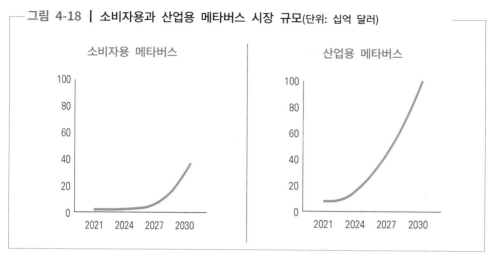

그림 4-18 | 소비자용과 산업용 메타버스 시장 규모(단위: 십억 달러)

자료: ABI Research(2022), LG경영연구원(2024.6) 재인용

출 감소(15%), 지속가능성(10%), 안전성 개선(9%)에서 효용이 두드러지고 있는 것으로 나타났다. 과거의 산업용 메타버스는 기존의 온라인 게임과 다를 바 없고 부가가치 창출도 없었다는 점에서 거품이라는 회의적인 시각이 있었으나 XR과 접목되어 현실 문제의 해결을 돕는 유용한 도구로 활용되면서 이러한 시각이 빠르게 불식되고 있다. 가트너의 마티 레스닉(Marty Resnick) 분석가는 "메타버스의 가장 큰 기회는 디지털 세계가 아닌 물리적 세계에 있다"고 말하듯이 산업용 메타버스를 이용하면 작업에 필요한 각종 부품 정보, 재고 현황, 전체 조립도면, 공장 가동 현황 등을 손쉽게 파악할 수 있다.

지난 2022년 5월에 마이크로소프트는 개발자대회인 '빌드(Build)'[15]를 통해 산업용 메타버스를 공개하면서 일본의 가와사키 중공업 사례를 소개한 바 있다. 가와사키 중공업의 생산 공장 내 산업용 로봇이 오작동하면 공장 내부를 똑같이 복사한 가상세계 공장에서 로봇 팔의 흡입력이 약하다는 경고문이 나타난다. 이에 공장 직원이 VR 기기인 MS의 '홀로렌즈'를 끼고 로봇 앞에 다가가면 로봇을 수리할 수 있는 기술자가 직원에게 원격으로 로봇을 수리할 수 있는 방법을 알려준다. 이와 같이 공장의 산업

---

15) 윈도우와 마이크로소프트는 애저 및 기타 MS기술을 사용하는 소프트웨어 엔지니어 및 웹 개발자 대상 MS 개최 연례 컨퍼런스를 개최했다.

현장이란 현실세계를 가상세계와 연결해 작업의 효율을 높일 수 있다.

항공기 제조사 에어버스(Airbus)는 제작 중인 항공기의 정보를 IoT, AR를 이용해 엔지니어와 3차원으로 공유하는 시스템인 '미라(MiRA)'를 운영하고 있다. 최근에는 MS의 AR 글래스인 '홀로렌즈 2'를 도입해 제조과정에 들어가는 부품에 대한 세부 정보나 조립 도면, 재고 파악, 여객기 조립 상태 점검 등에 파악할 수 있도록 활용되고 있다. 그 결과 A380 기종의 부품 검사기간이 3주에서 3일로 단축되는 등 효과가 나타나고 있다.

또한 코카콜라의 창고 노동자는 스마트 글래스를 착용해 태블릿 같은 보조 디바이스 없이 두 손을 자유롭게 사용할 수 있다. 이때 스마트 글래스를 통해 직원의 관점에서 상품을 다루는 데 필요한 모든 정보를 실시간으로 볼 수 있는 것이다.

메타버스 스마트 글래스는 신입 직원에게 장비 교육을 할 때도 유용하게 활용될 수 있다. 독일철도(Deutsche Bahn)는 스마트 글래스와 지능형 소프트웨어를 교육 센터에서 사용하고 있고, 가상기술을 이용해 실제 객체를 투사하는 혼합현실 기술을 활용하고 있다. 예를 들어 교육 참가자는 스마트 글래스를 이용하여 가상 신호기를 제어·운영하고 수리하는 방법을 습득한다. 즉 가상기술과 실제 세계를 연결함으로써 화면상에서 더 빠르고 쉽게 교육을 진행할 수 있다는 장점이 있는 것이다. 이 기술을 이용해 독일철도는 소수의 강사에 의해 많은 교육생을 가르치고 있으며, 경력자의 노하우 역시 빠르고 쉽게 전사적 규모로 전파 중이다.

그 외에도 벤츠, BMW 등 자동차 제조사와 보잉(항공), BP(에너지), 박스터(제약) 등 다양한 분야의 글로벌 기업들도 생산성 향상, 비용 절감, 탄소 저감을 위해 생산현장에 메타버스를 도입하고 있다.

산업용 메타버스는 XR 이외에도 AI, 빅데이터, IoT, 클라우드 등의 기술과 융합ehl어 더욱 진화하고 있다. 이에 따라 산업용 메타버스는 관련 기업들과 상호 협력하는 생태계 구축이 활발하다.

최근 지멘스는 자사 강점인 사이버물리시스템(CPS)에 엔비디아의 강점인 실시간 AI 구현 역량, 소니의 XR 기기 역량을 결합하는 한편, MS와 손잡고 개발자 포털에 챗봇을 도입했다. 또한 아마존 웹 서비스(AWS)와 파트너십을 강화해 지멘스의 고객들이

그림 4-19 | 메타버스 활용 교육

에어버스 MiRA 운영

홀로렌즈 2 이용 항공조정 교육

생성형 AI 애플리케이션을 보다 쉽게 구축하고 확장할 수 있도록 지원할 계획이다. 지멘스는 최근 10년간 SW 관련 기업을 인수하는 데 100억 유로 이상을 투자하기도 했다.

애플은 아이폰으로 모바일 앱 생태계를 구축했던 경험을 바탕으로 비전프로 중심의 새로운 메타버스 생태계를 만들려는 도전을 이어가고 있으며, 마이크로소프트와 메타도 마이크로소프트의 Teams, Office, Windows 소프트웨어와 메타의 VR 헤드셋 간의 제품 통합을 실현하기로 한다.

앞으로 관련 기업들 사이에서 산업용 메타버스 시장을 선점하기 위한 이합집산이 더욱 활발하게 진행될 것으로 예상된다. 메타버스, XR 덕분에 본격적으로 성장 궤도에 오른 산업용 메타버스 시장이 인접 영역으로 확장하면서 전체 파이가 빠르게 커

그림 4-20 | 산업용 메타버스 활용

제조의 전문가 원격지원

제조의 디지털 트윈 활용

자료: 구글 이미지

지고 있기 때문이다.

국내에서도 메타버스 산업이 빠르게 성장하고 있다. 2022년 기준으로 국내의 메타버스 시장규모는 12조 4,000억 원으로 전년 대비 20% 이상 성장했다. 한국은 메타버스 기술개발 및 투자에 적극적인 모습을 보이고 있다(채다희 외, 2022). 정부 역시도 메타버스 산업 육성을 위한 정책을 마련하고 있으며, 기업들은 메타버스 기술을 활용한 다양한 사업을 추진하고 있다.

2021년에 메타버스에 대한 관심은 메타의 리브랜딩을 통해서 엄청난 정점을 찍은 이후 다양한 외부 요인들로 조금씩 하락하였으나 새로운 변화를 통해서 계속 상승할 것으로 예상된다.

이를 위해서는 환경적인 문제들이 해결된 이후 메타버스에 대한 새로운 영역들의 추가가 필요해 보인다. 메타버스와 콘텐츠 산업은 서로 밀접한 관계를 가지고 있다. 메타버스는 콘텐츠를 제공하고 소비하는 새로운 플랫폼으로 자리매김하고 있으며, 콘텐츠 산업은 메타버스 기술을 활용하여 새로운 비즈니스 모델을 창출하고 있다. 즉 최근에 접목된 메타버스 공간에서의 창작(Create)이나 플레이(Play)를 통한 새로운 생산적인 활동이 다양하게 나타나고 있다(윤창옥, 2023).

표 4-19 | 빅테크의 Metaverse 관련 주요 추진 동향

메타 (Meta)	• 2014년 리얼리티 연구소(연구인력 1만명)설립 • 2021년 3월 뇌파를 이용해 타자로 기록하는 BCI 기술 공개 • 2021년 10월 페이스북으로 사명 변경 • 2021년 11월 햅틱 글러브 프로트타입 발표
마이크로 소프트 (Microsoft)	• 2020년 11월 산업용으로 활용 가능한 AR·VR 혼합기기 홀로렌즈 2 출시 • 2021년 10월 Metaverse 산업 진출 선언 및 향후 기술, 서비스 개발 발표 • 2022년 상반기 아바타를 활용한 영상회의 플랫폼 '메시 포 팀스' 출시 • 2022년 1월 게임업체 블리자드 인수, 세계 3대 게임회사로 발돋음
애플 (Apple)	• 2017년 AR 애플리케이션 개발 도구 ARKit 배포 • 2020년 3월 아이패드에 증강현실 적용 가능한 LiDAR 스캐너 기능 탑재 • 2022년~2023년 AR·VR 혼합기기 출시
앤비디아 (NVIDIA)	• 2020년 10월 디지털 트윈 등을 구현할 수 있는 Tool을 제공해 주는 옴니버스 출시 • 2021년 11월 150개 이상의 소프트웨어 개발키트(SDK)를 제공하는 오픈 플랫폼인 '쿼텀2'를 공개
구글 (Google)	• 2021년 7월 가상에서 자율주행하는 웨이모(Waymo)개발 (1일 3,200만km 주행, 4만여 교통상황 훈련, *현실에서 5년간 수집 데이터

메타버스와 블록체인·NFT

메타버스는 인공지능(AI), 빅데이터, 블록체인 등과 함께 독자적인 기술로 병행 발전되어 왔으나 최근 인공지능기술이 혁신적으로 발전함에 따라 상대적으로 메타버스의 개발 속도나 관심도가 떨어졌다. 그러나 역설적으로 보면 그간 침체된 메타버스 기술 개발은 인공지능이 혁신적으로 발전하고 산업 전반에 걸쳐 본격적으로 도입됨

그림 5-1 | 융복합적 공학기술 관점의 메타버스 개념도

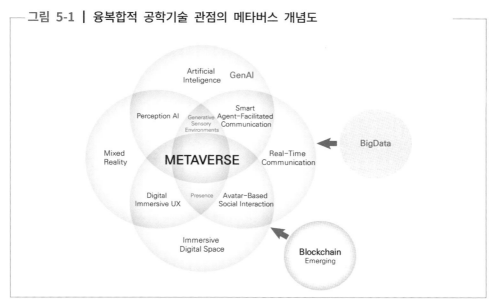

자료: Samala et al.(2023), 김인석(2024)

에 따라 기술의 융복합을 통해 다시 메타버스 발전에 활기를 되찾고 있을 것으로 예상된다.

메타버스의 융복합 기술은 [그림 5-1]과 같이 인공지능(AI), 확장현실(XR), 몰입 디지털 공간(Immersive Digital Space), 실시간 의사소통(RTC: RealTime Clock)의 주된 기술과 연대하여 개발되고 있다. 그리고 최근 빅데이터 및 블록체인(Blockchain) 기술과도 융합되어 메타버스의 응용 영역이 확장되어 다양한 산업과의 적용 가능성이 열려있다. 사용자가 메타버스를 사용하는 가운데 데이터가 계속 증가함으로써 빅데이터 네트워크가 형성되어 빅데이터 처리기술은 메타버스 구현에 핵심적인 기술이 되고 있다. 빅데이터는 데이터의 생성, 습득, 저장, 분석, 보완 등을 처리하는 기술을 가지고 있어 안정된 메타버스 운영에 필수적인 것이다.

블록체인 기술은 분산화(Decentralization)와 경제시스템(Bitcoin 및 암호화폐 등)을 이용하는데, 이러한 블록체인 기술이 메타버스와 융합하는 경우 큰 시너지 효과를 기대할 수 있다. 메타버스에서 사용자가 사람들을 만나고, 물건을 팔거나 사는 등의 거래를 하거나 관심 있는 장소를 방문하는 등 다양한 활동을 할 때 디지털 소유권, 분산형 경제, 안전한 거래, 아이디 관리 등의 기능이 필요하다. 이때 블록체인을 이용하여 이러한 기능들은 제어할 수 있다. 블록체인 기능이 없으면 메타버스는 분산화가 부족하고 다양한 중앙 집중식 데이터 저장소에 얽혀 불완전한 상태로 유지되기 때문에 블록체인 기술은 메타버스 시스템 운용에 유용하게 사용될 수 있다(김인석, 2024).

section 1 　대체불가능토큰(NFT) 개념과 원리

대체불가능토큰은 2015년 Etheria 프로젝트 수행에서 11월에 런던에서 개최된 이더리움(Ethereum) 개발자회의 Devcon에서 처음 공개되었고, 2017년 라바 랩스(Larva Labs)에서 개인이 직접 개발한 NFT 캐릭터를 판매할 수 있는 플랫폼인 '크립토 펑크(CryptoPunks)'의 출시로 NFT 시장이 형성되기 시작하였다(KCA. 2021).[1]

---

1) KCA(2021), "차세대 신산업으로 떠오르는 'NFT' 시장", Vol.71.

NFT가 발행되면 NFT 관련 정보를 담고 있는 메타데이터 파일이 형성되며 이 파일은 블록체인 시스템에 기록 저장된다. 파일의 정보는 디지털 이미지, 계약 조건, 가격 등이 기록되며, 디지털 원본 이미지나 사운드 등은 외부 저장매체(오프체인)에 저장되고 있다.

블록체인 기반의 대체불가능토큰은 가상세계와 물리적 현실이 자유롭게 연결된 메타버스 환경과 Web 3.0의 프로토콜 경제에서 중요한 역할을 담당한다. Web 3.0에서는 [표 5-1]과 같이 블록체인 인프라를 바탕으로 사용자 참여로 수익을 배분할 수 있는 비즈니스 특성이 있다. 특히 메타버스와 NFT는 금융결제 분야에서 중추적인 기술로 역할을 하고 있으며, Web 3.0 생태계의 핵심 성장동력으로 작용하고 있다. [표 5-1]은 세대별 Web 생태계의 변화를 나타낸 것이다.

NFT는 이미지, 영상, 소리(음성) 등의 디지털 자산에 대한 메타 데이터(Meta Data)와 연결된 고유한 토큰(Token)을 우리가 사용하고 있는 블록체인 네트워크에 등록한 것이다. 이러한 NFT는 메타버스에서 실물경제와 매우 유사하게 경제생태계가 작용하고 있다. 즉 메타버스에서는 NFT를 통해 자신의 캐릭터를 꾸미기 위해 유명브랜드의 제품을 구매하거나, 아바타/게임 아이템을 제작하여 판매하는 것도 가능하다. 판매된 수익금은 메타버스 경제생태계 내에서 가상화폐로 활용할 수 있으며, 실제 화폐로도 환전이 가능한 것이다.

메타버스는 게임의 경계를 넘어 다양한 분야의 접목이 가능한 플랫폼으로 성장하고 있다. 즉 가상세계, 디지털 세계에 제한된 생태계가 아닌 실물경제와의 연결을 통해 하나의 초월세계인 메타버스가 구축되고 있는 것이다. 이와 같이 메타버스 내에

표 5-1 | 세대별 Web 생태계 변화

구분	Web 1.0(1990~2004)	Web 2.0(2005~2020)	Web 3.0(2020~현재)
운영 권한	중앙화 경제	플랫폼 경제	프로토콜 경제
운영 주체	Company	Contributors	Community
소통방식	읽기	읽기 · 쓰기	읽기 · 쓰기 · 소유
인프라	PC	클라우드, 모바일	블록체인
비즈니스	-	사용자 정보로 수익 창출	사용자 참여로 수익 배분
기술	WWW, 쿠키 생성	빅데이터, 인공지능(AI)	메타버스, NFT

자료: Nasmedia(2023)

서 적용이 가능한 NFT 디지털 자산 기술이 다양하게 활성화되는 시대를 맞이하고 있는 것이다.

그리고 블록체인 기반의 NFT 기술로 성장동력을 얻은 메타버스 환경은 개별 서비스들의 유입을 확대할 수 있으며, 공개성과 투명성을 바탕으로 한 차세대 서비스로써 메타버스 환경의 이해관계자들에게 소유권 인정과 희소성 보장 등 새로운 기회를 창출할 수 있는 것이다.

메타버스와 NFT에 주목하는 이유는 가상공간에서 현실세계와 같은 경제, 문화 등의 활동이 가능하다는 것이다. 예를 들어 가상공간에서 자신만의 아바타를 만들어 관계를 형성하고 쇼핑, 게임 아이템 구매 등이 가능하며, 가상의 공간에서 사용자가 소유하고 있는 아이템, 땅, 건물 등 NFT를 통해 소유권을 인정받으면 거래가 가능하다. 메타버스 플랫폼인 어스 2(Earth 2)와 디센트럴랜드 등의 가상공간에서 'LAND'를 구입하고 NFT를 통해 소유권을 인정받으면 거래가 가능하다.

⬛ 1 대체불가능토큰(NFT) 개념

대체불가능토큰은 '대체할 수 없는 토큰'이라는 의미로 디지털 자산(Digital Asset)별로 각각의 고유번호가 부여되어 다른 디지털 자산으로 대체할 수 없다는 것이다(Ante L., 2021). 예를 들어 A가 소유한 1비트코인(BTC)과 B가 소유한 1비트코인(BTC)은 서로 같은 가치를 지니고 있으므로 교환이 가능한 "대체 가능한 토큰"이라 한다. 그러나 NFT는 개별적으로 고유한 속성을 지니고 있어서 1대1 교환이 불가능하여 "대체불가한 토큰"이라고 하는 것이다. 이와 같은 NFT는 블록체인의 기술적 특성상 발행이 되면 제삼자가 복제하거나 위조할 수가 없어 소유권과 거래내용이 명시되어 일종의 "디지털 소유 증명서"처럼 활용될 수 있다.

ERC(Ethereum Request for Comment)는 이더리움 네트워크에서 토큰을 생성할 때 지켜야 하는 프로토콜로 대체가능토큰은 ERC-20의 표준을 따르며, 대체불가능토큰인 NFT는 ERC-721이라는 표준을 따른다. 이러한 ERC-20 토큰의 핵심적인 특성은 동등한 가치로 구매, 판매, 교환할 수 있으나 ERC-721을 따르는 NFT는 ID, 값 등으

그림 5-2 │ ERC-20과 ERC-721에서 전송 과정

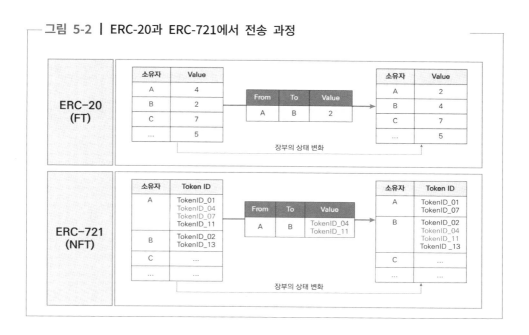

로 구별되어 다른 자산과 호환되지 않아 대체할 수 없다는 것이다.

NFT는 기초자산을 거래에 그대로 이용하기 불편할 경우 거래하기 편리한 수단으로 대체한 것이다. 그리고 NFT의 의미와 가치는 기초자산에 연동되기보다는 어떻게 표상하거나 상징하느냐에 의해 결정된다고 볼 수 있다. 그리고 NFT는 고유하게 식별 가능한 ID 부여 여부에 의해 결정된다고 볼 수 있으며 고유하게 식별 가능한 ID가 부여되었기 때문에 다른 토큰과 대체가 불가능하다.

NFT의 활용으로 주목받는 분야는 가상부동산 거래, 디지털 미술품에 대한 소유권, 메타버스, 그리고 게임 분야이다. 무한복제가 가능한 디지털 환경에서 가상부동산, 디지털 미술품에 대한 소유권을 보장하기 어렵다. 그러나 가상부동산 또는 디지털 미술품에 대한 소유권리를 고유하게 식별 가능한 NFT로 발행하면 소유권을 보장할 수 있어 거래가 가능하다. 그리고 모든 것이 디지털인 메타버스 세상에서 디지털 자산이나 무형의 권리를 실체화한다는 것이 매우 어려우나 메타버스에서의 디지털 자산이나 무형의 권리를 NFT로 발행하면 고유의 권리를 부여할 수 있어 거래의 편의성을 제고할 수 있다.

그림 5-3 | NFT 개념

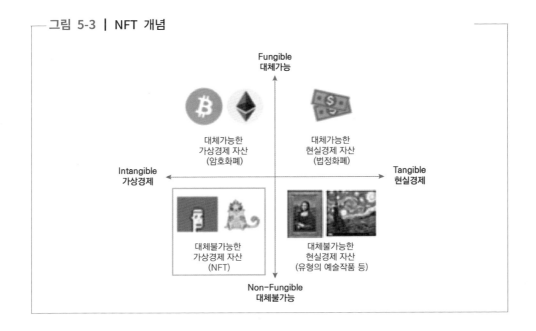

대체불가능토큰 특성

NFT는 블록체인 시스템상에서 추적 가능성, 소유권 증명 용이성, 표준화, 디지털자산 토큰화, 거래 용이성, 프로그래밍 가능성 등의 특성이 있어 다양한 분야에 활용되고 있다.

첫째, "추적 가능성"으로 거래 내역이 블록체인 시스템에 공개적으로 분산저장되어 쉽게 추적 가능하다.

둘째, "소유권 증명 용이성"으로 블록체인의 비가역성과 투명성이란 특성과 같이 디지털 자산 최초 생성부터 모든 거래내역이 위조 불가능하게 기록되어, 저작권자 및 소유권자의 진위성 증명이 가능하다.

셋째, "표준화"란 특성으로 디지털 자산을 토큰화(Tokenization)함으로써 표준화된 형식으로 저장하여 파일 형식의 차이로 인한 호환성 문제가 발생하지 않는다.

넷째, "거래 용이성"으로 NFT 거래소(마켓플레이스)를 통해 쉽게 거래 가능하며 판매자의 경우 발행량 및 판매 방법, 결제 방식 등을 자유롭게 결정할 수 있다.

그리고 "프로그래밍이 가능(Programmability)"한 특성으로 NFT 생성(Minting)시 프로그래밍 코드를 입력하여 디지털 자산 거래 이후에도 특정 조건 충족시 변화하도록 설정이 가능하다. 예를 들어 계절에 따라 모습이 변하는 디지털아트 등 서로 다른 NFT를 결합하여 새로운 NFT를 2차적으로 생성을 할 수 있도록 발전하고 있다.

Ⅲ NFT를 통한 디지털 아이템의 경제성

디지털 아이템들은 원본을 복사, 재판매 시 원본과 복사본의 여부를 판별하기 어려우나 블록체인 기반의 NFT 기술로 이를 해결할 수 있다. NFT 기술로 디지털 파일에 변경할 수 없는 코드를 생성할 수 있으며, 디지털 아트(Art) 또는 아이템에도 단 하나의 원본을 나타내는 코드를 부여할 수 있게 된 것이다. 이러한 NFT 기술로 인해 원본이란 개념이 생겨 디지털 아트에도 희소성과 경제적 가치가 부여되는 것이다.

암호화폐 등 디지털 자산은 이중지불의 문제(Double Spending)라는 난제를 블록체인 기술에 의해서 해결하였다. 기존에는 자산의 이중지불 문제가 풀리지 않았기 때문에 중개 기관(은행, 증권사, 신용카드사, 보험회사 등)이 필요했다. 그러나 블록체인 기술로 인해 이러한 이중지불 방지의 난제를 해결함으로써 중개기관 없이도 서로 간의 신뢰를 담보하고, 자본을 전달하는 방법이 생긴 것이다. 비트코인과 같은 디지털 자산의 이중 지불 문제를 해결한 것과 마찬가지로 NFT는 디지털 아이템의 원본 증명 문제를 해결하게 되었다.

따라서 향후 디지털 환경에서 메타버스와 같은 디지털 또는 가상공간에서 활동이 많아지고 다양한 콘텐츠들이 생산, 소비, 배포될 것으로 NFT 기술을 통해 디지털 콘텐츠들의 희소성과 가치실현은 담보될 수 있을 것이다.

Ⅳ 대체불가능토큰 생태계

NFT 생태계는 가상세계, 금융, 수집품, 게임, 거래, 아트마켓플레이스, NFTs×DeFi, 데이터 등의 카테고리로 구분할 수 있으며 이러한 가상세계의 대표적인 서비스로는 The Sandbox, Somniumspace가 있다. 금융 카테고리는 NFTfi와 Yinsure가 있고, 거래 카테고리에는 세계 최대 NFT 마켓 플레이스 Opensea와 Mintbase가 있다. 이에 대한 대표적인 프로젝트를 정리하여 보면 [표 5-2]와 같다.

표 5-2 | NFT 생태계의 대표적인 프로젝트

구분	프로젝트	설명	메인넷
가상 세계	The Sandbox	블록체인 사용자 콘텐츠 제작 게임	이더리움
	Somniumspace	토지 소유 개념을 적용한 VR 시뮬레이션 게임	이더리움
NFTs × DeFi	Aavegotchi	Aave 생태계 최초로 대출 자산인 aToken에 기초한 NFT 플랫폼. DAO가 운영하는 게임에 참여 가능	이더리움
	NEME	$NEME 토큰 스테이킹, 큰 대가로 NFT 획득 가능	이더리움
데이터	Nonfungible	NFT 생태계의 Coingecko & CoinMarketcap	-
	NFTBank	NFT 포트폴리오 추적 및 분석 도구를 갖춘 플랫폼	이더리움
금융	NFTfi	NFT 담보 대출 플랫폼. 사용자는 NFT를 담보로 이더리움 혹은 DAI 대출 가능	이더리움
	Yinsure	탈중앙 보험 서비스, 사용자가 토큰화된 보험 생성 가능	이더리움
수집품	Cryptopunk	이더리움에서 발행된 최초의 NFT 아트	이더리움
	NBA TopShot	NBA 공식 NFT 플랫폼	플로우
	CryptoKitties	최초의 NFT 프로젝트, 고양이를 사육할 수 있는 다른 특성과 희귀성을 가짐	이더리움
게임	Axie infinity	2018년에 만들어진 NFT를 활용한 이더리움 기반의 수집형 블록체인 게임	이더리움
거래	Opensea	세계 최대 NFT 마켓 플레이스. 현재 디지털 아트/수집품/게임 아이템 등 거래가 이루어지고 있음	이더리움
	Mintbase	NFT 구매, 판매 및 MINT NFTs를 생성할 수 있음. 주요 차별화 포인트는 다른 플랫폼에서 일반적으로 발견되지 않는 NFT 제공(예: 음악, 멤버십 서비스, 뉴스 등)	이더리움
아트마켓 플레이스	SuperRare	강장 오래되고 높은 점유율의 NFT 아트 마켓 플레이스로(최근 삼성 넥스트의 투자 유치)	이더리움
	Rarible	탈중앙화 조직 형태로 운영되는 마켓 플레이스	이더리움

자료: Hexlant Research(2021) 발췌 및 수정

Ⅴ 대체불가능토큰과 블록체인 연계

1. NFT와 블록체인 연계를 통한 거래의 문제점 해결

기초자산을 NFT(토큰)에 의해 발행하면 거래의 편리성은 제공되지만 다음과 같은 현실거래의 문제점들은 그대로 남아있다. 먼저 토큰이 발행되는 과정을 보면 기초자산을 증서발행 또는 토큰화하는 과정에서 신뢰성을 보장할 수 있는 방안이 필요하다. 다시 말해 기초자산의 진위여부나 기초자산의 표상을 정당하게 하였는지를 검증하는 절차가 필요한 것이다. 그래서 증권을 발행할 때는 항상 제3신뢰기관이 요구되는 것이다.

다음으로 기초자산 또는 이를 상징화한 토큰이 거래되는 과정을 살펴보면, 현실거래에서 가장 많은 분쟁과 갈등이 발생하는 분야가 합의된 계약의 불이행이다. 당사자 간에 합의를 통해 계약을 체결하였으나 계약을 이행하지 않는 경우가 있다. 이와 같이 계약이 이행되지 않는 경우는 크게 3가지로 구분할 수 있다.

첫째는 계약서가 위변조되어 계약의 원천무효화를 시도하는 경우이며, 둘째는 계약이행을 차일피일 미루는 행위이며 셋째는 계약을 일방적으로 이행하지 않는 경우이다. 이럴 경우 부득이하게 제3의 신뢰기관을 활용하거나 계약서 위변조 방지를 위해 공증사무소를 찾거나 계약이행을 강제화하기 위해 법원을 이용한다.

제3의 신뢰기관을 이용할 경우 어느 정도 신뢰를 보장받을 수는 있으나 시간과 비용이 과다하게 소요되는 문제가 있다. 이와 같이 기존 거래에서 발생하는 문제점은 계약불이행이며 이로 인해 다양한 갈등과 비용이 발생하는 것이다.

이를 해결할 수 있는 방법으로 계약 내용의 위변조 차단과 계약 이행을 강제화할 수 있는 장치로 블록체인과 스마트 계약(Smart Contract)을 생각해 볼 수 있다. 먼저 스마트 계약을 작성하여 블록체인의 비가역성과 투명성이란 특성을 이용하여 저장하면 계약 내용의 위변조를 차단할 수 있다.

그리고 현실거래에서는 계약의 이행여부가 특정 개인이나 권력에 의해 통제되어 강제이행이 어렵다. 그러나 블록체인에 저장된 스마트 계약은 모든 노드가 참여하는 거대한 분산 컴퓨터(예; 이더리움 EVM)에 의해 실행되기 때문에 특정 세력이 이행을 통제할 수 없다. 계약 조건만 충족되면 모든 노드가 참여한 분산 컴퓨터가 이를 강제 실행이 이루어진다.

결국 토큰(NFT)이 스마트 계약과 블록체인과 연계될 경우 거래의 편리성뿐만 아니라 거래의 신뢰성까지 보장하여 계약 불이행에 따른 갈등과 많은 기회비용을 해결할 수 있다.

2. NFT와 블록체인 연계를 통한 디지털 작품 소유권 보장

개인 간의 사적인 영역에서 가장 중요한 요소는 물건에 대한 소유권 보장이다. 개인 간의 사적인 생활 관계를 규율하는 민법에서도 가장 먼저 다루는 것이 물권(物權)이다. 민법에서 동산과 부동산의 소유권 보장을 다음과 같이 규정하고 있다.

- 제186조(부동산물권변동의 효력)
  부동산에 관한 법률행위로 인한 물권의 득실변경은 등기하여야 그 효력이 생긴다.
- 제188조(동산물권양도의 효력, 간이인도)
  동산에 관한 물권의 양도는 그 동산을 인도하여야 효력이 생긴다.

민법에서 동산(動産)은 인도(引渡)를 통한 점유(占有)로서 소유권을 보장받을 수 있으며, 부동산(不動産)은 권리상태를 등기부에 기재함으로써 소유권을 보장받는다고 규정하고 있다. 일반적으로 물건(동산)에 대한 소유권을 주장할 수 있는 근거는 인도와 점유이다.

동산에 해당되는 실물 미술 작품은 인도와 점유를 통해 소유권을 보장받을 수 있으나 무한 복제가 가능한 디지털 미술 작품들은 인터넷 상에 공개되어 있어 누구나 다운로드 받아 점유가 가능하다. 모든 사람이 동일한 디지털 미술 작품을 점유하고 있기 때문에 더 이상 점유를 통한 소유권을 보장받기 어렵다는 디지털 세상 소유권 이슈가 있는 것이다.

[그림 5-4]는 실물 작품은 점유를 통해 소유권이 보장되지만, 디지털 작품은 모

그림 5-4 | 점유를 통한 소유권 보장 불가

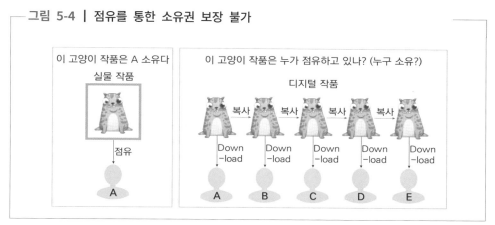

자료: 장세형(2022a)

그림 5-5 | NFT 디지털 자산 가치

자료: 경정익(2024)

든 사람이 디지털 미술 작품을 소유하고 있기 때문에 더 이상 "인도와 점유"를 통한 소유권을 보장받기 어렵다는 것을 보여주고 있다.[2]

창작자의 미술작품이 인터넷에서 무한 복제되어 있더라도 복제된 모든 미술작품

---

2) 장세형(2022a), NFT와 메타버스 관점에서 본 블록체인 활용 동향

표 5-3 | 등기제도와 블록체인을 통한 구현 방안 비교

등기 요소	등기제도 구현 방안	블록체인 활용 구현 방안
기록	권리증서를 공부(公簿)에 기록	블록체인에 기록 및 저장
관리	등기내용 위변조 차단	블록체인 기반 위변조 차단
공시	권리관계를 사회에 널리 알림	블록체인 기반 투명한 공개

에 대해서 모두 소유권을 가지고 있어 더 이상 점유를 통한 원본의 소유권을 보장받기 어렵다. 이때 복제된 수많은 작품 중에 원본의 소유권리를 토큰으로 상징화하고 이 토큰을 이용하여 소유권을 보장하는 방법을 모색해 볼 수 있다.

디지털 세상에서 점유를 통해 소유권을 보장받기 어려운 디지털 자산의 경우 다른 대안으로 생각해 볼 수 있는 방법이 바로 등기제도이다. 등기(登記)의 사전적 의미는 "일정한 법률관계를 널리 사회에 공시(公示)하기 위하여 일정한 권리관계를 공부(公簿)에 기재하는 것"이다. 기초자산에 대한 소유권리를 표상하여 증서화하고 이 증서를 공적인 장부에 기록하고 그 기록을 외부에 공시(공개)하는 방법으로 소유권을 보장받는다. 등기의 정의에 따라 등기를 구현하기 위한 요소로 "기록, 위변조방지, 공시"를 식별할 수 있다.

따라서 비플(BeePle)의 모든 날들 첫 5,000일이란 디지털 그림과 이세돌 기사와 알파고의 대국 중 이세돌 9단이 이기게 된 '신의 한 수' 등 역사적인 순간의 기록을 NFT로 원본의 증명을 통한 디지털 자산화하여 고액 거래가 이루어지게 하는 것이다.

이렇게 식별된 구현 요소가 블록체인을 통해 어떻게 구현될 수 있는지를 비교해서 정리하면 [표 5-3]과 같다.

소유권리를 기록하고 위변조되지 않도록 관리하며 이를 대외에 공시함으로써 소유권이 보장되는 것으로 이를 완벽하게 구현할 수 있는 기술이 바로 블록체인이다. 블록체인을 이용하여 등기를 구현하기 위해서는 먼저 소유권리를 표상한 증서(NFT)가 필요하다. [그림 5-6]은 무수하게 복제된 디지털 작품들을 하나의 소유권리로 상징화하는 것을 보여준다(장세형, 2022b).[3]

---

3) 장세형(2022b), "NFT 실체와 가치", 부제 NFT와 블록체인이 이끌어갈 메타버스 시대의 경제 생태계, 위키북스, pp.12-303.

그림 5-6 | 디지털 작품의 소유증서(NFT) 발행

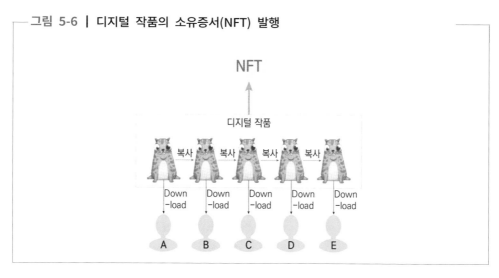

그림 5-7 | 디지털 등기소 구현 방안

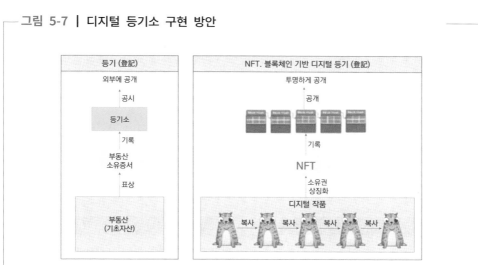

다음으로 소유증서에 해당되는 NFT를 공부에 기록하고 위변조되지 않도록 관리하면서 대외적으로 공시(공개)하는 장치가 필요하다. 이런 과정을 블록체인 관점에서 개념화하면 [그림 5-7]과 같다.

등기제도가 등기소라는 제3의 신뢰기관을 통해 소유권을 보장한다면 블록체인은 제3신뢰기관 없이도 등기 구현에 필요한 요소를 완벽하게 구현할 수 있다.

I 메타버스의 NFT 역할

현실세계에 존재하는 다양한 재화와 서비스는 실체가 존재하므로 자연스러운 거래가 이루어진다. 그러나 실체가 없는 무형의 서비스나 권리는 거래 형성에 제한이 되어 다른 매개 수단(토큰)의 대체로 거래의 편리성을 도모할 필요가 있다.

메타버스 자체뿐만 아니라 메타버스 내 객체는 디지털로서 실체도 없으며 거래의 매개 수단도 제한된다. 메타버스는 디지털 자산이나 무형의 권리를 거래하는 데 많은 제약이 있어 이를 해결하기 위해 디지털 자산이나 무형의 권리를 표상하여 NFT로 발행하면 거래의 편리성과 효율성을 향상시킬 수 있다.

메타버스와 NFT의 연관성에 대해 좀 더 상세하게 살펴보면, 첫째, NFT는 블록체인상에서 생성됨에 따라 위조와 변조가 불가능하여 진위성에 대한 입증이 용이하여 메타버스 생태계 내에서 디지털 자산에 대한 소유권 증명, 중앙집중형 데이터 소실에 따른 소멸 위험을 제거할 수 있다.

둘째, 최초 저작권자에게 영구적 로열티를 지급할 수 있으며, 블록체인 원장의

그림 5-8 | NFT와 메타버스의 연관성

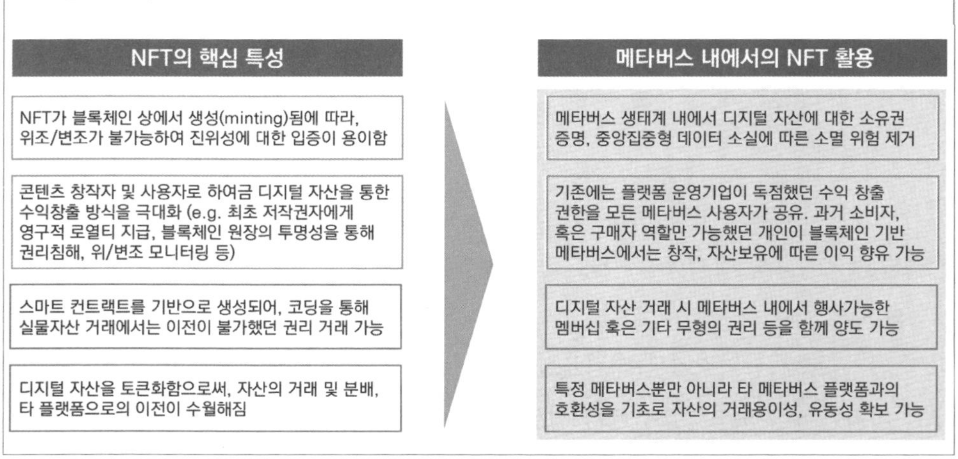

NFT의 핵심 특성	메타버스 내에서의 NFT 활용
NFT가 블록체인 상에서 생성(minting)됨에 따라, 위조/변조가 불가능하여 진위성에 대한 입증이 용이함	메타버스 생태계 내에서 디지털 자산에 대한 소유권 증명, 중앙집중형 데이터 소실에 따른 소멸 위험 제거
콘텐츠 창작자 및 사용자로 하여금 디지털 자산을 통한 수익창출 방식을 극대화 (e.g. 최초 저작권자에게 영구적 로열티 지급, 블록체인 원장의 투명성을 통해 권리침해, 위/변조 모니터링 등)	기존에는 플랫폼 운영기업이 독점했던 수익 창출 권한을 모든 메타버스 사용자가 공유. 과거 소비자, 혹은 구매자 역할만 가능했던 개인이 블록체인 기반 메타버스에서는 창작, 자산보유에 따른 이익 향유 가능
스마트 컨트랙트를 기반으로 생성되어, 코딩을 통해 실물자산 거래에서는 이전이 불가했던 권리 거래 가능	디지털 자산 거래 시 메타버스 내에서 행사가능한 멤버십 혹은 기타 무형의 권리 등을 함께 양도 가능
디지털 자산을 토큰화함으로써, 자산의 거래 및 분배, 타 플랫폼으로의 이전이 수월해짐	특정 메타버스뿐만 아니라 타 메타버스 플랫폼과의 호환성을 기초로 자산의 거래용이성, 유동성 확보 가능

투명성을 통해 권리침해를 방지하고, 위변조 모니터링 등 콘텐츠 창작자와 사용자의 디지털 자산을 통한 수익창출을 극대화할 수 있다. 따라서 기존에는 플랫폼 운영기업이 독점했던 수익 창출 권한을 모든 메타버스 사용자들이 공유하고. 과거에는 소비자 혹은 구매자 역할만 가능했던 개인이 블록체인 기반 메타버스내에서는 창작을 하거나, 가상공간에서 자산을 보유함으로써 이익을 향유할 수 있다.

셋째, 거래는 스마트 계약 기반으로 이루어져 코딩을 통해 실물자산 거래에서는 이전이 불가능했던 권리에 대해 거래를 가능하도록 하여 디지털 자산 거래 시 메타버스 내에서 무형의 권리 등을 거래할 수 있다.

넷째, 디지털 자산을 토큰화함으로써, 자산의 거래 및 분배를 할 수 있으며, 타 플랫폼으로의 이전이 수월해져 특정 메타버스뿐만 아니라 타 메타버스 플랫폼과의 호환성을 기초로 자산의 거래용이성, 유동성 확보가 가능하다.

▥ 메타버스의 NFT 활용

대체불가능토큰(NFT)과 메타버스 NFT의 의미와 개념을 다시 살펴보면, 대체불가능토큰은 거래하기 불편한 기초자산을 거래하기 편리하도록 교체하거나 무형의 권리에 대한 존재 증명 및 실체화하기 위한 목적으로 발행하는 것이다. 현실세계와 달리 메타버스는 모든 것이 디지털로서 실체도 없고 인도와 점유를 통한 소유권도

표 5-4 | 메타버스와 NFT의 결합 비즈니스

브랜드	주요 내용
컴투스홀딩스	• 자회사 컴투스와 자체 가상화폐 발행을 위한 개발과 플랫폼 구축 중 • 국내 가상자산 거래소 코인원과 테라폼랩스와 함께 블록체인 플랫폼 구축
컴투스	• 블록체인 게임과 메타버스 신사업 동시에 진행 중 • 블록체인 메타노믹스 플랫폼 주목
크래프트톤	• NFT, 딥러닝 등 미래 기술 산업에 대한 공략 내세움 • 도전하는 분야로 NFT/Web 3.0, 버츄얼 휴먼 등 소개
엔씨소프트	• 팬덤 플랫폼 '유니버스' 출시로 글로벌 시장에 뛰어듦 • 다양한 콘텐츠 제작 및 게임 창작 가능한 플랫폼 개발 전략 • 'TL'과 '리니지W' 2권역 출시 예정, 크립토 환경 구현 및 메타버스 플랫폼 구축 가능성

자료: 정보통신기획평가원(2022)

표 5-5 | 메타버스와 NFT 속의 패션 사업

브랜드	주요 내용
구찌 (GUCCI)	• 이탈리아 피렌치 본사를 배경으로 한 가상 매장 "구찌 빌라" 제페토에 오픈 • 구찌의 가방 체페토에서는 77~88젬(Zem)에 거래되고(1젬은 약 85원) 3D 아바타를 꾸밀 수 있음
루이뷔통 (Louis Vitton)	• 루이비통헤네시(LVMH) 자체 개발 게임(루이 더 게임)에 새로운 퀘스트, NFT 보상 기능 추가 • 200만 명 다운로드가 될 정도의 인기
나이키 (Nike)	• 메타버스용 신발·의류 관련 특허 7건 출원, 로블록스와 제휴를 맺고 '나이키랜드'를 선보임 • NFT 기반의 의류·신발 제작 기업 'RTFKT(아티팩스)' 인수
아디다스 (Adidas)	• 아디다스 인기 캐릭터 BAYC(Bored Ape Yacht Club)와 펑크스 코믹스, NFT 인플루언서 지머니(gmoney) Web 3 기반 메타버스 공간에 NFT 컬렉션 공개 • NFT 브랜드는 이더리움 기반으로 유통, 각 상품 당 가격은 0.2ETH(약 100만 원

자료: FASHIONn(2022)

보장하기 어렵다.

메타버스에서는 이러한 무형의 디지털 자산을 거래하기도 어렵고 권리의 존재증명이나 권리를 표현하기도 불편하다. 이러한 경우 디지털 자산이나 무형의 권리를 토큰화하면 편리하게 거래할 수 있다는 것이다. 따라서 최근 메타버스와 NFT의 거래 수요 및 활용도가 높아지고 있는 실정이다. 메타버스와 NFT의 결합을 활용하고 있는 주 분야는 게임 산업으로 이에 대한 투자를 비롯해 신작을 활발히 출시하는 추세이다. 또한 NFT에 부정적인 기업들도 호의적으로 검토 중이며 메타버스와 NFT의 결합을 추진 중에 있다.

게임 사업 외에도 패션과 메타버스와 NFT의 융합이 가속화됨에 따라 이를 혼합한 '메타패션(meta fashion)'이 글로벌 트렌드로 떠오르고 있다. 명품 패션 브랜드인 구찌(GUCCI), 루이뷔통(Louis Vitton), 발렌티노(Valentino) 등 다수의 패션 브랜드의 NFT는 MZ 세대에게 큰 인기와 호응을 얻고 있다. 이러한 이유는 메타버스 가상세계에서의 자신을 실세계와 동등한 자아라고 여기고 NFT 패션 아이템으로 꾸미면서 투자 수익도 낼 수 있기 때문이다. 현실세계에서 거래의 신뢰성을 보장하는 제3의 신뢰기관을 메타버스에도 그대로 적용하기에는 한계가 있다. 따라서 디지털 세상의 모든 것(디지털 자산, 무형의 권리 등)을 토큰(NFT)화하여 스마트 계약(Smart Contract)과 연계하면

거래의 신뢰성도 보장할 수 있게 한다. 토큰(NFT)화와 블록체인 연계는 현실세계 거래에서도 거래의 편리성과 신뢰성을 보장하지만 가상의 메타버스 세상에서도 더욱 더 거래의 활성화가 기대되는 것이다(김시호 2021).

Ⅲ 메타버스에서 DAO 관점 블록체인 연계 방안

메타버스 세상에서 생각할 또 다른 부분은 바로 탈중앙화된 자율조직인 DAO (Decentralized Autonomous Organization)로서 현실세계에서도 DAO의 형태가 있다. 중앙화된 조직이나 시스템 없이 참여자 누구나 동등한 지위에서 자유롭게 참여하여 합의에 의해 작동되는 "오픈소스 커뮤니티"도 일종의 DAO이라 할 수 있다(문련준, 2022).[4]

중앙화된 조직이나 시스템은 중앙에서 의사가 결정되고 그에 따라 실행하면 되지만, 탈중앙화된 조직에서는 합의에 의해 의사가 결정되고 합의된 결정을 모두가 자율적으로 준수해야 하며 모든 과정을 기록하고 투명하게 공개하는 절차가 필요하다.

따라서 탈중앙화된 자율 조직이 구현되기 위한 핵심 요소는 투표를 통한 합의, 합의된 결과에 대한 강제이행, 기록에 대한 위변조 차단, 기록의 투명한 공개라 할 수 있다. 하지만 투표과정의 신뢰성을 높이기 위해서는 제3의 신뢰기관이 필요하며, 합의된 결정에 불응하는 조직원에 대한 강제이행, 위변조 차단과 투명한 공개를 위해서는 역시 제3의 신뢰기관이 필요하다. 이런 제3의 신뢰기관 없이도 투표 신뢰성, 강제이행 방안, 위변조 차단 방안, 투명 공개 방안을 구현할 수 있는 방안으로 스마트 계약과 블록체인이 활용되는 것이다(김시호, 2021; 노경탁, 2021).[5]

탈중앙화된 자율조직인 DAO가 블록체인 기반으로 구현되면 진정한 탈중앙화된 자율 조직이 가능하다고 볼 수 있다. [그림 5-9]는 블록체인과 스마트 컨트랙트 기반으로 DAO를 구현하는 방안을 도식화하여 표현하고 있다.

---

4) 문련준(2022), Metaverse 및 NFT 기술 동향, 주간기술동향 2022. 7. 27.
5) 김시호(2021), NFT와 스마트 컨트랙트: 디지털 자산 거래와 메타버스 생태계, 2021 KISA REPORT Vol.7.
　노경탁(2021), "NFT, 메가트렌드가 될 것인가", 유진투자증권 Initiate: Internet.

그림 5-9 │ DAO 구현 방안

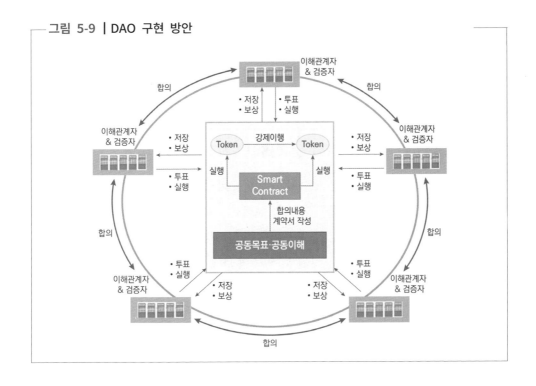

Ⅳ 메타버스 플랫폼에서의 NFT 거래

메타버스 플랫폼은 가상 디지털 자산거래와 가상환경의 비즈니스를 지원하는 환경이다. 메타버스 플랫폼에서 NFT 거래의 예를 살펴보면 가상환경 디자이너들이 패션 샵이나 아이템 샵을 오픈하여 아바타에게 필요한 패션 아이템들을 판매한다. 이렇게 메타버스 플랫폼에서 판매되는 명품 브랜드 기업은 '로브록스'나 '제페토' 등의 메타버스에서 아바타 샵을 입점하고 사용자가 자신의 아바타를 원하는 방식으로 꾸미고 SNS 활동도 병행한다.

최근 메타버스와 NFT의 거래 수요 및 활용도가 높아지고 있는 실정에 있다. 메타버스와 NFT의 결합을 활용하고 있는 분야가 바로 게임 산업이다. 게임 업계는 이에 대한 투자를 비롯해 신작을 출시하고 있는 추세이다. 또한, NFT에 부정적인

표 5-6 | 메타버스와 NFT의 결합 비즈니스

브랜드	설명
컴투스홀딩스	• 자회사 컴투스와 자체 가상화폐 발행을 위한 개발과 플랫폼 구축 중 • 컴투스 홀딩스는 국내 가상자산 거래소 코인원과 테라폼랩스와 함께 블록체인 플랫폼 구축 나섬
컴투스	• 블록체인 게임과 메타버스 신사업 동시에 진행 중 • 블록체인 메타노믹스 플랫폼 주목
크래프톤	• NFT, 딥러닝 등 미래 기술 산업에 대한 공략 내세움 • 도전하는 분야로 NFT/Web 3.0, 버츄얼 휴먼 등 소개
엔씨소프트	• 팬덤 플랫폼 '유니버스' 출시로 글로벌 시장에 뛰어듦 • 다양한 콘텐츠 제작 및 지원 창작 가능한 플랫폼 개발 전략 • 'TL'과 '리니지W' 2권역 출시 예정, 크립토 환경 구현 및 메타버스 플랫폼 구축 가능성

견해를 포함한 기업들도 호의적으로 검토 중이며 메타버스와 NFT의 결합을 계획 중에 있다(조선비즈, 2022).[6] [표 5−6]은 메타버스와 NFT의 결합 비즈니스를 나타낸 것이다.

그림 5-10 | 메타버스 플랫폼에서의 NFT 거래 구조

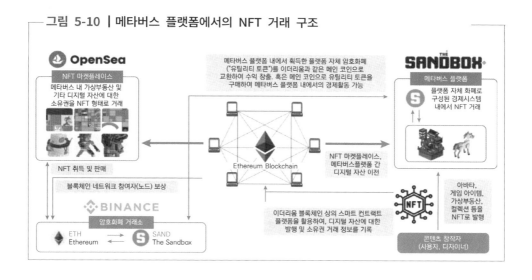

---

6) 조선비즈(2022), [데스크 칼럼] NFT, 메타버스 경제의 핵심 퍼즐(2022. 2. 12).

PART
3

메타버스 정책과 활용

메타버스 추진정책

메타버스 정책 개관

　　메타버스에 대한 관심이 고조되고 글로벌 기업 투자가 구체화되면서 해외 주요 국을 중심으로 메타버스 육성, XR/NFT 등 메타버스와 밀접한 분야와 관련된 정책 발표가 증가하고 있다. 한편 실제 메타버스에 대한 우려나 비판적 시선도 존재하지만 AI과 빅데이터 및 네트워크 등 다양한 ICT 기술의 상호의존적 융합이 가속화됨에 따라 메타버스는 가시화되고 있는 미래상이자 인터넷의 새로운 사용 방식으로 발전할 잠재력에 주목하고 있다.

　　주요국은 메타버스 중요 기술인 확장현실(XR)에 많은 정책적 관심을 가져왔고, 최근 이를 메타버스와 연계하거나 메타버스 주도권을 목표한 정책을 준비 중이며 일부 발표가 이루어지고 있어 주요 국가별 대표적인 정책을 먼저 살펴보고자 한다.

　　먼저 미국은 2022년부터 XR을 국가 리더십을 확보해야 하는 '10대 핵심 기술 영역'에 포함하여 추진하고 있으며, 중국은 2021년 말부터 지방정부를 중심으로 메타버스 지원 정책이 추진되어 왔으며, 국가 차원의 가상현실(AR·VR·MR 포함)과 산업 통합 실행계획을 추진하고 있다.

　　유럽연합에서는 EU 차원에서 메타버스 관련 정책을 조사하고, 2023년 EU 가치

중심의 메타버스 계획 발표를 하기 위한 육성 방향을 2022년 제시하고, 영국은 2022년 XR 산업 육성과 연계하여 메타버스 중요성 및 대응 필요성을 제시하였으며, 일본은 2022년 가상공간 비즈니스, Web 3.0 정책 조사 추진 및 'Web 3.0 정책실'을 설립하여 본격적인 추진을 하고 있다. 그리고 두바이는 2022년 세계 10대 메타버스 경제 대국을 목표로 두바이 메타버스 전략을 발표하는 등 메타버스 기술의 주도권을 선점하기 위해 활발하게 다양한 정책이 추진되고 있다.

이와 같이 2020년을 전후하여 주요국들의 국가별 메타버스 추진정책에 대해 좀더 자세히 살펴보면 [표 6-1]과 같다.

표 6-1 | 국가별 메타버스 정책 추진 동향

국가	주요 내용
미국	장기적·선제적 투자 확대로 XR 기술 리더십 확보 및 안전·국방 분야 활용 추진 • 국가 종합 과학기술 전략 입법 「반도체와 과학법」 內 연구개발 역량을 집중할 '10대 핵심 기술 영역'에 XR, AI 등 포함('22.8. 공표) • 응급/테러상황 대비를 위한 공공 안전 몰입형 테스트 센터 구축('22.5) • 국방 역량 강화를 위한 가상 합성훈련환경(Synthetic Training Environment) 구축 및 MS社의 고유 XR 디바이스 장기 공급계약 체결('21.4)
EU	XR, AI, 디지털 트윈 등을 활용한 중장기 R&D 지원 및 메타버스 계획 준비 • '호라이즌 유럽(Horizon Europe) 2021-2027' 프로그램은 글로벌 도전과제와 유럽 산업 경쟁력을 위해 XR, AI, 디지털 트윈 등 디지털 기술 활용 장려 및 연구지원('21) • 디지털 시대 준비를 위한 EU 전략의 일환으로 메타버스 계획(initiative) 발표 예정('23)
영국	XR과 산업 융합을 통한 혁신 창출 지원 및 NFT 등 암호자산 기술 허브 목표 • 창의산업 클러스터 등 XR과 산업 융합을 통한 산업, 사회 문화적 가치 창출 지원('18~) • 영국을 "글로벌 암호자산 기술 허브"로 조성 및 자체 NFT 발행 계획 발표('22.4)
중국	디지털 경제로의 전환을 위한 첨단 산업 육성 측면에서 메타버스 육성 추진 • 가상현실, 5G, 인공지능, 빅데이터, 클라우드 컴퓨팅, 블록체인, 디지털 트윈 등 정보기술의 통합 강화와 '가상현실+산업' 응용 추진을 위한 5개 부처 공동 실행계획 발표('22.11) • 공업정보화부 직속 정보통신연구원은 IT 기업 및 기관 70여 개가 참여한 '가상현실 및 메타버스 산업연맹(XRMA)' 창설('22.6) • 상하이, 우한, 항저우 등에서 메타버스 관련 산업 계획과 발전 방향 발표('22.3.)
일본	메타버스, 웹 3.0 관련 민간 비즈니스 확대를 위한 과제 조사 및 환경조성 추진 • 가상공간 비즈니스 확대와 지원을 위한 정부 역할 조사('21.7) 및 메타버스, 웹 3.0관련 창작자 경제 창출에 관한 조사 사업 개시('22.7~) • 경제산업성은 웹 3.0 관련 사업환경 정비를 위한 '웹 3.0 정책실' 설치('22.7)
중동	산업구조 다각화를 위해 메타버스, 블록체인 등 미래 분야 투자 집중 • 사우디아라비아는 '30년까지 사우디 GDP 중 비석유 수출 비중 50% 달성을 목표로 메타

국가	주요 내용
	버스, 블록체인 등 미래 기술·스타트업 대상 64억 달러 투자 계획 발표('22.2) • UAE의 두바이는 세계 10대 메타버스 경제 도시를 목표로 두바이 메타버스 전략 발표('22.7)
한국	XR과 메타버스 산업 육성을 위한 범정부 차원 정책 마련 및 민관 협력 강화 • 범부처「메타버스 신산업 선도전략」발표('22.1) 및 민관협력을 위한「메타버스 얼라이언스」설립('21.5), 메타버스 역기능 해소 '메타버스 윤리원칙' 발표('22.11)

자료: 소프트웨어정책연구소(2022)

section 2 주요국 메타버스 정책

▌ 미국 메타버스 추진정책

미국은 메타버스의 중요 구현 기술인 XR을 과학기술 리더십을 유지해야 하는 핵심 기술 분야로 인식하고 있으며, 국방, 사회, 안전 분야 공공 수요를 중심으로 공공 분야의 메타버스 및 XR 연구와 민간 협업 등에 대해 지속적으로 지원을 하고 있다.

2022년 2월 하원 의회에도 통과한 미국혁신경쟁법(USICA, U. S Innovation and Competition Act) 내 '10대 핵심 기술 영역'에 XR을 총칭하는 '몰입형 기술(Immersive Technology)'을 포함하고 있으며, 2022년 8월 9일 대통령 서명으로 공포된「반도체와 과학법」을 통해 2,800억 달러(약 365조원) 규모의 연구개발 예산과 반도체 산업 보조금 편성하여 추진하고 있다.

또한 이「반도체와 과학법」에 의해 국립과학기술재단(NSF) 산하 기술혁신국을 신설하고 연구개발 역량을 집중할 XR을 총칭하는 몰입형 기술(Immersive Technology)을 10대 핵심 기술 영역(Key Technology Focus Area)[1)]에 포함·지정하여 기초과학과

---

1) 10대 핵심 기술 : ❶ 인공지능(머신러닝) ❷ 고성능컴퓨팅(HPC) 및 반도체 ❸ 양자 정보과학 ❹ 로보틱스 및 첨단 제조업 ❺ 자연재해 예방 및 대비 ❻ 첨단통신 및 몰입형 기술 ❼ 바이오, 유전학, 합성생물학 ❽ 데이터, 분산원장, 사이버 보안 ❾ 첨단 에너지(배터리, 원자력) ❿ 첨단 소재

인공지능 및 연관 첨단산업 연구개발 등에 2023년부터 2027년까지 총액 810억 달러(약 105조 원)를 투입하고 있다. 이 중 기술혁신국에 대한 R&D 재원 투입 규모는 2023년부터 2027년까지 163억 달러(약 21조 원)를 투입하는 것이다.

또한 국립표준기술연구소(NIST: National Institute of Standards and Technology)와 국립과학기술재단(NSF) 등을 통한 산업 활용, 공공안전 등을 위한 XR 연구개발을 지원한다. NIST와 퍼스트넷(FirstNet Authority)의 협력으로 출범하여 가상 시뮬레이션 훈련을 하는 공공안전 몰입형 테스트 센터는 물리적 환경과 몰입형 기술을 접목한 사실적 응급상황/테러 상황을 대비한 공공의 안전교육에 제공하고 있다.

그리고 중소기업 R&D 지원정책인 SBIR(Small Business Innovation Research)을 통해 NASA와 교육부 등 부처들은 메타버스의 필요를 반영한 중소기업에 XR 솔루션 개발을 지원하고 있다. 특히 미 국방부는 첨단기술 분야의 민간기업 간 협력을 강화하고 있으며, 통합시각 증강시스템 IVAS(Integrated Visual Augmentation System) 도입을 위해 Micro Soft사와 군용 MR 글래스(Mixded Reality Glass) 공급을 10년간 최대 25조 원 규모로 하는 계약을 2021년 4월 체결한 바 있다(NIST, 2022.5.9).

2023년 5월에는 소외된 지역의 몰입형 기술교육 및 훈련 프로그램 지원을 내용으로 하는 '몰입형 기술을 통한 미래 인력 개발 강화 법안(The Immersive Technology for the American Workforce Act)'을 발의하였다.

글로벌 시장조사 기관인 글로벌 인포메이션(Global Information)에 따르면, 미국 메타버스 시장은 2023년부터 2030년까지 연평균 성장률 37.4%로 2,538억 달러(350조 410억 원)까지 성장할 것으로 전망되고 있다. 이는 메타버스상에서 AR·VR 기술과 다중 사용자 가상환경, 라이브스트리밍 등의 기술을 활용할 수 있게 되면서 여러 산업에서의 메타버스 수요가 증가한 것이 영향을 끼친 것으로 해석하고 있다(정보통신산업진흥원, 2024).

▮▮ 중국 메타버스 추진정책

민간주도인 미국과는 달리 중국은 정부 주도로 메타버스 기술 개발을 가속화하고 있다. 중국은 교육, 의료, 여행, 제조업 등 산업용 애플리케이션 등의 현실의 경제 지원에 중점을 두고 있다. 산업정보기술부(MIIT)에서는 '메타버스 산업위원회'를 설립하여 메타버스 기술의 개발 및 표준화에 대한 지침을 제공하여 국제적 표준과의 조화를 유지하기 위해 적극적인 노력을 기울이고 있다.

중국은 메타버스 구현의 중요 기술인 VR·AR, AI, 블록체인, 데이터 등 첨단산업 육성 지원 정책을 적극적으로 추진하고 있으며, 여기에 새로운 동력으로 메타버스를 포함하고 있다.

2018년 중국 국무원에서 VR 산업의 현재와 향후 정책방향을 담은 "VR 산업 발전 백서"를 발간했으며 이후 2022년 1월에는 중국 메타버스 산업의 발전을 보장하고 대중 과학수준 향상을 위한 "2022 메타버스 산업 백서"를 발간하였다. 이러한 백서에서 XR 기술혁신과 산업육성에 대한 투자가 중요함을 역설하고 있으나 중앙정부에서 XR발전을 선도하는 하향식 정책 보다는 시장 내에서 자유롭게 성장할 수 있도록 지원을 하는 간접적인 상향식 정책을 추진하고 있다.

또한 2022년 1월 공업정보화부가 향후 중소기업의 디지털 산업화 추진과 관련하여 메타버스, 블록체인, 인공지능 등 신흥 산업분야의 혁신형 중소기업 육성 의지를 밝히고 있으며, 2022년 10월에는 공업정보화부가 중국의 산업 메타버스를 위한 3개년 계획을 발표하고, 메타버스를 디지털 경제를 구축하기 위한 국가 전략의 일부로 지정하였다.

2022년 3월에는 중국 양회(兩会) 정부 업무 보고에서 분야별 전문가들이 메타버스에 관해 주요 도시별로 지역 특성에 맞는 메타버스 플랫폼 활용방안 지원정책 등을 발표하였다. 그리고 2022년 6월에는 중국 공업정보화부의 직속기관인 정보통신연구원(CAICT)는 70개 관련 기업 및 기관이 참여하는 '가상현실 및 메타버스 산업연맹'을 창설하였다.

2022년 11월에는 AR·VR·MR을 차세대 정보기술 및 경제의 주요 분야로 인식하는 '가상현실과 산업의 응용 및 통합 개발을 위한 실행계획(2022−2026)'을 공업정보화부, 교육부, 문화관광부, 국가방송총국, 국가체육총국 등 5개 부처 공동으로 발표하였다. 이에 2026년까지 핵심기술의 혁신 역량 강화와 가상현실 산업의 혁신 및 개발생태를 구축하고 개선하기 위해 다음과 같은 3가지 방안 및 7대 지원 방향을 제시하였다.

첫째 방안은 혁신 능력의 향상으로 기술 통합과 산학연의 효율적 협업을 통한 체계적 혁신 시스템을 형성하여 근거리 디스플레이, 렌더링 처리, 압축 코딩, 보안 및 신뢰성, 가상현실 표준 시스템 연구 및 개발, 제조 혁신센터 구축, 가상현실 제작을 위한 실험 환경을 구축한다.

둘째 방안은 산업 생태계의 개선으로 2026년까지 하드웨어 및 소프트웨어 그리고 애플리케이션을 포함한 가상현실 산업의 총규모 3,500억 위안(약 66조 원) 이상 달성하는 것이다.

셋째 방안은 다양한 분야와 융합으로 산업생산, 문화관광, 통합 미디어, 교육, 건강, 스마트 시티 등 주요 산업 분야와 가상현실 융합을 통해 획기적인 발전을 달성하는 것이다. 즉 10가지 분야의 "가상현실+" 통합 응용 프로그램 수행, 시범도시 및 산업단지 구축, 최소 20개의 특성 응용 시나리오와 100개의 통합 응용 프로그램을 도출하여 서비스 플랫폼을 구축하고자 하는 것이다.

그리고 중앙정부의 정책 기조에 맞추어, 지방정부는 기업 육성 기금 조성, 산업기지 구축, 산업 활용 촉진 등 메타버스 산업 육성을 적극 지원하고자 하였다.

표 6-2 | 지방정부 메타버스 산업 정책 추진

지역	주요 정책추진 내용
상하이	• 최초의 메타버스 포함 정부보고서 발표, 혁신 기술개발과 응용 집중 • 메타버스 구현 관련 기술 개발 지원, 공공서비스, 산업 제품 등의 분야에 메타버스 활용
베이징	• 혁신 기술과 콘텐츠 개발로 메타버스 산업 발전 모색, 메타버스 산업공간 건설 • 베이징 위성도시 퉁저우구(通州区)에 메타버스 산업 펀드 조성, 메타버스 스타트업 및 프로젝트 지원 등의 정책 추진
항저우	• 세계 최초 메타버스 도시 구축 추진, 메타버스 관련기업 풍부 • 위항(余杭) 미래도시 XR산업 고도화를 위한 10억 위안 산업기금, 100개 프로젝트 지원
하이난	• 민간과 협력, 메타버스 산업기지를 구축하여 글로벌 문화콘텐츠 중심으로 육성 • 인터넷 기업 넷이즈가 싼야시와 전략적 제휴를 통해 '넷이즈 메타버스 산업기지' 건설
광저우	• 광저우 황푸구, 광저우개발구 <메타버스혁신성장 추진법> 발표, 남사신구 세부정책 발표 • 최대 500만 위안의 보조금 제시, 기금 조성 추진, 디지털 트윈, AR/VR/MR 등 메타버스 관련 신기술을 개발하여 비즈니스 모델을 산업화하고 응용을 촉진

자료: KOTRA(2022.7.20)

중국은 AI, VR·AR, 블록체인 등 메타버스 주요 기술에 대하여 산업 지원 정책을 추진하여 적극적으로 대응해 왔으며, 메타버스 산업 중소기업 육성 및 산업 클러스터 조성 등을 포함하는 메타버스산업 혁신발전 행동계획(2023~2025)을 발표하였다. 또한 2023년 2월에 중국 내 각 지방정부에서 메타버스 산업 육성을 위한 정책을 발표하며 적극적인 메타버스 추진 의지를 나타냈다(2023년 2월).[2]

중국전자정보연구원은 2023년 3월에 "메타버스 백서"를 발간하여 산업 생태계 및 중점 육성 사업을 제시하였다. 이 백서에서 제조업을 중심으로, 교육, 의료, 엔터테인먼트 분야를 핵심 응용 분야로 언급하고 있으며, 인프라(통신망, 컴퓨팅 파워, 신기술), 코어(단말, 3D 생성, 산업 플랫폼, 실감 경험 등), 응용서비스(소비자, 산업, 정부)의 3개 생태계 계층을 구성하고 육성 정책을 추진하는 메타버스 산업 생태계를 제시하고 있다.

2023년 3월에는 공업정보화부, 교육부, 문화관광부, 국무원 국유자산감독관리위원회, 광전총국 등 5개 부처는 공동으로 「메타버스 산업혁신 발전을 위한 3개년 행동계획(2023－2025)(2023.9.8)」을 발표하였다. 5대 과제로 첨단 메타버스 기술과 산업체계 개발, 3차원 인터랙티브 산업 메타버스 구축, 실감형 인터랙티브한 디지털 생활 애플리케이션 설계, 종합 산업지원체계 구축, 안전하고 신뢰할 수 있는 산업 거버넌스 구축 등을 제시하였다. 지방정부 역시 중앙정부의 정책방향에 맞춰 메타버스 산업육성을 위한 정책들을 발표하고 있다.

Ⅲ 유럽연합 메타버스 추진정책

유럽연합에서는 메타버스를 구현하는 XR, AI, 데이터, 디지털 트윈 등 핵심기술 개발을 지원하고 있으며, 유럽이 메타버스를 주도하기 위한 이니셔티브(Initiative)를 추진 중이며, R&D 지원 프로그램인 '호라이즌 유럽(Horizon Europe, 2021－2027)'을 통해 글로벌 문제 해결을 위한 XR, AI 등 디지털 신기술 활용 장려 및 연구지원을 하고

---

2) 상하이, 샤먼, 저장, 청두 등 중국 31개 성·시·구에서 41개 정책 발표.
   (https://www.boannews.com/media/view.asp?idx=119556 2023년 9월 30일 검색)

있다.

EU 집행위원회는 2023년에 메타버스 이니셔티브(Initiative)를 발표하여 사람(People)과 기술(Tech.), 인프라(Infra)의 육성 방향을 제시하였으며, 여기에서 메타버스는 차세대 디지털 플랫폼으로서 엔터테인먼트/업무/창작/의료/문화 보존/환경 보호/재해방지 등 매우 많은 분야에 혁신적으로 활용될 수 있음을 강조하고 있다.

2023년 국정방향을 담은 의향서(Letter of Intent)에서는 "메타버스처럼 새로운 디지털 기회와 트렌드를 조사"할 의향을 밝히는 내용을 2023년 새로운 이니셔티브 발표에 포함하고 있다. 먼저 사람 중심 육성은 플랫폼에서 사용자 간 디지털 상호작용이 늘어남에 따라 사용자는 현실세계에서와 마찬가지로 가상세계에서도 안전하다고 느껴야 하며, 표준개발이나 상호운용성 향상을 목표로 민관학 협력의 필요성을 언급하고 있다.

EU 집행위원회는 메타버스 산업 활성화를 위하여 2023년 7월 11일 「웹 4.0 및 가상세계를 위한 전략(Towards the next technological transition: Commission presents EU strategy to lead on Web 4.0 and virtual worlds)」을 채택하였다.

이 전략은 EU가 차세대 기술 주도권을 선점하고 경쟁력을 확보하기 위한 것으로 가상 및 증강현실 연합체 출범(2022.9.14), 유럽 가상세계 시민패널 모집(2023.2월 ─4월), 차세대 가상세계 보고서(2023.7.3) 발표 등을 통해 추진하였다. 즉 웹 4.0으로의 장기적 전환과 가상세계 구축을 위해 이용자, 기업, 정부, 거버넌스 등 4개 분야에 대한 혁신전략을 제시하고 있으며, 주요 내용은 인적 역량 강화, 웹 4.0 산업생태계 지원, 가상 공공서비스 지원 등이다.

또한 EU 집행위원회는 정책목표 달성을 위해 40여 개 ICT 표준화 기술을 지정해 2023년 발표하는 Rolling plan에 메타버스를 추가하여 글로벌 표준 마련도 추진하고 있다.

다시 말해 EU 집행위원회 명의의 별도 성명서를 통해 메타버스 이니셔티브 준비를 위한 사람·기술·인프라의 육성 방향을 제시하고 여기에서 메타버스는 차세대 디지털 플랫폼으로서, 엔터테인먼트, 업무, 창작, 의료, 문화보존, 환경보호, 재해방지 등 매우 많은 분야에 혁신적으로 활용될 수 있을 것으로 기대하고 있다. 먼저 사람 중심 육성은 플랫폼에서 사용자 간 디지털 상호작용이 늘어남에 따라 사용자는 현실 세계에서와 마찬가지로 가상세계에서도 안전하다고 느껴야 하며, 표준개발이나 상호운용성 향상을 목표로 민·관·학 협력의 필요성을 언급하고 있다.

디지털 서비스법(Digital Services Act)을 통해 디지털 공간에서 유해 콘텐츠로부터 이용자 보호, 사용자 개인정보보호 등 강력하고 미래지향적인 규제를 가능하게 한다. 그리고 기술 중심 육성은 몰입형 기술과 가상현실을 메타버스의 핵심으로 인식하고 가상 및 증강현실 산업 연합(Virtual and Augmented Reality Industrial Coalition) 출범 및 유럽 반도체 법안(European Chips Act)을 통해 반도체, 신소재 등 메타버스 연관 기술 개발 및 생산을 촉진하는 것이다. 그리고 인프라 중심 육성 방안은 메타버스 데이터 처리에 필요한 인프라 구축 및 유지를 위한 포괄적 검토 및 협의를 필요하다.

Ⅳ 영국 메타버스 추진정책

영국은 XR을 미래의 중요 기술로 인식하면서 XR과 산업 융합을 적극 지원 중이며, XR 산업과 연계한 메타버스의 중요성 및 대응 필요성 강조하며 추진하고 있다.

'디지털전략 2017(UK Digital Strategy 2017)', '산업전략백서(UK's Industrial Strategy)' 등 중요 전략에 XR을 미래 중요 기술로 포함하고 있으며, XR과 산업융합을 통한 산업, 사회, 문화적 가치 창출을 적극 지원하고 있다. 따라서 현재 XR 기업 수는 2,106 개이며 산업 규모는 14억 파운드(약 2.3조 원)로 추산하고 있다(Immerse UK, Oxford Insights&Data City, 2022.10.19). 그중 교육 및 훈련, 미디어 및 엔터테인먼트 분야 비중이 높으며, 의료 분야도 빠르게 성장 중으로 메타버스가 중요 트렌드로 부상하면서 메타버스 기업과 종사자 수도 꾸준히 증가하고 있다.[3]

또한 2022년 4월에는 영국을 "글로벌 암호자산 기술 허브(global crypto asset technology hub)"로 만들기 위해 스테이블 코인을 유효한 결제로 인정하고 영국왕립조

---

3) 영국의 메타버스 기업 수는 지난 5년간 241% 증가(134개사), 재직자 수는 980명, 매출 규모는 약 4천만 파운드(약 662억원)으로 추정된다.

폐국(Royal Mint)을 통해 자체 NFT를 발행할 계획을 발표하였다. 그리고 2022년 5월에 메타버스 및 XR 기술에 대한 규제 관점 논의가 시작되었으며, 2022년 3월에 발의된 '온라인 안전법(안)'(Online Safety Bill)은 메타버스 서비스에도 적용이 될 것으로 예상된다. 그리고 영국 디지털 규제 협력 포럼(Digital Regulation Cooperation Forum)은 메타버스 심포지엄을 개최하고, '상호운용성', '민주화', '대중화'의 주제로 토의를 진행하는 등 메타버스 추진이 되고 있다.

글로벌 시장조사 기관 리서치앤마켓(Research and Market)의 조사에 따르면, 영국의 메타버스 산업은 2023년 78억 2,830만 달러(약 10조 7,968억 원)를 기록하였으며, 2030년까지 연평균 성장률 34.3%로 615억 9,870만 달러(약 84조 9,569억 원)로 성장할 것으로 전망하고 있다.

Ⅴ 일본 메타버스 추진정책

일본은 가상공간의 비즈니스 가치 상승과 NFT 등 블록체인 기반의 데이터 관리와 거래 확산을 고려하여 메타버스와 Web 3.0의 잠재력과 리스크 조사 및 사업 환경 조성을 추진하고 있다.

일본은 가상공간과 일상생활의 융합을 새로운 패러다임 변화로 인식하고 가상공간 비즈니스 확대와 Web 3.0 시대의 크리에이터 경제 창출을 위한 과제와 정부의 역할을 정의하여 2021년 7월 일본 경제산업성은 「가상공간의 앞으로의 가능성과 과제에 관한 조사 분석 사업 보고서(이하, 가상공간 보고서)」를 발표하였다.

즉 일본 경제산업성은 2022년 7월 5일 「Web 3.0 시대의 크리에이터 이코노미(Creator Economy) 창출에 관한 조사 사업」을 개시 발표하여 'Web 3.0', '메타버스' 관련 크리에이터 이코노미 창출 및 확충 실현을 위해 관련 법적 논점의 조사·정리와 해외 사례 조사, 연구회 논의 그리고 메타버스 실증공간 설치 등을 하기 위한 추진계획을 수립하였다.

또한 민간부문 수요에 대한 의견수렴과 국가 차원의 정책 수립을 위한 'Web 3.0 정책실' 등 거버넌스 마련하여 일본 정치권에서는 일본이 게임, 애니메이션 같은 지식

재산권(IP)를 기반으로 NFT와 웹 3.0을 선도할 수 있는 잠재력이 있음을 강조하였다. 그리고 "Web 3.0" 장관직 신설을 제안하고 일본 자민당(여당)은 '22년 7월 참의원(상원) 선거 공약에 '웹 3.0 발전 지원'을 포함한 바 있다. 즉 "블록체인, NFT·메타버스 등 신기술을 활용해 웹 3.0이라는 새로운 디지털 경제권을 확립하기 위해 인재육성을 포함한 인프라를 정비하고 국제 사회에서도 주도적인 역할을 한다"고 명시하였다.

그리고 2022년 6월에는 국회를 통과한 '경제재정운영과 개혁의 기본방침 2022'는 웹 3.0 추진을 위한 환경 정비를 명시하여 신뢰할 수 있는 웹(Trusted Web)을 실현하기 위한 메타버스, 블록체인, NFT, DAO(Decentralized Autonomous Organization) 도입과 이용에 필요한 환경을 검토하여 명시하였다.

일본의 10개 기업은 '일본 메타버스 경제 구역(Japan Metaverse Economic Zone, JMEZ) 조성'에 관해 2023년 2월에 합의하여 '세계적인 게임의 힘으로 일본을 업데이트 한다'는 콘셉트를 설정하였다. 따라서 이를 토대로 기업이 웹 3 마케팅, 소비자 경험 데이터 등을 활용할 수 있는 프레임워크 구축을 목표로 '류구코쿠(Ryugukoku)'라는 프로젝트명으로 상호 운용 가능한 개방형 메타버스 인프라 제공, 결제와 인증, 보험 등 다양한 분야에서 서비스 지원을 가능하게 하고, 사용자는 가상세계에서 서로 다른 곳을 여행하며 각 메타버스 서비스와 콘텐츠를 롤플레잉게임(RPG)처럼 즐길 수 있도록 하기 위해 "자동 학습 아바타"(이하 ALA), "페가수스 월드 키트"(PWK), "멀티 매직 패스포트"(MMP)를 추진하고 있다.

Ⅵ 중동지역 메타버스 정책 동향

중동지역은 현재 석유 산업에 집중된 산업구조 다각화를 위해 메타버스와 블록체인 등 미래 분야 투자 집중 및 기업 유치에 노력하고 있다.

먼저 사우디아라비아는 2030년까지 사우디 GDP 중 비석유 수출 비중 50% 달성을 목표하고 있으며, 중동·북아프리카 지역의 디지털 경제 중심지로 발전하기 위한 64억 달러 규모의 미래 기술·스타트업에 대한 투자계획을 발표하였다. 그리고 네옴(Neom)의 자회사인 토노무스(TONOMUS)는 디지털 트윈 메타버스, 개인 데이터 관리

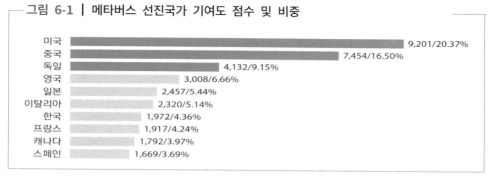

그림 6-1 │ 메타버스 선진국가 기여도 점수 및 비중

국가	점수/비중
미국	9,201/20.37%
중국	7,454/16.50%
독일	4,132/9.15%
영국	3,008/6.66%
일본	2,457/5.44%
이탈리아	2,320/5.14%
한국	1,972/4.36%
프랑스	1,917/4.24%
캐나다	1,792/3.97%
스페인	1,669/3.69%

자료: MDPI(mdpi.com)

플랫폼 등에 10억 달러 투자를 계획하고 있다

아랍에미리트(UAE)는 두바이(Dubai)와 샤르자(Sharja) 등 주요 도시를 중심으로 메타버스 도입과 기업 유치 지원 등 미래 경쟁력 확보를 위한 전략 추진 중이다.

그 중 샤르자의 상업관광개발청(SCTDA)은 샤르자 전역을 실물에 가깝게 구현하는 '샤르자버스(Sharjaverse)' 구축을 지원하여 관광 목적지로서 홍보와 현지 직원 채용 등 메타버스 일자리 창출을 기대하고 있다.

또한 두바이는 2022년 7월, 두바이 메타버스 전략(Dubai Metaverse Strategy)을 발표하여 향후 5년 동안 블록체인과 메타버스 회사 기업 수를 5배 증가시키며 4만 개의 가상 직업을 창출하고 두바이 경제에 40억 달러 기여를 통해 메타버스 경제 규모 기준으로 세계 10대 도시 성장을 목표로 추진하고 있다. 따라서 메타버스 혁신과 경제적 기여 증진, 교육·훈련을 통한 메타버스 인재 육성, 두바이 정부의 메타버스 사용 사례 및 애플리케이션 개발, 안전한 플랫폼 채택, 확장 및 지지, 인프라 및 규제 개선 등을 세부전략으로 설정하여 추진하고 있다.

Ⅰ 국내 메타버스 정책 추진

정부는 국민과 기업의 니즈(Needs)를 충족시키는 서비스 제공과 국정운영의 과학화를 지원할 수 있는 디지털플랫폼정부 구현을 국정과제로 선정 및 추진하고 있다.

이를 위해 전면 공개될 다양한 부처의 데이터를 모두 연계하여 국민, 기업, 공공에 각각 맞춤형 서비스와 데이터 활용 인프라를 제공하는 것이 필요하다. 서비스 발굴에 국민이 직접 참여하고 제공되는 인프라 활용을 통해 기업은 새로운 가치를 창출함으로써 혁신 생태계를 조성할 수 있다. 서비스 사용자가 직접 참여하고, 데이터를 이용하면서 동시에 가치 창출 및 유통의 역할을 할 수 있는 새로운 플랫폼으로 메타버스 플랫폼이 급부상하고 있다.

또한 정부는 전 세계적인 디지털 전환과 기술 경쟁 속에서 메타버스 및 디지털 플랫폼 등의 신산업을 육성하여 디지털 경제 패권국가로 도약하고자 한다. 그 일환으로 메타버스 특별법 제정을 추진하고, 국민의 일상 및 경제활동을 지원하는 메타버스 서비스를 발굴하여 메타버스 생태계 조성 및 경제 활성화를 기하고자 한다. 그리고 이를 통해 글로벌 메타버스 시장점유율 2021년 기준 12위에서 2027년까지 5위권 내 도약하고자 하는 목표를 설정 추진하고 있다(대한민국 정부, 2022).

또한 국정과제 이외에도 정부는 저성장시대에 새로운 성장동력 확보를 위해 '가상융합경제'의 개념을 정의하며, 메타버스 산업 생태계 조성 및 활성화 정책을 추진해 왔다. 정부는 2016년부터 XR 기술과 산업 육성을 위한 정책을 지속적으로 마련해 왔으며, 메타버스를 신산업으로 육성하기 위한 범정부 자원의 정책 마련과 민관 협력을 강화하고 있다.

2016년 발표한 '9대 국가전략'에서 VR 기술개발 및 산업육성에 대한 정책지원을 본격화하였으며, 이후 범부처 차원의 「5G＋ 전략실행계획」, 「실감콘텐츠 산업 육성 범정부 5개년 추진계획」, 「콘텐츠산업 활성화 실행계획」을 통해 지속적인 정책추진을 하고 있다.

표 6-2 | 국내 메타버스 국정과제

과제명	담당부처	주요 내용
글로벌 미디어 강국 실현	방통위·과기정통부	디지털 미디어 스타트업 육성 및 혁신기술 융합을 통한 신시장 창출과 메타버스 등 실감미디어 구현을 위한 기술개발 및 장비·디바이스 등 전·후방 산업 육성
전 국민 생애 단계별 직업능력개발 일터학습 지원	고용부	메타버스, VR, AR 등 신기술을 접목한 원격 훈련 플랫폼 구축 검토
중소기업·자영업자 맞춤형 직업훈련 지원 강화	고용부	훈련기관과 과정에 대한 사정평가 간소화 및 프로젝트 학습 등 새로운 교육법 및 메타버스 등 신기술을 접목한 훈련 확산 지원
K-컬처의 초격차 산업화	문체부	메타버스·실감콘텐츠·OTT 등 신시장 주도를 위한 콘텐츠 제작 지원
민·관 협력을 통한 디지털 경제 패권국가 실현	과기정통부	메타버스 특별법 제정, 일상·경제활동을 지원하는 메타버스 서비스 발굴 등 생태계 활성화
100만 디지털인재 양성	교육부	대학내외 자원을 활용한 디지털 및 메타버스·반도체 인재 양성
모두를 인재로 양성하는 학습혁명	교육부	AI 학습시스템, 메타버스 활용 맞춤형 학습으로 사교육 경감 추진 및 코로나 팬데믹으로 인한 학습결손 해소 집중 지원

자료: 소프트웨어정책연구소(2022)

정부는 메타버스산업 육성을 위해 그동안 「가상융합경제 발전전략(2020.12)」, 「메타버스 신산업 선도전략(2022.1)」, 「메타버스 윤리원칙(2022.11)」, 「메타버스 생태계 활성화를 위한 선제적 규제혁신 방안(2023.3)」, 「메타버스 실천윤리(2023.12)」, 2024년에는 국내 가상융합산업 활성화를 위한 '가상융합산업 진흥 기본계획(2025~2027)' 수립 등을 수립·추진하였다.

이에 대해 상세히 살펴보면, 2020년 8월 VR·AR 분야 신시장 시장 규제 개선 체계 마련을 위한 「가상·증강현실(VR·AR) 선제적 규제혁신 로드맵」을 발표하였으며, 동년 12월에는 경제사회 전반에 가상융합기술(XR) 활용 확산을 지원하는 「가상융합경제[4] 발전전략」을 발표하였다.

2021년 5월에는 민관협력체계 구축을 위해 2023년 11월 말 기준으로 총 1,030개 기업·기관 등 회원사가 참여한 민간주도–정부지원 협력체 '메타버스 얼라이언스

---

4) 가상융합경제는 우리의 경제활동공간이 가상융합공간으로 확장되고, 이로부터 새로운 경험과 경제적 가치가 창출되는 것을 의미함.

(통신 3사, 네이버, 카카오, 현대차, 삼성전자 등)'가 출범하였다. 2021년 운영한 결과 104개의 민간자율 프로젝트그룹 결성 및 총 90개의 사업기획(안)을 제출하였으며, 정부는 제출된 기획안을 참고하여 추진과제를 계획하였다.

따라서 2022년에는 메타버스 얼라이언스 정보제공 고도화, 프로젝트그룹 운영 및 분과회의 정기 개최 등을 통해 신규사업, 정부제안사항 등 발굴과 2022년 11월 메타버스의 역기능 우려에 대응해 관련 부처, 전문가, 업계, 시민단체 등의 의견 수렴을 거친 '메타버스 윤리원칙'을 발표하여 온전한 자아, 안전한 경험, 지속가능한 번영의 '3대 지향 가치'와 진정성, 자율성, 호혜성, 사생활 존중, 공정성 등 '8대 실천 원칙'을 마련하였다.

2022년 1월에는 '디지털 신대륙, 메타버스로 도약하는 대한민국'을 비전으로 범부처 「메타버스 신산업 선도전략」[5]을 발표하여 글로벌 메타버스 선점, 메타버스 전문가 양성, 메타버스 공급기업 양성, 메타버스 모범사례 발굴의 '4대 목표' 설정, 플랫폼 활성화, 인재 양성, 기업 육성, 사회기반 마련의 '4대 추진전략' 수립 및 '24개 세부과제'를 선정하여 추진하였다.

2023년에는 국정과제에 '메타버스 경제 활성화' 포함 및 메타버스 산업 진흥 관련 법적인 기반 마련을 위한 법안 발의 및 검토를 진행하고, 2022년 '메타버스 경제 활성화' 국정과제 이행을 위한 '메타버스 경제 활성화 민관 TF' 출범(2022.7.15), 펀드 조성과 플랫폼 개발, 인력 양성, 지역 생태계 활성화 등 정책을 시행 중이다.

특히 과학기술정보통신부의 '2023년 주요업무추진계획'에서는 '메타버스·블록체인'을 신기술 기반 5대 미래산업으로 선정하여 1,447억 원의 예산을 편성하여 추진한다(과학기술정보통신부, 2023a). 이에 따라 일상생활·경제·산업 분야에서 기존 플랫폼과 차별화된 새로운 유형의 메타버스 플랫폼 개발을 지원하고, 디지털 혁신 거점 조성의 일환으로 AI·메타버스 재난안전관리 체계 구축을 충청지역 산업으로 육성하는 것이다.

중앙정부의 정책 및 계획 이행의 일환으로 서울특별시, 경상북도 등 광역지자체

---

5) 메타버스 신산업 선도전략은 '디지털 신대륙, 메타버스로 도약하는 대한민국'을 비전으로 하여 2026년까지 글로벌 메타버스 시장 점유율 5위, 메타버스 전문가 4만 명 양성, 매출액 50억 원 이상 전문기업 220개 육성, 메타버스 모범사례 50건 발굴을 목표로 4대 추진전략과 24개의 중점추진과제를 마련하여 추진할 계획

에서도 메타버스 추진 기본계획을 수립하고, 관련 로드맵을 발표하거나 실증사업을 추진하고 있다.

1. 메타버스 펀드 조성

메타버스 펀드는 메타버스 분야 중소·벤처기업을 지원하는 펀드로 기존 '디지털 콘텐츠 펀드'(2014년)를 확대하여 2022년부터 메타버스 분야 중소·벤처기업의 사업영역 확장 및 규모 확대를 위한 M&A 분야에도 지속 투자하고 있다.

과학기술정보통신부는 '메타버스 펀드(500억 원 규모)'를 조성하여 2024년 메타버스 분야 국내 중소·벤처기업의 체계적인 성장과 수출 유망기업의 글로벌 진출 확대를 위해 정부자금의 공격적인 투자를 추진한다. 그리고 글로벌 기업과 경쟁할 수 있는 핵심기업 지원을 위해 기존 M&A 분야 투자를 지속적으로 추진하고, 향후 메타버스 글로벌 시장의 지속적인 성장 가능성, 수출 활성화를 위한 정부 정책방향, 국내 메타버스 기업의 해외 진출 수요 등을 반영하여 해외진출 분야까지 투자를 확대할 계획이다.

최근 메타버스는 생성형 AI 등 다양한 디지털 신기술과의 융복합을 통해 다양한 산업 분야로 파급·확산하는 등 지속적인 성장이 예측되고 있으며, 글로벌 빅테크들의 XR 디바이스 출시 경쟁 등도 글로벌 메타버스 생태계 발전을 가속화하고 있다(과학기술정보통신부, 2024b).

2. 메타버스 플랫폼·서비스 선도모델 발굴

과학기술정보통신부는 2024년에 '산업 메타버스 플래그십 프로젝트' 및 '차세대 기술선도 메타버스 프로젝트' 사업을 추진한다.

'산업 메타버스 플래그십 프로젝트' 사업은 최근 건설·제조 등 주력산업을 중심으로 한 산업용 메타버스 확산 트렌드와 향후 시장 성장 가능성과 파급효과 등을 반영하여 메타버스 기술을 활용한 산업융합 혁신사례를 발굴·확산하고 민간 주도의 메타버스 신시장 창출을 지원한다.

2024년에는 운영관리, 물류관리, 에너지관리, 안전관리 등 4개 과제를 신규로 추진한다. '차세대 기술선도 메타버스 프로젝트' 사업은 메타버스와 다양한 디지털 신기술과의 융복합 등이 메타버스 생태계 발전을 가속화하고 있는 추세를 반영하여 생성형 AI 등을 접목한 혁신적이고 공익적인 메타버스 서비스를 발굴·확산하는 사업이다. 2024년에는 건강보건, 가상인간, 전시관광, AI·메타버스 혁신서비스(자유) 등 4개 과제를 신규로 추진한다.

3. 2024년 메타버스 산업 지원

정부(과학기술정보통신부)는 국민의 일상과 미래 신산업 혁신을 위한 디지털 분야 핵심기술인 메타버스 산업 진흥을 지원할 계획이다. 메타버스 산업의 글로벌 시장 선도를 위해 플랫폼 개발지원, 인력양성, 기업육성, 기술개발, 저변 확산 등 다양한 맞춤형 지원 사업을 추진한다.

표 6-3 | 2024년 메타버스 지원 사업 추진 내용

구분	주요 내용
플랫폼 개발지원	• 메타버스 선도 프로젝트 추진 • AI·메타버스 재난안전관리 시스템 개발·실증(충청권)
인재양성	• 석·박사 중심 메타버스 랩 • 메타버스 아카데미 • 메타버스 융합대학원
전문기업 지원 및 육성	• 신규 메타버스 허브센터 구축을 통해 지역 기업 육성을 확대 • 홀로그램산업실증지원 사업 추진
기술개발	• 실감콘텐츠핵심기술개발 • XR 인터페이스 기술개발 • 홀로그램 기술개발
법제도 지원 및 저변 확대	• 가상융합산업 진흥법 제정 • 메타버스 윤리를 사회 전반에 체계적으로 확산

자료: 과학기술정보통신부(2024a)

Ⅱ 메타버스 관련 법·제도

1. 메타버스 관련 법률 및 규제 협의 착수

정부는 안전하고 신뢰할 수 있는 메타버스 환경을 조성하기 위하여 「메타버스 산업진흥 관련 법」을 제정하고, '디지털 자산보호' 등을 지원하고자 하였다. 그리고 '메타버스 신산업 선도전략'에서는 메타버스 규제의 기본원칙을 메타버스 플랫폼의 혁신과 사회적 수용성 제고를 위해 ① 자율규제, ② 최소규제, ③ 선제적 규제혁신 등 세 가지로 정립하여 기본 방향성을 제시하였다.

「메타버스특별법」 발의를 통해 메타버스의 개념을 명확히 정의하고, 관련 산업 육성 및 자율규제, 기술개발 등 메타버스 생태계 활성화 지원의 근거를 추진하고 있다.

2024년 현재 지속적으로 메타버스 산업 진흥 관련 법적 기반 마련을 위하여 법안 발의와 검토를 진행 중이며, 특히 메타버스 제작환경/사업환경 조성, 사업자 의무 등 관련 메타버스 산업 진흥을 위한 시책들의 추진 근거 마련을 위한 법안이 발의되었다. 또한 NFT, 암호화폐 등의 가상자산을 제도권으로 편입시키기 위한 '디지털 자산기본법' 등의 제정을 준비 중에 있으며, '디지털 자산 기본법' 제정 등을 통해 디지털 자산과 관련한 투자자 보호와 금융안정을 위하여 범정부 차원의 제도화 방안을 모색 중에 있다.

표 6-4 | 메타버스 관련 발의 법안

발의일	발의자	법안명
2022. 1. 11	김영식 의원 등 10인	메타버스 산업 진흥 법안
2022. 1. 25	조승래 의원 등 10인	가상융합경제 발전 및 지원에 관한 법률안
2022. 9. 1	허은아 의원 등 12인	메타버스 산업진흥법안

자료: 한상열 외(2022)

2. 메타버스 규제개선 방안 마련

2022년 11월 정부는 메타버스 역기능에 대한 우려에 대응하고자 관련 부처, 전문가, 업계, 시민단체 등의 의견수렴을 거쳐 '메타버스 윤리원칙'을 발표하였다. 메타버스 내에서 가상 자아에 대한 비윤리적 행위, 아동·청소년 등에 대한 유해 콘텐츠 노출·유통 등 윤리적·사회적 이슈가 대두되면서 선제적으로 대응하기 위해 윤리규범에 대한 필요성이 제기되어 수립되었다.

또한 메타버스 관련 산업발전 지원, 이용자 보호, 메타버스 제작환경/사업환경 조성, 메타버스 사업자 의무 등 관련 메타버스 산업 진흥을 위한 시책들의 추진 근거 마련을 위한 법안이 발의 중이다.

그림 6-2 | 메타버스 윤리원칙: 8대 실천원칙

자료: 관계부처 합동(2022)

표 6-5 | 우리나라 정부의 메타버스 주요 정책 경과

주요 정책	관련 주요 내용
실감콘텐츠산업 육성 범정부 5개년 추진계획 발표(2019)	• 대규모 프로젝트 추진, 실감콘텐츠기술 개발, 콘텐츠 제작 및 테스트 인프라 확충, 전문인력 양성, 규제 개선 등 다각적인 지원방안 제시 • 이후 2020년 과학기술정보통신부에서 '실감콘텐츠산업 활성화 실행계획', 관계부처 합동으로 '가상·증강현실(VR·AR) 선제적 규제 혁신 로드맵' 등 관련 전략 발표
가상융합경제 발전 전략 수립(2020)	• XR을 통해 우리의 경제활동공간이 가상융합공간으로 확장되고 이로부터 새로운 경험과 경제적 가치가 창출되는 '가상융합경제'의 개념을 정의(관계부처 협동 2020)
한국판 뉴딜 2.0 추진계획 발표(2021)	• 메타버스 등 초연결 신산업 육성이 포함되어 있으며, 이를 위한 종합대책 및 이행계획 등이 순차적으로 발표
메타버스 얼라이언스 출범(2021)	• 민간 주도의 산업 생태계 기반 조성을 위한 민간 주도-정부 지원 협력체로 '메타버스 얼라이언스(통신3사, 네이버, 카카오, 현대차 등)' 출범
메타버스 신산업 선도전략(2022)	• 가상융합경제로 패러다임 전환을 위한 3대 전략, 12대 추진과제를 제시하여, 민관 협력 기반의 지속가능한 메타버스 생태계 조성에 방점을 두고 기업 간 협업, 기술개발, 규제혁신 등의 적극 지원을 공표함
메타버스 경제 활성화 민관 TF 출범(2022)	• '메타버스 경제 활성화' 국정과제 이행을 위한 '메타버스 경제 활성화 민관 TF' 출범 • 펀드 조성, 플랫폼 개발, 인력 양성, 지역 생태계 활성화 등 수행
메타버스 산업 통합 사업설명회개최(2023)	• 메타버스 산업의 글로벌 주도권 선점을 위한 플랫폼 개발 지원, 인재 양성, 기업 지원, 기술 개발 등의 맞춤형 지원사업 예산 지원 예정

자료: 국토연구원(2023)

표 6-6 | 지자체 메타버스 관련 추진 계획 및 로드맵 발표 현황

지자체	메타버스 관련 계획 및 로드맵
서울특별시	• 메타버스 서울 추진 기본계획 발표(2021년 10월)
인천광역시	• XR 메타버스 플랫폼 구축 사업(2021년 5월)
부산광역시	• 부산형 메타버스산업 생태계 조성 연구용역(2021년 8월) • 2022년도 부산 연구개발사업 투자방향 및 기준(2021년 7월)
광주광역시	• 메타버스 연구기획 태스크포스(TF)팀 구성·운영(2021년 7월)
전라북도	• 메타버스 산업육성방안에 관한 연구용역(2021년 11월)
경상북도	• 메타버스 수도 경북 기본계획 발표(2022년 10월)
경기도	• 경기도 메타버스 적용을 위한 실증 연구(2022년 9월)
충청권 (대전·세종시, 충남·충북도)	• 대덕특구를 중심으로 메타버스 등의 핵심기술을 연구·개발하고 지자체에서 실증·확산하는 생태계를 구축(2022년 4월)

자료: 국토연구원(2023)

메타버스 활용과 전망

section 1 메타버스 시장 전망

전 세계 메타버스 시장은 2023년에 924억 6,000만 달러(약 127조 5,301억 원)를 기록하며, 2024년에는 1,289억 8,000만 달러(약 177조 8,892억 원)를 기록할 것으로 추산되고 있다. 최근 몰입형 기술에 대한 수요가 증가하고, 기업들의 메타버스에 대한 투자가 증가함에 따라 글로벌 메타버스 시장은 2024년부터 2033년까지 연평균 성장률 38.31%를 기록하며 2조 3,697억 달러(약 3,268조 2,902억 원)로 성장할 것으로 전망하고 있다(precedenceresearch, 2024).[1]

PwC는 2030년도의 메타버스 시장규모로 약 1조 5,429억 달러라 하며, 마켓앤마켓(MarketandMarkets)의 분석보고서에서는 2022년 618억 달러, 2027년 4,269억 달러로 연간 47.2%의 초고속 성장률을 보일 것으로 전망하고 있다. 또한 글로벌 시장조사업체 마켓어스(Market.US)[2]에 따르면 2024년 메타버스 시장 규모는 1,305억 달러(약 180조 원)로 전망되며 2030년까지 1조 달러(약 1,380조 원)로 성장할 것으로 전망하고 있다.

---

1) https://www.precedenceresearch.com/metaverse−market
2) Market.US(2024), Metaverse market revenue worldwide from 2022 to 2032

표 7-1 | 메타버스 시장 전망

리서치 기관	메타버스 시장 전망
FORTUNE BUSINESS INSIGHTS (2023년 5월)	글로벌 메타버스 시장 규모는 2022년 2,340억 4,000만 달러로 평가되었고, 2027년까지 연평균 69.26% 성장률로 3조 4,092억 9,000만 달러로 성장 예상
P&S INTELLIGENCE (2022년 10월)	글로벌 메타버스 시장 규모는 2021년 585억 달러를 넘어섰고, 2021~2030년에는 연평균 43.7% 성장해 2030년에는 1조 5,257억 달러에 이를 것으로 예상
MARKETS AND MARKETS (2023년 10월)	글로벌 메타버스 시장 매출은 2023년 839억 달러를 넘어섰으며, 연평균 성장률 약 48%로 성장하여 2030년 매출액 1조 3,034억 달러 전망

자료: 각 리서치 기관 홈페이지

그림 7-1 | 2023~2033년 메타버스 시장규모

자료: Precedence Research(2023), "Metaverse Market"

　　디지털 전환 시대에 있어 메타버스는 현실에서의 자산과 체험을 시공간 제약 없이 디지털 세계에서 그대로 재현하여 다양한 분야의 서비스로 확장할 수 있는 무한한 가능성으로 주목받고 있다.

제4차 산업혁명으로 진화해오면서 기술의 혁신은 지속적으로 사회, 문화, 경제적인 트렌드를 선도하며 새로운 가치 창출을 통해 우리 삶의 방식을 바꾸어 왔다. 특히, MZ 세대로 대표되는 디지털 네이티브(Digital Native)들의 사회 활동이 확대되면서 온·오프라인을 넘나드는 생활의 익숙함을 토대로 디지털 플랫폼 중심의 영향력은 더욱 확대되고 있고 현실세계와 연계한 사회, 문화, 경제적인 활동을 실현하며 디지털 자산과 경험을 거래할 수 있는 인터넷의 미래로서 메타버스가 미래 신산업으로 중요하게 언급되고 있다.

그러나 근래에 팬데믹과 로블록스의 상장 등으로 다시 주목받게 된 메타버스에 대한 지나친 장밋빛 기대감에 대한 우려의 목소리도 커져가고 있다. 아직까지 메타버스를 통하여 의미있는 수익이 발생하는 기업이 많지 않으며, 현실 서비스를 대체하기에 부족한 수준의 기술적 한계로 인한 사용자 만족도 저하, 킬러 콘텐츠 부족, 법/제도상에 의한 한계 등으로 대중화가 지연되고 있어 장기적인 관점에서 단계적인 접근이 필요해 보인다.

과학기술정책연구원에서 발간한 '포스트 모바일, 메타버스 패러다임'을 보면 [그림 7-2]에서 보는 바와 같이 다양한 메타버스 기술에 대한 하이프 사이클에서 메타버스 기술을 거품단계로 제시되고 있으나 몇 년의 시간이 지난 지금 시점에서

그림 7-2 | Hype Cycle로 바라본 기술의 발전 단계

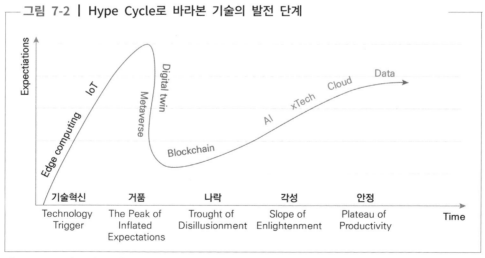

자료: Gartner(2022) 수정

살펴보면 산업용 메타버스의 활용이 확대되고 있어 거품기를 통과하고 있는 단계라 할 수 있다.

가트너에서는 2022년도 이머징 테크놀로지 하이프 사이클을 제시하면서 메타버스를 10년 이상이 소요될 것으로 보이는 초기 단계로 언급하면서, 앞으로 신흥(Emerging), 고급(Advanced), 성숙(Mature) 단계를 거쳐 진화할 것으로 예상하고 있다. 이와 함께 2023년 1월에 열린 다보스포럼에서는 메타 CPO인 크리스 콕스가 메타버스의 대중화에는 엄청난 장애물이 있다고 인정하면서 장기적인 성장 모델을 염두에 두고 있음을 밝히기도 하였다(AI 타임즈, 2023).[3]

우리는 메타버스를 통해 현실의 물리적 제약을 뛰어넘어 상상 속의 일들을 실현할 수 있고 전 세계 사용자들을 대상으로 다양한 사회적 상호작용을 토대로 하는 새로운 성장 모델 창출을 여전히 기대하고 있다. 이는 글로벌 빅테크 기업인 메타(구, 페이스북), 애플, 마이크로소프트, 구글, 삼성, LG, 화웨이, 텐센트 등이 시장 선점과 비즈니스 모델 확보를 위해 지속적인 투자와 노력을 하고 있음을 보면 알 수 있다.

세계 경제 포럼의 클라우스 슈밥 회장도 최근 메타버스 시장은 2024년까지 8,000억 달러(약 1,000조원) 규모로 성장할 것으로 예상하고 메타버스 기술에 대한 중요성을 강조하였다(AI 타임즈, 2023).

메타버스는 크게 대규모 사용자들 간의 상호작용과 경험 공유를 통해 가치를 만들어가는 마케팅 중심의 소비자용 메타버스 영역과 제조, 의료, 커머스 등과 같이 현실을 가상에 연동하고 시뮬레이션하여 최적화하는 산업용 메타버스 영역으로 나눌 수 있다.

현재 메타버스 도입을 원하는 대부분의 기업은 가상현실 환경 구축을 위한 3D 모델링이나 상호작용 방식 등에 익숙하지 않기 때문에 메타버스를 활용하기 위한 Unity 및 Unreal 등의 가상현실 솔루션을 활용하여 자신이 원하는 서비스를 구현해 줄 수 있는 플랫폼을 보유하고 있거나, XR 관련 하드웨어 솔루션을 보유한 외부 기관과 협력을 통해 실행에 옮기고 있다.

2024년 CES의 VR·AR 분야에서 관련 B2B 시장이 확대되는 동향이 눈에 띄게

---

3) AI 타임즈(2023), 저커버그, "메타버스 투자 결실 맺는 데 10년 걸릴 것(2023. 1. 20).

증가한 것을 관찰할 수 있었던 것도 같은 맥락으로 볼 수 있겠다. 이렇게 특정 기업이나 기관의 노력만으로는 메타버스의 다양한 서비스 특성에 따라 필요한 핵심기술들을 플랫폼에 추가하고 사용자 경험을 지속적으로 확대할 수 있는 콘텐츠 확보가 어렵기 때문에 Metaverse Standard Forum과 같이 개방형 메타버스 상호호환성 확대를 통한 생태계 구축 노력도 이루어지고 있다.

Ⅰ 메타버스 기반 디지털 전환

인간의 발명품 중에 인터넷은 전 세계적으로 엄청난 영향력을 미친 대표적인 발명품이라 할 수 있다. 인터넷은 전 세계를 접근 가능한 거대한 정보의 바다를 만들고, 수천 킬로미터의 거리와 시간을 극복해 정보와 지식을 전송할 수 있는 발명품인 것이다. 이와 같이 인터넷은 사회/경제/문화 등 모든 분야에서 인류에 영향을 미친 것과 같이, 지금은 메타버스라는 새로운 파도가 우리를 향해 다가오고 있다. 메타버스는 현실과 가상의 융합을 통해 우리를 혁신과 발전의 새로운 지평으로 이끌 것으로 기대가 된다.

우리가 살아가는 현실세계는 선형적인 세계관만이 이루어질 수 있는 반면 디지털 세계와 가상세계 속에서는 멀티버스(Multiverse)와 같이 다중 우주공간이 펼쳐질 수 있어, 실세계에서의 동시성 충돌로 한순간에 하나의 선택만을 강요받지 않아도 되며, 시간축이 유연하여 동적으로 수축과 팽창이 자유로울 수 있어 그 어떤 시간 지점으로도 이동이 가능하다(Park et al., 2022).[4] 즉 자신의 의지에 따라 광속으로 다중 공간과 시간을 누비는 디지털 텔레포테이션을 할 수 있다. 더욱 인상적인 것은 인간의 인지력과 감각력이 허용하는 물리적 한계를 파괴하고 현실 속에서 우리가 깨닫지 못하는 그 무엇을 적절한 형태로 표출해 줄 수 있는 초월 인지가 우리에게 허용되는 세계가 바로 메타버스이다(윤정현, 2021).[5]

---

4) Park, Sang−Min, and Young−Gab Kim(2022). A metaverse: Taxonomy, components, applications, and open challenges. IEEE access 10, 4209−4251.

5) 윤정현(2021), Metaverse, 가상과 현실의 경계를 넘어, FUTURE HORIZON,

지금까지 인터넷은 유무선 통신과 네트워크, 컴퓨팅 기술을 활용하여 우리에게 거대한 정보의 바다를 만들어 주었고, 수천 킬로미터가 떨어져 있는 지인과 소통, 정보를 활용할 수 있게 해 주었다. 그리고 일상에서 귀찮은 오프라인으로 이루어졌던 소비를 클릭 몇 번만으로도 문 앞으로 배송될 수 있었다. 또한 산업분야에서는 자동화된 생산설비들의 정보를 중앙시스템으로 수집하고 상태를 점검할 수 있게 해 주었으며 실시간으로 제어할 수 있도록 하여 생산성을 크게 높일 수 있는 생산 인프라를 구축할 수 있었다. 전 사회/경제/산업/문화/예술/교육/국방 분야를 막론하고 인터넷의 영향권에서 자유로운 시스템은 찾아볼 수 없다. 이제 우리의 인터넷은 더욱 강력한 하이퍼 인터넷(Hyper Internet)으로 진화하고 있다. 퀀텀통신, 컴퓨팅, 센싱 기술이 빠르게 발전하고 있고, 5G를 넘어 6G로 이동통신망이 진화하며 우리를 둘러싼 물리적 디바이스들을 촘촘히 3차원적으로 Always on 연결할 것이며, 네트워킹 인공지능(Networking AI)은 이러한 인터넷 복잡계(Complex systems)를 원활하게 운용하는 슈퍼 운영체제가 될 것이다(Uyyala, 2023).6) 주지하는 바와 같이 인공지능은 이미 우리가 사용하는 많은 서비스와 시스템을 보다 지능적으로 만들어가고 있고 상용화된 초거대 AI의 등장은 약 인공지능(Weak AI)에서 강 인공지능(Strong AI)으로 AI R&D 트렌드를 급격하게 변화시키고 있다.

　　전문가들은 이러한 하이퍼 인터넷을 기반으로 메타버스가 꽃을 피울 것이라고 기대하고 있다. 지난 팬데믹 시대를 경험하면서 우리는 메타버스가 COVID−19 감염의 두려움을 극복하고 오프라인 사회관계를 디지털적·온라인적 사회관계로 변화시킬 수 있을 것으로 기대했었다. 그러나 글로벌 메타버스 생태계는 그리 쉽게 형성되지 못했고, 기술적 측면에서 우리가 겪은 팬데믹 시대는 메타버스의 큰 가능성을 일반이 확인하고, 궁극의 메타버스 시대를 맞이하기 위한 기반 기술들을 확보하고 준비하는 시기로서의 역할을 했다고 할 수 있다.

---

6) Uyyala, Prabhakara, and DYAN CHANDRA YADAV(2023), THE ROLE OF AI IN THE DEVELOPMENT OF NEXT GENERATION NETWORKING SYSTEMS, Vol.15, 1048−1059

1. 메타버스 플랫폼

2030년 메타버스 시장규모를 최고 3조 달러로 연간 69.3%의 초고속 성장률을 보일 것으로 전망하고 있다. 체감하기 어려운 높은 수치이지만, 메타버스라는 기술의 가능성에 대해 전 세계적으로 동의하고, 시장규모가 커질 것이라는 예측에는 이견이 없는 듯하다. 이런 세계적인 분위기에 따라 새롭게 개발이 진행된 메타버스 플랫폼도 존재하고, 기존에 서비스되고 있던 플랫폼들이 메타버스 플랫폼이라는 이름으로 불리기도 한다.

대표적인 해외 메타버스 플랫폼을 살펴보면 로블록스, 디센트럴랜드, 포트나이트, 마인크래프트 등이 있으며, 국내 메타버스 플랫폼으로는 이프랜드, 제페토 스튜디오 등이 널리 알려져 있다.

이러한 메타버스 플랫폼은 게이미피케이션(Gamefication), 흥미와 오락 위주의 B2C 형태가 대부분이었으나 최근 B2B, B2G 형태의 메타버스에 대한 연구 개발도 활

그림 7-3 | 대표적 해외 메타버스 플랫폼

로블록스(Roblox)

디센트럴랜드(Decentraland)

포트나이트(Fortnite)

마인크래프트(Minecraft)

그림 7-4 | 대표적 국내 메타버스 플랫폼

이프랜드	제페토

자료: 김영원(2023)

발하게 이루어지고 있다. 초기 형태의 B2C 메타버스는 2D/3D의 게임 형태를 띠거나, VR, AR, XR, 렌더링, 그래픽스 등과 같이 실제로 게임으로 분류하던 것을 메타버스라고 부르기 시작한 것들도 있어 기술적으로도 게임과 관련된 기술이 주류를 이루었다. 그에 반해 B2B 메타버스는 게임이 아닌 실제 산업 현장에의 접목을 목표로 하기 때문에 IoT, 빅데이터, 인공지능 등이 핵심 기술로 꼽힌다. 실제로 가장 흔히 접할 수 있는 산업용 메타버스는 스마트 팩토리(Smart Factory) 등으로, 제조 공정 등을 완벽하게 복제하여 실세계에 대한 디지털 트윈(Digital Twin)으로 하는 것을 목표로 하고 있다. 메타버스라는 키워드가 워낙 광범위하다보니 각 플랫폼은 각자의 방향으로 발전해 나가고 있어 메타버스의 궁극적인 발전과 보급을 위해서는 표준화된 범용 메타버스가 요구되고 있다.

이미 국내에서는 이를 위해 다양한 움직임을 보이고 있는데, 특허청에 따르면 세계 5대 특허청(IP5)에 출원된 메타버스 관련 특허는 2011~2020년 동안 연평균 16.1% 성장하며 높은 증가세를 보이고 있으며, 해당 기간 동안 세계 3위인 것으로 나타났다. 세부 기술 분야별로는 콘텐츠(47.8%), 운영체제(43.9%), 디스플레이(8.1%), 대체불가능 토큰(0.2%) 순으로 콘텐츠의 중요도가 매우 높음을 알 수 있다.

또한, 산업통상자원부 국가기술표준원은 2023년 7월 13일 산·학·연 전문가가 참여하는 '메타버스 산업 표준화 포럼'을 발족했다. 포럼은 전 세계적으로 통용될 수 있는 메타버스 디바이스및 플랫폼에 대한 국제 표준 확보를 목표로 하며, XR 디바이스 표준화를 위한 디바이스 분과와 디바이스－플랫폼 간의 내용을 포괄하는 것에 대한 표준화를 위한 플랫폼 분과, 실제 표준안 개발을 위한 표준개발 분과로 구성된다. 글로벌 시장에서 메타버스 선도국 기업이 경쟁하고 있는 상황에서 해당 포럼을 통해 국제 표준화를 추진하는 첫걸음이며, 산업계가 중심이 되어 우리 기업의 기술이 국제 표준으로 연계될 수 있도록 하는 기회다. 과학기술정보통신부 국립전파연구원은 국제 전기통신연합 전기통신 표준화 부문(ITU－T) 표준화 자문그룹(TSAG) 회의에서 우리나라 주도로 메타버스 포커스 그룹을 신설해 연구 활동을 지원하고, 관련 기술과 표준에 대한 사전연구를 수행하여 우리나라의 메타버스 분야 국제 표준화를 주도하고 있다.

2. 메타버스 기반 산업 현장 디지털 전환

게이미피케이션(Gamiflcation) 형태의 메타버스 플랫폼으로 콘텐츠가 아닌 대표적인 분야는 산업 현장의 제조, 의료, 건축 등의 분야이다. 산업용 메타버스는 대중에게 널리 알려진 로블록스 등과 같은 플랫폼이 아닌 특정 분야 종사자들을 위한 플랫폼이 대부분이다. 가장 최근 산업계에서 뜨거운 감자였던 산업용 메타버스는 엔비디아(NVIDIA)의 옴니버스(Omniverse)가 대표적인 예라 할 수 있다

엔비디아의 옴니버스(Omniverse)는 메타버스 응용 프로그램을 만들고 운영하기 위한 플랫폼으로 제조산업 중에서도 자동차 제조의 워크플로우를 BMW 공장에 실증한 바 있는 플랫폼이다. 옴니버스는 OpenUSD(Universal Scene Description) 기반 3D

그림 7-5 | 대표적 산업용 메타버스

워크플로우 및 애플리케이션을 개발할 수 있는 컴퓨팅 플랫폼으로 코드를 거의 또는 전혀 사용하지 않는 AI 개발을 통한 산업용 메타버스 애플리케이션을 구축하여 산업 디지털화가 가능하다고 한다.

옴니버스는 기존에 보유하고 있는 인공지능과 렌더링 기술을 특장점으로 가지고 있으며, 애니메이션 영화의 컨셉 디자인에서 산업용 디지털 트윈 레벨까지 모두 물리적으로 정확한 대규모 시뮬레이션을 지원한다. 옴니버스의 자체 3D 워크플로우를 위해 Blender, Autodesk 3ds Max와 Maya, Cinema 4D, Digital Voice Studio, Marvelous Designer, SketchUp, Unreal 등 모델링, 영상, 의상, 게임 엔진, 심지어 음향 관련 third-party 도구들도 옴니버스와 연결해 사용할 수 있다.

지멘스(Siemens)의 개방형 디지털 비즈니스 액셀러레이터(Xcelerator)는 산업용 메타버스의 원조격인 플랫폼이다. 기존 지멘스의 디지털 전환 전략은 화려하지는 않지만 실제 공정과 거의 동일하도록 만드는 것이었다면, 현재 엔비디아는 인공지능과 시뮬레이션, 렌더링 기술을 결합하고 협력하여 사실적 시각화까지 갖춘 완성도 높은 디지털 트윈을 구현하였다. 엔비디아는 지멘스와 함께 2022년 산업용 메타버스에 대한 공동 비전을 발표한 후 노르웨이 소재의 프레이어(FREYR) 배터리 공장의 디지털 트윈화를 진행한 바 있다.

그림 7-6 | 동일 환경에 대한 지멘스와 엔비디아의 강점

국내에서도 다양한 연구 개발이 정부, 기관, 기업, 학교를 중심으로 이루어지고 있으나 높은 완성도가 요구되는 종합 플랫폼은 해외 솔루션에 의존하고 있는 실정이다. 따라서 적극적인 투자와 연구 개발을 통해 콘텐츠로서의 산업용 메타버스만이 아니라 깊이 있는 요소기술을 통해 글로벌 경쟁력이 있는 플랫폼을 개발해 나가야 할 것이다(김영원, 2023).

Ⅱ 메타버스 분야별 활용

메타버스는 초기에는 단순한 게임 및 생활 소통 서비스로 시작되었지만, 이제는 초연결 및 초실감 기반의 소비와 생산이 공존하는 다양한 플랫폼으로 확대되고 있다. 즉 초기 단순 구조의 게임, 생활 소통 서비스에서 초연결, 초실감 기반의 소비와 생산이 공존하는 다양한 플랫폼으로 확산이 시도되고 있으며, 비대면 업무·교육, 공연·홍보, 산업 등 다양한 분야에서 활용되고 있다.

교육 분야 활용 사례로는 LG 디스플레이가 '메타버스 플랫폼'을 도입, 신입사원 교육을 가상현실 세계로 옮겨 교육의 몰입도를 제고하고 입사 동기들과 네트워크를 강화한 사례를 들 수 있다. LG디스플레이는 메타버스 교육장을 구성하여 약 200명의 신입사원들이 본인의 아바타로 자사 국내 4개 사업장을 자유롭게 돌아다니며 동기들과 화상 소통할 수 있게 하는 한편, 릴레이 미션이나 미니게임 등 다양한 교육 프로그램에 참여하게 하였다.

공연·홍보 분야에서는 시간·공간의 한계를 극복하고, 관객과의 상호작용을 강화하는 데 활용된다. 국내에서는 BTS와 블랙핑크 등이 신곡이나 안무를 ZEPETO나 FORTNITE와 같은 메타버스 플랫폼을 활용해 소개한 사례가 유명하다. 미국의 유명한 래퍼 트래비스 스캇이 FORTNITE에서 한 공연은 동시접속자가 2,700만명에 달할 정도로 성황을 누렸다. 홍보 분야 대표 사례로는 게임 '동물의 숲'에서 진행된 미국 조 바이든 대통령의 선거유세를 들 수 있다. 코로나 팬데믹으로 기존 방식의 선거홍보를 하기 어려워지자 새롭게 도입 및 추진하여 유명해진 사례이다. 이후 청와대 초청 행사나 각종 국내 선거에서도 메타버스 플랫폼의 활용도가 넓어지고 있다. 산업

┌─ 그림 7-7 │ 대표적 해외 메타버스 플랫폼 ─────────────────────────────┐

| 버넥트 원격 협업 | 에어버스 여객기 조립 |

자료: 남현우(2023)

분야, 특히 제조 분야에서는 메타버스를 활용한 공정개선, 불량 검출, 작업 안전, 직원 훈련, 원격 보수, 업무 협업 등을 통해 생산성을 높이고 제조 프로세스를 혁신하는 데 쓰이고 있다. 대표적인 국내 제조업 현장 사례로는 코로나 환경 때문에 코로나19로 인해 입국/출장이 어려운 것을 고려하여 메타버스 솔루션을 도입하여 업무 효율성 향상에 도움을 받은 석유 화학공장을 운영하는 한화토탈이나 [그림 7−7]의 버넥트 사례를 들 수 있다.

또한 한국동서발전, GS칼텍스, 포스코인재창조원, 한국가스공사 등에서도 현장 대응 훈련, 공장 공정 교육, 정비 교육, 설비 관리교육 등을 위해 활용하는 등 메타버스는 현장 작업자와 원격지 전문가를 연결하는 원격 협업 솔루션으로 유용하게 활용되고 있다.

메타버스는 다양한 산업과 일상의 영역에서 혁신적인 활용 사례를 제공하며, 각 분야에서 독특한 가치를 창출하고 있다. 이러한 활용은 기술, 교육, 엔터테인먼트, 부동산, 회의 및 사회적 상호작용 등 광범위한 분야에 걸쳐 있다(남현우, 2023).

1. 업무분야

단순히 화상으로 연결하는 비대면을 넘어 업무공간 자체를 가상플랫폼으로 변화하려는 시도가 전개되고 있다. 메타버스의 가장 큰 강점은 모든 현실공간과 사물에 대해 가상세계에 구현할 수 있어 교육 현장에서 다양한 체험이나 사례 중심의 교육이 필요할 때 매우 효과적으로 활용될 수 있다. 즉 자연 관찰, 우주 체험, 물리 시뮬레이션 등 교재나 단순 시각적인 체험으로 한 번에 이해하기 어려운 부분에서 효과적으로 활용될 수 있다.

실제 업무 사례로 마이크로소프트업무 협업플랫폼 Mesh를 통해 사람들은 서로 연결되어 공간을 공유하며, 세계 어디에서나 협업할 수 있다. Mesh 지원 혼합현실 환경을 조직에 제공하면 가상 회의를 개선하고, 가상디자인 세션을 진행하고, 다른 사람을 원격으로 지원하고, 몰입형 가상 모임을 주관하여 생산성을 높일 수 있다.

메타버스는 학생들이 가상의 교실 환경에서 실시간으로 수업에 참여할 수 있게 해준다. 이는 지리적 제약없이 교육의 접근성을 향상시키며, 인터랙티브하고 몰입감 있는 학습 경험을 제공한다. 그리고 시뮬레이션 기반 훈련으로 의료, 항공, 군사 훈련 등 고도의 전문성을 요구하는 분야에서 가상 현실 기술을 활용하여 실제와 같은 훈련 환경을 구현한다. 이는 비용을 절감하고, 위험을 최소화하며, 효과적인 학습 결과를 도출한다.

2. 게임 및 엔터테인먼트 분야

메타버스는 사용자가 자유롭게 캐릭터를 생성하고, 가상 세계를 탐험하며, 다른 사용자와 상호작용할 수 있는 게임 및 소셜 플랫폼을 제공하여 사회적 상호작용과 사용자 참여를 극대화한다.

메타버스를 활용한 엔터테인먼트 분야는 매개되며, 특히 우리나라에서는 K팝 열풍과 함께 부각하고 있다. K팝의 인기를 기반으로 셀러브리티(Celebrity)들은 개성있는 아바타를 만들고 메타버스 공간 안에서도 자신만의 인기와 팬을 만들며 그들과의 상호작용을 강화한다. 셀리브리티로 소통이 활발해진 메타버스 공간에서는 굿즈(Goods) 판매나 이벤트 개최, 협찬 상품 유통 등이 더욱 활발해질 수 있다. 또한, 콘서트나 공연 등의 다양한 문화 행사와도 결합될 수 있다. 그 활용사례로 국내에서는 BTS와 블랙핑크 등이 신곡이나 안무를 제페토(Zepero)나 포트나이트(FORTNITE)와 같은 메타버스 플랫폼 을 활용해 소개한 사례가 유명하다. 미국의 유명한 래퍼 트래비스 스캇 (Travis Scott)이 포트나이트에서 한 공연은 동시접속자가 2,700만명에 달할 정도로 성황을 한 바 있다.

3. 산업분야

산업 중에 특히 제조 분야에서는 메타버스를 활용한 공정개선, 불량 검출, 작업 안전, 직원 훈련, 원격 보수, 업무 협업 등을 통해 생산성을 높이고 제조 프로세스를 혁신하는 데 쓰이고 있다. 그 사례로 국내 제조업 현장 사례로는 코로나 19로 인해 입국/출장이 어려운 것을 고려하여 메타버스 솔루션을 도입하여 업무 효율성 향상에 도움을 받은 석유 화학공장을 운영하는 한화토탈이나 버넥트 사례를 들 수 있다. 또한, 한국동서발전, GS칼텍스, 포스코 인재창조원, 한국가스공사 등에서도 현장대응 훈련, 공장 공정 교육, 정비 교육, 설비 관리교육 등을 위해 활용하는 등 메타버스는 현장 작업자와 원격지 전문가를 연결하는 원격협업 솔루션으로 유용하게 활용되고 있다.

4. 관광분야

코로나 19로 인해 한동안 관광객들은 실제 관광 현장을 방문하지 못함으로써 관광객들의 관광 욕구에 대한 갈증 해소를 위해 메타버스라는 기술이 관심이 높아졌다. 실제 방문하지 못하는 관광 현장을 메타버스 플랫폼에 의한 온라인 접속과 가상공간을 통한 체험으로 관광 욕구를 일부 해소하려는 시도가 활발히 이루어졌다.

관광 분야는 온라인에서 활성화하기 어려운 분야로 여겨졌지만, 메타버스를 통해 관광과 결합된 서비스가 점차 발전하고 있다. 메타버스 관광 서비스는 관광지를 메타버스에서 체험하거나 관광 자원을 아이템으로 구축하는 등 다양한 유형으로 나눈다. 지역 사회를 중심으로 한 상품 개발을 통해 메타버스가 관광 분야와 점차 접목되고 있다는 점이 주목된다.

그 예로 국내에서도 디지털전환 시대에 발맞춰 특히 글로벌 MZ세대를 대상으로 한 관광 홍보 및 마케팅 채널, 소통 창구로서 메타버스가 적극 활용되었다. 관광 현장의 디지털 전환 추세에 한국관광공사 등이 적극적으로 임했으며, 제페토의 해외 이용자를 적극 공략하는 등 다양한 시도가 되었다.

또한 관광 현장에 대한 디지털전환을 위해 기술적이나 콘텐츠적으로도 다양한 콘셉트가 제시되었다. 예를 들어 Matterport와 같이 실제로 촬영된 이미지와 파노라믹 영상에 기반하여 호텔 등 관광 경험을 제공하고자 하는 콘셉트가 있다. 그 활용사례로 국내에서 메타버스를 활용한 대표적 관광 사업은 제주특별자치도 사례가 있다. 제주특별자치도는 과학기술정보통신부의 지원을 받아 거문오름, 만장굴 등 세계 자연유산 마을을 실제 공간 체험을 할 수 있는 가상공간으로 구축할 계획을 수립했다. 제주특별자치도와 제주도 관광협회가 함께 메타버스인 제페토 플랫폼에 구축한 '점핑한라산' 사례도 있다. 그리고 디토랜드와 같이 현장을 완전히 제작된 3D 애셋 만으로 구성하는 콘셉트 또는 메타의 샘플 영상처럼 힐링으로서의 관광지를 재구성하여 Photorealistic한 현장의 야외 풍경과 가공된 실내의 3D 애셋을 조합한 관광 경험을 제공하는 콘셉트가 있다. 또한 한국전자기술연구원에서 개발한 "메타버스·AI 융합

그림 7-8 ┃ 메타버스 기반 관광 디지털 전환 콘셉트

기반 확장형 공원 플랫폼 기술개발 및 실증" 사례처럼 대규모 미디어월 등을 활용해 온라인과 오프라인 관광지를 메타버스를 통해 연결해주는 콘셉트 등이 있다.

이와 같이 각자의 방식으로 메타버스를 활용한 관광에 대한 디지털 전환을 꾀하고 있으나 팬데믹의 종식으로 인해 메타버스 기반의 비대면 여행의 매력이 감소하고 있다. 특히 국내 여러 이벤트들을 통해 현재 구축하고 있는 방향의 관광형 메타버스는 특정 이벤트가 있을 때를 제외하고는 관광객들에게 크게 매력적이지 못한 것이 거듭 증명되고 있다.

콘텐츠적으로 잘 만들어져 있고, 각 관광지의 콘셉트를 잘 살려 좋은 스토리텔링에 기반하여 만들어도 결국 이용자들의 지속적인 방문이 있어야 한다. 그래야 수익 창출로 이어지고 지역 관광지 경제 활성화에 이바지할 수 있어 이에 대한 지속적인 유지 보수 및 업데이트가 필요한 것이다. 그리고 특정 플랫폼에 종속적인 메타버스 관광 콘텐츠가 아니라 각 분야의 요소기술들이 결합되어 자생력을 가지고, 특정 이벤트가 있거나 홍보를 하지 않더라도 자발적으로 반복해서 방문할 수 있도록 하는 매력적인 관광형 메타버스로 발전하여야 할 것이다.

5. 교육분야

메타버스의 가장 큰 강점은 모든 현실공간의 사물에 대해 가상세계에 구현할 수 있어 교육 현장에서 다양한 체험이나 사례 중심의 교육이 필요할 때 매우 효과적으로 활용될 수 있다. 즉 자연 관찰, 우주 체험, 물리 시뮬레이션 등 교재나 단순 시각적인 체험으로 한 번에 이해하기 어려운 부분에서 효과적으로 활용될 수 있다.

실제로 세종시의 수학체험 센터에서는 'Hand Physics LAB'으로 수학적 사고력 수업을 실시하고, 생태환경 선도학교인 홍은초등학교에서의 환경보호 교육과 함양문화예술회관에서는 미술 창작 수업에 그리고 대학의 AI 융합 교육에도 다방면으로 활용되고 있다.

그리고 메타에서는 기존에 Quest 헤드셋을 사용할 수 있는 권장 이용 연령을 13세로 정의하였으나 부모가 관리하는 계정과 사전 승인을 한 경우에는 권장 이용 연령을 10세로 조정하였다. 이러한 권장 연령의 하향 조정을 통해 더 이상 VR과 XR관련 헤드셋은 성인이나 개발자, 전문가들의 전유물이 아니라 보다 적극적으로 모든 일반 사용자들에게 보급될 수 있는 환경이 마련되고 있다.

하드웨어적인 분위기뿐만 아니라, 최근 인공지능 기술의 급속한 발전으로 인해 생성형 AI, 챗 GPT 등의 기술이 메타버스와 융합되는 사례가 늘고 있다. 챗 GPT를 메타버스와 결합한 각종 활용 가이드 등을 통해 AI 리터러시(Literacy)[7] 교육이 이루어지고 있다. 서울디지털재단이 발간한 '챗GPT 활용보고서'(업무활용편)는 한 달 만에 홈페이지 조회가 8만회를 기록하는 등 사용자들로부터 큰 관심을 받고 있다.

초기의 챗 GPT는 메타버스 환경 내에서 단순히 도우미 정도의 역할을 할 수 있는 챗봇이나 에이전트 정도로 활용되었으나, 현재는 사용자에게 다양한 기능과 경험을 제공하는 만능 툴(Tool) 역할을 하기도 한다. 실제로 Unity에서 ChatGPT를 활용해 별도의 코딩작업 없이 간단한 게임을 만들어내는 튜토리얼을 제공하고 있다. 그리고 각종 안전 교육, 실감형 교육, 초등 교육 등 다양한 주제와 연령대의 교육생들을 대상으로 교육 현장에 발 빠른 메타버스의 적용이 이루어지고 있다.

상상이상의 빠른 속도로 시시각각 변하고 있는 인공지능 기술의 발전과 VR의 용도에 맞는 적절한 융합을 통한 교육분야에서 메타버스가 활발하게 활용될 것으로 기대된다.

─ 그림 7-9 | 메타의 메타버스 기반 교육 디지털 전환 예시

---

7) 리터러시(Literacy): 문해력. 문자로 된 기록을 읽고, 거기 담긴 정보를 이해하는 능력.

6. 부동산 및 건축분야

사용자는 메타버스 내에서 가상으로 부동산을 구매, 개발 및 거래를 할 수 있다. 이는 디지털 자산으로서의 가치를 가지며, 실제 부동산 시장과 유사한 경제 활동을 경험할 수 있다. 그리고 건축 시뮬레이션으로 건축가와 디자이너는 메타버스를 활용하여 건축 모델을 실시간으로 시뮬레이션하고, 클라이언트나 팀과 협업을 진행할 수 있다. 이는 설계 오류를 최소화하고, 프로젝트의 효율성을 높인다.

부동산분야에 메타버스 활용에 대한 내용은 본서의 'Chapter 10'을 참고할 수 있다.

7. 회의 및 사회적 상호작용

기업과 조직은 메타버스 내에서 가상 회의실을 구성하여 직원들이 어디서든 참여할 수 있는 회의를 개최할 수 있다. 이는 여행 비용을 줄이고, 더욱 효율적인 협업을 가능하게 한다. 즉 사용자는 메타버스에서 결혼식, 졸업식, 가족 모임 등 다양한

표 7-2 | 메타버스 활용분야

산업	적용 사례
교육	(Learning and training) 학습 및 개발, 원격 학업, 원격 업무 지원, 컨퍼런스 및 이벤트
자동차 및 제조항공 및 방위	(Product design) 디지털 트윈/운영, 공정 디자인, 제품 디자인 교육, 원격 지원 안전
소매	3D 카탈로그, 가상 매장/디지털 쇼룸, 가상 피팅, 매장 설계 및 디자인, 광고 최적화
헬스케어 시스템 및 서비스	수술 지원(AR), 원격의료(정신 건강, 통증 관리 등), 이미징/병리학, 훈련, R&D/시뮬레이션
건설 및 건축 자재	가상공간/환경/빌딩 등 가상 건설을 위한 시뮬레이션
부동산	가구 배치, 바닥 등 인테리어 공간 디자인, 부동산 가상 투어 제공, 고객 향상 경험, 가상부동산 거래 및 가상세계의 부동산 개발 등
에너지 및 유틸리티	(Overlay of data visualization) AR을 활용하여 지하 자산(assets) 및 복잡한 구성 요소를 오버레이 시각화로 감지, 예측하여 안정성 확보
항공, 여행 및 물류	창고 물류 흐름 제약 진단 및 운송 관리
미디어 및 엔터테인먼트	(Live events) 실제 경험과 같은 가상 이벤트 참여(콘서트, 컨퍼런스, 스포츠, 패션쇼 등)

개인적 및 사회적 행사를 주최할 수 있다. 이는 실제 이벤트에 참여할 수 없는 이들에게 참여 기회를 제공한다.

메타버스의 이러한 활용 사례는 기술의 발전과 함께 지속적으로 확장되며, 가상과 현실의 경계를 허물고 있다. 이는 사용자에게 실질적인 가치와 새로운 경험을 제공하며, 각종 산업에 혁신을 가져올 것이다.

Ⅲ 메타버스 디지털 휴먼

1. 디지털휴먼의 개념

인간을 닮아 온라인 또는 가상공간에 존재하는 디지털 인간인 디지털휴먼은 컴퓨터 그래픽 기술로 구현되어 온라인 또는 가상환경에서 인간 형태인 가상 캐릭터이다. 영화 및 게임 캐릭터의 동작을 묘사하는 엔진 기술 등을 적용하여 짧은 시간 내에 사실적이고 인간과 구별이 어려울 정도로 구현이 가능하며, 인공지능 기술의 발달로

표 7-3 | 디지털 휴먼 개념과 특징

구분	유형	개념과 특징	예외
디지털 휴먼	가상 인간	• (개념)인간을 닮아 현실세계에서 상호작용하는 가상의 3D 캐릭터로 가상의 탄생, 성격, 취미 등의 이력 부여 • 컴퓨터그래픽 및 특수영상 효과 등 첨단기술로 제작되면 실제 인간과의 구별이 어려우며 자연스러운 동작도 가능 • AI 학습에 의해 보고 듣고 이해하는 것은 물론 사람과의 대화 및 사람의 표정, 어조, 감정을 감지한 반응 가능	• 실제 인간을 모델로 하여 현실세계에서 상호작용 하며 3D 보다는 2D가 대다수(예: AI쏘니, 무아인 등)
	아바타	• (개념)인간을 대신 가상세계에서 활동하는 다양한 분신 • 아바타는 실제 인간이 다양한 가상세계의 세계관에 따라 개별적으로 생성, 제어 및 역할 • 가상세계의 디지털 표현으로 특정 이용자가 아바타의 모델을 생성 및 제어, 롤플레이 게임이 가능	• 신체 특성, 건강상태 등 개인의 데이터를 기반으로 가상세계에 구축된 아바타로 주로 정적 모델 • (예: 개인의 디지털 트윈, Health Passport 등)

자료: ETRI(2022)

그림 7-10 | 디지털 휴먼의 기술 단계

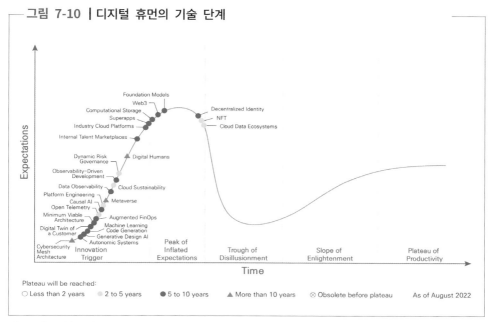

자료: 가트너(2022), Hype Cycle for Emerging Technologies

듣고, 보고, 말하는 기능까지 갖출 수 있다. 이러한 디지털 휴먼은 개인화 및 자동화의 진전 추세에 따라 기업이 가상환경에서 사용자와 상황에 따라 인식하고 사실적인 상호작용을 가능하게 하여 확산되고 있다.

디지털 휴먼은 "인간의 특성, 개성, 지식 및 사고방식 등을 가지고 인간처럼 보이고 인간처럼 행동하는 인공지능 기반의 대화형 묘사체"로 정의(가트너, 2021)[8]하고 있으며, 국내 국제 인공지능&윤리협회(IAAE)는 '디지털 휴먼 윤리 가이드라인'에서 "인공지능, VR/AR, 메타버스 기술 등을 이용하여 구현해 낸 디지털 형태로 존재하고 활용되는 인간"이라 규정하고 있다.

디지털휴먼은 ICT 등 기술에 의하여 인간의 능력을 증강하는 증강인류와는 구별된다. 증강인류(Augmented Humanity)는 과학기술을 이용하여 감각 · 지능 · 육체적 능력

---

8) Gartner(2021), Hype Cycle for Emerging Tecchnologies, Digital humans are interactive, AI-driven representations that seem to have some of the characteristics, personality, knowledge and mindset of a human. These traits make them appear to be humans and behave in a "humanlike" manner.

이 크게 향상된 인간을 의미하는 것으로 휴먼증강 기술을 이용한 신체, 두뇌 등의 능력을 향상시킨 것으로 인체에 삽입·부착·착용하는 휴먼증강 기술이 빠르게 발전하면서 감각증강·인지증강·신체적 증강한 것으로 증강인류의 개념이 확장된 것이다.

디지털 휴먼은 향후 현실과 연결된 가상공간인 메타버스 플랫폼에서 그 자체로 중요한 콘텐츠이자 인간의 감성을 자극하는 중요한 매개체가 될 전망이다.

가트너가 2021년과 2022년에 제시한 이머징 기술 하이퍼 사이클에서 디지털 휴먼은 최초 단계인 혁신촉발단계(Innovation Trigger)에 있어 기술의 정점에 이르러 대중화되기까지 10년 이상이 소요될 것으로 전망하고 있다.

2. 디지털 휴먼의 유형 및 특성

디지털 휴먼은 다양한 문맥에서 다양한 형상으로 표출하여 현실 속 디지털 휴먼인 가상인간(Virtual Human)과 디지털 휴먼인 아바타(Avatar) 등 두 가지 유형이 있다. 먼저 가상인간은 실제 사람처럼 생겼고 사람처럼 말하는 가상의 인간으로 2D 또는 3D 캐릭터로 현실적 기능을 갖는 인공 인격을 갖추어 인간 감정을 모방한다. 예를 들어 버츄얼휴먼, 메타휴먼, 사이버휴먼 등이 모두 실체 인물이 아닌 소프트웨어로 만든 가상인간이다.

반면 아바타는 가상세계 속에서 인간을 대신하여 활동하는 분신을 뜻하며 가상세계의 디지털 표현으로 특정 이용자가 아바타의 모델을 생성하고 제어한다. 가트너는 디지털 휴먼을 사람들의 디지털 트윈 표현으로 디지털 아바타, 휴머노이드 로봇, 대화형 사용자 인터페이스(챗봇, 스마트스피커) 등을 포함하고 있다.

디지털 휴먼은 메타버스의 주요 요소 중 하나로 사람의 외형을 가지고 정서적인 교감까지 가능하도록 가상공간과 현실세계를 넘나들며 사람들과의 상호작용을 높일 수 있으며, 향후 메타버스 콘텐츠의 최전선에 설 것으로 예상된다. 이러한 디지털 휴먼은 메타버스 상에서 다양한 어플리케이션을 넘나들며 끊김 없는 상호작용을 하거나 NFT를 소유하는 등의 경제적 활동을 위해 필수 요소라 할 수 있다.

디지털 휴먼은 다양한 분야에서 대중과 상호작용하는 주 분야는 게임 및 엔터테

그림 7-11 | 디지털 휴먼과 메타버스 관계

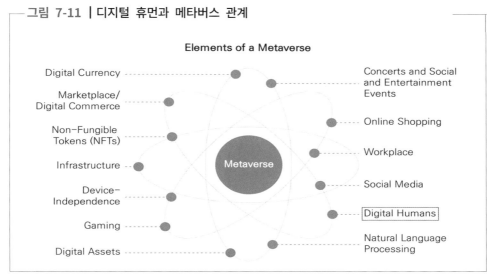

Elements of a Metaverse

- Digital Currency
- Marketplace/Digital Commerce
- Non-Fungible Tokens (NFTs)
- Infrastructure
- Device-Independence
- Gaming
- Digital Assets

Metaverse

- Concerts and Social and Entertainment Events
- Online Shopping
- Workplace
- Social Media
- Digital Humans
- Natural Language Processing

자료: 가트너(2021)

인먼트로, 최근 인간과 매우 흡사한 가상인간 구현이 가능해지고 가상과 현실이 융합하는 메타버스 시대가 도래하면서 활용 영역이 더욱 폭넓게 확대되는 추세로 안내 및 홍보, 유통, 교육, 헬스케어, 제조업 등 다양한 산업으로 확대되고 있다.

디지털 휴먼은 물리적인 한계를 초월한 서비스를 제공하면서 경제적 효과를 창출할 수 있으며, 이용자 편의나 외로움 해소 등에 기여할 수 있는 반면, 인간을 대체하여 일자리를 위협하거나 여러 법적·윤리적 이슈들이 제기되는 양면성이 있다.

특히 디지털 휴먼은 다양한 메타버스 환경에서 활용되어 많은 사례를 만들어내고 있으며 각 환경에서의 특성에 따라 적합한 디지털 휴먼이 활용되고 있다.

3. 디지털휴먼의 활용과 동향

(1) 가상인간 활용 주요 사례

디지털 휴먼 형태 중 TV, 영화 등 단방향적인 매체를 통해 활용되는 가상인간은 현재 상호작용이 가능한 인플루언서 마케팅, 고객 응대서비스 등 다양한 분야로 확대되고 있다. 예를 들어 브라질 마갈루(최대 팔로워 1위), 미국 릴 미켈라(연간수입 1위)를

표 7-4 | 국가별 디지털 휴먼 활용

가상인간	개발사	특징	관련 이미지
마갈루 (브라질)	매거진 루이자 (유통기업)	• 브라질 최대 유통기업 '매거진 루이자'가 만든 가상인간 • 전 세계 가장 많은 인스타그램 팔로워(580만명) 보유 • 영국 온라인 쇼핑몰 온바이는 2022년 128만 9,356파운드(약 208억원)의 수익을 올릴 것으로 예상	
릴 미켈라 (미국)	Brud (스타트업)	• LA거주 브라질계 미국인, 인스타그램 팔로워 300만명 이상 • 샤넬, 케빈 클라인 등 모델로 활동, 최근 할리우드 3대 에이전시 CAA(Creative Artists Agency)와 계약 • 광고용 포스팅 단가가 8,500달러(약 976만원)로 한 해 수입만 130억원	
슈두 (영국)	제임스 윌슨 (사진작가)	• 세계 최초 디지털 슈퍼 모델 • 명품 브랜드 '발망' '살바토레 페라가모' 등과 협업 • 2020년에는 삼성전자 'Z 플립' 모델로 발탁 • 최근 메타버스 플랫폼 '제페토'에서 진행한 '크리스티앙 루부탱' 패션쇼에서 모델로 등장	
이마 (일본)	AWW (스타트업)	• 일본 이케아 하라주쿠점 광고 모델로 활동 • 하라주쿠 매장에서 3일간 먹고 자며 요가와 청소를 하는 일상을 보내는 광고 • 34만여 명의 인스타그램 팔로워를 보유 • 2020년 수익 7억원	

자료: ETRI(2022)

필두로 국가별로 대표적인 가상인간이 활발하게 활동 중이다.

　　디지털 휴먼의 상호작용 능력과 업무 능력이 더욱 향상되면 디지털 휴먼의 활용 범위가 향후에는 지금보다 더욱 넓게 확장될 전망으로 디지털 휴먼의 활용 분야 확장은 국내에서 활발히 진행되고 있으며 국내에서 생성되어 활동하는 가상인간은 150여 명으로 전 세계 가상 인간의 70% 이상을 차지하고 있다(문화일보, 2022).[9]

---

9) 문화일보(2022), 전 세계 가상인간 70%가 한국출생(2022.11.3)

표 7-5 | 국내 가상인간 활용 사례

개발사	이름	특징	관련 이미지
싸이더스 스튜디오 X	로지	• 세계여행과 요가, 패션에 관심이 있는 22세 여성 • 가상인간임을 밝히지 않고 3개월간 로지 인스타그램 운영, 누구도 가상인간임을 인지하지 못함 • 신한라이프 광고에 이어 자동차, 호텔 등 홍보 모델 • 2021년 수익 3억원(국내 최고)	
네이버	이솔 (SORI)	• 네이버 쇼핑라이브 등을 통해 뷰티 관련 제품의 장점을 소개하면서 MZ 인플루언서로 활동 • 리얼타임 엔진 기반으로 제작된 Full 3D 가상인간으로 일반 가상인간보다 표현력이 풍부하고 자연스러운 모션 연출이 가능	
한화생명	한나 (Hannah)	• MZ 세대를 대표하는 버츄얼 재무설계사(FP)이자 사내 인플루언서 활동, 향후 영업지원, 캠페인, ESG 활동 등을 전개하며 혁신적인 디지털 경험을 제공할 예정 • 우리나라 금융업 최초로 지식재산권(IP) 획득 • 3D 그래픽과 인공지능 보이스 기술을 통해 탄생	
메타버스 엔터테인먼트	리나 (Rina)	• 성격, 재능, 다양한 내러티브를 갖춘 복합적인 인격체를 지향하며 인스타그램, 틱톡 등에서 주로 활동 • 800여 가지의 다채로운 표정 데이터를 담은 것이 특징 • 개발사는 넷마블의 자회사로, 2023년 상반기에 버추얼 아이돌 그룹 '메이브(MAVE:)' 공개할 예정	
펄스나인	제인 (Zaein)	• 인공지능 기술로 만들어진 이터니티 멤버로 2021년에 데뷔 이후 2022년에는 웹드라마에 출연 • 국내 가요계 스타들의 20년치 데이터를 AI에 학습시킨 딥리얼 AI를 기반으로 보다 사실적인 표정, 입모양 구현 • 최초로 국내 보이는 라디오에 이어 TV생방송(YTN) 출연	
온마인드	나수아	• 지난해 SK스퀘어가 80억원을 투자한지 1년 만에 하나은행으로부터 20억원 투자 유치 • SK텔레콤 AI 서비스 '에이닷' 광고 영상에서 아이돌과 대화 • 하나은행은 AI 뱅커, 라이브커머스 모델, 키오스크 디지털 안내원 등 다양한 고객접점에서 가상인간 활용 예정	

자료: 넥스텔리전스, ETRI 정책용역보고서(2022) 및 온라인 기사를 기반으로 재구성

(2) 아바타 활용 주요 사례

아바타는 가상인간과 달리 사용자의 개성을 발현하는 디지털 휴먼으로 사용자를 대신해 상호작용하는 주체로 활동한다. 사용자들이 서로의 아바타가 가상 캐릭터임을 알고 있어 인간을 얼마나 닮았나 보다는 인간과 같은 소통 및 상호작용이 어느 정도

표 7-6 | 주요 메타버스 플랫폼 아바타 특징

플랫폼	아바타 특징	내용
Roblox (로블록스)	• 게임 • 실사 수준 • 사용자 경제	• 3D 기반의 의상 착용, 감정에 기반한 다양한 표정 변화까지 추구 (2021년 '레이더스 복장 스튜디오' 출시) • 실시간으로 사용자 비디오를 통해 얼굴을 표현하고 보이스로 립 싱크를 구현하는 것도 가능
포트나이트 (에픽게임즈)	• 게임, 커뮤니티 • 언리얼 엔진 • 사용자 경제	• 플랫폼 내에서 3D 아바타를 통한 대규모 가상 콘서트 개최 • 게임 내 '파티로얄(Party Royale)'이라는 평화 지대에서 사용자들 은 아바타를 통해 서로 어울리며 소통 • V-Bucks로 아이템구매, 공연/전시회관람, 현실화폐 충전/교환
호라이즌 월드 (메타)	• 가상 업무공간 • 상반신 • 유니티 엔진 • VR헤드셋	• 아바타로 가상 공간에서 업무, 쇼핑, 파티 등을 할 수 있도록 설 계된 메타버스 플랫폼 • VR헤드셋 사의 불편함, 하반신이 없는 사실감이 떨어지는 아바 타, 상대 이용자의 부적절 행동, 지속적인 버그와 접속 지연 등의 문제로 최근 이용자 감소
제페토 (네이버)	• 커뮤니티 • 유니티 엔진 • 사용자 경제	• 얼굴인식과 AR, 3D 기술을 활용해 자신만의 개성이 담긴 3D 아 바타를 만들어 소셜 활동을 즐길 수 있는 플랫폼 • '제페토 스튜디오'를 통해 아바타의 의상, 액세서리 등 아이템과 월드 등을 취향에 맞추어 제작 가능
이프랜드 (SKT)	• 커뮤니티 • 유니티 엔진	• 다양한 사람들과 비대면으로 소통할 수 있는 공간으로, '랜드 (land)'라고 부르는 다양한 모임을 통해 유저들과 소통 • '이프미'라는 캐릭터 아바타를 이용 다른 유저들과 소통 가능
세컨드 라이프 (린든랩)	• 커뮤니티 • 가상세계 • 사용자 경제	• 오브젝트 제작, 판매 등 다양한 활동이 가능한 가상공간으로 2003년부터 서비스 • 16세 이상 사용자만 이용 가능하며, 가상공간 내에서 홀로코스트 기념박물관, 영국 임페리얼 컬리지 등을 통한 교육 가능

자료: 넥스텔리전스, ETRI 정책용역보고서(2022) 및 온라인 기사를 기반으로 재구성

까지 가능한지가 중요하다. 이러한 아바타는 온라인 게임에서 커뮤니티 및 경제활동
이 가능하며 메타버스 플랫폼에 종속되어 활용되고 있다.

4. 디지털 휴먼의 활용의 발전 방향

최근 가상인간은 활동 분야의 확장과 더불어 보다 더 인간 같은 외형과 상호작
용을 하는 가상의 인물에 그치지 않고 인간과의 교류 등 현실적인 적용으로 발전될
것이다.

CG 및 AI 기술 고도화로 디지털 휴먼이 점점 더 실제 인간과 구분이 어려울 정

도로 비슷해지면서 디지털 휴먼은 주력 분야였던 엔터테인먼트 부문에서 이전보다 다양한 활동을 전개하게 될 것이다.

그리고 현실의 물리적 세계와 가상의 디지털 세계가 서로 양극단에서 반대 방향으로 움직이며 스토리텔링이 단방향에서 점차 양방향으로 변화함에 따라 기본 스토리 자체 무결성의 훼손 없이 사용자가 자신의 스토리를 만들어가는 스토리리빙으로 발전하게 될 것이다.

5. 디지털 휴먼의 진화

현실세계와 가상세계와의 공존 또는 융합세계를 미래의 디지털 휴먼 활동공간으로 볼 때 메타버스에서 핵심 콘텐츠인 디지털 휴먼은 인간을 대행하거나, 인간 능력을 증강하는 방향으로 발전할 것으로 예상된다.

즉 다양한 분야에서 인간을 대신하여 소비자에 대응하는 가상인간과 또 다른 자아로서 자율적 진화에 의한 현실세계의 인간과 동조·증강하는 아바타로서의 디지털 휴먼(현실·가상 트랜스휴먼)의 다양한 공존 또는 두 가지 유형의 복합이 가능할 것이다.

디지털 휴먼 구현 측면에서는 가상인간과 아바타의 양축으로 발전하여 현실과

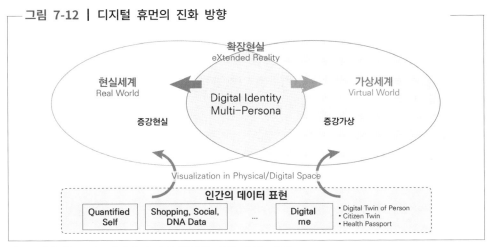

그림 7-12 | 디지털 휴먼의 진화 방향

자료: 김태완(2021), 디지털 휴먼의 현재와 미래, 수정·보완

가상의 경계를 허물어지게 될 것으로 전망되며, 가상인간의 활용이 현실 인간이 활동하는 다양한 분야로 지속 확산되고, 가상으로 구축되는 현실 영역이 더욱 확대되며 아바타의 현실 반영이 늘어남으로써 현실세계와 가상세계를 넘나드는 확장현실의 실현을 촉진하게 될 것이다.

또한 개인의 신체 정보, 건강정보, DNA 정보 등 데이터와 쇼핑, 구매, SNS 등 인터넷상에 기록·저장된 각종 데이터는 디지털 휴먼의 구성 및 특성 표현의 기반이 되며, 헬스 등 특정 분야에서 개인의 디지털 트윈 구현에 활용하게 될 것이다.

section 3 메타버스 발전 전망

▐ 메타버스에 의한 산업 발전

메타버스 주요국과 빅테크의 메타버스 기술발전 추진은 산업별 기업의 생산성 확대 등 기업의 역량 강화에 기여할 것으로 전망하고 있다. NOKIA─EY(2023. 6)의 보고서에 의하면, 설문 응답자[10]의 96%가 메타버스를 활용한 현실과 가상의 통합을 통해 채용과 수익화 가속 및 추가적인 혁신을 가져온다는 것에 동의하고 있다. 즉 메타버스가 제공하는 데이터 상호운용성과 시각화를 통해 기업은 더 나은 계획, 개발, 업무를 진행할 수 있으며 이를 바탕으로 모든 직원은 통찰력(Insight)을 통해 생산성을 높일 수 있을 것이다. 그리고 메타버스를 먼저 도입한 기업들은 메타버스를 도입하지 않았을 때와 비교해 보면 자본적 지출을 15% 감소시키고 지속가능성 10% 향상과 안전도 9% 향상 등의 효과가 있다고 한다.

그리고 메타버스 도입으로 다양한 산업 분야에서의 정량적 효과가 나타나고 있다. 특히 제조공정이나 물류·유통 등에 메타버스를 도입하여 공정시간 단축 및 비용 감소와 정확도가 향상되고 있다. 실제 에어버스는 홀로렌즈 2와 증강현실 시스템을

---

10) 미국, 브라질, 영국, 독일, 일본, 한국 6개 국가에 걸친 860명의 기업 리더를 대상으로 설문조사

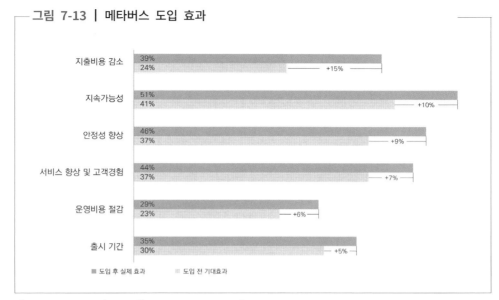

그림 7-13 | 메타버스 도입 효과

지출비용 감소	39% / 24%	+15%
지속가능성	51% / 41%	+10%
안정성 향상	46% / 37%	+9%
서비스 향상 및 고객경험	44% / 37%	+7%
운영비용 절감	29% / 23%	+6%
출시 기간	35% / 30%	+5%

■ 도입 후 실제 효과   ■ 도입 전 기대효과

자료: NOKIA-EY(2023. 6), Metaverse as Work

통해 항공기 설계 검증시간을 80% 감소시키며, 조립작업 시간이 30% 가속되는 효과를 얻고 있다.

의료분야에서는 홀로렌즈 2를 활용한 의료팀 협업 및 환자 진료를 통해 비유동자산(PPE)을 75% 경감시키고 있으며, 보잉은 항공기 조립에 VR 기술을 사용하여 설계오류 건수를 90% 감소시키고, 코카콜라는 유통과정에 VR 글라스를 활용하여 선적 정확도 99.9%로 향상하는 정량적 효과를 도출하고 있다.

그리고 메타버스는 가치를 창출하는 또 하나의 세계로 실질적 수익 창출의 공간으로 활용되고 있다. 현실세계가 아닌 메타버스 가상세계에서 또 하나의 수익 창출의 시장으로 실질적 수익 창출 및 비즈니스 구현 사례들이 속속 등장하고 있다.

예를 들어 메타버스 크리에이터 제작물 판매하는 제페토에서는 283만명의 크리에이터가 활동하고 있으며, 이들은 '제페토 스튜디오'를 통해 약 1억 8,400만개 아이템 판매를 통해 300억원 이상 아이템 거래액이 발생하고 있다.

또한 아바타가 착용할 수 있는 의상 등 아이템 외에 메타버스 공간의 제작·판매와 메타버스에서 제작한 드라마의 판매 등이 이루어지고 있다. 그리고 제휴 마케팅에

표 7-7 | 메타버스 도입 정량적 효과

서비스명	주요내용	도입효과
3D 가상현실 콘텐츠 융합형의 MES 솔루션(론레알)	• 다쏘시스템을 공급처로 하여 DELMIA Apriso 솔루션을 개발, 현장의 생산, 품질 추적성, 자재 이동 및 창고 운영에 적용	• 정합성 평가 94.4%로 증가 • 제품 추적성 10배 향상
홀로렌즈 2를 활용한 의료팀 협업 지원 및 운영방식 개선(MS)	• '홀로렌즈 2'를 활용해 환자치료 개선, 서비스 제공자의 협업 및 효과성 지원	• 연간 PPE(자산, 플랜트, 장비) 유지 비용 75% 경감 • 병동 순회를 완료 30% 효율성 향상
홀로렌즈 2를 사용한 항공기 설계 및 제조 가속(에어버스)	• '미라(MiRA)' 증강현실 시스템을 통해 제작 중인 항공기의 모든 정보를 엔지니어들에게 3차원으로 제공	• 업무 프로세스 속도를 높여 설계 검증 시간을 80%가량 감소 • 복잡한 조립 작업을 30% 가속 • 브래킷 검사에 필요한 소요 시간을 3주에서 단 3일로 단축 • 2년이 걸리는 8,000개의 부품 조립을 하루 만에 조립
가상현실 기술을 항공기 연구개발 및 제조조립(보잉)	• 737 MAX 10 가상공장에 VR 기술 사용	• 조립 시간 25% 이상 단축 • 작업수행시간 35% 단축 • 보잉 777기는 설계 오류 수정 건수 90%감소, 연구개발 기간 50% 단축 • 747-8 항공기의 배선 작업 공정에 AR를 적용해 작업시간을 25%단축, 오류 비율 0% 기록
AR을 통한 유통과정의 정합성 개선 (코카콜라 HBC)	• AR 글라스를 착용해 선적 항목, 파킹 위치 및 수량이 시야에 표시되며 작업 진행 가능	• 생산라인의 가동 중지 시간을 최대 50%까지 감소 • 직원 교육이 30% 더 빨라짐 • 생산 전환 중에 xlnspect가 제공하는 지침의 20% 시간 절약 • 생산성은 10%가량 향상, 선적의 정확도는 99.9%에 이르러 물류 개선

자료: LG 기술 블로그(2022. 4)

서는 메타버스의 영향력을 활용하여 기업·기관의 제품이나 서비스를 홍보해 수익을 창출하고 있다. 실제 디올 뷰티, 구찌, 셀레나 고메즈, 스타벅스, 현대자동차 등 다양한 기업들이 메타버스에서 자사의 상품을 홍보하고 크리에이터와 협력 사업을 추진하고 있다. 특히 현실과 연계된 서비스로 인해 메타버스 사용자 수가 급증하고 영향력이 더욱 커져 메타버스 내에 현실 상점, 현실 연계 서비스 등이 더욱 증대될 것으로 전망되고 있다.

현재 CU, GS25 등 국내 편의점이 제페토에 입점하고, 롯데그룹은 롯데 칼리버

그림 7-14 | 편의점 3사 메타버스(GS, CU, 세븐일레븐)

자료: NOKIA-EY(2023. 6), Metaverse as Work

스에서 롯데 백화점 등 현실 상점의 제품을 구매할 수 있는 메타버스를 구현하고 있으며, 신한은행은 자사 앱 Sol과 연계된 메타버스 플랫폼 시나몬을 출시하여 금융서비스를 하고 있다.

향후 메타버스 사용자 수가 크게 증대됨으로써 메타버스 병원(원격의료) 등 메타버스에서도 현실처럼 서비스를 제공받을 수 있는 현실 연계 서비스가 확장되며 그 안에서 수익 창출이 활발히 이루어질 수 있을 것이다.

ⅡⅡ 메타버스에 의한 분야별 변화 전망

메타버스는 미래 융합 비즈니스 창출의 촉매제로서 다양한 비즈니스 기회를 제공할 것이다. 그리고 디지털 공간에서의 경제, 업무, 여가, 사교 활동 등이 점차 증대될 것이다.

향후에 메타버스는 우리 일상의 일부를 차지할 전망으로, 혼합현실 속에서의 효율적 업무 수행, 혼합 현실 게임·엔터테인먼트 소비 등과 동등한 위계에서 또는 대체하는 공간으로 점차 보편화될 것으로 보인다. 따라서 산업적, 경제적, 사회적 측면에서 메타버스에 의한 변화 발전을 살펴보고자 한다.

1. 산업적 전망

메타버스는 다양한 산업 분야에 적용되어 미래 신산업 시장 확대 및 창출의 촉매제 역할을 할 것으로 전망된다. 산업 각 분야에서 메타버스 도입으로 새로운 시장을 창출하게 되어 현재의 교육, 게임 등의 분야에서 제조, 유통, 쇼핑, 헬스케어 등 각 분야로 메타버스 융합 비즈니스가 창출될 것으로 전망하고 있다. 그리고 메타버스는 기업의 단계별 업무 효율성을 증대시킬 전망이다. Nokia – EY 보고서 기업의 설문조사 결과에 따르면 분야별로 가상 R&D 수행, 시각화된 예측과 유지보수, 신입사원 교육 등의 효율성 향상이 기대된다고 응답하고 있다. 각 산업 분야들은 현재의 운영상황에 맞추어 메타버스 적용에 대하여 조금씩 다른 견해를 보이고 있다.

전반적으로 자동차 제조 분야의 응답자들은 산업용 메타버스가 가지고 올 가치에 대해서 긍정적으로 응답하고 있으며 현장에서 메타버스는 위험한 상황에 있어서 현장 기술자들에게 더 나은 원격지원 및 협업을 제공할 수 있기 때문에 전력 및 유틸리티 분야에서 긍정적으로 활용될 수 있을 것으로 파악되고 있다.

표 7-8 | 산업용 메타버스 활용 사례

사용사례	세부 내용
가상 공급망 최적화	• 자산 추적(예: 시설, 장비, 운영 차량, 장치 등) 및 가상환경에서의 공급망 최적화를 통해 실시간 운영에 영향을 주지 않고 재설계 및 시뮬레이션 가능 • 실제 공급망에서 가상 추적 및 데이터 캡처를 통해 실시간 문제 영역을 표시하고 상품 흐름을 추적
가상 시설 최적화	• 실시간 운영에 영향을 미치지 않고 생산 및 기타 프로세스를 향상시키기 위해 가상환경(예: 디지털 트윈)에서 시설(예: 공장, 창고, 소매점 등)을 설계, 계획, 시뮬레이션 및 최적화 • 공장, 창고, 및 기타시설에 대한 가상 추적 및 데이터 캡처를 통한 실시간 성능을 확인하고 문제 영역에 신속하게 플래그 지정
필드 XR	• 작업자, 유지 관리팀, 검사관 및 기술자의 확장 확장현실(XR)을 통해 사용자는 전문가와 보기를 공유하거나, 달리 볼 수 없거나 엑세스할 수 없는 가상요소 오버레이 가능
시각화된 예측유지보수	• 자산 상태에 대한 보다 정확한 평가 및 향상된 데이터 캡처로 구동되는 자산의 가상 표현(예: 디지털 트윈)에서 문제 영역에 플래그 지정
가상 사무실 및 작업공간	• 직원들이 향상된 네트워킹 및 소셜 경험을 위해 상호 작용할 수 있는 몰입형 디지털 환경을 사용하거나 무한한 작업공간, 데이터 상호작용 공간 및 협업 공동 설계를 향상시키기 위해 만들어진 공간 사용

자료: Metaverse as Work, NOKIA–EY(2023.6)

2. 경제적 전망

메타버스 크리에이터의 아이템은 현재 제작 판매 수준에 그치고 있으나, 향후 메타버스 쇼핑, 메타버스 금융, 메타버스 SW 생태계 조성 등으로 현실세계의 경제 활동이 확대 또는 증가할 것으로 예측된다. 즉 제페토 등 주요 소비자 메타버스 플랫폼에서는 사용자의 아이템 제작, 거래 시스템이 이미 도입되어 운영 중이며, 네이버제트의 제페토는 제페토 전용 사이버 머니인 '젬(ZEMM)'을 기반으로 크리에이터의 아바타활용 가상 아이템 제작 및 판매를 통한 경제시스템을 운영 중이다.

부가적으로 제페토 내에서 상황극 등을 녹화하여 유튜브 채널에서 영상 업로드를 통해 수익을 창출하며, 최근(2023. 8)에는 제페토 월드 내에 자신이 제작한 땅과 집을 판매하며, 경제활동이 가능한 오픈월드를 구축하겠다는 목표로 개발을 진행 중이다. 또한 SKT 이프랜드는 이용자가 직접 아이템, 의상, 공간 등을 제작하여 판매할 수있도록 하는 마켓 시스템을 선보이고, NFT 아이템 구매 등 경제 시스템을 도입하고

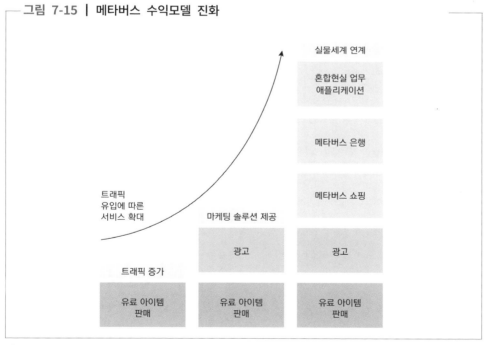

┌─ 그림 7-15 │ 메타버스 수익모델 진화

자료: KB증권(2021) 일부 수정

있다. 그리고 메타버스 내 기업홍보물 광고, 기업체 채용광고 등 광고를 통한 수익모델이 창출되고 있다.

메타버스의 금융분야로 신한은행에서는 금융 메타버스인 '시나몬'을 개발하고 '시나몬' 내 자사의 쏠(SOL) 앱 연동 등을 통한 예·적금 대출 등 금융서비스를 출시하였다. 메타버스 쇼핑분야에서 롯데는 유통 및 상거래 분야의 메타버스 선점을 위해 초실감형 메타버스 플랫폼인 '칼리버스'를 개발하여 롯데 그룹사(면세점, 하이마트, 세븐일레븐, 롯데시네마 등)들과의 연계를 통해 시너지 효과 창출을 추진하고 있다.

그리고 애플의 비전 프로 출시 등 혼합현실 또는 공간 컴퓨팅 환경을 활용한 업무, 여가용 SW 생태계 조성이 예상된다. 애플은 착용형 공간 컴퓨터로 명명한 '비전 프로'를 발표하고 AR 키트를 공개하는 등 향후 자사의 앱스토어 생태계를 공간 컴퓨터 환경으로 확장할 전망이다. 또한 메타는 '오큘러스 퀘스트 2' 앱 스토어를 생성하고 게임, 엔터테인먼트, 스포츠, 건설 디자인 등을 수행할 수 있는 다양한 앱을 제작·업로드 할 수 있도록 생태계를 조성하고 있다.

이와 같이 메타버스는 종전에 아이템 판매 정도에 그쳤던 경제활동이 기술의 발전과 기업들의 참여를 통해 메타버스 쇼핑, 메타버스 은행이 출시되고 메타버스형 업무 SW 앱 생태계 출시 등 메타버스 경제 규모가 확대될 전망이다.

3. 사회적 전망

디지털 가상공간에서의 업무수행과 여가, 사교 활동 등이 점차 증대될 것이며, 향후 우리 일상의 일부를 차지할 전망이다.

업무 영역에서는 메타버스가 현장직을 제외한 업무 전 영역에 걸쳐 재택 또는 자율근무, 화상회의, 혼합현실 활용 업무 등 디지털 전환을 가속화하는 요인으로 작용하고 있다. 그리고 아직 널리 보급되고 있지는 않았으나, 설계(디자인), 예술 작업, 일상 업무 등에서 혼합현실 기능을 활용한 메타버스형 업무 환경의 도입이 가속화될 전망으로 그 사례로는 혼합현실 건설 설계 도구인 Arkio, 공간 컴퓨팅 환경을 제공하는 immersed 등이 있다.

상거래 영역에서는 메타버스 상점에서 초현실과 초실감 콘텐츠를 통해 구현된 현실 상품을 메타버스를 통해 온라인으로 주문하는 메타버스 상거래 서비스가 이미 출시되어 있다. 즉 메타버스 상거래 사례로 네이버제트의 제페토 내에 CU, GS24 등 편의점 입점 등이 이미 이루어진 바 있으며, 유통사의 전략에 따라 메타버스 상점에서의 구매 활성화의 성패가 갈릴 것으로 예상할 수 있다.

그리고 공공행정부문에서 메타버스 활용은 더욱 신속한 업무 처리를 할 수 있는 영역을 중심으로 공공서비스의 메타버스 도입이 활성화될 예정이다. 예로 전남 순천시는 이프랜드를 활용하여 메타버스에서 세무 민원 상담 서비스 제공은 상당한 효과가 있으며,11) 근로복지공단에서는 장애인 사회 복귀 상담 서비스를 메타버스로 진행하여 하루 1~2명에 그치던 상담인원을 5~6명으로 확대하고 있다. 그리고 여가 및 사교활동에서의 영향력으로 이미지·텍스트 공유, 오프라인 친구 사귀기, 사람 간 사교 활동 중심의 환경에서 영상 공유, 온라인 친구 사귀기, 사람－사람&AI 간 사교 활동 중심의 디지털 환경으로 변화되고 있다.

메타버스는 갑자기 부각된 서비스 같으나 이미 지난 10년여 동안 메타버스 관련

그림 7-16 │ 혼합현실 업무 환경(Arkio)

자료: Arkio 홈페이지

11) 대면 상담 대비 민원인의 교통, 시간적 비용을 감소하는 효과가 있어 확대되고 있음.

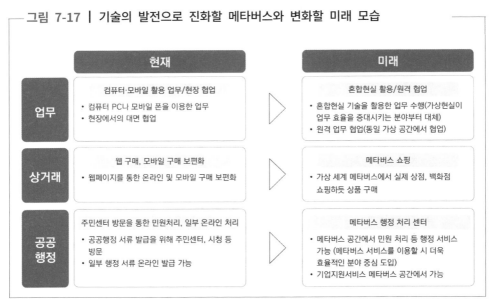

그림 7-17 | 기술의 발전으로 진화할 메타버스와 변화할 미래 모습

	현재	미래
업무	컴퓨터·모바일 활용 업무/현장 협업 • 컴퓨터 PC나 모바일 폰을 이용한 업무 • 현장에서의 대면 협업	혼합현실 활용/원격 협업 • 혼합현실 기술을 활용한 업무 수행(가상현실이 업무 효율을 증대시키는 분야부터 대체) • 원격 업무 협업(동일 가상 공간에서 협업)
상거래	웹 구매, 모바일 구매 보편화 • 웹페이지를 통한 온라인 및 모바일 구매 보편화	메타버스 쇼핑 • 가상 세계 메타버스에서 실제 상점, 백화점 쇼핑하듯 상품 구매
공공 행정	주민센터 방문을 통한 민원처리, 일부 온라인 처리 • 공공행정 서류 발급을 위해 주민센터, 시청 등 방문 • 일부 행정 서류 온라인 발급 가능	메타버스 행정 처리 센터 • 메타버스 공간에서 민원 처리 등 행정 서비스 가능 (메타버스 서비스를 이용할 시 더욱 효율적인 분야 중심 도입) • 기업지원서비스 메타버스 공간에서 가능

자료: 정보통신산업진흥원(2023)

기술들을 획득하고자 많은 기업이 기술을 확보하는 노력을 기울였다. 2010년대 접어들며 가상현실(VR: Virtual Reality)과 증강현실(AR: Augmented Reality) 관련 스타트업들이 두각을 나타냈고 이들 스타트업의 기술을 확보하고자 전 세계에서 대규모 기업들이 경쟁에 뛰어들었다. 그 경쟁은 2015년 절정에 이르러 2015년 한 해에만 AR 및 VR과 관련한 M&A(기업 인수 합병, Mergers and Acquisitions)는 135건이 이뤄졌으며, 7억 달러의 자금이 소요되었다.

바로 이 시기를 전후하여 구글(Google), 트위터(Twitter), 메타(Meta), 애플(Apple) 등은 이미 사내에 AR과 VR기술과 서비스를 개발하는 전담팀을 구성하고 증강현실이나 가상현실 기술에 대한 특허 확보 및 스타트업 인수 경쟁이 진행중이다. 그 상징적인 사례로는 2014년 메타가 오큘러스 VR을 무려 20억 달러에 인수한 바 있다.

그리고 2010년대 들어 메타버스와 관련한 기술 특허 건수가 증가하였다. AR 솔루션과 하드웨어, 공간 컴퓨팅(Spatial Computing), 클라우드 컴퓨팅(Cloud Computing), 엣지 컴퓨팅(Edge Computing), 블록체인(Blockchain), 센서(Sensors), 지오로케이션(Geolocation) 등 메타버스 서비스를 구현할 수 있는 특허가 늘어난 것이다.

이처럼 메타버스가 다시 사회적으로 관심을 받게 된 것이 불과 몇 년 남짓한 기간 동안인 것 같으나 메타버스라는 키워드가 부각한 것이 최근이지, 메타버스를 지탱하는 기술들은 이미 ICT 업계가 주목하고 있었고 많은 스타트업들과 개발자들이 이러한 기술 개발에 박차를 가하면서 그 기반이 상당한 기간이 지나 이제 그 현상이 나타나고 있는 것이다.

section 4 메타버스 제한과 한계

■ AI와 메타버스 융합과 개인정보

생성형 인공지능은 메타버스의 콘텐츠 제작에 중요한 역할을 하게 되어, 인간과 AI가 함께 인프라, 풍경 및 기타 지적자산을 창조할 수 있어 AI가 콘텐츠 생성에 중요한 역할을 하게 될 것이다.

실제 기업들은 이미 AI를 활용하여 거시적인 메타버스 세계를 개발하고 있으며, 3D AI 구동 챗봇은 메타버스 세계 안에서 개인화된 상호작용을 통해 사용자 경험을 향상시키게 될 것이다.

또한 AI는 불법, 부적절하거나 유해한 콘텐츠를 감시하고 제거하는 데에 중요한 역할을 한다. 즉 메타버스 환경에서 AI에 의해 필수적으로 얼굴 인식이나 지문, 음성 패턴과 같은 생체 데이터를 분석하여 개인의 신원을 파악하게 될 것이다. 이는 메타버스 내에서 필연적으로 개인이 자신의 개인 데이터를 통제할 수 있어야 한다는 원칙인 데이터 프라이버시(Data Privacy)와 정보보안이 이루어져야 한다. 메타버스에서는 개인의 민감한 정보가 수집되고 알 수 없는 방식으로 처리될 가능성이 있으며, 이러한 정보는 잘못 악용될 위험이 있기 때문이다.

또한 알고리즘 편향(Algorithmic bias)[12] 및 공정성 문제를 해결하여 메타버스 내

---

12) 인간의 편향으로 인해 원래의 학습 데이터 또는 AI 알고리즘이 왜곡되어 그 결과와 잠재적으로

에서 사회적 불평등이 지속되지 않도록 노력해야 할 것이다.

개인정보보호 플랫폼 기업 HYPR이 2024년 발표한 보고서 "비밀번호 없는 개인
정보(2024 State of Passwordless Identity)"에 따르면, 지난 1년간 전 세계 기관들의 78%
가 사이버 공격의 대상이 되었으며, 즉각적인 개인정보보호와 정보보안 조치가 긴급
하다고 강조하고 있다.[13] AI의 발전으로 인한 개인정보 침해는 재정적인 피해로 연결
되어 지난 1년 동안 전 세계 평균 5,580만 달러에 달하며, 미국의 경우 연평균 4,340
만 달러, 유럽·중동·아프리카(EMEA)지역은 2,520만 달러로 사이버 범죄자들이 취약
한 개인정보 시스템을 악용하고 있다고 한다.

1. 통신 인프라의 한계

메타버스의 활성화를 위해서는 전 세계적인 인터넷 접속과 데이터 지연시간이
낮은 물리적인 인프라가 요구된다. 메타버스가 보다 대중화되고 원활한 서비스를 제
공하는데 현재 통신 인프라는 제한이 되고 있다.

필요한 네트워크 대역폭을 제공하는 전 세계적인 초고속통신망은 메타버스를 원
활히 동작시키는 데에 중요한 역할을 하여 5G 네트워크 이상의 인프라가 제공되는
것은 필수적이라 할 수 있다.

이에 따라 2020년 초 스페이스 X(SpaceX)가 선보인 최초의 우주 인터넷 '스타링
크(Starlink)'가 처음 그 가능성을 보여주었는데, 여기서 한발 더 나아가 지난해 아마존
(Amazon)의 창업자 제프 베이조스(Jeff Bezos)는 2030년 185억 9,000만 달러(약 24조
2,400억원) 규모로 성장할 우주 인터넷 시장의 획기적인 기술 진전을 이루어낸 바 있
다. 이는 우주 공간에서 인공위성 간의 무선 광통신에 성공한 것으로 아마존은 이 기
술을 적용하여 앞으로 최대 1Gbps급 우주 인터넷 광 위성 간 링크(Optical Inter—
Satellite Link, OISL)를 상용화 할 예정이다.

유해한 결과를 초래하는 편향된 결과의 발생
13) https://www.techradar.com/pro/the—rise—of—identity—related—cyberattacks—costs—chall
enges—and—the—role—of—ai

아마존의 라지브 바달(Rajeev Badyal) 기술 담당 부사장은 "2025년 베타서비스가 개시되면 보다폰(Vodafone), 버라이즌(Verizon) 같은 파트너 이동사들이 먼저 테스트에 참여하게 될 것"이며, "궁극적으로 우주인터넷은 빠르고 안정적 인터넷 인프라가 갖춰지지 않은 오지, 전쟁터, 선박, 항공기 등 전 세계 수천만 명에게 새로운 세상을 가져다 줄 수 있다"고 밝힌 바 있다.[14] 따라서 전 세계적 또는 우주적 초고속통신망 형성의 발전은 메타버스를 발전·확대하게 될 가능성을 높이고 있다.

2. 메타버스 블록체인의 결합과 한계

메타버스에서 블록체인(Blockchain) 기반 기술 또한 널리 사용되고 있는데, 대부분의 브라우저 내 또는 디바이스 내(VR 세트, 스마트폰) 검열되지 않은(uncensored) 접근 방식을 사용하여 개별 사용자를 분산 네트워크에 연결한다.

그림 7-18 | 블록체인 기술과 메타버스의 결합

자료: ScienceDirect

---

14) https://www.ndtv.com/indians−abroad/rajeev−badyal−face−of−amazons−bid−to−challenge−elon−musks−starlink−4702600

이는 세 가지의 주요 장점이 있다. 즉 데이터 및 네트워크를 암호화하여 개인의 민감한 데이터를 보호하며, 제3자의 검증 없이 사용자들 간의 빠르고 직접적인 소통이 가능하며, 디지털 자산이 공개적으로 인증된다.

블록체인 기술이 직면한 주요 과제 중 하나는 트랜잭션처리 속도와 비용이다. 트랜잭션은 철저한 보안을 위해 여러 검증 프로세스를 거쳐야 하므로 속도가 느리고 고비용이 발생하여 메타버스 생태계가 발전하면 할수록 이러한 복잡한 과정들과 맞물려 더욱 느려지고 자원을 많이 소모되는 것이다.

3. 사이버 범죄의 위험

메타버스가 보다 대중화되면서 사용자들은 가상 상품과 서비스에 대한 결제를 더욱 원활하게 할 수 있는 방법이 요구될 것이다. NFT는 블록체인에 자산의 속성과 소유권이 기록된 대체불가능한토큰(Non Fungible Token)으로 메타버스 경제의 핵심이 될 잠재력을 가지고 있다. 그러나 이를 악용한 사이버 범죄는 이미 가상 환경에서 발생하고 있으며, 특히 암호화폐나 NFT 같은 새로운 금융 도구를 둘러싼 사기와 피싱 사례가 보고되고 있다.

암호화폐와의 NFT 이용은 이미 수십억 달러 규모의 산업으로 성장하고 있다. 암호자산이 점점 더 정교해지고 널리 받아들여짐에 따라 취약점이 증가할 가능성이 커지고 있다. 여기에는 사기, 랜섬웨어, 디지털 자산을 저장하는 디지털 지갑에 무단으로 접근하기 위한 해킹 등 다양한 새로운 불법 활동이 포함될 것이다.

메타버스의 몰입형 환경은 사용자의 물리적 안전을 현실 세계에서 위협할 수도 있다. 예를 들어 해커가 메타버스 환경을 조작하여 사용자가 자신의 물리적 주변을 인식하지 못하게 할 위험이 있는 것이다. 지리공간데이터(Geospatial Data)는 사용자 생활에 대해 매우 많은 정보를 제공하는데, 이는 스토킹이나 도난과 같은 심각한 악용의 대상이 될 수도 있다.

AR 및 VR 기기에서 수집된 데이터 특히 민감한 생체 데이터 등이 포함된 데이터는 사용자 행동과 생리적 특성 등의 현실세계의 세부 정보가 노출될 수 있는 보안 위험이 있으며, 이는 타인을 감시(surveillance)하거나 타인의 신원을 도용(identity theft)하는 등 현대의 디지털 정체성과 밀접하게 연결된 문제로 직결될 수 있다.[15]

4. 분쟁시 책임소재의 불분명

메타버스에서는 다양한 주체가 존재하여 플랫폼 내에서 분쟁 발생시 누가 책임을 결정하는 것이 어려울 수 있다. 이는 현재 인터넷의 상황과 유사하게 적용 가능한 데이터 보호법과 관련하여 개인 데이터 처리에 있어 누가 데이터 관리자이고, 누가 처리자인지를 결정하는 것이 어려운 것이다.

메타버스에서는 아무도 이를 통제하지 않는 특징이 있어 과연 데이터 보호책임이 중개자 혹은 사용자 개인 중 누구에게 있는지 의문이 제기될 수 있다.

GDPR(General Data Protection Regulation, 유럽 연합의 일반 데이터 보호 규칙)에 따르면, 데이터 관리자는 단독 또는 다른 사람과 공동으로 개인 데이터 처리의 목적과 수단을 결정하는 주체(GDPR 제4조 제7호)로서 책임소재의 결정은 메타버스가 중앙화된 형태인지 아니면 분산된 형태인지에 따라 상이할 것으로 예상된다. 중앙화된 메타버스에서는 주된 관리자가 모든 개인 데이터를 처리하고, 그것이 어떻게 처리될지를 결정할 수 있는 반면 분산화된 메타버스에서는 여러 주체들이 개인 데이터에 대한 책임을 지게 될 수 있다.

Ⅱ 해결할 과제

1. 디바이스 접근의 용이성 해결

메타버스에 접속하기 위한 AR/VR 장치와 고사양 컴퓨터는 여전히 고가의 제품

---

15) chrome−extension://efaidnbmnnnibpcajpcglclefindmkaj/https://www.europarl.europa.eu/RegData/etudes/BRIE/2022/733557/EPRS_BRI(2022)733557_EN.pdf

이다. 이러한 장치 사용의 높은 비용은 일반인의 접근성을 제한할 수 있어 더 저렴하고 대중화된 디바이스가 필요하다. 메타의 레이밴 스마트 글라스와 같은 비교적 저렴한 AR 기기가 등장하고는 있으나 더욱더 많은 사용자가 메타버스에 접근할 수 있어야 할 것이다.

애플의 비전 프로와 같은 혼합현실(MR) 헤드셋이 출시되어 사용자들이 보다 자연스럽게 가상 세계와 실제 세계를 넘나들 수 있는 환경이 조성되고 있다. 그러나 여전히 고가 제품이라는 문제와 더불어 쓸 수 있는 소프트웨어 자체가 제한적이며 기기 자체가 너무 무겁고, 관리하기 번거롭다는 문제 등이 제기되고 있다

이와 관련하여 여전히 일부 메타버스 플랫폼이 특정 브랜드나 고사양 디바이스에서만 접근 가능한 경우가 많아 전반적인 접근성이 제한될 수 있는 문제가 제기되고 있어 이를 해결하기 위한 표준화가 논의되고 있다.

한편 소니의 플레이스테이션 V2와 같은 고성능 게임 콘솔용 VR 헤드셋이 출시되면서 가상현실 경험이 게임 산업을 넘어 다른 영역으로 확장될 가능성도 커지고 있다. 더불어 최신 스마트폰과 태블릿의 성능이 AR 경험을 지원할 만큼 크게 향상되었다.

2. 규제와 법적 보호조치의 강화

앞에서 언급한 바와 같이 GDPR과 같은 데이터 보호법이 유럽을 중심으로 강화되고 있으며, 메타버스 내 개인 데이터의 처리와 보호에 대한 명확한 규제가 요구되는 시점이다. 특히 개인 데이터의 수집, 저장, 사용에 대한 책임 소재가 중요한 쟁점이 되고 있다.

암호화폐와 NFT의 확산으로 인해 자금세탁, 사기 등의 문제가 증가하면서, 이에 대한 법적 규제 또한 강화되고 있다. 미국을 포함하여 전 세계적으로 이러한 디지털 자산에 대한 법적 프레임워크를 구축하고 있으며, 메타버스 내 거래의 투명성을 보장하기 위한 규제가 논의되고 있다.

메타버스에서의 신원 도용과 아바타 복제 문제는 새로운 법적 책임을 부과할 수 있는 중요한 이슈로 부각되고 있다. 사용자의 디지털 신원을 보호하기 위한 법적·기

술적 장치가 필요하며, 이는 프라이버시 침해와 관련된 매우 세분화된 분쟁의 원인이 될 수도 있다.

그리고 콘텐츠 책임 및 표현의 자유 또한 메타버스 내 중요한 이슈로, 최근 디지털 데이터의 대부분을 차지하는 사용자 생성 콘텐츠에 대한 법적 책임이 중요한 쟁점으로 떠오르고 있다. 특히 불법 콘텐츠나 명예훼손 등의 문제에 대해 누가 책임을 지는지에 대한 명확한 규제가 필요하며, 표현의 자유와 규제 사이의 균형을 맞추는 것이 중요하다. 메타버스는 국경을 초월한 글로벌 플랫폼이므로, 각국의 법적 규제가 충돌할 수 있으나 이를 해결하기 위해 글로벌 차원의 규제 조화와 국제 협력이 필요하다.

3. 기술 인프라에 대한 투자

메타버스는 고품질의 그래픽, 실시간 상호작용 그리고 복잡한 연산을 필요로 하며, 이를 위해서는 강력한 컴퓨팅 파워가 필요하다. 현재의 컴퓨팅 인프라는 이러한 요구를 완전히 충족하지 못하고 있으며, 슈퍼컴퓨터와 같은 고성능 컴퓨팅 자원의 개발과 보급이 필요한 상태이다.

그리고 5G 네트워크 구축, 그리고 클라우드컴퓨팅 역할의 확대가 중요하다. 특히 분산형 클라우드 인프라는 데이터의 실시간 처리와 저장을 안정적으로 지원하며, 사용자 경험을 크게 향상시키는 데 기여할 것이다.

또한 글로벌 관점에서 인터넷 연결의 불균형 또한 넘어야 할 과제이다. 전 세계적으로 안정적인 인터넷 연결이 필수적이지만, 아직도 일부 지역에서는 인터넷 접근성이 제한적이거나 속도가 느리다. 이러한 불균형은 메타버스의 포괄적이고 원활한 운영을 저해할 수 있어 이를 해결하기 위한 글로벌 네트워크 인프라 개선이 필요하다.

뿐만 아니라 에너지 소비와 이로 인해 환경에 미치는 영향도 관심이 필요하다. 메타버스 운영을 위한 대규모 데이터 센터와 컴퓨팅 파워의 증가는 에너지 소비를 크게 증가시키고 있다. 이에 따라 지속 가능한 에너지 사용과 효율적인 데이터 처리 기술의 개발이 필요하다.

　　현재 메타버스의 시장은 미래 유망할 것으로 크게 기대되었으나 그에 걸맞은 높은 기대치를 만족시킬 실적을 내지 못하고 있다.

　　2022년 2월에 발표한 메타의 리얼리티 랩스(Reality Labs)의 2021년 영업 손실은 무려 12조 1,913억 원에 달하였으며, 로블록스 역시 1,720억 원의 적자를 발표하며 어닝쇼크를 기록하였다. 이용자 수에서도 메타버스는 만족할 만한 실적을 내놓지 못하였다.

　　과거 한때 높은 인기를 끌었던 싸이월드의 인지도와 데이터를 바탕으로 야심차게 싸이타운을 출시하였지만 1년 만에 문을 닫았으며, SKT의 이프랜드는 2022년 12월 51만 명이 넘었던 월간 활성 사용자 수(MAU)가 2023년에는 23만 명으로 급감하고 있다. 그리고 KT의 지니버스는 2023년 4월 기준 이용자 수가 4,588명에 불과한 것으로 나타났다. 공공기관에서 운영하는 메타버스 서비스도 마찬가지로 서울시가 2022년 4월에 오픈한 메타버스 서울은 1일 평균 방문자 수가 400명에 불과한 것으로 알려졌다.

　　이러한 메타버스의 부진 원인으로는 "콘텐츠의 부족"을 꼽을 수 있다. 코로나 19의 영향으로 비대면 서비스에 대한 필요성이 높아졌고, 컴퓨터 그래픽스와 네트워크

그림 7-19 | 구글 메타버스 검색 결과

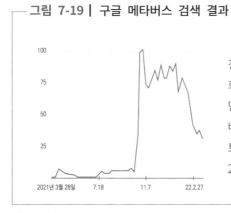

정보통신정책연구원(KISDI)의 '2022년 지능정보사회 이용자 패널조사' 결과에 의하면 10명 중 1명만 메타버스 서비스를 이용해 보았다고 한다. 메타버스에 대한 관심도 역시 감소하고 있어서 구글 트렌드에서 검색되고 있는 메타버스의 검색량은 2022년 1월 초 이후로 지속적으로 감소하고 있다.

자료: 구글

기술이 접목된 메타버스 플랫폼은 앞으로 펼쳐질 비대면 서비스의 새로운 패러다임이 될 것이라는 기대감을 불러 일으켰다. 당장이라도 개발하지 않으면 뒤쳐질 수 있다는 위기감 아래 많은 IT 기업들이 메타버스 플랫폼을 개발하였고, 그 형태는 국내에서 널리 알려진 메타버스 플랫폼인 제페토와 크게 다르지 않았다. 그리고 메타버스와 관련한 하드웨어 사용의 편리성과 저렴한 비용이 요구된다. 따라서 메타버스의 확산을 위해서는 기술력 향상과 사회 수용성을 고려되어야 한다.

I 메타버스 기술 발전 동향

현재는 딥러닝(Deep Learning) 기반의 인공지능, NFT, 메타버스, ChatGPT, 생성형 인공지능 등으로 쉴 새 없이 바뀌는 기술 변화의 흐름 속에서 어떤 기술이 대세가 되고 어떤 기술이 세상을 바꿀지 전혀 예측할 수 없는 시대이다.

PC와 키보드로 대표되던 정보통신시대가 스마트폰 혁명으로 사람들의 삶을 바꾸어 놓았듯이 웹과 HTML로 구성되는 현재의 웹은 컴퓨터 그래픽스로 구성된 가상 환경과 자연스러운 인터페이스(NUI)로 바뀔 가능성이 높다.

2023년 7월 EU는 '웹 4.0' 이니셔티브를 공개하였으며, 이에 따르면 '웹 4.0'은 디지털과 물리적 환경을 통합하고, 인간과 기계의 상호작용을 강화하는 데 초점을 둔 것으로 정의된다. 다시 말해서 웹 4.0은 실 사물과 상호작용하는 아주 자연스러운 방법을 구현하는 웹이며, 연속적이며 지적인 몰입형 가상 세계로의 전환을 가능하게 하는 기술이다. 웹 4.0 표준으로 보았을 때 메타버스는 상당히 유망한 기술이 아닐 수 없다.

2030년 메타버스 분야에서 발생되는 총 수익은 4,900억 달러에 달할 것으로 보이며 그 중 많은 비중을 게임과 이커머스(e-Commerce)가 차지할 것으로 예상하고 있다(Katharina Buchholz, 2023).

게임 기반의 메타버스의 경우, 각 게임의 월드(World) 내에 상점을 구축하고 실세계와 적절히 조합하는 방법으로 O2O(Online-to-Offline) 서비스를 구축하면 이커머스에 충분히 대응할 수 있다. 이를 종합해 보면 메타버스의 미래는 게임 기반의 메

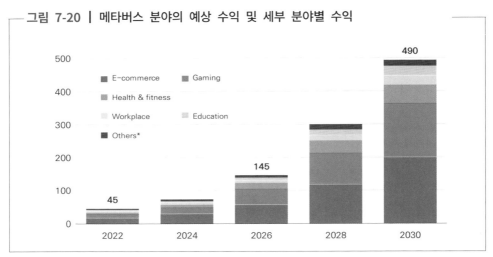

그림 7-20 │ 메타버스 분야의 예상 수익 및 세부 분야별 수익

* virtual assets, advertising, AR & VR hardware, digital media, live entertainment(2023년 2월 현재)
자료: Katharina Buchholz(2023)

타버스에 있다고 볼 수 있다.

인디게임(Indie Game)[16]과 같이 소규모 개발사들이 접근할 수 있는 사업 분야를 타깃으로 잡아 게임 기반의 메타버스를 제작한다면 메타버스의 수익성 문제도 어느 정도 해결할 수 있으며 이를 바탕으로 고유한 메타버스 플랫폼을 구현해 나갈 수 있을 것이다. 더욱이 앞에서 살펴본 다양한 생성형 인공지능 기술들은 게임에 필요한 콘텐츠 제작에 필요한 비용을 줄여줄 수 있어 게임 기반의 메타버스를 구현하는 데 큰 도움이 될 것이다.

위기는 역설적으로 기회라고도 한다. 투자자들이 외면하고 침체 일로를 걷고 있는 메타버스 분야에 게임을 개발하고 이를 통해 얻어진 수익으로 메타버스 플랫폼을 구현해 나간다면 웹 4.0 시대의 첫 홈페이지로서 우뚝 서 있는 메타버스 플랫폼을 볼 수 있을 것으로 기대된다.

2022년 8월 가트너는 2022년 신흥 기술들의 하이프 사이클(Hype Cycle)을 발표했다. 이에 따르면 메타버스 기술은 현재 1단계인 '기술진입 촉발' 단계에 머물러 있

---

16) 인디게임은 비교적 저비용으로 제작할 수 있는 비디오 게임의 형태, 즉 유통이나 스폰서 등의 간섭에서 독립적인 게임을 의미

다고 할 수 있다. 가트너는 메타버스의 5단계 진입에 적어도 10년이 걸린다고 예상하고 있으며, 업계의 '다양한 시도'는 시작된 상태이나 아직 생산성 발휘가 미성숙된 상태인 것으로 보인다.

'하이프 사이클'은 IT 자문 기업인 가트너가 고안해낸 시장 예측 모델의 하나로, 실용성 혹은 객관성 측면의 비판도 있지만, 오랜 기간 IT 업계 전반이 참고 및 인용하는 모델이기도 하다. 가트너에서 제시한 하이프 사이클은 잠재적 기술이 시장에 등장해 실제 생산성이 구현되기까지의 과정을 5개 단계로 나누어 설명한다.

1단계는 기술진입 촉발단계로 잠재적 기술이 처음 시장에 소개되며, 2단계는 기대가 고조단계로 해당 기술을 이용한 다양한 시도가 나타나지만, 일부에 한해 성공을 거두게 되는 단계이며, 3단계는 환멸단계로 이후 기술의 실제 성과가 나타나지 않음에 따라 소비자가 실망하는 단계이다. 이 4단계는 계몽의 단계로 이후 대중이 더 잘 이해할 수 있는 수익 모델이 등장한 뒤, 5단계는 생산성이 지속 향상되어 지속단계로 시장의 주류로 자리 잡게 되는 단계이다.

현재 메타버스는 하이프 사이클의 2단계를 지나는 것으로 가트너는 제시하고 있어 향후 5~10년 이후 메타버스는 상당한 파급효과가 있을 것으로 예상되어 향후 발전적인 메타버스에 대해 살펴본다.

Ⅱ 메타버스 기술 발전 전망

1. 생성형 인공지능과 메타버스

메타버스의 콘텐츠 부재 문제를 해결하기 위해서 메타버스 플랫폼은 생성형 인공지능을 활용하여 콘텐츠를 개발하는 방안을 강구할 수 있다.

2021년 AI가 가져온 콘텐츠 제작 환경변화의 신호탄이라고 할 수 있는 가상 인간 '로지'는 사람 같은 생김새와 자연스러운 행동으로 주목받았으나, 로지를 모델로 광고 제작 시 VFX(Visual Effect, 시각효과) 등 복잡한 과정이 요구되고, 긴 시간과 비용이 소요(로지가 등장하는 30초 동영상 제작에 1주일, 2분 40초 영상 제작 시 3천만 원 이상 소

그림 7-21 | 생성형 AI로 영상 제작

오리지널 영상	텍스트 입력으로 생성된 영상		

	(text) 남자의 손에 파란색 폼폼 추가	(text) 배경을 선인장이 있는 사막으로 변경	(text) 남자의 옷을 공룡 코스튬으로 변경

자료: 메타 무비젠 홈페이지

요)되어 시장은 로지가 톱스타 모델료 대비 가성비가 좋을 것이라 기대했으나, 차별화된 경쟁력이 부족한 것으로 판단하여 추가 제작이 중단된 상태이다. 그러나 생성형 AI의 등장으로 텍스트 입력만으로 짧은 시간 내 영상 제작이 가능하게 되었으며, 이전과 또 다른 미디어·영상 콘텐츠 제작 환경의 대전환이 예고되고 있다.

생성형 AI는 기존 제작 시스템의 고비용과 저효율 문제를 해결하며 미디어 콘텐츠 제작 속도와 효율성을 크게 혁신할 것으로 예상하고 있다. 기존에도 AI를 활용해 영상을 제작하는 플랫폼이 있었으나, 점점 더 짧은 시간에 더 긴 영상을 제작할 수 있도록 기술이 빠르게 진화하고 있다. 영상과 음성을 별도로 각각 생성해서 사후 합성해야 하는 기술적 한계도 영상과 오디오를 동시에 생성하는 기술 개발로 극복하고 있다.[17]

AI 기반 영상 제작 플랫폼은 별도의 동영상 생성 앱을 사용하는 것이 아니라 유튜브, 인스타그램 등 콘텐츠를 게시할 수 있는 플랫폼 내에서 직접 제작과 업로드·유통도 가능해질 예정이다. 예를 들어 메타는 동영상 생성형 AI '무비젠' 인스타그램을 탑재하며, 구글은 유튜브 생성 AI 비오를 도입할 예정이다. 또한 콘텐츠의 기획·제작·유통에 AI가 활용되면서 광고·뉴스·영화예고·스포츠 하이라이트 등을 AI로 손쉽게 제작할 수 있는 환경이 조성될 것이다.

그리고 생성형 AI의 창의성과 기술적 역량이 결합되어 나타난 새로운 형태의 콘

---

17) 메타는 2024. 10월 영상과 오디오를 동시 생성할 수 있는 동영상 생성 도구 공개

표 7-9 | AI 기반 영상 제작 플랫폼

구분	이름	공개일	재생시간	특징
구글	루미에르	2024.1.	5초	1024×1024p(저해상도)
오픈 AI	소라	2024.2.	1분	1920×1080p(고해상도)
클링 AI	클링 AI	2024.6.	2분	1920×1080p(고해상도)
런웨이	젠-3 알파	2024.7.	10초	11초 만에 10초 영상 제작(최고 속도)

자료: 정보통신기획평가원(2025)

텐츠 제작과 소비 방식은 AI를 기반으로 미디어 산업 전반의 성장을 이끌 전망으로 리서치앤마켓은 미디어·엔터테인먼트 내 AI 분야 시장이 2024년 176.5억 달러에서 2028년까지 440.8억 달러로 연평균 25.7% 성장할 것으로 예측하고 있다(리서치앤마켓, 2024).

이렇듯 생성형 AI는 단순한 기술혁신을 넘어 미디어 콘텐츠 산업 전반의 변화를 이끄는 중심축으로 작용, 미디어와 콘텐츠 산업의 창의적 혁명을 본격화할 것으로 기대된다. 뿐만 아니라 새로운 디바이스가 콘텐츠 산업의 발전을 이끌던 과거와 달리, 생성형 AI 콘텐츠와 다양한 AI 서비스가 이를 지원하는 디바이스 산업의 성장을 견인할 것으로 전망된다.

메타버스는 킬러 콘텐츠 부족과 높은 비용으로 확산이 지연되고 있으나, AI 디바이스 발전으로 AI 콘텐츠 확산과 함께 새로운 전환점을 맞이할 것으로 예상된다.

또한 메타버스 플랫폼은 생성형 인공지능을 활용하여 콘텐츠를 개발하는 방안을 강구할 수 있다. 예를 들면, ChatGPT와 같은 대규모언어모델(LLM: Large Language Model)을 활용하여 새로운 스토리를 창작하거나, 스테이블 디퓨전(stable diffusion)과 같은 생성형 인공지능 모델과 이미지에 대한 세부 정보를 나타내는 프롬프트(prompt)를 이용하여 새로운 이미지를 생성하거나 새로운 3차원 모델을 만들어 내는 방법을 모색할 수 있다. 또한 멀티모달(Multimodal)을 통해 저렴하면서 쉽고 빠르게 콘텐츠를 개발할 수 있을 것이다. 그리고 NeRF(Neural Radiance Fields)와 같은 모델을 활용하여 여러 장의 이미지로부터 3차원 모델을 생성하는 방식으로 메타버스 내의 아이템을 생성하는 방식으로 발전할 것으로 보인다.

현재에도 실제로 ChatGPT의 경우 NPC(Non Playable Character)에 적용하였을 때

표 7-10 | 주요 개발 메타버스 디바이스 특징

구분		플랫폼 · 서비스	주요 특징
메타	• Quest 3(s) • QuestPro • Ray-Ban Stories	• Horizon Worlds • Horizon Workrooms	• VR 시장 점유율 1위 • 강력한 소셜 기능 • 다양한 가격대(고성능형, 실속형)
MS	• HoloLens 2	• Microsoft Mesh • Azure Spatial Anchors	• 클라우드 플랫폼과의 연동 • 높은 가격
애플	• Vision Pro	• ARKit • Vision OS	• 강력한 브랜드 파워와 사용자 충성도 • 높은 가격
구글	• Google Lens • Google Glass Enterprise Edition 2	• ARCore • Google Maps Live View	• 안드로이드 생태계와 연동 • 클라우드 플랫폼과 연동

자료: 정보통신기획평가원(2025)

NPC들 간의 상호작용을 통해 파티 계획을 세우거나 시간에 맞춰 파티에 방문하는 등의 자연스러운 행동을 보여주고 있다. 즉 각 NPC들에게 성격과 배경을 정의하는 프롬프트를 설정하고, NPC들 간의 상호작용을 기록하는 기억공간인 메모리 스트림을 만들어 ChatGPT의 프롬프트로 입력하여 NPC들의 상호작용을 생성하게 한다.

또한 스테이블 디퓨전의 경우 역시 텍스트 프롬프트를 활용하여 쉽게 이미지를 만들어낼 수 있다. 다양한 UI(NMKD Stable Diffusion GUI, Stable Diffusion Web UI, Draw Things 등)들이 개발되어 있으며, 이를 활용하면 누구나 쉽게 이미지를 만들며 이미지를 편집하는 것도 가능하여 img2img, inpaint, ControlNet 등을 이용하면 생성된 이미지의 일부를 변형하여 새로운 이미지를 만들거나, 부분 수정 또는 포즈 변경 등이 가능하다.

그리고 2차원 이미지를 생성하는 스테이블 디퓨전에서 조금 더 나아가서, 텍스트로부터 3차원 모델을 생성하는 기술도 등장하고 있다. 2018년 스탠포드 연구팀이 3차원 포인트 클라우드(Point Cloud)에 대해 GAN(Generative Adversarial Networks; 적대적 생성 모델)을 적용한 이후로 관련된 많은 연구들이 이루어져 왔다. 2022년 NeurIPS에서 NVIDIA 연구팀이 발표한 GET 3D 모델의 결과를 살펴보면 상당한 품질의 결과물이 생성되는 것을 확인할 수 있다.

생성형 인공지능 기술의 발전과 함께 현존하는 메타버스 플랫폼에서 다양한 생성형 인공지능 기술을 적용하기 시작한 사례를 살펴보면, 제페토의 경우 리콘랩스의

그림 7-22 | 스테이블 디퓨전을 활용하여 생성한 이미지의 예

자료: 셀루소프트(주)

'3D 프레소'를 적용하여 이용자들이 쉽게 3D 콘텐츠를 제작할 수 있도록 하고 있다. 그리고 SKT의 이프랜드는 자사의 에이닷을 활용하여 사용자와 상호작용이 가능한 인공지능 가상 캐릭터(NPC) 도입을 추진하고 있다. KT의 지니버스 역시 자사의 LLM인 '믿음'을 도입하여 이용자들과 자연스럽게 대화 및 상담을 할 수 있도록 하는 NPC 도입을 추진하며, LG 유플러스의 키즈토피아 역시 미국의 인월드(INWORLD) AI와 협업하여 다양한 성격을 갖는 NPC를 제공할 예정이다.

2. 게임 기반의 메타버스

제페토, 이프랜드, 싸이타운 등의 메타버스 플랫폼이 이용자 수 감소와 줄어드는 메타버스에 대한 관심으로 고민하는 것과는 대조적으로 게임 업계는 메타버스에 많은 관심을 보이고 있다. 넷마블의 경우 2023년 4월 "모두의 마블2: 메타월드"를 출시하였고, 넥슨은 2022년 9월, "메이플스토리 월드"를 출시하였다. 이러한 게임 기반의 메타버스들은 제페토나 이프랜드처럼 커뮤니티가 중심이 아닌, 게임 자체 및 게임 내

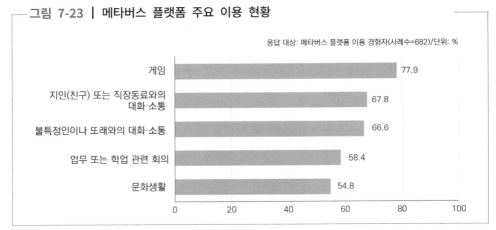

그림 7-23 | 메타버스 플랫폼 주요 이용 현황

응답 대상: 메타버스 플랫폼 이용 경험자(사례수=682)/단위: %

게임	77.9
지인(친구) 또는 직장동료와의 대화·소통	67.8
불특정인이나 또래와의 대화·소통	66.6
업무 또는 학업 관련 회의	58.4
문화생활	54.8

참고: 이외에 설명회·세미나(53.5%), 취미 활동(534%), 랜선 여행(52.1%), 브랜드 이벤트 참여(50.8%), 강의·입학식·졸업식·수료식(49.9%), 수익활동(44.8%) 순으로 메타버스 플랫폼 내 이용자 활동 비율을 보임

자료: 방송통신위원회(2023)

콘텐츠에 주력하고 있다.

원래 메타버스의 주는 게임이라 할 수 있다. 정보통신정책연구원(KISDI)의 '2022년 지능정보사회 이용자 패널조사' 결과를 살펴보면, 메타버스 플랫폼 이용 경험이 있는 12.7%가 주로 이용하는 메타버스 플랫폼은 제페토, 마인크래프트, 로블록스, 모여봐요 동물의 숲 순으로 나타나고 있다. 이중 마인크래프트, 로블록스, 동물의 숲은 메타버스라는 단어가 유행하기 전부터 존재하던 게임이며, 제페토 역시 원래 인형 옷 갈아 입히기 게임으로 시작한 플랫폼이었다. 이와 같이 메타버스를 사용하는 이용자들이 메타버스 플랫폼에서 '게임'(77.9%)을 가장 많이 사용한다는 결과를 보여준다.

게임은 그 자체만으로 훌륭한 콘텐츠이며 사용자에게 즐거움을 주기 때문에 사람들의 관심을 지속적으로 유지할 수 있다. 또한 각 게임은 독자적인 세계관이 존재하며, 자신을 대리하는 아바타를 통해 가상의 세계를 통해 탐험하고 상호작용할 수 있으므로 메타버스의 정의에 부합한다.

따라서 메타버스의 침체된 문제를 해결하기 위한 방법으로 게임 기반의 메타버스가 주목받고 있다. 게임 기반의 메타버스는 게임을 통해 이용자를 모으고, 이용자들이 게임을 통해 상호작용하며 커뮤니티를 형성하도록 하는 것이다. 게임 기반의 메타버스는 게임을 통해 이용자들을 모으기 때문에 콜드 스타트[18] 문제를 해결할 수 있다. 또한 게임은 게임 내의 세계관 안에서 다양한 미션과 업적 달성을 통해 이용자들이 상호 작용할 수 있는 다양한 콘텐츠가 제공되어 커뮤니티를 형성하기가 용이하다.

3. 메타버스를 위한 새로운 디바이스의 등장

2023년 애플 세계 개발자회의(WWDC)에서 애플은 비전프로(Vision Pro)를 발표하였다. 비전프로는 증강현실(Augmented Reality)과 가상현실(Virtual Reality)을 자유자재로 넘나들 수 있는 혼합현실(Mixed Reality) 기기로, 450g의 무게와 최대 2시간 정도의 사용 시간을 가지고 있다고 알려졌다. 애플의 혼합현실 디바이스인 비전프로는 출시 전부터 기대가 많았다. 이는 애플이 증강현실 기술의 선두주자이기도 하며 아이팟, 아이폰 등 "애플이 출시하면 새로운 트렌드가 된다"라는 애플 신화를 가지고 있기 때문이다.

증강현실 디바이스에 대한 개발을 살펴보면, 그동안 마이크로소프트에서 개발한 대표적인 증강현실 디바이스인 홀로렌즈2(HoloLens2), 매직리프(MagicLeap), 엔리얼(NReal)의 라이트(Light)와 같은 HMD(Head Mounted Display) 증강현실 디바이스들이 출시되었으나 아직 대중화되지 못하고 있다.

WWDC에서 공개된 애플의 혼합현실 기기인 비전프로는 기존의 증강현실 디바이스들이 투명한 디스플레이 위에 보조적인 정보를 표시하는 방식과는 달리 전면 카메라로 입력받은 영상을 처리하여 내부 디스플레이에 표시하는 방식을 사용하고 있다. 이를 통해 주변광의 영향을 줄이고 투명 디스플레이에서는 불가능하였던 다양한 방식의 효과를 가능하게 함으로써 높은 몰입도를 제공한다.

따라서 기존의 가상현실 기반의 메타버스 환경은 비전 프로에 완벽하게 적용 가능하며 가상공간에 현실을 조금씩 녹여내는 방식으로 증강현실 기반의 메타버스 환경을 구축하는 것이 애플이 의도하는 방향이다. 이를 위해 애플은 유니티(Unity)와 협

---

18) 콜드 스타트(Cold Start) 문제: 새롭게 들어오거나 특정한 유저들의 데이터를 충분히 확보하지 못하여 유저에 적합한 추천을 하지 못하는 문제

그림 7-24 | 애플의 비전 프로

자료: Apple, Keynote, WWDC(2023)

력하여 비전OS용 베타 프로그램을 출시하였다. 또한 비전프로와 관련이 있는 것인지 알 수는 없지만 윈도우에서 개발된 게임을 맥에서 실행할 수 있는 Apple Game Porting Toolkit을 선보였다.

애플은 2023년 6월 헤드셋인 비전프로를 소개하면서 메타버스를 단 한 번도 언급하지 않았고 대신 공간 컴퓨팅(spatial computing)[19] 개념과 연결지어 설명하였다. 이는 자사의 비전프로가 게임을 통해 제대로 자리잡고, 이를 통해 애플이 꿈꾸는 공간 컴퓨팅을 통한 메타버스를 구현하려는 의도로 보인다.

---

19) 기존의 컴퓨터가 2차원 그래픽화면과 키보드, 마우스 등의 입력 장치에 의존하던 것에서 벗어나 현실 세계의 3차원 공간을 기반으로 입력·처리·표현할 수 있는 컴퓨팅 체계를 의미로 공간 컴퓨팅은 업무, 교육, 쇼핑 등 다양한 분야에서 활용될 수 있는 실용 기술로 주목받으며 메타버스의 활용 범위 확장 가능. 그리고 생성형 AI 기술과 접목해 맞춤형 가상 공간 제공, 아바타·콘텐츠 자동 생성 등 새로운 비즈니스 모델 개발과 사용자 경험을 향상시키는 견인차 역할을 할 것으로 전망함(IITP, 2024).

4. 공간 컴퓨터 메타버스

삼성전자는 2024년 7월 파리 언팩행사와 10월 말 실적 보고 당시 2025년 갤럭시 생태계에서 사용자 경험을 향상하기 위해 XR 기기·플랫폼 출시를 준비하고 있다고 언급한 바 있다. 2024년내 XR 기기에 탑재할 SW 등 관련 생태계를 먼저 조성한 이후 2025년 하반기 XR 디바이스 출시를 구상하고 있는 것으로 예상된다.

삼성이 개발중인 XR 디바이스는 스마트 안경 형태로 AI 음성비서 역할을 하기 위해 구글 제미나이와 퀄컴의 AR 1 칩셋을 탑재하고 결제와 QR코드인식, 제스처 인식 등을 지원할 예정이다. 삼성전자, 구글, 퀄컴은 XR 생태계 구현을 위해 2023년 2월부터 협력하고 있는데, 퀄컴은 2024년 초 혼합현실, 가상현실 경험을 제공할 수 있는 '스냅드래곤 XR2+ 2세대 플랫폼'을 공개하였으며, 또한 1,200만 화소 카메라와 155mAh 배터리를 탑재할 것으로 알려졌는데 이는 메타의 스마트안경 레이밴(선글라스 브랜드 레이밴과 협업해 개발, 2024년 초)과 동일한 사양이며 무게는 50g으로 추정된다.

가트너는 2025년 10대 전략기술 중 '공간 컴퓨팅'을 포함시키며 향후 10년 내 상당한 변화와 기회를 가져올 것으로 전망하고 있다. 향후 5~7년 동안 업무 흐름을 간소화하고 협업을 강화해 조직의 효율성을 높일 것으로 예측하며 공간 컴퓨팅 시장은 2023년 1,100억 달러에서 2033년까지 1조 7,000억 달러 규모로 성장할 것으로 전망하고 있다(IITP, 2024).

애플, 메타, 삼성전자 외에도 중국 바이두(Baidu)는 중국어 모델로 구동하는 세계 최초의 AI 안경 '샤오두(Xaiodu) AI 안경'을 소개하며 중국 시장에서 메타와 경쟁을 예고하고 있다. 바이두는 상하이에서 개최하는 2024년 세계 컨퍼런스(2024. 11.12)에서 '샤오두 AI 안경'을 공개하고 2025년 상반기 출시할 계획을 발표했다. 샤오두 AI 안경은 AI 안정화 기능을 갖춘 1,600만 화소 초광각 카메라를 탑재했으며 4개의 마이크로 외부 소리 포착, 프레임에 장착한 오픈 이어 스피커로 소리를 전달한다.

글로벌 기업의 공간 컴퓨팅 시장에 참여가 속속 이어지면서 기술 진전이 가속화되고 다양한 형태의 제품과 서비스가 등장하며 다시 한번 도약의 발판을 마련할 것으로 보인다.

AI와 디바이스의 융합은 디지털 트윈, 블록체인 등 다양한 디지털 기술과 결합

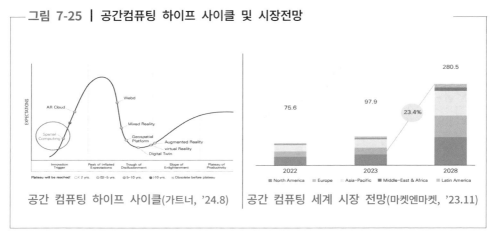

그림 7-25 | 공간컴퓨팅 하이프 사이클 및 시장전망

공간 컴퓨팅 하이프 사이클(가트너, '24.8) | 공간 컴퓨팅 세계 시장 전망(마켓엔마켓, '23.11)

자료: 정보통신기획평가원(2025)

하며 현실과 가상의 경계를 허무는 공간컴퓨팅[20]으로 연결될 것으로 전망되고 있다.

가트너의 하이프 사이클에 따르면, 공간컴퓨팅은 2024년 현재 초기 시장 단계에 위치하고 있으며, 관련 시장은 2023년 979억 달러에서 2028년 2,805억 달러로 가파르게 성장할 것으로 예측하고 있다.

공간컴퓨팅은 AI 콘텐츠와 디바이스의 기능적 통합을 기반으로 현실 세계의 시뮬레이션과 가상 환경을 결합한 것으로 사용자들에게 새로운 형태의 경험을 제공할 것으로 기대된다.

애플은 2023년 6월 헤드셋인 비전 프로를 소개하면서 메타버스를 단 한 번도 언급하지 않았고 대신 공간 컴퓨팅(spatial computing)[21] 개념과 연결지어 설명하였다. 이는 자사의 비전프로가 게임을 통해 제대로 자리잡고, 이를 통해 애플이 꿈꾸는 공간 컴퓨팅을 통한 메타버스를 구현하려는 의도로 보인다.

---

20) MIT 사이먼 그린월드(2003)가 제시한 개념으로 "기계가 실제 개체와 공간에 대한 참조를 유지하고 조작하는 기계와 인간의 상호작용"을 의미

21) 기존의 컴퓨터가 2차원 그래픽화면과 키보드, 마우스 등의 입력 장치에 의존하던 것에서 벗어나 현실 세계의 3차원 공간을 기반으로 입력·처리·표현할 수 있는 컴퓨팅 체계를 의미로 공간 컴퓨팅은 업무, 교육, 쇼핑 등 다양한 분야에서 활용될 수 있는 실용 기술로 주목받으며 메타버스의 활용 범위 확장 가능. 그리고 생성형 AI 기술과 접목해 맞춤형 가상 공간 제공, 아바타·콘텐츠 자동 생성 등 새로운 비즈니스 모델 개발과 사용자 경험을 향상시키는 견인차 역할을 할 것으로 전망함(IITP, 2024).

Ⅲ 메타버스 개발 방향

국내는 메타버스의 속성 중 가상공간을 중심으로 사고하고 가상공간 구축에 역량을 집중하는 한계가 있다. 그 이유는 메타버스는 가상공간을 매개로 하여 사람들을 모이게 하고, 그 사람들이 새로운 경험과 가치를 함께 만들어 가면서 '세계'를 만들어 갈 때 의미를 가지기 때문이다. 그런데 단순히 가상공간만 있으면 세계가 저절로 구축될 것이라는 사고로 결국 '세계'로 이어지지 못하고, 사람은 만나기 어려운 '죽은' 가상공간이 될 것으로 우려가 되고 있는 것이다.

국내에서 메타버스로 소개된 특정 사례를 살펴보면, 기존의 가상현실 활용이나 게임을 메타버스라 하고 있다. 특히 교육, 작업, 의료 등 분야의 활용 사례에서는 대체로 몰입을 강조하기도 한다. 전통적인 가상현실이 상상, 몰입, 상호감 높은 콘텐츠와 상호작용 경험 등을 핵심 요소로 한다는 점을 고려하면 교육, 작업, 의료 등 분야의 활용은 메타버스가 아닌 가상현실 사례로 분류할 수 있다.

메타버스는 확장과 세계에 대한 추가적인 고려가 요구된다. 메타버스의 가치는 개인의 경험을 넘어 참여한 사람들의 연결·소통·협력 등 일상활동을 시공간을 넘어 확대하고, 지속시켜 경제적 가치를 만들어 내는 데 있다. 시공간의 한계를 넘어 지구 반대쪽 사람들도 좀 더 효율적으로 다양한 창조적 활동이나 문제해결에 함께 참여하고 경제적 가치를 만들어낼 수 있는 플랫폼으로서의 메타버스가 더 중요하다는 뜻이다.

지속적인 참여와 경제적 가치를 만들어 내기 위해, 그리고 사람들이 모이기 위해서는 공간의 실감성이나 몰입감에 기반한 재미있는 일시적 놀이 공간으로 활용도 중요하지만, 스스로 콘텐츠 생산자로서 자리매김하도록 지원하는 것이 매우 중요하다.

로블록스의 성공 사례를 살펴보면, 손쉬운 콘텐츠 저작도구를 제공함으로써 사용자들에게 게임 공간을 스스로 만든 콘텐츠를 공유하고 유통하는 공간으로 제공하고 있다. 최근 주목받는 생성형 AI의 확산과 함께 메타버스가 콘텐츠 활용공간으로 다시 주목받는 이유이기도 하다.

더 중요한 것은 지속적인 참여로 메타버스를 세계로 만들어 가야 하는 것이다. 즉 시공간을 초월한 참여 플랫폼인 메타버스의 활동에 대해 적절한 경제적 또는 사회

문화적 보상을 통해 필요한 일에 지속적으로 참여하도록 유도하는 것이 핵심이다. 일상 활동과 지속적인 참여를 지원하기 위해서는 흥미로운 게임화 요소를 포함하고 사용자의 동기, 선호도, 반응, 역할과 기여 등을 종합적으로 고려하는 보상시스템을 설계하고 연동하도록 해야 한다.

MEMO

PART

4

메타버스 프롭테크

CHAPTER

8

프롭테크

---

section 1 **프롭테크의 핵심기술**

클라우스 슈밥은 2016년 다보스 포럼에서 인류는 제4차산업혁명에 진입하여 가까운 미래에 급진적이며 혁신적이고 파괴적인 변화를 맞이하게 될 것이라 하였다. 또한 그는 제4차산업혁명을 인공지능(AI)과 기계학습(ML), 로봇공학, 나노기술, 3D프린팅과 유전학, 생명공학기술과 같이 종전에는 서로 단절되어 있던 분야들이 융복합되고 공진화(Co-Revolution)되어 '혁신기술'의 패러다임의 변화를 맞이할 것이라 하였다 (WEF, 2016). 이와 같이 혁신기술을 기반으로 하는 플랫폼이 다양한 산업분야에 확산되면서 산업구조의 변화와 신 가치 창출이 이루어지고 있는 것이다.

이러한 패러다임 변화에 따라 부동산분야에서도 제4차산업혁명의 핵심 정보기술인 빅데이터와 인공지능, 사물인터넷(IoT), 블록체인 등이 프롭테크의 적용이 되는 중요한 기술로서 이에 대해 살펴보면 다음과 같다.

사물인터넷(IoT: Internet of Thing)은 상호 연결된 기기와 사람 그리고 다양한 플랫폼을 기반으로 사물과 인간, 사물과 사물간 연결을 통해 네트워크 효과(Network Effect)에 의해 대량의 광범위한 데이터가 생성 활용하게 되는 새로운 패러다임이 창출되는 온디맨드(On Demand) 경제구조로 산업구조의 빠른 전환을 야기하고 있다(경정익, 2021).

빅데이터와 인공지능은 사물인터넷에 의해 수집된 대규모의 데이터를 분석하여 현시대의 난제 해결 방안 모색에 한계를 극복할 수 있는 기술로서 공공서비스, 제조분야, 의료분야, 유통분야 등 다양한 분야에 활용되어 부동산분야에도 혁신적인 발전을 기할 수 있는 기술이다(경정익, 2020b). 특히 2022년 이후 생성형 AI의 출현과 혁신적인 발전으로 프롭테크 변화 발전이 크게 이루어질 것으로 예상된다.

또한 블록체인(BlockChain)은 탈중앙화(Decentralization)된 시스템으로 생성되는 데이터(장부)를 특정한 해시값에 의해 블록을 형성한 후 연쇄해시(Hash Chain)에 의해 블록 간 중첩연결하고, 분산저장기술(DLT: Decentralized Ledger Tech.)에 의해 블록체인 시스템에 참여하는 모든 노드에게 공유하게 된다. 따라서 블록체인 시스템에 저장된 데이터는 임의 수정과 조작이 불가능한 비가역성(Immutability)과 투명성(Transparency)이라는 특성을 가지며, 또한 탈중앙화로 인해 언제든지 시스템이 가용하게 되는 가용성(Availability)이란 특성이 갖는다. 블록체인은 이러한 특성으로 부동산을 비롯한 금융, 보험, 주식거래, 물류/유통분야, 공공서비스 등 다양한 분야에서 점진적으로 활용이 확대되어 가고 있다.

그리고 블록체인을 기반으로 하는 디지털 장부와 관련 정보는 항상 검증되고 갱신되므로 신뢰성과 정확성이 보장되어 업무의 효율성을 높일 수 있는 장점이 있다. 또한 블록체인에 의한 스마트계약(Smart Contract)은 블록체인상에서 프로그램에 의해 자동으로 계약을 체결하고 이행·관리하는 프로세스로서 부동산분야에서 중개 없이 부동산 거래 프로세스를 단순화하여 낮은 수수료와 계약 미이행시 발생되는 비용을 절감할 수 있는 기술이다. 또한 블록체인 기반의 부동산 통합거래 플랫폼 운영과 전자상거래(e-Commercial)의 가능성 그리고 ICO(Initial Coin Offering)에 의한 부동산플랫폼 운영으로 부동산 활동에 소요되는 자금조달을 할 수 있으며, 글로벌한 부동산시장 형성을 가능하게 하고, 부동산 허위매물을 원천적으로 방지를 검토해 볼 수 있다.

메타버스는 VR, AR, MR 등 XR을 통해 현실 세계와 같은 사회적·경제적 활동이 통용되는 3차원 가상공간이며, 가상과 현실이 상호작용하며 공진화(Co-Evolution)하

그림 8-1 | 프롭테크 핵심기술

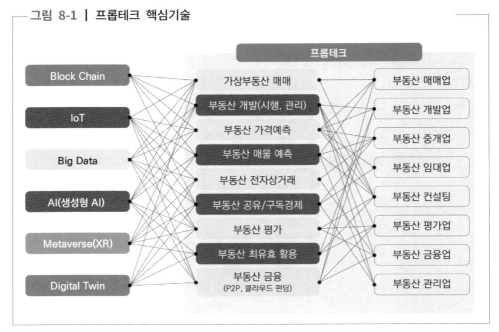

자료: 경정익(2024)

고 그 속에서 사회·경제·문화 활동이 이루어지면서 가치를 창출하는 세상(소프트웨어정책연구소, 2021)이다. 또한 메타버스는 초기에는 초월적 세계를 의미하는 가상현실의 개념에서 현실과의 연계를 통한 새로운 비즈니스가 창출되는 공간이자 가상플랫폼이다.

인류는 현실세계에서 지구라는 공간의 한계성을 극복하기 위해 지구 이외의 행성에 대한 관심을 가지고 있었으나 메타버스 기술에 의해 새로운 공간인 가상공간의 이동이 가능하게 하고 있다.

부동산 측면에서의 메타버스에 의한 공간은 현실세계의 제한된 공간 이외에 가상공간으로의 확장이란 의미를 갖는다. 따라서 메타버스 프롭테크(Metaverse Proptech)는 부동산에 VR, AR, MR 등의 확장현실 기술을 융합하며 새로운 가상공간에서의 부동산 가치를 창출해 내는 것을 의미한다. 그리고 메타버스 프롭테크는 현실공간 이외의 가상공간에 인공지능, 블록체인, 버추얼 휴먼, 빅데이터, 디지털 큐레이션, AI휴먼 등의 기술을 접목하여 가상부동산 구현의 고도화를 가능하게 하는 것이다.

프롭테크는 인공지능(AI), 빅데이터(Bigdata), 확장현실(XR: eXtended Reality), 블록체인(Blockchain) 등 정보기술 융합으로 부동산 중개업, 그리고 임대관리업, 자산관리업, 시설관리업 등의 부동산관리 등 부동산산업의 게임체인저(Game Changer)로서에 크게 영향을 미치고 있다.

국내 프롭테크는 정부의 2018년 「부동산서비스산업 진흥법」 제정과 부동산서비스산업진흥계획(2021-2025) 수립 추진과 민간기업의 융복합 협의체인 한국프롭테크포럼을 통해부동산산업의 규모 확장과 기술적 혁신이 이루어지고 있다. 이러한 프롭테크는 부동산의 중개, 관리, 금융 등 다양한 분야에서 다음과 같은 영향과 효과를 미치게 될 것으로 보인다.

부동산중개업에 미치는 영향과 효과를 살펴보면, Forrester Research(2015)는 부동산중개업을 인공지능, 빅데이터 등이 도입이 적합한 분야로 공사노동직, 단순 사무보조, 영업판매직과 함께 고위험 직업군으로 분류하고 있다. 그러나 중개분야는 부동산의 다른 분야보다도 빅데이터, 인공지능 등 정보기술 활용에 적합하며, 중개서비스의 전문성과 효율성을 기할 수 있는 분야이기도 하다.

부동산 관리의 시설관리(FM)와 임대관리(PM) 등은 정보기술에 의해 더욱 체계적이고 과학적인 관리가 가능해지며 특히 온디맨드(On Demand)서비스로 전환이 이루어지고 있다. 더불어 부동산관리는 디지털전환으로 가치사슬의 연관 업종을 통합 체계화하거나 네트워크화하여 규모의 경제를 도모함으로써 대규모로 변모해 가고 있다.

부동산금융업에도 생성형 AI, 빅데이터 등의 정보기술이 빠른 적용이 이루어지고 있다. 금융분야의 수요자인 개인이나 기업이 인공지능과 블록체인 등 정보기술을 통해 효율적인 자금조달과 최적화된 금융서비스를 제공받고 있다. 즉 다변화되는 금융시장의 수요를 반영하기 위해 인공지능, 빅데이터와 블록체인의 디파이(DeFi)[1] 등의 활용이 확산되고 있다.

---

1) 디파이(DeFi: Decentralized Financial): 블록체인 기반 스마트계약을 통해 이루어지는 탈중앙화 금융서비스

그리고 메타버스의 요소기술인 확장현실(XR)와 디지털 트윈(Digital Twin) 등이 활용되어 인테리어나 리모델링 작업을 디지털 시뮬레이션으로 구현함으로써 부동산 분양, 판매 등 부동산 마케팅분야의 발전을 기할 것이다.

부동산개발업은 다른 부동산과 관련된 산업에 비해 기획, 계획 등의 분야는 상대적으로 제4차산업혁명의 영향을 받으나 비교적 장기간이 소요될 것으로 보인다. 다만, 대용량의 자료와 기계적 학습을 통해 기획단계에서 시작하여 계획, 시공단계에 디지털 트윈을 통해 시뮬레이션으로 공간활용과 에너지 활용의 최적안을 모색하는 등 개발사업 추진단계까지 영향력을 키워갈 것이며, 콘택크(ConTech)의 혁신적 발전과 함께 변화 발전이 이루어지게 될 것이다.

▮ 프롭테크 개념과 범주

프롭테크(PropTech)는 부동산(Property)과 기술(Technology)의 합성어로 부동산업과 기술을 결합한 새로운 형태의 산업, 서비스, 기업을 포괄하는 의미이다. JLL(2017, 2018)[2]은 프롭테크(Proptech)를 부동산 중심 관점으로 기술을 활용하여 부동산 서비스를 보다 효율적으로 개발하거나 개선하는 것이라 정의하여 부동산의 개발, 매매, 임대, 관리 등 전(全) 단계에서 기술을 활용하는 것이다. 또한 KB금융지주 경영연구소(2018)[3]는 기업의 형태에 의미를 부여하여 프롭테크를 부동산 데이터에 기반하여 성공한 스타트업과 디지털화된 신(新) 부동산 서비스를 제공하는 기업들로 정의하고 있다.

핀테크(FinTech)는 금융(Finance)과 기술(Technology)의 합성어로 이를 결합한 금융서비스, 기업, 산업의 변화 등을 통칭하여 인터넷 전문은행, 간편 결제 등이 대표적인 서비스라 할 수 있다. 플랫폼 비즈니스(Platform Business)는 사업자가 비즈니스 네트워크(플랫폼)를 구축하면 소비자가 시간과 공간의 제약을 받지 않고 참여하는 업태

---

2) JLL & Tech in Asia, 2017, 「Clicks and Mortar : The Growing Influence of Proptech ; JLL & Tech in Asia, 2018, Clicks and Mortar : The Growing Influence of Proptech」.
3) KB금융지주 경영연구소, 2018, 「KB지식비타민 : 프롭테크로 진화하는 부동산 서비스」, 18-13호, p.2.

표 8-1 | 비즈니스 관점 프롭테크 정의

연도	연구자/기관	관점	정의
2017	Andrew Baum	산업분야	공유경제, 부동산 핀테크, 스마트 부동산
2018	KB금융지주	기업	2010년대 들어 유럽을 중심으로 모바일 채널과 빅데이터 분석, VR 등 하이테크 기술을 기반으로 등장한 부동산 서비스 기업
2018	월간SW중심사회	산업분야	리테크(Real Estate Tech)가 고도화된 개념으로 전통산업의 한 분야인 부동산업을 디지털 산업으로 전환시킨 신산업 분야
2018	경정익, 권대중	산업분야	부동산 산업에 정보기술을 접목해 혁신적인 서비스를 제공하는 부동산 비즈니스
2019	한국건설산업연구원	산업분야	부동산업과 기술업을 결합한 새로운 형태의 산업, 서비스, 기업 등을 포괄한 개념
2019	김진	기술	현재보다 높은 수준의 부동산 서비스를 제공할 수 있는 데이터 기반 기술 모음
2020	Braesemann & Baum	혁신	부동산이라는 전통적 시장의 디지털 파괴

자료: 김재영 외(2021)

이다. 이러한 플랫폼이 가치 창출과 이익 실현의 중심인 비즈니스 모델로는 애플스토어, 플랫폼 게임 등이 대표적인 사례라 할 수 있다.

또한 공유경제(Sharing Economy)는 금융위기 이후 사용된 용어로 한번 생산된 제품을 여럿이 공유해 쓰는 협력 소비를 기본으로 한 경제 방식이다. IT 기술에 의해 종전의 공간적, 시간적, 거리의 제약이 없는 환경이 조성되면서 위키피디아, 공유 자동차, 에어비앤비 등이 공유경제의 대표적인 비즈니스라 할 수 있다.

그리고 콘테크(ConTech)는 건설(Construction), 기술(Technology)의 합성어로 영국을 비롯한 유럽지역에서 사용되고 있다. 건축, 엔지니어링, 시공, 시설 관리(FM) 분야에서 기술을 활용한 새로운 산업과 서비스이다. 최근에는 데이터에 기반한 건축, 설계, 시공, 스마트빌딩, 조달시스템 선진화 등을 중심으로 발전하고 있다.

프롭테크에 해당하는 범주에 대해서는, Baum과 Saull, Braesemann[4]은 핀테크(FinTech)[5]와 공유경제에서는 부동산부문을 제외한 영역이 존재하기 때문에 부동산과

---

4) Baum, A., Saull, A., & Braesemann, F., PropTech 2020: The future of real, University of Oxford Research, (2020), p.7.

그림 8-2 | 프롭테크 범주 설정 변화

─ 그림 8-2 | 프롭테크 범주 설정 변화

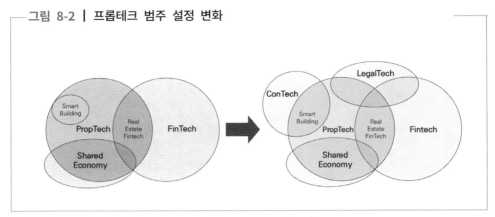

자료: Andrew Baum, Andrew Saull, Fabian Braesemann(2020)

의 교집합 부문만을 프롭테크에 해당한다고 한다. 이를 좀 더 발전시켜 Braesemann
은 스마트 빌딩 기술에 큰 영향을 주고 있는 콘테크(ConTech)[6]와 부동산 핀테크 애플
리케이션을 촉진하는 스마트 계약으로 특징지어지는 리걸테크(LegalTech)의 교집합 부
분을 추가하여 프롭테크의 범위를 넓혀 정의하고 있다.

이러한 프롭테크는 글로벌 시장에서 다양한 형태의 상품과 서비스를 제공하는
스타트업이 설립되고 있고, 대기업군에서도 기술 개발이 이루어지고 있다.

프롭테크와 유사한 의미로 플랫폼 비즈니스, 공유경제, 핀테크, 리테크(ReTech:
Real Estate Technology), 콘테크(ConTech: Construction Technology) 등 기술을 결합한 업
태를 다양하게 명명되고 있다. 미국에서는 프롭테크와 동일한 개념으로 ReTech란 용
어가 쓰이고 있으며, 상업용 부동산에 대해서는 CRETech(Commercial Real Estate
Technology)이라는 용어도 일반적으로 사용되고 있다.

MIPIM(Le Marché International des Professionnels de L'immobilier, 2017)의 혁신 포

---

5) Finance(금융)와 Technology(기술)의 합성어로, 금융과 IT의 융합을 통한 금융서비스 및 산업
   의 변화를 통칭한다.
6) 콘테크는 건설(Construction)과 기술(Technology)의 합성어로 '스마트건설 시대'의 주역이 될
   새로운 기술이다. 가상현실(VR)·증강현실(AR)·인공지능(AI)·빅데이터·IoT(사물인터넷)
   등 미래 신기술들을 결합한 개념을 뜻한다.
7) Andrew Baum, 2017, 「PROPTECH 3.0 : THE FUTURE OF REAL ESTATE, University of
   Oxford Research」, p.7.

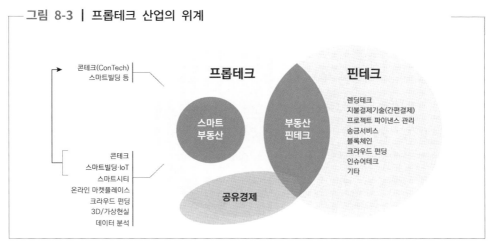

그림 8-3 | 프롭테크 산업의 위계

콘테크(ConTech)
스마트빌딩 등

프롭테크

핀테크

렌딩테크
지불결제기술(간편결제)
프로젝트 파이낸스 관리
송금서비스
블록체인
크라우드 펀딩
인슈어테크
기타

스마트
부동산

부동산
핀테크

콘테크
스마트빌딩·IoT
스마트시티
온라인 마켓플레이스
크라우드 펀딩
3D/가상현실
데이터 분석

공유경제

자료: 허윤경·김성환(2019), 6의 내용을 바탕으로 재구성(원자료 Andrew Baum, 2017[7]))

럼에서는 산업 영역보다는 기술 분야에 초점을 두고 스마트빌딩, 사물인터넷, 스마트시티, 3D·가상현실, 데이터 분석 등으로 프롭테크의 영역을 구분하여 서로 다른 정의를 제시하고 있다.

여기서 프롭테크의 개념을 논의하는 데 있어 프롭테크의 필수요소인 데이터 관점에서 살펴본다면 Baum과 MIPIM의 정리는 프롭테크의 전반적 개념을 이해하는 데 도움이 될 수 있으나 프롭테크와 부동산서비스의 직접적 관계를 살펴보는 데는 제한이 된다. 즉 프롭테크의 다양한 요소 중 기존 부동산서비스업의 수준을 제고하는 데 영향을 미치는 요소는 데이터라고 할 수 있다는 것이다.

CB Insight와 Deloitte 등 해외 유수 컨설팅 기업[8]들은 미래 유망 분야로 '데이터 드리븐'(Data Driven)서비스를 지목하면서, 그 대표적인 사례로 공간 빅데이터를 기반으로 다양한 서비스를 제공할 수 있는 프롭테크에 주목하고 있다.

그동안 활용되었던 부동산 데이터는 질(Quality)이 떨어져 서비스화하기 어려웠을 뿐 아니라 그마저도 일부 주체들이 독점하고 있는 구조로 되어 있어 부동산서비스를 고도화시키기에는 한계가 있을 수밖에 없었다. 하지만 첨단 정보기술을 활용하는

---

8) CB Insight, Cushman and Wakefield, Deloitte, ING, KPMG, Savills 등에서 프롭테크에 대한 보고서를 발간하는 등 다양한 분석을 시행하고 있음.

프롭테크가 등장하면서 이러한 한계를 극복하여 더욱 편리한 부동산서비스의 제공이 가능하게 되었다. 따라서 부동산서비스 관점의 프롭테크는 데이터에 기반한 부동산산업의 디지털화로 고차원의 부동산서비스를 제공할 수 있도록 하는 데이터 기반 기술의 집합체라 할 수 있다.

따라서 프롭테크는 부동산과 연관되어 빅데이터, 인공지능, 블록체인, 메타버스 및 확장현실 등 다양한 정보기술을 활용하여 부동산 서비스를 보다 효율적으로 할 수 있도록 개발하거나 개선하는 것으로 부동산의 개발, 매매, 임대, 관리의 전(全) 단계에서 기술을 활용하는 것이라 할 수 있다.

따라서 프롭테크는 [그림 8-4]와 같이 콘테크, 핀테크, 레그테크(RegTech: Regulation Tech.), 리걸테크(Legal Tech.), 메타버스, 공유경제 등에서 부동산과 교집합되는 부분을 모두 포함하는 개념이라 할 수 있다.

그림 8-4 | 프롭테크 범위

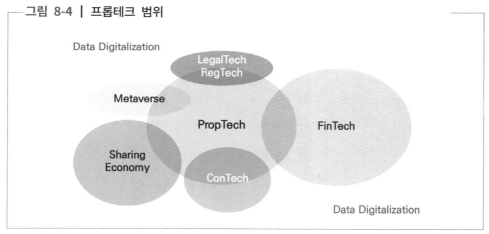

자료: 경정익(2021) 재구성

▮ 프롭테크 비즈니스 주요 가치

경제가치는 필수 기능을 총비용으로 나누어 얻어지는 가치이다. 즉 경제가치는 재화와 용역의 기능과 관련이 있으며, 이러한 기능으로부터 비롯되는 효용, 즉 만족감의 크기와 관련이 있다(Vinson et al., 1977). 가치는 비용과 역의 관계로 비즈니스 영역에서 중요한 관리의 대상이다(고영희·이서현, 2016). 가치는 특정 재화나 용역에서 비롯되므로 이것을 확장한다면 특정한 비즈니스 프로세스로 치환될 수 있어 가치와 연관된 기능 또는 만족감은 일종의 무형자산인 것이다. 이러한 지식, 노하우 등 무형자산은 기업의 경쟁우위 획득과 유지에 활용될 수 있는 중요한 자산(Nonaka et al., 1995)이므로 특정한 비즈니스 프로세스에서 비롯되는 가치는 그 비즈니스 프로세스의 성과를 결정짓는 지표가 된다.

무형자산은 기본적으로 인적자산, 조직자산, 기술자산, 관계자산 등으로 구분된다(Fernandez et al., 2000). 무형자산은 일반적인 자산이외에도 혁신, 투자 등 여러 개념을 설명하는 데 적용된다(Fried, 2010). 또한 장기간의 관계(long-term relationships)에서 오는 관계적 가치는 대표적인 관계적 자산으로 분류된다(Fernandez et al., 2000).

프롭테크 가치를 도출하기 위해 기초자산인 부동산은 유형자산을 기반으로 프롭테크 비즈니스에 대한 투자, 그리고 관계적 가치를 살펴보기 위해 앞에서 언급한 무형화(Intangibility)의 개념을 프롭테크에 적용하고자 하는 것이다.

프롭테크 비즈니스는 부동산 개발, 부동산 중개나 임대, 관리 서비스 등 다양한 영역으로 구성되어 있다. 이러한 영역에서 창출되는 가치는 프롭테크 비즈니스를 통

그림 8-5 | 프롭테크 비즈니스 가치흐름도

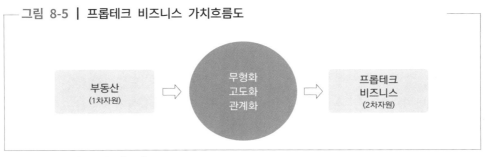

자료: 김재영 외(2021) 재구성

합적으로 이해하고 복합적으로 수행하는 데 필수적으로 이해되어야 할 요소이며. 더 나아가 비즈니스의 경쟁우위 성과를 결정짓는 요소이다. 따라서 가치는 프롭테크 비즈니스를 명확하게 특징짓는 요소이면서 동시에 관리되어야 할 요소이다(김재영 외, 2021).

프롭테크 비즈니스는 기초자산인 부동산에 빅데이터(Big Data), 인공지능(AI), 메타버스(Metaverse) 등의 정보기술이 결합되어 이차적인 자원을 생성하는 루틴을 가지며, 이 과정에서 다양한 가치가 창출된다.

프롭테크에서 창출되는 가치는 부동산을 바탕으로 2차적으로 프롭테크 비즈니스를 형성하는 과정에서 비롯되며, 이렇게 생성되는 가치는 수요자와 공급자 관점으로 구분해 볼 수 있다. 먼저 프롭테크에서 창출되는 가치를 수요자 관점에서 보면 효익이란 무형화에서 비롯되는 가치이다. 이 무형화된 가치는 정보기술과 인터넷에 의한 것으로 수요자와 공급자 간의 거래에서 전통거래와는 차별적인 양상을 보이는 현상을 설명한 Shapiro and Varian(1998)의 네트워크경제 중 수요자의 정보접근성 향상 측면을 바탕으로 하는 것이다.

프롭테크 비즈니스는 기본적으로 부동산이라는 유형의 실물자산을 거래의 목적물로 하지만, 실제적으로는 유형의 실물자산이 무형화되는 과정을 통해 거래됨으로써 새로운 파생적인 비즈니스가 생성된다. 즉 프롭테크는 유형의 거래목적물을 무형화시킴으로써 가치를 창출하는 대표적인 비즈니스이다. 다시 말해 프롭테크 비즈니스의 수요자 관점의 가치는 "유형자산인 부동산이 정보기술이 활용되어 무형화되는 과정에서 수요자가 얻게 되는 핵심 효익"으로 무형자산의 경제적 가치에 영향을 미치는 부분적 배타성(partial excludability)과 누출 효과(spillovers)9) 그리고 인터넷 정보전달의 핵심 특성인 정보 풍부성과 관련된 가치를 발생시킨다.

여기서 누출 효과는 기본적으로는 무형자산의 경제성 측면에서의 가치를 손상시키게 되어 그 본질은 부정적인 요인이지만, 프롭테크 비즈니스에서는 수요자가 요구 정보에 효과적으로 접근할 수 있는 기회를 제공할 수도 있어 일정부분 수요자의 가치

---

9) 부분적 배타성의 개념을 포함한 누출 효과는 자산이 무형화 됨으로써 자산의 소유자가 아닌 타인도 그 자산의 투자에 대한 효익을 상당한 정도로 누릴 수 있게 되는 특성이다(Baruch, 2001).

창출에 기여하는 긍정적인 요소이기도 한다. 즉 부동산이라는 유형자산을 바탕으로 상품화된 무형화한 상품판매정보에 접근하는 과정에서 클라우드 펀딩이나 플랫폼 접속은 수요자가 정보를 무상으로 반복적인 사용을 허용하는 가치가 발생하는 누출 효과가 있는 것이다.

한편 정보 풍부성과 관련한 가치는 프롭테크 비즈니스의 대부분의 영역에서 수요자의 정보접근과 관련이 있다. 빅데이터, 인공지능, 메타버스, 사물인터넷 등의 정보기술이 적용되어 수요자의 정보이해도와 정보만족도를 혁신적으로 높일 수 있게 되며, 이에 대해서는 선행연구에서도 조직의 디지털화와 이에 기반한 디지털 전략실천에 대한 논의가 제시된 바 있다(전성현·박동준, 2017). 특히 부동산 개발 영역과 부동산 관리 영역에서 정보기술은 프롭테크, 비즈니스화의 핵심도구로써 수요자의 정보이해도를 획기적으로 높일 수 있는 가치가 있다.

프롭테크 비즈니스에서 창출될 수 있는 또 다른 가치는 공급자 측면에서의 효익과 관련되는 고도화 가치이다. 고도화 가치는 정보기술을 바탕으로 공급자가 잠재적 또는 실제적으로 보유한 자원의 결합 또는 변형 전개를 통해 공급자의 솔루션 능력을 향상시키는 것이다. 자원의 결합은 비즈니스의 모방을 어렵게 할 뿐만 아니라 기초적인 자원으로부터 능력(Capability), 역량(Competence), 그리고 핵심역량(Core Competence)의 전개를 가능하게 한다(Peppard & Ward 2004). 구체적으로 이 고도화 가치는 "유형 자산인 부동산을 정보기술을 활용하여 자원화하는 과정에서 공급자가 얻게 되는 핵심 효익"으로 자원 방어성, 자원 공격성, 자산 환상 효과 등의 개념으로 설명할 수 있다. 즉 자원 방어성은 공급자의 혁신으로부터 발생되는 재화와 서비스를 보호하는 역할의 개념(Baruch, 2001)이다. 프롭테크 비즈니스에서는 부동산을 바탕으로 여러 정보기술이 결합됨으로써 부동산이 기초 자원(basic resources)인 능력 자원(capability resources) 또는 역량 자원(competence resources)이 상품화됨으로써 프롭테크에서는 비즈니스 모방이 어려운 자원을 보유할 수 있는 기회를 부여한다.

프롭테크 비즈니스는 타 비즈니스와는 다르게 비즈니스 버저닝(Versioning)이 비교적 용이하다. 즉 고정적인 부동산 자원을 중심으로 관련 있는 유사한 비즈니스를 전개하는 것이 비교적 용이하여 기본적으로 프롭테크 비즈니스에서의 자원 방어성과 관련성과 깊이 연관되어 있다.

자원 공격성은 수익창출, 신시장으로의 진출, 진입장벽 설치 등에 관한 개념(Baruch, 2001)으로, 프롭테크 비즈니스에서는 공급자가 자원 방어성을 바탕으로 부동산 금융, 중개 등의 데이터 기반 비즈니스모델 그리고 부동산 개발, 관리 등의 그래픽스 기반 비즈니스모델 등의 전개를 통해 수익모델(revenue models)을 다양화할 수 있는 기회를 보유하는 가치창출을 의미한다. 정보기술을 바탕으로 하는 데이터 기반 자원과 그래픽스 기반 자원은 공급자로 하여금 새롭고 다양한 비즈니스모델을 발굴하고 전개할 수 있는 잠재적 능력을 보유할 수 있도록 하는 가치를 제공한다.

그러나 가치 흐름에 따른 분석과정에서 부동산의 특성인 부동성으로 인하여 부동산의 가치는 획일적이지 않다. 일반적으로 부동산 투자 및 R&D 목적의 가치평가는 부동산 거래보다는 개발을 위한 의사결정을 위해 활용된다(구승환 등, 2014). 따라서 부동산 가치는 거래에서 제공되는 재화나 용역의 절대적 가치와 함께 수요자가 개별적으로 인지하는 가치가 중요하다. 동일한 부동산이라도 수요자가 인지하는 가치와 만족도는 상이할 수 있어 공급자는 절대적 가치에 비해 수요자가 인지하게 되는 관계적 가치의 차이를 고려하는 것이 더욱 중요하다.

프롭테크 비즈니스 자원이나 비즈니스모델의 가치가 실질적인 가치와 다르게 인식되고 소비되는 개념을 환상가치라고 한다면, 프롭테크 비즈니스 과정에서는 이러한 환상가치를 창출시킬 수 있는 많은 기회가 존재하게 된다. 이 기회는 주로 프로젝트 개발 등의 비즈니스에서 공급자가 수요자의 수용을 증대시키거나, 또는 플랫폼 등 정보자산을 중심으로 수요자간 상호 커뮤니케이션 활동을 통한 수요자의 수용증대 과정을 통해 이루어진다(이경주·김은영 2020). 이러한 프롭테크 비즈니스 가치는 무형화 가치, 관계적 가치, 고도화 가치로 나누어 볼 수 있다.

프롭테크 비즈니스의 무형화 가치란 유형자산인 부동산 또는 그 파생거래에 정보기술이 활용되어 비즈니스화되는 무형화 과정을 통해 수요자가 주로 얻게 되는 핵심 효익이라 할 수 있다. 그리고 관계적 가치는 유형자산인 부동산 자체이거나 부동산에서 파생되는 거래에서 정보기술이 활용되어 비즈니스화되는 관계형성 과정을 통해 중개자가 주로 얻게 되는 핵심 효익을 의미한다. 또한 고도화 가치는 유형자산인

표 8-2 | 프롭테크 비즈니스 주요 가치

주요 가치	가치 정의	관련 이론	관련 문헌
무형화 가치	유형자산인 부동산 또는 그 파생거래에 정보기술이 활용되어 비즈니스화되는 무형화 과정을 통해 수요자가 주로 얻게 되는 핵심 효익	• 부분적 배타성 • 누출 효과 • 정보 풍부성	Baruch(2001)
관계적 가치	유형자산인 부동산 또는 그 파생거래에 정보기술이 활용되어 비즈니스화되는 관계형성 과정을 통해 중개자가 주로 얻게 되는 핵심 효익	• 대리인이론	Jensen & Meckling, (1976)
고도화 가치	유형자산인 부동산 또는 그 파생거래에 정보기술이 활용되어 비즈니스화되는 고도화 과정을 통해 공급자가 주로 얻게 되는 핵심 효익	• 자원 방어성 /공격성 • 자산 환상	Baruch(2001)

자료: 김재영 외(2021)

부동산 자체 또는 그 파생거래에 정보기술이 활용되어 비즈니스가 고도화 과정을 통해 공급자에게 주어지는 핵심 효익이라 할 수 있다.

Ⅲ 프롭테크 현황

프롭테크는 부동산분야에 빅데이터, 인공지능, 블록체인, 메타버스(확장현실), 드론 등 다양한 기술을 활용하는 부동산산업, 서비스, 기업을 의미한다. 즉 콘테크(ConTech), 핀테크(FinTech), 레그테크(RegTech), 리걸테크(LegalTech), 공유 및 구독경제, 콘텍크(Contech), 메타버스(Metaverse)[10] 등에서 부동산과 교집합 부분을 모두 포함하는 것이다.

이러한 프롭테크는 1980년대 중반 영국에서 출발하여 유럽과 미국 등에서 부동산서비스에 스마트한 다양한 기술을 활용하여 부동산 중개, 관리, 금융, 임대 등의 활동에 효율성을 높이기 위한 비즈니스로 발전하였다.

먼저 1980년대 중반, 상업용 부동산에 대한 설계, 재무 및 중개부문 소프트웨어 업체들이 등장하며 영국에서 ReTech(Real Estate Technology)가 태동되었다. 초기에 대

---

10) 메타버스(Metaverse)란 가상과 현실이 상호작용하며 공진화하고 그 속에서 사회, 경제, 문화 활동이 이루어지면서 가치를 창출하는 세상(Accleration Studies Foundation, 2007).

표적인 프롭테크기업은 Yardi(1984)로서 부동산 회계·자산관리 통합시스템인 Basic Property Management를 부동산기업에 제공하여 업무를 효율적으로 수행하게 하는 서비스를 하였다. 또한 CoStar Group는 1987년 설립되어 사무실, 산업부지, 소매점 및 기타 상업용 부동산에 대한 매매·임대 물건정보, 시세 분석, 임차인 정보 등을 DB로 구축한 'CoStar Property Professional'을 개발하여 중개사와 구매자에게 분석한 정보를 구독형태로 제공하여 2023년 24.6억 달러 매출에 순이익이 2022년 3.7억 달러인 기업이다. 그리고 1990년대 말에 유럽을 중심으로 등장하게 된 新 RETech는 모바일 채널과 빅데이터 분석, VR 등 하이테크(High Tech) 요소를 결합하는 특징이 있다.

2000년대에는 e－Business가 부동산 중개부문에 적용이 확대되면서 ReTech기업들이 성장하였다. 영국에서 최대 온라인 부동산 포털 회사인 라이트무브(Rightmove)는 '영국에서 이사를 더 쉽게 할 수 있도록 도와준다'라는 미션을 설정하고 2000년에 4대 부동산기업(Halifax, Countrywide plc, Royal&Sun Alliance, Connells)의 공동출자로 만들어진 온라인 부동산 포털회사이다. 영국은 단독주택이 대부분이고 주택 개조, 증축이 많아 내부 구조나 정원 형태 등이 모두 각각 다르기 때문에 주택 가격을 산정하기가 매우 어렵다. 라이트무브는 이런 부동산 환경에서 소비자들에게 신뢰성 있는 주택가격을 제시하기 위해 주택가격지수를 최초 발표하면서, 2011년 영국 부동산포탈 사이트 TOP4 중 86%의 시장점유율을 달성하는 성과를 나타내고 있다.

라이트무브의 급성장 비결은 두 가지 플랫폼 사업 모델인 '규모 확장(Volume Growth) 모델'과 '가격확장(Price－ Scaleable) 모델'을 적절히 구사하는 것이다. 주택매매를 원하는 소비자들이 가격, 리모델링 여부, 현재 비어있는 집 등의 다양한 키워드로 매물을 검색할 수 있는 편리한 서비스로 소비자를 끌어모으면서 규모를 확장했다. 이 웹사이트 방문 건수가 월 1.3억 건에 달하고 있어서 소비자들과 부동산을 거래하고 싶은 중개업자들은 기꺼이 회비를 지불하면서 자신이 확보한 매물을 라이트무브에 공개하는 것이다. 이를 통해 확보된 대규모 데이터와 공공데이터를 결합하여 주택 판매 가격 자동산정모델(Automated Valuation Model)과 유사매물 비교 툴(Surveyor Comparable Tool), 부동산 위험평가 툴(Property Risk Tool) 등을 통해 주택가격 정보를 제공하는 가격 모델을 확장하고 수익성을 높이고 있다. 그리고 부동산 중개사들의 매물에 대한 리스팅 · 검색서비스를 제공하고 주택가격지수를 제공하는 프롭테크로 기업의 자산가치가 63.7~89.2억 달러에 해당하는 대표적인 유니콘(Unicorn)기업이다(2024년 챗GPT로 조회한 결과).

북미와 아시아 지역에서도 프롭테크 스타트업의 창업이 급격히 증가하고 있었으며, 미국에서는 2011년 Airbnb, 2014년 Wework, Houzz, Ten−X가 프롭테크 유니콘 또는 데카콘(Decacorn)기업으로 성장하였고, 2016년에는 SMS Assist, Homelink, Compass, Opendoor 등이 유니콘기업으로 성장하는 등 프롭테크가 확장 중이며, 전세계 프롭테크 투자 건수의 반 이상은 북미와 아시아지역에서 이루어지고 있다.

또한 중국은 2015년 대중창업, 만중창신 선언을 통해 프롭테크 및 기타 기술을 기반으로 하는 기업의 창업과 성장을 장려하고 있어 2017년 8월 알리바바와 항저우 저장성 지방정부는 주택 임대를 위한 온라인시스템 운양을 시작하는 등 민간기업과 지방정부가 협업을 통해 프롭테크 발전을 가속화하고 있다.

프롭테크 분야에 대한 2016년부터 2018년까지 투자유치 누적금액은 844억 달러로, 연평균 성장률(CAGR)은 148.5%로 동 기간 헬스케어(34.6%), 모빌리티 서비스(26.4%)에 비해 큰 폭으로 성장하였다(ESCP 경영대학원).

─ 그림 8-6 │ 해외 주요 국가별 프롭테크 기업 수

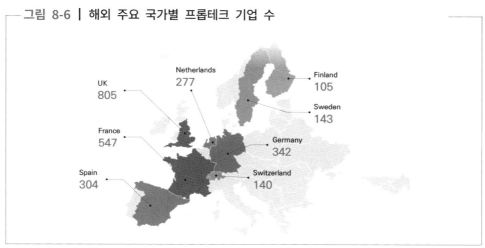

자료: ascendixtech.com(2024. 12. 6)

1 프롭테크 성장과 발전

전 세계 프롭테크 시장규모는 2023년 350억 달러에서 2032년에는 1,330억 달러로 크게 성장할 것으로 예상된다(Ascendix, 2024). 이는 10년 동안 9.3%의 높은 연평균 성장률(CAGR)을 보이게 될 것이라는 것이다.

프롭테크에 대한 투자유치는 1990년대 중반부터 시작하여 2010년대에는 1억 달러 규모의 투자가 이루어졌으며, 이 시기에 중국에서는 중개 플랫폼 기업들에 대한 투자유치가 본격화되었다. 그리고 2015년부터는 부동산개발과 건설 분야 등 다양한 분야에 10억 달러 규모의 프롭테크에 대한 벤처 투자가 대폭적으로 이루어졌다.[11]

그림 8-7 | 전 세계 프롭테크 시장 규모 추이(단위: 10억 달러)

자료: ascendixtech.com(2024. 12. 6)

---

11) 글로벌 프롭테크에 대한 벤처 투자 총액은 2015년 44억 달러에서 2019년 101억 달러로 두 배 넘게 증가했으며, 2020년 상반기에 이미 49억 달러를 넘어섰다. 같은 기간 투자 건수는 434건에서 581건으로 증가하여 평균 딜 사이즈가 1,012만 달러에서 1,734만 달러로 증가하였다. 특히 2020년 6월까지 집행된 투자 딜은 2,760만 달러로 급증했다. 창업 5년차 미만 스타트업에 투자하는 비중은 감소하고 실제 제품과 서비스를 시장에 출시하는 단계 이상으로 성장하는 기업에 대한 투자가 증가하고 있는 것으로 보인다(대신증권, 2020).

표 8-3 | 연도별 프롭테크 매출액 추이

연도	매출액(단위: 억 원)	전년 대비 증감
2019년(2018년 매출)	2,882.5	-
2020년(2019년 매출)	11,575.1	8,692억 원 증가
2021년(2020년 매출)	10,080.6	1,494억 원 감소
2022년(2021년 매출)	18,499.7	8,419억 원 증가
2023년(2022년 매출)	21,172.2	2,672억 원 증가
2024년(2023년 매출)	23,112.1	1,939억 원 증가

자료: 한국프롭테크포럼(2024)

국내 프롭테크는 한국프롭테크포럼에서 집계한 자료에 위하면 2023년 총 매출액은 2조 3,112억원으로 2022년 2조 1,172억원에 비해 1,940억원 증가하였다. 이는 2022년는 전년대비 2,672억원 증가에 것에 비하면 다소 감소하였으나 1개사당 평균 매출액은 172억 5천만원으로 전년 148억 1천만원보다 16.4% 증가한 것으로 나타나고 있다. 2024년의 어려운 부동산시장과 프롭테크 시장상황에서도 스타트업 134개 사 가운데 58개사의 매출이 증가하고 29개사는 감소한 것으로 나타나고 있다(한국프롭테크포럼, 2024).

Ⅱ 프롭테크 투자유치 동향

1. 해외 프롭테크

프롭테크의 벤처 투자는 1990년대 중반부터 상업용 부동산 관리 및 데이터 기업인 Argus Software와 부동산 매물 검색 사이트인 rent.com, realestate.com 등을 통해 이루어졌다.

2000년대 초반에는 상업용 부동산 소프트웨어 및 데이터를 제공하는 RealPage와 주거용 부동산 매물 정보 웹사이트인 질로우(Zillow)에 주로 투자가 이루어졌다. 2000년대 후반에는 Trulia, Zillow, Redfin 등 스타트업들이 대규모 투자를 받아 증시 상장에 성공함으로써 프롭테크 성공 가능성이 주목을 받았다. CB Insight의 발표자료에 의하면 부동산 중개 및 임대와 관리 분야에 투자 유치가 가장 많은 반면, 투자와 자금조달 분야는 가장 적은 것으로 나타나고 있다.

주요하게 이루어지는 투자가 소프트뱅크 비전펀드를 필두로 하여 성장형 사모펀드와 프롭테크 전문 벤처 캐피탈로 확대되고 있다. 소프트뱅크 비전펀드는 2018년 프롭테크 벤처 투자 규모 상위 10개 딜(Deal) 중 Katerra, Opendoor, Compass 등 유니콘기업에 대한 대규모 투자에 모두 참여했는데, 특히 주거용 부동산 플랫폼을 운영하는 Opendoor에 4억 달러의 투자가 이루어졌다. 그리고 2019년에는 Compass, Lemonade, QuintoAndar, Danke Apartment에 1억 달러 이상의 투자가 이루어져, 이와같은 투자를 유치한 스타트업 중 주택보험 사업자인 Lemonade는 2020년 7월 상장에 성공하기도 하였다.

이와 같이 프롭테크의 벤처 생태계가 활성화되면서 Andreessen Horowitz와 같은 대형 벤처캐페탈(VC: Venture Capital) 외에도 General Atlantic과 같은 성장형 PE 및 Fifth Wall Ventures, Brick & Mortar Ventures와 같은 프롭테크 전문 VC가 시장에 진입이 이루어졌다. 즉 Andreessen Horowitz는 PeerStreet, Loft에 투자했고, General Atlantic은 Ziroom, Opendoor, Blend, QuintoAndar의 1억 달러 이상 투자 라운드에 참여했다.

전체 투자금액을 지역별로 보면 미국이 56%이고 중국이 26%를 차지하며, 그 외 영국, 인도, 프랑스 순으로 자금이 유치가 되었다.

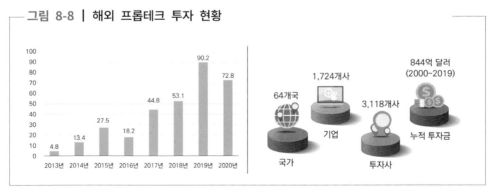

그림 8-8 | 해외 프롭테크 투자 현황

자료: 스타티스타, ESCP 경영대학원

그림 8-9 | 프롭테크 IPO 및 인수합병 현황

자료: CB Insights, Bloomberg

투자 단계와 금액은 프롭테크 분야별로 달라 중개 및 임대와 관리 분야가 가장 오랜 기간 대규모로 투자가 이루어졌다. 그 중 최근 5년간의 대규모 투자는 Beike Zhaofang, Ziroom, Lianjia, Danke Apartment 등 중국의 주택부문 중개 플랫폼이 투자유치를 독식하는 등, 중국의 거대 주택시장에 투자가들의 관심이 증가하였다.

부동산 개발 및 건설부문에 있어서는 2000년대 중반 친환경 건축 소재를 다루는 기업들 위주로 시작되어 2010년 이후 1,000만 달러 규모 투자, 2015년부터 1억 달러 이상의 투자가 이루어졌으며, 2018년에는 Katerra가 10억 달러를 유치하는 등 대규모 투자가 계속되었다.

투자 및 자금조달부문은 2010년부터 핀테크 기업들이 부동산 금융으로 사업을 확장하며 본격적인 모기지 테크 투자가 시작되었으며, 2015년부터는 SoFi, Atom Bank, Blend 등을 중심으로 투자 규모가 1억 달러 이상으로 확대되었다.

프롭테크의 기업공개(IPO)와 인수합병(M&A)은 2018년 최다 건수를 기록한 이후 2019년에는 감소하다가, 2020년에는 기업공개 3건, 인수합병 21건으로 대다수는 중개 및 임대와 관리 분야에서 투자규모와 건수도 가장 많았다.

그 중 상장 후 시가총액이 10억 달러 이상은 9건으로 2017년 주거용 부동산 중개 플랫폼 Redfin(17.3억 달러)을 시작으로 프로젝트 관리 플랫폼을 개발하는 콘테크

기업인 SmartSheet(19.3억 달러), 핀란드의 주거용 부동산 개발 및 임대 기업인 Kojamo(24.5억 달러) 등이 이에 속한다. 2020년 1월에는 중국의 아파트 임대기업인 Danke Apartment(24.8억 달러), 7월에는 Lemonade(38.1억 달러)가 상장하였으며 그 중 시가총액이 10배 넘게 상승한 프롭테크로는 Zillow, AppFolio, Smartsheet, Redfin, Kojamo 등이 있다.

2. 국내 프롭테크

국내에서는 최근 2018년 11월에 26개 기업을 회원사로 한국프롭테크포럼이 발족되어 2025년 1월 현재 328개 회원사로 증가하였다.

국내 프롭테크에 대한 투자액은 2011년 15억 원을 시작으로 2021년에는 최고 2조 6,943.7억 원이었다. 좀 더 상세히 살펴보면 2011~2023년 누적 투자유치 금액은 6조 1,190억 원이며 투자를 유치한 기업의 수는 같은 기간 누적 157개 사에 이르며, 연간 투자액 최저 시기는 프롭테크 산업의 태동기로 2011년 15.0억 원이었다. 특히 2020년에는 코로나 19 확산으로 인해 경기 불안이 예상되어 전년 대비 투자액은 55.1%, 투자유치 기업은 30.8%가 감소하였다. 이와 같은 투자액과 기업의 감소 원인으로 코로나 종식에 따른 인플레이션을 선제적으로 대비하기 위해 2022년과 2023년에는 미국을 비롯한 국내에서도 전격적인 금리인상 조치로 인한 모든 부동산 시장의 침체 영향이 작용한 것이라 할 수 있다.

연도별 투자유치 흐름을 살펴보면, 2024년 기준 비공개 기업 및 중복 기업을 제외한 19개 기업이 1,065억 원의 투자를 유치해 2023년 35개 기업 3,091억 원에서 크게 감소하였다. 누적 투자액을 분야별로 살펴보면, 부동산 관리 솔루션 투자 금액이 2조 5,719억 원으로 산업 전체 투자금액의 42%를 차지하고 있으며, 그 뒤를 공유서비스(19.7%), 마케팅 플랫폼(11.9%)이 잇고 있다.

분야별 투자 유치 건수를 살펴보면, 공유서비스 스타트업이 40개사로 가장 많고, 데이터&밸류에이션(26개사), 부동산 관리 솔루션(23개 사) 순이다.

분야별 투자 라운드 분포를 살펴보면 공유 서비스의 투자 유치기업 수가 가장

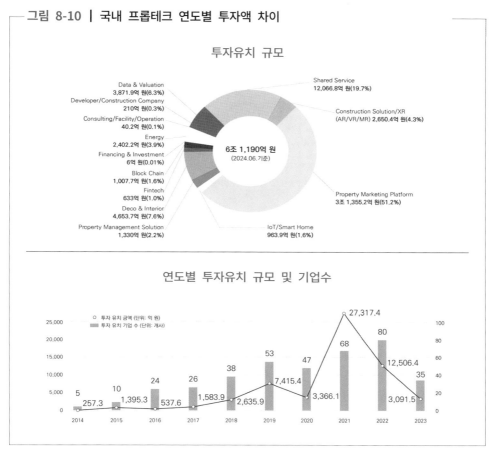

그림 8-10 │ 국내 프롭테크 연도별 투자액 차이

투자유치 규모

Data & Valuation
3,871.9억 원(6.3%)

Developer/Construction Company
210억 원(0.3%)

Consulting/Facility/Operation
40.2억 원(0.1%)

Energy
2,402.2억 원(3.9%)

Financing & Investment
6억 원(0.01%)

Block Chain
1,007.7억 원(1.6%)

Fintech
633억 원(1.0%)

Deco & Interior
4,653.7억 원(7.6%)

Property Management Solution
1,330억 원(2.2%)

Shared Service
12,066.8억 원(19.7%)

Construction Solution/XR
(AR/VR/MR) 2,650.4억 원(4.3%)

6조 1,190억 원
(2024.06.기준)

Property Marketing Platform
3조 1,355.2억 원(51.2%)

IoT/Smart Home
963.9억 원(1.6%)

연도별 투자유치 규모 및 기업수

○ 투자 유치 금액 (단위: 억 원)
■ 투자 유치 기업 수 (단위: 개사)

연도	투자 유치 금액	투자 유치 기업 수
2014	257.3	5
2015	1,395.3	10
2016	537.6	24
2017	1,583.9	26
2018	2,635.9	38
2019	7,415.4	53
2020	3,366.1	47
2021	27,317.4	68
2022	12,506.4	80
2023	3,091.5	35

자료: 한국프롭테크포럼(2024)

많은 가운데 데코와 인테리어 부문의 가장 앞선 것으로 나타나 투자 유치기업이 많은 것은 아니지만 시리즈 C에 가장 많은 기업이 분포되어 있다.

공유서비스는 2013년부터 그리고 마케팅 플랫폼은 2011년부터 초기 단계부터 투자를 유치한 만큼 타 산업에 비해 시리즈가 고루 분포되어 있으며, 공유 서비스 분야에서는 업계 최초로 시리즈 G를 진행한 사례가 등장하고 있다.

데이터와 밸류에이션 분야와 건설 솔루션 분야는 시리즈 A단계의 투자를 유치한 기업이 가장 높은 비율을 차지하는 가운데 데이터와 밸류에이션 부문은 시리즈 B가, 건설 솔루션 부문은 시드(Seed) 단계가 다수를 차지하고 있다.

표 8-4 | **투자유치 라운드 현황**

항목	시드(Seed) 투자	시리즈 A	시리즈 B	시리즈 C
투자 시기	창업 극 초반/ 창업 직후	스타트업이 제품 또는 서비스의 초기 버전을 정식 출시한 전후	상당 수준의 고객을 확보하여 안정적 비즈니스 모델을 구축한 후	시장에서의 지위를 강화한 후 해외 진출이나 IPO/EXIT을 준비하는 단계
투자 규모	평균 1억~10억	평균 10억~50억 최대 100억~200억	평균 100억~200억	평균 100억~500억
투자자	엔젤 투자자/ 액셀러레이터 지원	벤처캐피탈(VC), 액셀러레이터, 금융기관, 대기업 등	VC(벤처캐피탈), PE(사모펀드), 대기업	VC(벤처캐피탈), 투자은행, 사모펀드

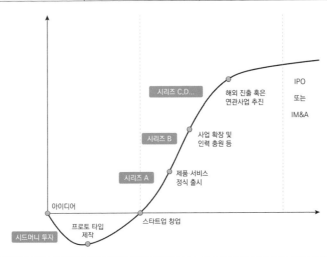

투자기업이 가장 많은 분야는 부동산 공유 서비스 분야로, 모든 라운드 중에서도 시리즈 B 투자를 유지한 기업이 13개사로 최다이다. 즉 프롭테크 산업 전체 시리즈 B 투자 유치 기업은 29개사로 조사되었는데 그 중 44.8%가 부동산 공유 서비스 분야에 포진되어 있다. 부동산 관리 분야의 경우 야놀자의 투자 금액이 타사에 비해 압도적으로 많지만 여타 기업의 투자 라운드는 초기인 시드(Seed) 단계에 가장 많이 있다.

IoT와 스마트홈, 블록체인 부문은 시드투자와 시리즈 A 사이에 가장 많은 기업이 있다. 후술할 창업 빈티지와 사용 기술 분석 결과 IoT와 블록체인의 기술적 활용도가 높았던 시기가 2017년에서 2018년까지라는 점을 감안하면 향후 추가로 발전할 가능성이 있다.

그림 8-11 | 프롭테크 산업 분야별 투자 라운드 분포

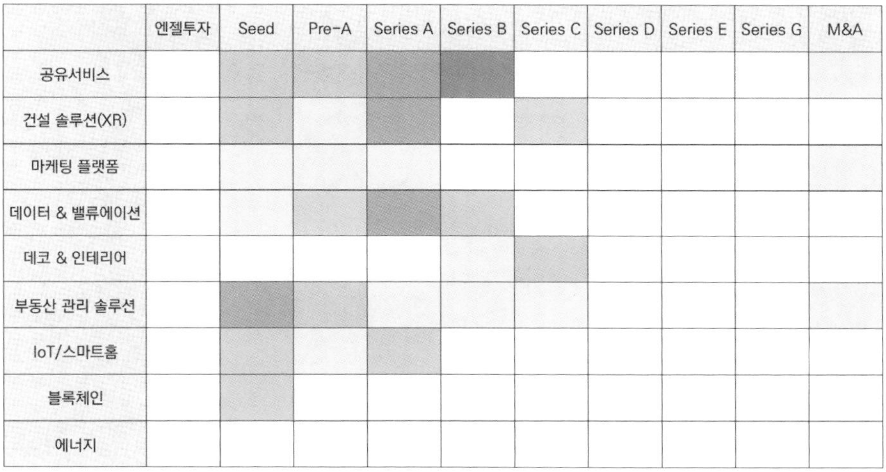

	엔젤투자	Seed	Pre-A	Series A	Series B	Series C	Series D	Series E	Series G	M&A
공유서비스										
건설 솔루션(XR)										
마케팅 플랫폼										
데이터 & 밸류에이션										
데코 & 인테리어										
부동산 관리 솔루션										
IoT/스마트홈										
블록체인										
에너지										

자료: 한국프롭테크포럼(2023)

3. 국내 프롭테크 투자 유치 변화

프롭테크 산업의 성장 가능성에 주목하고 있는 자본시장은 2018년부터 프롭테크에 투자를 집중하기 시작했다. 산업 초창기의 스타트업이 많은 만큼 주로 프롭테크에 투자한 자금의 성격은 VC(Venture Capital)와 같은 사모 자본이다.

국내 프롭테크 산업에 투자 유치액은 2020년 1.7조원에서 2021년에는 3.9조원으로 급격히 증가하며 2024년까지 누적투자액은 6조원을 돌파했다. 2021년은 프롭테크 산업도 기업가치가 2조 5천억원대인 직방이란 유니콘 기업을 배출했던 시기다. 현재 시리즈 C단계 이상 후속투자가 이뤄진 기업은 직방, H20 Hospitality, 알스퀘어, 야놀자, 스파크플러스, 패스트파이브 등 13개 기업이다.

이처럼 투자유치가 활발하게 이루어지는 등 각광받던 프롭테크 산업이지만 코로나 19 팬데믹이 종식된 2022년부터 시작된 가파른 금리 인상의 충격에서 완전히 자유로울 수는 없었다. 그리고 국내 프롭테크 기업 다수가 아직은 뚜렷한 수익구조를

갖추지 못하여 자생적으로 성장하기는 제한적인 구조로 VC의 투자금에 의존하는 경우가 대부분이라는 취약점이 있다.

국내 VC 시장은 긴축과 함께 유동성이 넘치던 글로벌 VC 시장의 변화와 궤를 같이 하고 있다. 2022년 2분기 글로벌 VC 펀딩액은 1,085억 달러로 1분기 대비 23% 감소했다. 미국과 아시아는 2020년 1분기 대비 각각 25%, 유럽은 13% 감소하여 여전히 역대 여섯 번째로 높은 수치이지만 최근 10년간 가장 큰 감소가 이루어지고 있다.

2022년부터는 투자자들의 VC에 신중하게 접근하고 있다. 현재의 매크로 상황은 금리 영향을 받는 레버리지 바이아웃이나 VC 투자에 부정적이기 때문이다. 2022년 글로벌 VC업계의 펀드레이징과 딜 규모, 회수액 등은 2021년 수치를 넘어서기 어렵고 IPO 감소도 불가피할 것으로 전망되고 있다.

프롭테크 투자유치 환경도 코로나 19로 시장에 풀린 막대한 유동성이 회수되면서 낯선 투자시장의 변화에 직면하고 있다. 그러나 중장기적으로 국내 VC 등 사모주식 시장에 투자자의 관심은 지속되고 자금은 꾸준히 유입될 것으로 예상하고 있다. 실제 2018년 이후 국내 투자 시장은 다음과 같은 요인으로 사모주식과 PE/VC 등 대체투자가 급속히 부상하기 시작했다.

첫째, 투자자 측면의 변화로 국내 대체투자 시장은 연기금, 공제회, 보험사는 물론 글로벌 연기금과 같은 장기 투자자에 힘입어 성장하고 있다. 세계 3대 연기금 중 하나인 국민연금은 2025년에서 2027년까지 AUM 대비 대체투자 비율을 확대할 계획이며, 타 연기금과 공제회도 국민연금과 유사한 자산배분을 실행하고 있다.

둘째, 국내 산업구조의 변화로 VC가 주로 투자하는 IT 기반의 스타트업은 정부가 스타트업 육성에 적극적이며 각종 제도적 지원을 아끼지 않는다는 점도 긍정적이다. KDB와 같은 정책자금과 중소벤처기업부 등은 기술 기반 스타트업의 인큐베이팅 프로그램을 시행하고 자금을 투자한다.

셋째, 최근 기업들은 급변하는 미래 환경에 대비하기 위해 비핵심 사업부를 철수하고 매각하며 전통적인 대출이나 채권 발행에서 벗어나 사모주식을 비즈니스 구조의 재편과 동시에 신사업 확장의 도구로 활용하고 있다.

대체투자 자산군 중에서도 VC는 눈부시게 발전하며 국내 산업의 성장은 물론,

자본시장의 성장에도 기여해 왔다. 대기업들도 기업형 벤처캐피탈 기업(CVC)의 설립을 늘리며 스타트업 지원에 직접 나서고 있다. CVC가 시드 및 초기자본, 전략적 경영을 제공하고 자사 본업과 시너지를 내는 방식으로 관련 대기업들이 다양한 분야의 스타트업의 초기 단계 라운드에 투자함으로써 투자의 선순환을 형성하고 있다. 글로벌 VC 시장의 투자활동은 위축되고 있으나 한국의 VC 업계는 구조적 변화 속에서 스타트업의 역할이 커지고 있으며, 한국의 VC 시장은 확고한 대체투자군으로서 자리매김하고 있다. 국내 프롭테크는 따라서 이와 같은 투자환경으로 수익모델의 완성도가 높은 프롭테크에 투자가 이루어질 것으로 보인다.

표면적으로 큰 타격은 없지만 VC업계의 투자 관행이 바뀌고 있음은 부인할 수 없는 사실이다. 스타트업 투자 정보 플랫폼인 '더브이씨'에 따르면 스타트업에 대한 투자는 2022년 6월까지 VC로부터 유치한 투자금은 6.8조원으로 전년 동기 13.6조원의 절반 수준에 그치고 있다. 그 중 프롭테크 기업이 속한 부동산 및 건설부문 스타트업이 유치한 투자액은 2021년 상반기 3,100억원에서 2022년 상반기 860억원으로 급감하였다. 그간 프롭테크 시장은 서비스 플랫폼 중심의 시장이다 보니, 월간 활성 사용자(MAU) 수가 기업의 가치판단 주요 척도였다. 이제 제한적 자금을 투입함에 있어 VC들은 프롭테크 기업의 스토리와 가능성보다 수익모델의 완성도와 수익 창출력을 보고 투자하는 분위기로 변모하고 있다. 이와 같이 어려운 상황 속에서도 최근 투자를 유치한 기업들은 다음의 특징을 보인다.

첫째, 해외 확장 가능성으로 국내 부동산 시장은 규모가 작아 성장에 한계가 있어 해외 진출이 중요한 투자유지 요인이 되고 있다. 버킷플레이스는 상반기 KDB 주도로 시리즈D 라운드에서 1천억원을 투자받고 기업가치를 2조원으로 인정받았다. 오늘의집은 이 자금을 일본, 싱가포르 등 아시아 진출을 위해 활용하겠다는 전략이다. 최근 일본 현지법인을 설립하고, 일본어 버전의 홈 커뮤니티 서비스 '오하우스(O!House)'의 시험 서비스를 출시하고, 싱가포르에서는 가구 유통 플랫폼 '힙밴'을 인수하며 진출했다.

둘째, 최근에는 실 사용자로서 상품 사용을 통한 경쟁력을 검증한 뒤 투자로 연결되는 사례가 나타나고 있다. 주로 건설사들로 프롭테크 기업의 상품을 현장에 접목하며 기술을 검증한 뒤 전략적 투자로 연결되고 있다. 삼성물산의 건설부문은 엔젤스윙의 서비스를 경험한 후 전략적 투자를 결정하고 삼성벤처투자의 신기술 투자조합(SVIC-53호)을 통해 투자한 사례로 견고한 수익모델을 갖추고 확장성(해외진출)을 지닌 프롭테크 기업은 투자유치를 받고 있다.

국내 프롭테크 기업들은 기술에 기반해 상품은 다양하지만 비즈니스 모델이 안정적이지 않고, 매출 규모가 작으며 부침이 심해 기존의 비즈니스 모델을 지속적으로 발전시키기보다는 새로운 비즈니스로 잦은 변형을 하는 단점이 있다. 이 경우 VC의 투자가 중단되면 확장에 어려움이 있을 뿐만 아니라 운영자금의 유동성 위험으로 기업 존속의 위험에 직면할 수 있다. 따라서 국내 프롭테크는 지속적으로 기존 수익모델의 개발과 현업에 끊임없는 접목을 통해 고객을 확보하고 성장 모멘텀을 발굴하는 것이 필요하다.

section 4 분야별 주요 프롭테크

프롭테크를 분야별로 구분하는 기준은 기관과 연구자에 따라 다양하나, 본 저에서는 일반적 기준인 중개 및 임대, 투자 및 자금조달, 개발 및 건설, 관리로 구분하여 이를 살펴본다.[12]

Ⅰ 주요 프롭테크

1. 중개 및 임대부문

질로우(Zillow)는 중개 및 임대부문의 대표적 기업으로 2004년 미국 시애틀에서 설

---

12) 국가별로 프롭테크가 발전되는 분야를 살펴 보면, 영국과 한국은 중개/임대부문에 그리고 미국과 독일은 관리부문, 스위스는 개발부문이 주를 이루고 있다.

립한 주택거래 플랫폼의 1세대 유니콘 프롭테크라 할 수 있다. 질로우는 공공데이터와 자체적으로 3,000개 도시의 1억 1천만건의 데이터를 구축하여 빅데이터와 AI(머신러닝)와 클라우드 컴퓨팅의 AWS(Amazon Web Service) 서비스에 의해 자체 개발한 툴인 제스티메이트(Zestimate)를 통해 주택의 적정가격을 산출하여 제공하는 서비스를 한다.

질로우는 종전에 중개인으로부터 제공받던 제한적인 부동산정보를 플랫폼을 통해 소비자에게 투명하게 제공하여 정보의 비대칭성을 해소하는 데 크게 기여하고 있으며, 2018년 2분기 이후부터 iBuying[13]사업을 추가 확장하면서 2019년에 흑자로 전환된 바 있으나 코로나 19 이후 적자로 전환되어 사업을 종료한 바 있다.

그림 8-12 | 질로우의 제스티메이트

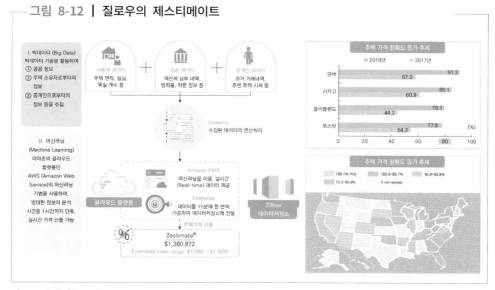

자료: 경정익(2024)

---

13) iBuyer는 주택을 시장가보다 저가 매입하여 리모델링을 한 후 프리미엄을 붙여 매각하는 비즈니스로 질로우는 미국 전체 주택거래의 1% 미만이지만 최근 2년간 평균 83% 성장하여 2019년 흑자경영으로 전환되었다.

프롭테크 iBuying, 새로운 사업모델의 등장

■ iBuying 사업 성장

- "iBuying(Instant Buying)"은 인공지능 등 첨단기술을 통해 주택매물을 신속하게 검색하고 평가를 하여 적정가격에 빠르게 매입하여 보수와 리모델링 등을 거쳐 다시 판매하는 미국 프롭테크의 대표적 비즈니스 모델이다.

- 2014년 오픈도어 랩스(Opendoor Labs)에 의해 처음 시작하여 2020년에 미 전국 27개의 도시로 확장되었다. 2019년 iBuying 사업을 통해 거래된 주택은 전국의 주거용 부동산 거래의 0.5%에 불과하지만, 절대 수로 보면 연간 6만 채(매입 3만 1천 채, 매각 2만 8천 채) 거래가 되어 거래 규모는 89억 달러에 달한다.

- iBuying사업은 거액의 자금이 소요되는 사업으로 규모의 경제를 통해 위험을 회피하고자 한다. 오픈도어 랩스는 큰 규모의 벤처 투자를 연이어 유치하여 자본금을 늘리고, 주택을 매입할 때 주택 가액의 85%를 신용으로 조달하였다.

- iBuying 사업모델은 급속히 확산되어 오픈도어 랩스나 오퍼패드(Offerpad), 질로우, 레드핀 등 AI 기술을 이용하여 주택의 가격을 산정하는 서비스를 하는 온라인 플랫폼 회사들이 빠르게 iBuying 사업에 참여하였다.

- 그 중 부동산 플랫폼 업체의 선두인 질로우(Zillow)는 iBuying 사업을 전담하는 자회사로 Zillow Offers를 2018년에 설립하여 추진하였으며, 플랫폼 기반 중개업체인 레드핀(Redfin)도 iBuying 사업에 진출하였다. 질로우는 iBuying 사업에 뒤늦게 뛰어들었음에도, 2년 만에 전체 iBuying 시장의 4분의 1을 차지할 정도로 빠르게 성장하기도 하였다.

■ iBuying 사업의 침체

- iBuying 사업의 대표기업인 오픈도어 랩스는 자체 개발한 인공지능 알고리즘을 통해 미국 부동산 중개사의 부동산거래정보망인 지역별 MLS(Multi Listing System)의 데이터를 기반으로 개발한 AI 알고리즘으로 24시간 내 주택 가치를 평가해 매입가를 제안한다. 매매계약이 성사되면 매매대금을 3일이내 판매자에게 입금하면서 매도자로부터 매매가의 7%를 수수료로 수취한다.
  - 오픈도어 랩스는 이렇게 매입한 주택을 리모델링하여 매입가 이상의 매도가격을 플

랫폼에 등록하고, 구매자는 온라인상에서 주택을 둘러본 후 구매 의사가 있으면 매매 대금을 오픈도어 랩스에 송금하고 주택을 매도한다.

- 오픈도어 랩스는 2021년에는 2만 1,725채의 주택을 판매하여 전체 iBuying 시장 점유율 50% 이상을 차지했으며, 이후 거래 건수를 지속적으로 확대하였다.
  - iBuying은 최소 수 개월 소요되던 주택 매도 소요기간을 획기적으로 단축하는 아이디어에 매료돼 투자금이 몰려들고 거래량도 늘자, 다른 부동산 기업들도 이 사업에 진출하게 된 것이다.
- 그러나 코로나 19가 종식되는 2022년 이후 미국의 주택시장이 침체되면서 오픈도어 랩스에 위기가 도래하였다. 수천 채의 주택을 매수 가격보다 낮은 가격에 처분하게 되면서 2022년 3분기 순손실만 9억 2,800만 달러(약 1조 1,800억원)에 달하게 됨으로써[14] 창업자인 에릭 우는 최고경영자(CEO) 자리에서 사임하게 되었다.
- 질로우 또한 2018년 4월부터 '질로우 오퍼(Zillow Offer)'라는 브랜드명으로 iBuying 사업을 추진했으나 질로우가 매입한 주택의 3분의 2가 매입 가격 이하로 평가되는 등으로 2021년 3분기에만 4억 2,900만 달러의 손실을 입는 등 3년 만인 2021년 11월 iBuying 사업에서 철수하였다.
  - 레드핀도 글렌 캘먼 CEO는 "레드핀 나우(Redfin Now) 사업은 너무 많은 비용과 위험을 안고 있다"며 "지금 당장 제값에 팔기 어려운 집에 수억 달러가 묶여있고, 이로 인해 2022년 최대 2,600만 달러의 손실을 입었다"고 하며 iBuying 서비스인 '레드핀나우' 사업을 포기하였다.

■ iBuying 사업의 한계

- iBuying 사업은 AI와 빅데이터 기술에 의해 기존의 대규모 거래 정보를 학습시키는 개발한 알고리즘을 이용해 부동산의 시장 가치를 정확히 판별하는 것이 이 비즈니스의 핵심이었다. AI, 빅데이터 기술을 이용하여 부동산 가치 평가의 정확도를 높이면, 표준화의 한계를 부분적으로 극복할 수 있을 것으로 기대하였다.
- 이러한 아이디어에 따라 기술적으로 정교한 모델을 도입했고 시장에서 일시적으로는 성공을 거두어 왔다(이현송, 2021).[15]

---

14) 조선일보 Weekly Biz(2023), 각광받던 프롭테'의 몰락(2023.2.24)
15) 이현송(2021), 미국의 부동산 중개업의 변화, 국제·지역연구 제30권 4호 2021 겨울

- 즉 거래비용(Transaction Cost)이 상대적으로 낮은 주택에서부터 사업을 시작하여 가격 평가의 불확실성을 줄이기 가장 쉬운 지역에서부터 사업을 시작하여 불확실성이 높은 시장으로 사업을 확대하였다. 그리고 시장에서 거래의 빈도가 높은 건축 연도와 가격대의 단독주택을 매입의 최우선 순위로 하며, 이 범위에서 벗어날수록 매입 가능성이 줄어들었다.

지역에 따라 매입 주택의 가격에 차이가 있지만, ibuying 사업이 진출한 대부분 지역에서 10~40만 달러의 범위로 건축한 지 20년 이내의 주택을 주로 매입하였다. 또한 특정 지역의 부동산 경기는 전국적인 경기 흐름에 동조하는 부분과 지역 고유의 특성이 있어 다양한 지역에서 사업을 전개하면서 특정지역의 부동산 경기 부침에 따른 투자 위험을 줄이고자 하였다. 그러나 이러한 노력에도 불구하고 급격한 부동산 시장의 침체를 벗어나기는 어려웠으며 자동가치산정모형(AVM : Automated valuation models) 또한 주택경기의 급락을 대응하는 데는 한계가 있어 결국 아이바잉의 성장이 주택시장의 활황기에는 아이바잉이 확대되는 반면 지금의 몰락은 주택시장의 침체가 핵심 원인이 되었다.

- iBuying 사업이 심각한 침체의 이유는 일차적으로 주택시장 경기변동에 취약한 부동산 산업의 구조적 특징 때문으로 보인다. 미국의 기준금리 인상과 함께 30년 만기 주택담보대출 금리가 7%대까지 상승하여 주택을 구매하려는 수요가 크게 감소한 것이다. 또한 각종 부동산 시장 데이터를 기반으로 작동하는 알고리즘이 결과적으로 미래를 예측하는 데 실패한 것이다. 그리고 사업모델 자체의 결함으로 주택 구입 자금을 조달하기 위해 대규모 초기 자본이 필요하여 막대한 부채를 부담하게 되는 반면, 주택 매매에서 소액의 수수료를 받고 재판매하는 수익구조로 기본적으로 이윤이 작은 것이다.

그리고 알고리즘이 집을 구매할 때 영향을 미치는 모든 데이터를 수집하기는 어려워 구매자와 판매자 사이의 정보 비대칭성을 뜻하는 '레몬 시장' 문제도 발생되었다. 따라서 상대적으로 나쁜 품질의 주택을 소유한 집주인만 회사가 제시한 가격을 받아들일 확률이 높게 된 것이다.

- 그리고 부동산은 상품의 구조적 특성 때문에 플랫폼 비즈니스가 어려운 영역으로 거래 단위가 매우 큰 만큼 사업의 위험성이 매우 크며, 특히 주거용 부동산은 지역별 분절된 시장에서 거래되므로 사업의 위험성이 더욱 확대된 것이다. 또한 부동산은 물건 각각이 고유한 특성을 지니고 있어 표준화가 어려워 거래비용이 크게 발생하게 된다. 즉

부동산은 경기에 따라 진폭이 커 가격 상승기와 하락기에 물건 매도 가능성에 매우 큰 차이를 보이며, 거래 단위가 크지만 분할해서 매도가 불가능하므로 하락기에는 금융비용의 부담이 크게 증가하는 특성이 있다.

이와 같이 부동산의 이러한 특성으로 iBuying사업의 침체가 나타난 것이다.

자료: 한국프롭테크포럼(2023)

그리고 미국의 부동산 중개서비스를 제공하는 레드핀(Redfin)은 시세정보, 소유주, 주택면적, 방 개수 등에 재산세, 범죄율, 학군정보 등의 비정형데이터 등 부동산 거래의 의사결정에 필요한 광범위한 데이터에 의해 분석하는 플랫폼을 구축하여 부동산 거래에 필요한 정보를 제공한다. 그리고 레드핀은 부동산중개인의 직접고용을 통해 온라인과 오프라인을 통합하여 시너지를 창출하는 서비스를 제공하며 진화하는 프롭테크이다.

이외 유사한 부동산 정보를 제공하는 기업으로 Rightmove, Opendoor Labs, Zoopla, Ziroom, Lianjia 등이 있다. exp Realty는 가상현실(VR)에 의해 가상의 중개사무실을 운영하며, 중국의 Beike Zauhfang은 가상현실(VR)로 매물을 확인할 수 있는 중개서비스를 제공하는 프롭테크이다. 그리고 상업용부동산의 중개 및 임대 서비스를 제공하는 프롭테크에는 코스타 그룹(Costar Group), 위워크(WeWork), 리얼티모굴(Realty Mogul) 등이 있다.

2. 투자 및 자금조달부문

투자 및 자금조달부문에서 펀드라이즈(Fundrise)는 시카고, LA 등 대도시의 주택과 상업용 부동산을 구입하여 임대수익 또는 매매차익을 배분하는 펀드를 운용하는 프롭테크이다. 또한 클라우드 펀딩 서비스를 제공하는 Sofi, Ten-X 등은 모집한 자금으로 임대용 건물매입을 위한 모기지론(Mortgage Loan)이나 브릿지론(Bridge Loan) 등 부동산개발의 대출 서비스를 제공하는 프롭테크이다.

그리고 부동산 매입과 부동산 임대를 위한 보증금 대출서비스, 각종 공과금 납부를 위한 지급결제 서비스를 제공하는 비즈니스로 영국의 굿로드(Goodlord)는 수수료 납부를 조건으로 보증금을 대신 지급하는 지급결제 서비스를 제공한다. 국내의 테라펀딩(TeraFunding)은 대출진행의 전 과정을 디지털화하여 플랫폼상으로 간편하게 대출을 실행하는 서비스를 제공하는 프롭테크로 급성장하고 있다.

Better.com은 AI 기반으로 업무 프로세스를 통합하고 자동화함으로써 효율성을 향상시켜 급성장하고 있는 프롭테크이다.

3. 부동산 개발 및 건설부문

부동산 개발 및 건설부문과 관련된 프롭테크로는 스마트건설 또는 콘택크(ConTech) 등이 이에 해당한다. 건설 및 설계 단계에서 대표적인 프롭테크 기업으로 영국의 프로코어(Procore)는 클라우드 기반의 건설 관리 플랫폼을 통해 사업 관리자와 개발 현장 사이에 다양한 데이터가 실시간으로 공유될 수 있도록 한다. 이는 기존 건설 프로세스 내에서 업체 간 혹은 설계자와 시공자 사이에 존재했던 소통과 정보공유로 작업공정의 비효율성을 감소시켜 시간적 그리고 비용적 효율을 높이고자 하는 것이다. 또한 VR과 3D, 메타버스(Metaverse) 등 기술을 통해 개발 현장의 물리적인 형태와 상태 등을 디지털화하여 가상의 공간에서 현재 상태를 파악할 수 있도록 하는 현장가상화(Reality Capture)로 공정의 효율성을 기하는 것이다.

국내의 엔젤스윙(Angelswing)은 드론을 활용하여 공사 현장을 촬영하고, 그 데이터를 바탕으로 현장을 모니터링하거나 현장 방문 없이 가상화된 공간을 통해 직접 측량을 할 수 있게 하는 등의 서비스를 제공한다. 이를 통해 서비스 이용자는 현장 방문에 소요되는 시간과 비용을 절감할 수 있다.

또한 2015년 발족한 사이드워크랩(SideWork Labs)은 알파벳의 자회사로 북미지역에 대규모 스마트도시를 건설하는 프롭테크이다. 사이드워크 랩스는 2017년 10월 캐나다 토론토에 조성되고 있는 북미 최대 규모의 스마트시티[16] 프로젝트를 주도하면

---

16) 스마트시티 개발은 IT 기술의 접목이 주목을 받지만, 막대한 자금이 소요된다는 점에서 장기적

서 본격적으로 스마트시티 계획에 직접 참여하였으나 2020년 코로나 19 영향으로 프로젝트가 중단되었다.

인테리어 디자인부문의 프롭테크는 공사견적을 비교 제공하는 서비스와 VR과 3D에 의해 인테리어 서비스를 제공한다. 국내에는 인테리어 비교 견적 서비스를 온라인상에서 제공하는 프롭테크인 '집닥', '오늘의 집', '인스테리어' 등이 있다. 집닥은 온라인이나 모바일을 통해 원하는 인테리어 정보(평수, 디자인 스타일, 가격)를 입력하면 적합한 업체를 추천해 주고, 높은 품질 유지를 위해 대금을 집닥에서 시공 단계별로 인테리어 업체에게 지급하는 안심예치제 서비스 등을 제공한다.

4. 부동산 관리부문

부동산 관리부문은 IoT, 스마트 에너지 등의 기술을 기반으로 하는 건물 및 임차인 관리 서비스로, 주거용과 상업용건물에 대한 관리 서비스하는 프롭테크이다. 그중 스마트홈 서비스는 서비스 플랫폼, 네트워크 연동, 지능형 공간 서비스 기술을 활용하여 주거용 건물에 대한 관리, 보안, 제어시스템 서비스 등을 제공한다.

미국의 앱폴리오(Appfolio)는 주거용 부동산을 관리하는 기업으로, 부동산 소유주, 관리자, 임차인이 건물을 유지관리를 하는 데 필요한 다양한 서비스를 제공한다. 공실을 체크하여 공실분에 대한 온라인 게시가 자동으로 연동되고, 이에 따른 임대차 계약과 임대료 수취 등을 소프트웨어 솔루션을 통해 원스톱으로 처리할 수 있다.

그리고 상업용 부동산에 대한 대표적인 프롭테크로는 미국의 VTS[17]로 실시간 임대 관련 데이터를 제공하여 효율적인 자산관리를 지원하기 위한 소프트웨어 플랫

관점의 자금조달 및 운영수익을 확보해야 하는 부동산 개발사업의 성격이 큼. 일본의 카시와노하 스마트 시티는 토론토 사례와는 반대로 미츠이부동산이 주도하고 히타치 등 스마트빌딩 회사가 협업하는 형태로 개발이 진행되고 있음

17) VTS에는 337백만평이 넘는 상업용 부동산 물건에 대한 자료가 존재하고 이들의 실시간 관리가 가능하다. 또한 오피스, 리테일, 공업용 등 자산 유형별로 차별화된 서비스를 제공하여 VTS 채택 고객들로부터 '자산관리 활동에서 50%의 생산성 향상', '부동산 거래 소요 시간의 −41%감소' 등 다양한 영역에서 효율성을 개선한 사례들이 보고되며, 총 35,000명의 고객을 보유하고 있다.

폼을 운영하여 공간, 임차인, 거래 관리 등 실시간으로 자산관리 활동을 모니터링하고 시장 동향을 파악하여, 정량화된 포트폴리오별 성과를 전달, 투자자의 전략적 의사결정을 지원한다. 2015년에 설립한 블랙스톤(Blackstone)은 3.3백만 달러의 투자유치와 함께 전략적 제휴를 통해 부동산 부문의 전문성을 VTS에 제공하고, 블랙스톤의 상업용 자산관리 플랫폼을 VTS로 채택하여 포트폴리오 성과를 추적, 효율성을 높이고 있다. 2018년에는 JLL이 미국 전역의 중개 및 임대차 관련 정보를 VTS에 모두 제공하고 VTS로 관리 플랫폼을 채택하는 전략적 제휴를 맺었다. 그리고 비슷한 기업으로는 브룩필드(Brookfield)와 옥스퍼드 프로펄티(Oxford Properties)는 어니스트 빌딩(Honest Building)에 투자를 하고, 4,800만 달러 이상의 투자를 유치한 것으로 알려져 있다.

부동산 관리 영역의 프롭테크는 기관 투자자들의 주요 투자 자산인 오피스 등 대규모 상업용 부동산을 대상으로 하기 때문에, 투자 후 운영 효율화를 위한 차원에서도 적극적인 투자가 이루어지고 있다.

Ⅱ 프롭테크 선도 비즈니스 모델

해외와 국내에 프롭테크를 선도하는 몇몇 기업의 혁신적 비즈니스 모델과 특징, 성공요인을 분석하여 보면 다음과 같다.

1. 베터 홀드고(BetterHoldco)

BetterHoldco(Better.com)는 2016년 모기지 대출사업으로 전 대출과정을 자동화하여 모기지 대출사업을 하는 프롭테크로서 AI 기반의 'Tinman'을 개발하여 업무프로세스를 통합하고 자동화함으로써 효율성을 향상시켰다. 즉 대출 처리기간이 평균 42일 소요되는 것을 21일로 단축하고 직원 1인이 한 달에 평균 3.5건 처리하는 것을 16배 빠른 평균 55건의 대출을 처리하게 하였다. 또한 대출에 관련한 서류를 모두 온라인으로 처리하여 별도의 지점 설치와 운영이 필요 없어 비용절감이 가능함으로써 대

그림 8-13 | BetterHoldco 성장 현황

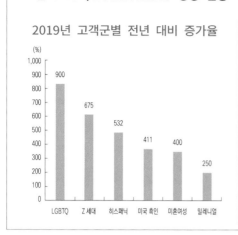

2019년 고객군별 전년 대비 증가율

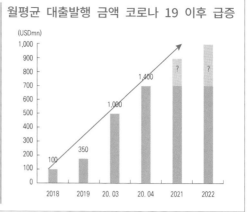

월평균 대출발행 금액 코로나 19 이후 급증

자료: CB Insights

출수수료(평균 3,500달러)를 면제하여 낮은 연이율로 모기지대출을 받는 효과를 통해 확대해 나가고 있다.

이처럼 베터 홀드고가 빠르게 성장한 성공전략은 AI와 빅데이터 분석을 통해 대출업무의 자동화와 비용절감으로 기존의 주택구입 과정에서 소외되었던 젊은 층부터 유색인종 및 성소수자 고객 사이에서 큰 인기를 끌었기 때문이라 할 수 있다. 2020년에는 코로나로 인해 온라인 모기지대출 수요가 폭발적으로 증가하면서 대출 신청건수는 코로나 이전보다 200% 이상 증가하고 있다. 2020년 3월 10억 달러, 4월 14억 달러의 대출을 발행하여, 2019년 월평균 발행금액의 3배를 이미 넘었다. 현재 미국 44개주에서 사업을 영위하고 있으며, 나머지 6개주에서도 사업을 시작할 예정이다. 비대면 대출서비스를 경험한 소비자의 증가로 폭발적인 성장이 가능할 것으로 예상된다. BetterHoldco는 7차례에 걸쳐 총 2억 500만 달러의 투자를 받아 기업가치는 2022년 9억 2,000만 달러로 추정된다.

2. 질로우(Zillow.com)

앞에 기술한 질로우의 경쟁력은 미국 주택시장에서 지난 15년 이상 축적한 데이터를 통해 분석하며, 총방문자수는 81억명이며, 월평균 순 사용자(monthly unique users)는 1억 7,300만명으로 계속 증가 추세에 있다.

방대하게 축적된 데이터를 기반으로 분석하여 주택매도자, 매수자, 임대인, 임차인, 중개인 각각에 특화된 서비스를 제공하고 업무처리를 일원화하는 것이 질로우의 강점이다. 주택의 면적, 도면, 지역사진, 3D 투어 등 기본정보부터 유사매물과의 가격비교, 가격변화 계산, 감정평가, 대출조건 비교에 이르기까지 다양한 정보와 기능을 무료로 제공하는 전략으로 이용자를 확대해 나가고 있다.

또한 최적화된 중개인 및 대출회사와 연결해 주면서 그들로부터 수수료를 수취한다. 이처럼 막대한 사용자수와 일원화된 부동산거래절차를 기반으로 iBuyer 사업에서 시너지를 높이는 것이 앞으로의 사업전략이다. 그러나 코로나 19의 확산으로 언택트 주택거래 수요와 소비자 수용도가 급등하고 있어 Zillow 3D 투어 사용자수는 2020년 2월에서 4월 사이 525% 증가했으며, 3D 투어가 가능한 매물에 대한 방문자수가 40% 증가하고 비용을 60% 감소시키고 있다. 회사는 eSignings, 원격클로징 등 언택트기능을 계속 확충하여 성장할 것으로 예상된다.

3. 코스타 그룹(Costar Group)

코스타(Costar Group)은 1987년 180조 달러의 중소규모 상업용부동산 시장의 데이터 및 중개 플랫폼을 운영하는 1세대 프롭테크로서 미 전역의 데이터와 분석서비스를 제공한다.

코스타 그룹은 토지, 공동주택 임대, 개인사업체 등의 거래 중개플랫폼 브랜드를 다수 운영하여 미국과 캐나다 등 북미를 중심으로 영국, 프랑스, 독일, 스페인 등 유럽과 아시아에도 진출하고 있다. 정보제공서비스인 CoStar Suite는 건물 및 임대관리 솔루션, 시장조사와 분석 및 컨설팅, 포트폴리오 및 부채분석, 관리보고서 작성 등 부가서비스를 패키지로 구성되어 구독방식으로 제공한다. 또한 오피스, 리테일, 산업용, 주거용, 상업용토지, 복합용도, 호텔 등 모든 종류의 부동산자산으로 영역을 넓히고 있다. 1998년 나스닥에 상장했으며, 2019년까지 25년간 매출액이 연평균 36% 성장해 왔다.

코스타 그룹은 2012년 LoopNet을 인수하면서 상업용부동산 매매 중개시장에 진출한 이래 아파트 매물검색 사이트를 인수하며 본격적으로 사업을 다각화하였다. 2017년 이후 다양한 프롭테크 기업을 인수하면서 외형적 성장과 비용절감을 동시에 이루었다. 최근 3년간 연평균 매출액이 19%, 순이익이 55% 성장하여, 2019년 매출액 14억 달러, 순이익 3.2억 달러(순이익률 22.5%)에 이르고 있다. 연간 신규 구독매출은 최근 6년간 연평균 23% 증가 추세로, Online Marketplaces 사업부가 신설된 2016년 이후 더욱 가파르게 성장하고 있다.

코스타 그룹의 경쟁력은 거대 투자사들의 커버리지에 속하지 않는 중소형 빌딩이나 리테일시설 등 상업용부동산에 대한 30년 이상 데이터 관리/분석기술개발에 10억 달러 이상을 투자하여 데이터를 축적하여 활용하는 것이다. 이를 바탕으로 다양한 분석서비스로 사업을 확장하는 데 성공하였다.

제2의 성장단계로 도약하기 위해 경쟁사 및 관련 기업을 적극 인수하여 시장 점유율을 높이고 신기술을 흡수, 사업영역을 확대하고 있다. 데이터 구독사업으로 양호한 현금흐름을 유지하면서 M&A와 피인수기업의 서비스, 시장, 기술을 통합하면서 부동산 중개 플랫폼 사업을 빠르게 성장시키고 있다.

그림 8-14 | 코스타그룹 사업 확장

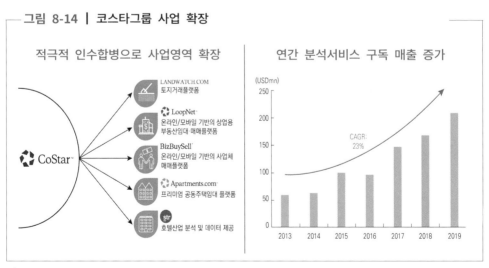

자료: CB Insights

4. SMS Assist

　SMS Assist는 상업용과 주거용 건물의 시설유지·보수 시장에 혁신을 기하는 후기단계 프롭테크 기업으로 전기, 상하수도, 목공, 기계·설비의 수리, 바닥·창문청소, 조경, 제설, 주차장 관리 등 부동산시설 관리 서비스와 이를 관리하는 소프트웨어 플랫폼을 제공한다.

　SMS Assist는 전국적인 서비스망과 소프트웨어 두 가지를 모두 제공한다는 점에서 차별화된다. 각 지역의 매니저가 통합시스템(One by SMS Assist)을 통해 주기적으로 건물을 관리하며 그 결과를 공유한다. 시설관리 소요가 발생하면 사전에 약정된 기술자를 연결해 주고, 개별기술자들은 인접지역의 일자리를 소개받을 수 있어 기술자를 찾는 수고와 비용을 절약할 수 있다. SMS Assist는 2만 8천명의 전문 기술자와 네트워크를 형성하여 주 7일, 24시간 중앙관제센터를 상시운영한다. 전국의 건물을 통합 관리함으로써 시설관리의 품질과 운영 투명성을 개선하여 연간 건물관리 비용을 10~20% 절감하고 있다.

　2011년 투자유치를 시작으로 2016년에는 골드만삭스의 1.5억 달러를 포함하여 총 2억 5,500만 달러의 투자금을 유치하여, 매출액이 2015년 3.5억 달러에서 2016년 5억 달러로 증가하는 등 매년 50% 이상 성장하고 있다.

Ⅲ 프롭테크 분석

1. 프롭테크의 활성화 배경

　뉴 노멀(New Normal)이란 새로운(New)과 평균 또는 기준(Nomal)이란 용어의 합성어로, 사회적 기술적으로 큰 혼란기나 사건을 겪는 과정에서 생활환경이나 문화, 경제 등의 개념이 새로운 기준을 형성되는 것을 의미한다.

　2008년 미국의 서브프라임 모기지 사태에서 비롯된 글로벌 금융위기가 전 세계 경제에 영향을 미쳐 저성장, 저금리, 저물가의 뉴 노멀시대가 열렸던 것처럼, 코로나

19의 확산이 전 세계 경제에 영향을 주게 되어 이를 기해 뉴 노멀 2.0 시대가 열렸다고 주장하기도 한다.

전 세계적으로 혁신적인 디지털 기술에 의한 디지털 전환은 모든 분야에 적용됨으로써 뉴 노멀로서 혁신적인 변화가 나타나고 있다. 부동산의 관련 산업에서도 디지털 전환이란 뉴 노멀로 인해 프레임의 변화로 프롭테크가 나타나고 있다.

이와 같이 디지털 전환이라 뉴 노멀로 인해 부동산 산업에 혁신적인 변화를 가져오는 프롭테크가 발생하게 된 원인을 그간의 연구자들의 의견을 종합하여 정리하면 아래와 같이 다섯 가지로 요약할 수 있다.

첫째, 기술적인 원인으로 제4차산업혁명기의 디지털 기술의 등장을 꼽을 수 있다. 프롭테크는 제4차산업혁명에서 초융합, 초연결, 초지능, 초신뢰를 구현하는 기술 개발을 산업 분야에 적용하며 새로이 등장한 신산업의 한 부분으로 다양한 디지털 기술을 활용하게 된 것이다.

둘째, 프롭테크가 뉴 노멀이 된 정책적 원인으로는 다양한 공공데이터의 오픈정책 시행을 들 수 있다. 빅데이터 발전을 위한 선결조건이 데이터 확보 이용으로 이를 해결하기 위해 공공데이터 오픈 정책을 하게 되었다. 우리나라보다 먼저 영국, 미국에서부터 시작된 공공데이터의 오픈정책으로 제공된 데이터는 수집, 분석, 다양한 분

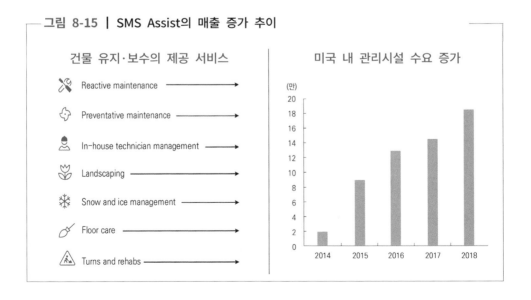

그림 8-15 | SMS Assist의 매출 증가 추이

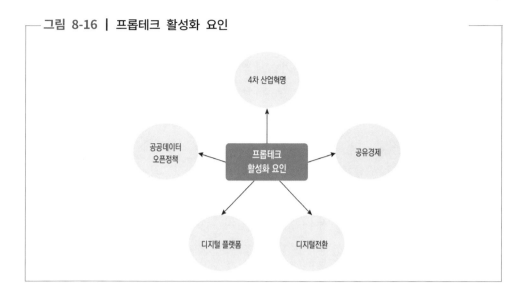

그림 8-16 │ 프롭테크 활성화 요인

야에서 활용할 수 있는 데이터베이스가 되었고, 프롭테크 발전을 가속화시키는 원인이 되었다.

셋째, 디지털전환(Digital Transformation)에 따라 다양한 분야에서 빠른 속도로 누적된 방대한 양의 데이터들을 저장, 유통, 수집, 분석하여 유용한 데이터로 전환하는 빅데이터가 개발되고, 이를 활용하는 프롭테크가 확대 발전하게 되었다.

넷째, 프롭테크 산업에서 가장 대표적으로 활용되는 디지털 플랫폼은 사용자들이 공통된 목적으로 만나는 디지털 공간으로 스타트업 기업을 중심으로 그 확산 속도를 높여 갔다. 프롭테크를 활성화 궤도에 올려놓은 대표적인 디지털 플랫폼 기술은 스마트기기를 활용하여 사물인터넷, 애플리케이션을 이용한 AR, VR 등 디지털 트윈 적용으로 부동산산업에서 가장 빠르게 확장할 수 있다.

다섯째, 스마트기기 사용의 확산으로 인터넷 플랫폼이 폭발적으로 증가하게 되고 또한 코로나 19 팬데믹으로 '사회적 거리두기'로 인해 생활 소비 문화방식이 크게 변화했다. P2P 커뮤니케이션[18] 선호, 소비자의 인식 변화가 급변하여 프롭테크 발전

---

18) P2P서비스는 냅스터(Napster)의 개발자 숀 패닝(Shawn Fanning, 1980~)이 제작한 수평적인 연결망을 통해 이용자들이 자원을 서로 나누고 공유하는 컴퓨팅이다. P2P는 소셜 네트워크를 활용한 협동적 생산이나, 컴퓨터 자원의 공유, 콘텐츠의 공유 등 형태로 이루어져 있다(자료: 컴퓨터 역사).

이 확대되는 계기가 되었다.

2. 국내 프롭테크 발전 필요성 분석

(1) 국내 부동산 산업구조 분석

통계청에서 2024년에 발표한 2023 국민대차대조표에 의하면 2023년 말 기준으로 국부는 2경 3,039조원이며, 그중 비금융자산 중에서 부동산이 차지하는 비율이 77.0%로 나타나고 있다(통계청 2024b). 그러나 이와 같은 부동산의 비중이 큼에도 불구하고 부동산산업의 부가가치 비율은 2000년 9.39%에서 2017년 7.79%로 하락하며 경제성장의 기여도도 2000년 0.6%에서 2017년 0.1%로 감소하였다. 또한 부동산산업의 매출액은 2021년 228조 원에서 2022년 208조 원으로 20조원 감소하고 있다. 또한 부동산산업의 2022년 1인당 매출액은 2022년 23.01억 원으로 도매소매업(4.86억 원)에 비해 낮은 편이다. 그리고 부동산산업의 업종별 매출액은 개발 및 공급업이 51.4%를 차지하고 있으며, 관리업(25.6%), 자문 및 중개업(11.1%), 임대업(10.5%), 감정평가업(1.4%) 순으로 나타나고 있다(통계청, 2017). 이러한 부동산의 비효율적 운영 현상은 부동산 산업이 분절식 업무구분, 칸막이식 운영과 소비자의 낮은 신뢰도, 경쟁력 약화 등의 문제점이 있기 때문으로 보인다.

부동산산업의 업종별 사업체 수는 2023년 전국 28.2만개로 2022년 27.7만개 대비 4,737개 증가한 것으로 나타나고 있다. 업종별로는 개발업(6,254개), 정보제동 서비스업(73개)이 감소하였고 임대업은 1,204개, 공인중개서비스업 2,590개가 증가하였다(국토교통부, 2024). 또한 업종별 사업체당 종사자 수를 살펴보면 부동산업은 3.46명으로 제조업 9.96명, 건설업 8.6명에 비해 낮은 수준이며 평균 고용인 수도 지속적으로 감소하는 추세로 부동산산업의 구조적 문제도 있어 보완이 필요해 보인다.

우리나라 부동산산업의 실태를 분석해 보면 다음과 같은 문제점과 취약성이 있다. 첫째, 업체 수와 종사자 비중이 미국, 영국, 일본 등 주요국은 임대업이 높은 반면, 한국은 관리업과 중개업 비중이 높다.

둘째, 부동산산업의 전체 GDP 대비 부가가치 비중과 경제성장에 기여하는 기여

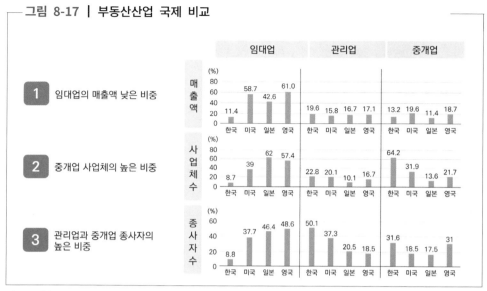

그림 8-17 │ 부동산산업 국제 비교

		임대업				관리업				중개업			

1 임대업의 매출액 낮은 비중

2 중개업 사업체의 높은 비중

3 관리업과 중개업 종사자의 높은 비중

자료: 김승종(2018)

도[19]가 외국에 비해 낮은 수준이다. 셋째, 상업용과 업무용 부동산정보의 미공개, 부동산거래 안전 담보장치 미흡 등으로 신뢰도와 투명성[20]이 매우 낮으며, 부동산서비스업의 소비자 만족도는 29개 업종 중 중개업이 22위, 주택 수리 및 인테리어는 24위로 낮은 수준이다.

국내 부동산산업은 일본과 비교해 보면 [표 8-5]에서 보는 바와 같이 매우 취약한 구조이다. 부동산 전체 종사자와 매출액 비중을 보면 국내는 관리업과 자문업 및 중개업 치중되어 있는 반면, 일본은 임대업과 매매업이 높다. 그리고 앞으로 국내 부동산산업의 한 축이 될 부동산 임대업은 종사자와 매출액 모두 10%대에 머무르고 있어 일본의 45%대와 비교된다. 종사자의 대부분을 차지하는 관리업이나 중개업은

---

19) GDP 대비 부가가치 비중이 2000년에는 9.39%에서 2017년 7.79%로 낮아졌으며 이는 해외 7~14%와도 많은 차이가 있으며, 경제성장 기여도는 2000년 0.6%에서 0.1%로 감소하는 추세에 있다(국토연구원, 2016).

20) 부동산컨설팅업체인 존스랑라살(JLL)의 2024 글로벌 부동산 투명지수(GRETI) 보고서에 의하면 한국의 부동산정보 투명성은 2014년 43위, 2016년 40위(109개국 중), 2018년 31위(100개국 중), 2024년 49위로 매우 저조한 수준임.

표 8-5 | 한·일 부동산산업 비교

구분	종사자수		매출액		
	(한국)	(일본)	(한국)	(일본)	
전체 규모	413,028	1,256,500	50.32 조원	294.2 조원	
임대업	8.0%	45.7%	11.0%	42.0%	
개발공급업	6.5%	-	49.7%	-	
관리업	52.1%	19.3%	27.3%	13.1%	AI 대체 가능
자문·중개업	31.7%	18.7%	10.6%	12.1%	
감정평가업	1.7%	-	1.4%	-	
매매업 등	-	35.1%	-	32.8%	

자료: 국토교통부(2016)

인공지능, 빅데이터에 의해 대체될 가능성이 큰 분야로 취약한 구조라 할 수 있다.

더욱 심각한 면은 우리나라는 부동산의 실물 교환이나 관리에 치중되어 있는 반면 고부가가치가 있는 부동산 서비스는 매우 낙후되어 있다는 것이다. 세계투입산출 DB(World Input－Output Database)[21] 자료에 따르면 전 산업 산출액 중 부동산산업의 산출액이 차지하는 비중이 2011년 기준으로 분석대상 25개 국가 중 중국 다음으로 최하위로, 2008년 세계금융위기 이후 대부분의 국가들과는 달리 4.39%(2005년)에서 3.32%(2011년)로 크게 하락하고 있다. 그리고 2010년에 선정한 세계 2,000대 기업 중 부동산업체는 하나도 포함되지 않았으나, 세계금융위기 이후 2015년에는 부동산업체가 미국이 25개, 중국이 15개, 홍콩이 13개, 영국 7개, 일본 5개 등 총 78개 기업이 포함되는 등 급성장하고 있다.

그러나 한국은 아직 없는 상태이다. 더욱이 우리나라는 전체 순자본스톡에서 부동산이 차지하는 비중이 91%를 차지하고 있는 점을 감안할 때 부동산시장의 구조변화에 대응하는 부동산산업의 성장기반을 모색하고 부동산산업이 거시경제에 기여하는 역할을 제고할 수 있는 방안을 모색할 필요가 있다(정희남 외, 2015).

이와 같은 우리나라 부동산산업의 구조적인 취약성과 비효율성은 스마트 정보기술에 의한 프롭테크 확산 및 발전을 통해 보완하고 혁신할 수 있는 기회로 삼아야 할

---

21) WIOD(World Input－Output Database)는 EU 집행위원회의 주관하에 세계 40개 국가의 산업 연관표와 무역데이터, 국제수지통계 등을 이용하여 국가 간 거래표를 추정하여 발표.

것이다. 즉 다양한 정보기술을 활용하는 프롭테크를 통해 국내 부동산산업의 글로벌화하고 획기적인 발전을 기할 수 있어야 할 것이다.

프롭테크의 발전과 기업들의 스마트 정보기술 도입이 서로 속도 차이를 보이는 이유는 부동산 기업의 경영진이 기술 도입에 있어 퍼스트 무버(First Mover, 선도적인 활용)보다는 패스트 팔로워(Fast Follower, 선도기업이 성공적으로 이용되면 따라하려고 하는 전략)를 구사하고 있기 때문이다(KPMG, 2018a). 이러한 경향은 KPMG(2018b)의 조사 결과를 보면 알 수 있다. 프롭테크로 인한 기술혁신이 사업에 어떤 영향을 미칠 것인가에 대해 응답자의 97%는 영향을 미칠 것이라고 대답해 파급효과에 대한 인식은 명확하지만, 혁신적 기술의 실제 도입은 응답자 중 56%가 보통이라 답하고 있는 것이다. 특히 응답자의 7%만이 최첨단(Cutting Edge)기술을 활용하고 있다는 점에서 혁신 이론에서 흔히 언급하는 Ram(1987)의 혁신저항 모델(Model of Innovation Resistance)[22]이 프롭테크분야에서도 적용되어 늦어지고 있는 것이다. 따라서 성공적인 모델(Best Practice) 개발과 발굴이 될 수 있는 정책적인 지원이 더욱 긴요하다.

이러한 부동산산업의 비효율성과 구조적 문제를 해결하기 위한 방안으로 TOE 프레임워크를 통해 국내 프롭테크 발전의 필요성을 살펴보면 다음과 같다.

(2) 국내 프롭테크 발전 필요성

기술적(Technological), 조직적(Organizational), 환경적(Environmental) 측면에서 살펴보는 TOE 프레임워크를 통해 국내 프롭테크 발전의 필요성을 분석하여 보면 다음과 같다.

먼저 기술적 측면(Technological Context)에서 살펴보면, 종전의 부동산 산업은 Low-Tech 한 분야로 인식이 되어 왔으나 제4차산업혁명시대 빅데이터, 인공지능, 블록체인, 사물인터넷 등의 정보기술 발전이 전 산업분야에 활용됨으로써 부동산에도

---

22) 램(Ram, 1987)은 혁신저항을 "혁신을 채택할 때 수반되는 변화들에 대한 소비자들의 저항"이라고 정의하고, '변화에 대한 저항'의 한 유형으로 보았다. 즉 혁신저항이란 혁신을 채택함으로써 야기되는 변화에 대한 '부정적 태도'를 의미하는 것이다(유연재, 2011). 여기서 주의할 점은 혁신저항은 혁신 그 자체에 대한 부정적 태도가 아니라 혁신이 야기하는 변화에 대한 저항이라는 점이다. [네이버 지식백과]

이러한 High-Tech의 중요성이 대두되는 인식의 전환이 이루어지고 있다. 더욱이 최근 코로나 19로 인한 접촉 포비아(Phobia) 현상으로 비대면화와 원격화가 새로운 트렌드로 되어 감에 따라 부동산분야의 디지털전환(Digital Transformation)의 가속화가 진행되고 있다. 그리고 IT분야의 발전이 H/W, S/W의 발전의 효율성이 한계에 다다르게 됨으로써 프롭테크가 마지막 IT 메이저 산업이 될 것으로 기대되어 많은 IT분야 기업과 우수 기술 인력이 부동산의 디지털 전환에 따른 비즈니스에 참여하여 확대되고 있는 것이다.

조직적 측면(Organizational Context)에서는 종전에는 부동산 분야의 전문가와 종사자의 정보기술 활용에 대한 이해와 관심 부족으로 국내 프롭테크는 해외와는 달리 상대적으로 미진하였다. 그러나 최근에는 해외 프롭테크의 발전과 급성장이 이루어짐에 따라 그 중요성과 관심이 확대되어 가고 있으며, 부동산 기업내 진보적이며 개방적인 우수한 인력의 진입과 조직이 구성되어 지고 있어 국내에 많은 영향이 미치고 있다. 또한 부동산 기업은 앞에서 살펴본 바와 같이 사업체당 평균 3.46명으로 제조업 9.96명, 건설업 8.6명에 비해 낮은 수준이며, 기업체당 평균 고용인 수도 지속적으로 감소하는 추세였으나, 최근 한국프롭테크포럼의 자료(2024. 12)에 의하면 프롭테크는 2018년 한국프롭테크포럼 출범 당시 종사자는 1,893명에 불과하였으나 2024년 6월 11,112명으로 증가하여 비교 산업군[23]의 종사자 추이를 고려할 때 프롭테크 산업 종사자 증가세는 성장산업의 특성을 여실히 보여주고 있다.

환경적 측면(External Environmental Context)에서 살펴보면 우선 공공에서 데이터를 적극적으로 공개하여 활용할 수 있도록 하는 정부의 오픈 데이터 정책의 확대와 빅데이터, 인공지능 등 정보기술의 혁신적 발전으로 혁신적 서비스 모델 등 다양한 비즈니스모델이 더욱 확대되는 계기가 되었다. 그리고 인간과 사물, 사물과 사물이 연결되는 초연결사회(Hyper Connectivity Society)로 인해 실시간으로 활용할 수 있는 데이터가 폭발적으로 증가하고 있다. 또한 오픈 사이언스 확대와 클라우드 기술에 의해 창업과 비즈니스 모델 개발하는 비용이 대폭적으로 감소하고, 플랫폼이 소비와 거래의 중요한

---

23) 2018년~2021년 전산업 근로자의 CAGR이 0.0%로 보합세, 정보통신업 CAGR 8.0%, 부동산업 CAGR 2.1% 수준의 증가세를 기록함(한국프롭테크포럼, 2023)

채널로 부상되는 혁신적 발전과 변화를 기할 수 있는 환경이 되었다. 그리고 부동산의 디지털전환인 프롭테크는 미국, 중국, 영국 등 많은 프롭테크 사례를 통해 살펴보는 바와 같이 디지털의 시간과 장소 공간의 제한이 없는 특성으로 글로벌한 유니콘 기업으로 성장할 수 있는 가능성을 높이고 있다. 특히 빅데이터, 인공지능, 블록체인, 사물인터넷, 클라우드 컴퓨팅, 혼합현실(XR), 메타버스 등이 적용된 프롭테크는 부동산정보 소비자 입장에서 부동산정보의 비대칭성이 해소되고, 부동산정보를 수집 활용하는 서비스의 편리성에 제고되는 환경 변화로 향후 더욱 부상할 것으로 기대된다.

이와 같이 TOE 프레임워크에 의한 기술적, 조직적, 환경적 측면을 분석한 결과를 보면 국내 프롭테크 발전을 통해 부동산산업의 구조적 취약성을 보완하고 글로벌한 규모의 성장과 경쟁력을 고취할 수 있는 게임체인저 역할을 할 수 있을 것으로 보인다.

section 5 프롭테크 발전과 진화방향

1980년대 코스타 그룹(CoStar Group)과 같은 상업용부동산 중개부문 플랫폼으로 시작된 프롭테크는 2018년 이후 글로벌 부동산시장의 혁신적인 비즈니스로 주목받기 시작하여 Bain Capital Ventures이 분류한 프롭테크 단계[24]에 의하면 현재 프롭테크는 1단계로부터 3단계를 지나 기업의 비즈니스 모델의 수익성 보장이 필요한 4단계라 할 수 있다.

프롭테크는 1980년대 상업용부동산 중개부문의 플랫폼으로 시작되어 2018년 이후 글로벌 부동산시장의 혁신적인 비즈니스로 주목받기 시작하였다. Bain Capital

---

24) Bain Capital Ventures는 1단계를 소프트웨어, 데이터 제공업체 중심으로 기존 부동산 사업자 기술을 보완하는 보완적 단계(The Complimentary Phase), 2단계는 본격적인 기술기반의 서비스가 등장하여 기존 사업자와 직접 경쟁하는 구도가 형성되는 도전단계(The Challenge Phase), 3단계는 제4차산업혁명의 기반기술인 빅데이터, 블록체인, 가상현실 등이 부동산산업 내에서 본격적으로 활용되는 통합단계(The Synthetic Phase), 4단계는 프롭테크 기업의 수익성 검증이 필요한 단계로 구분하고 있다.

그림 8-18 | 프롭테크 발전 단계

Ventures(2018)에서 제시한 프롭테크 단계에서 현재는 3단계를 지나 프롭테크 기업의 비즈니스 모델의 수익성 검증이 필요한 4단계라 할 수 있다.

프롭테크는 향후 5~10년 후에 어떠한 변화 발전이 있을 것인가는 [그림 7-2]인 가트너(Gartner, 2020)의 프롭테크 발전 하이프 사이클을 통해 살펴보면 다음과 같다.

첫째, 빅데이터, 인공지능, 블록체인, 확장현실(XR), 사물인터넷(IoT), 클라우드 컴퓨팅 등 정보기술이 융합에 되어 부동산 정책, 개발, 금융, 중개, 평가 등에서 신뢰성과 편의성, 정확성, 소요시간 단축 등을 구현할 수 있는 종합적인 부동산서비스가 제공되는 프롭테크로 발전될 것이다.

둘째, 인간과 동일한 지능을 갖게 될 일반인공지능(AGI: Artificial General Intelligence)이 향후 5년 안팎에는 상용화될 것으로 예상하는 가운데 다양한 분야에서 활용되면 우리가 사는 세상은 상상도 하기 어려운 변화를 맞이하게 될 것이다. 특히 멀티모달(Multimodal)의 개발 추진으로 업무수행의 혁신성과 함께 비용 감소 등 상상 이상의 효과가 있을 것이다. 부동산분야에서 생성형 AI의 활용은 엄청난 변화를 주게 될 것으로 예상할 수 있다.

셋째, Granglia and Mellon(2018)이 2018년에 발표한 블록체인 프롭테크 적용 단계에 의하면 현재는 블록체인에 정보를 분산 저장하는 1단계에서 부동산 공부를 블록체인에 의해 등기를 하는 부동산 거래의 효율성을 향상하는 4단계에 이르고 있는

표 8-6 | 부동산 서비스산업의 블록체인 적용 8단계

단계	단계명	세부내용	비고
1단계	블록체인 기록	• 부동산거래에 블록체인 기술 적용 • 부동산거래/기록의 비가역성으로 신뢰성 보강	부동산 거래의 효율성 향상
2단계	스마트 워크플로우	• 부동산거래 진행상황 시장참여자 모니터링 가능 • 종전 부동산거래의 투명성과 신속성 향상에 기여	
3단계	스마트 에스크로(Escrow)	• 스마트계약(Smart Contract)으로 에스크로 대체 • 모든 부동산 거래 계약조건 충족 시 소유권 이전	
4단계	블록체인 등기	• 블록체인으로 기존 부동산 등기시스템 대체 • 1-3단계 중앙집중식 데이터베이스, 4단계는 프라이빗(허가형) 블록체인 적용	
5단계	부동산권리 세분	• 부동산권리 세분하여 블록체인을 통해 개별 관리 • 모든 부동산 거래 내역 블록체인 시스템으로 추적 가능	부동산 거래의 혁신성 구현
6단계	세분소유권	• 투자자 부동산 일부 매수 가능 • 블록체인 기술로 부동산 거래비용 낮아짐	
7단계	P2P 거래	• 중개사 없이 세분화된 소유권의 개인 간 거래 • 빠른 청산과 낮은 비용으로 세분 소유권 거래 가능, 단 법적 권리의 명료화 필요	
8단계	상호운용성	• 여러 블록체인 병합 운영 • 부동산거래 전 과정 온라인 자동화 실현	

자료: Granglia and Mellon(2018), 저자 재구성

것으로 보인다.

블록체인 프롭테크는 향후 10년 이내 부동산권리가 분할되어 투자 거래가 이루어지고 부동산 소유권을 세분화하여 등기[25]하며, 별도의 증빙기관(정부, 금융기관 등)이 없이 당사자 간의 부동산 P2P(Peer to Peer)거래가 이루어진다. 마지막 8단계에서는 다양한 블록체인 시스템간 병합과 부동산 거래에 따른 잔금 청산, 등기, 각종 세금납부(양도세, 증여세, 취등록세), 관계부처와 위계기관의 행정처리 등이 일거에 자동적으로 이루어질 수 있는 프롭테크로 발전될 것이다.

넷째, 블록체인은 탈중앙화를 통한 비가역성과 투명성이란 이점으로 각광을 받고 있으나 현저히 늦은 처리속도와 인센티브를 통한 참여자의 제한으로 실무적 활용은 극히 제한된다. 따라서 실제 금융분야 등 다양한 분야에서 활용은 탈중앙화를 포

---

25) 탈중앙화된 부동산 블록체인 시스템에 의거 각종 공부가 관리되면서 별도의 소유권 이전의 등기절차가 불필요해지며 분할된 소유권이 거래와 동시에 자동으로 기록유지될 수 있을 것임.

─ 그림 8-19 │ 탈중앙화(DeFi) 부동산거래 프롭테크 모델

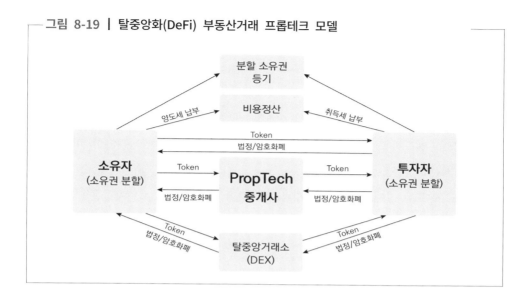

기한 프라이빗(Private) 또는 컨소시움(Consortium) 블록체인을 주로 활용되고 있으나 진정한 블록체인의 비가역성, 투명성을 보장하지 못하는 한계가 있다. 따라서 최근 금융분야에서 탈중앙화 금융을 구현하기 위한 디파이(DeFi, 탈중앙금융)[26]가 주목 받고 있다. 이 디파이는 향후 부동산을 비롯한 다양한 분야에서 적용이 될 것으로 기대되어 블록체인에 의한 분할소유권 거래 및 투자와 관련한 구현가능한 프롭테크가 나타나게 될 것이다. 즉 블록체인의 디파이에 의해 모든 가산을 디지털 토큰화하여 거래할 수 있는 시장이 열리게 될 것이다(경정익, 2020).

따라서 부동산의 토지와 그 정착물(주택, 건물, 상가 등)을 디지털 토큰화함으로써 물건의 소유권을 세분화하여 거래가 최초 물건탐색으로부터 협상, 계약, 등기, 세금납부에 이르기까지 자동적으로 이루어지는 플랫폼을 운영하는 프롭테크가 나타나게 될 것이다.

다섯째, 메타버스(Metaverse)는 온라인 혁명을 주도했던 인터넷시대를 넘어 가상과 현실이 융합된 새로운 혁명을 예고하고 있다. 즉 포스트 인터넷 시대를 주도할

---

26) 디파이(DFi)는 탈중앙금융으로 블록체인 네트워크상에서 스마트계약을 활용하여 동작하는 탈중앙화 금융 서비스

신 패러다임으로 메타버스가 언급(팀 스위니, 2010)되고 있으며, 글로벌 IT기업들은 메타버스를 새로운 기회로 인식하고 있다(이승환, 2021). 메타버스는 기술진화를 넘어 사회·경제 전반의 혁신적 변화를 초래하는 혁명으로 기존 인터넷 시대의 한계점을 새로운 혁신으로 극복하며 경험가치를 창출하여 특정산업에 국한되지 않고 교육, 의사소통, 쇼핑, 시설관리, 디자인 및 신제품 개발 등 전 산업과 사회전반에 영향을 미칠 것으로 예측하고 있다(소프트웨어정책연구소, 2021). 뿐만 아니라 메타버스는 가상융합경제[27]로 발전한 경험경제(Experience Economy)가 고도화된 개념으로 서비스 경제 이후 새로운 경제가치의 핵심개념으로 경험이 등장하여 소비자들은 기억에 남을 만한 개인화된 경험에 대한 지불의사가 높아 이에 맞는 서비스 제공이 확대될 것이다.

    이러한 메타버스는 부동산 분야에서 향후 매우 광범위할 것으로 보인다. 현재 20대에서 40대까지의 연령대가 종전과는 달리 부동산 매매시장에서 거래 당사자로 부동산시장과 부동산가격에 큰 영향을 미치는 이유는 MZ세대의 특성[28]으로 이해할 수 있다. 이와 같은 MZ세대[29]는 현실공간보다도 가상공간에서 더 많은 시간을 보내고 있어 앞으로 머지않은 장래 가상공간을 현실공간과 동일하게 인식할 것이라는 데 주목할 필요가 있다. 지금의 20~40대 중반의 MZ세대가 10~20년 후에는 사회 경제의 주역이 됨으로써 부동산시장은 현실공간과 가상공간이 동일시되어 두 공간에서 별도의 부동산활동이 이루어질 것으로 보인다. 실제 국내외 몇몇 메타버스 부동산 플랫폼(예, earth2, Decentraland, Upland) 등은 가상공간에서 부동산(토지, 주택) 개발과 거래, 임대 등 부동산 활동이 이루어지고 있다. 이와 같이 현실공간과 동등한 가상공간

---

27) **가상융합경제**: XR을 활용해 경제활동(일·여가·소통) 공간이 현실에서 가상융합공간까지 확장되어 새로운 경험과 경제가치를 창출하는 경제

28) MZ세대의 소비특성을 분석한 연구(주용환, 2021)에 의하면 경제활동에 있어서 필수적인 재무관리에 대하여 어려서부터 금융재테크 등에 관심을 갖고 추진하는 투자열풍, 내 돈은 내가 지킨다는 자세로 기본부터 체계적인 학습을 하여 재무관리, 초기부터 노년설계를 진행하는 경제적 자유열망 등을 실현하는 특성이 있다.

29) 1980년대 초~2000년대 초 출생한 밀레니얼 세대와 1990년대 중반에서 2000년대 초반에 출생한 Z세대를 통칭하는 말이다. 디지털 환경에 익숙하고, 최신 트렌드와 남과 다른 이색적인 경험을 추구하는 특징을 보인다. 미국의 10대 청소년의 52%는 친구보다 메타버스(로블록스)에서 보내는 시간이 더 많음.

의 메타버스에서 인공지능, 블록체인과 NFT,30) 디파이(DeFi)가 적용되어 부동산 투자, 개발, 임대, 중개 등의 활동이 활발하게 이루질 수 있는 플랫폼을 운영하는 메타버스 프롭테크로 발전 확대될 것으로 보인다.

여섯째, 미래 부동산산업은 종합적인 부동산서비스를 제공하는 통합 프롭테크가 구현되어 부동산 활동에 요구되는 정보를 하나의 채널을 통해 해결될 수 있는 프롭테크가 될 것이다.

지금까지 우리나라 부동산산업은 분야별로 각자의 영역을 보호하기 위해 분절적 칸막이식으로 이루어져 있어 협업을 통한 발전의 한계, 서비스제공의 편의성 미흡 등의 고질적인 문제를 안고 있어 글로벌 경쟁력이 매우 취약하다고 할 수 있다. 그러나 최근 인공지능, 빅데이터, 블록체인, 사물인터넷 등 정보기술의 발전과 활용을 통해 서비스 통합이 가능해지고 있다. 즉 다양한 정보기술을 활용하여 전문적인 서비스에 쉽게 접근할 수 있도록 부동산개발에서의 ConTech(Construction Tech.), 부동산 금융의 FinTech(Financial Tech.), 부동산 법률의 LegalTech(Legal Tech.), 부동산 규제부문의 RegTech(Regulation Tech.) 등이 구현되고 있어 통합 또는 연계된 플랫폼을 운영하여 부동산서비스를 제공하는 프롭테크가 나타날 것이다. 특히 중개 및 컨설팅 부문은 이러한 정보기술에 의한 'X-Tech'를 활용함으로써 중개사를 중심으로 개발, 법률, 금융, 세무 등 전문적인 서비스가 가능하게 될 것으로 기대된다.

일곱째, 코로나 19는 과거 발생한 경제위기와는 달리 단기적인 경기침체와 경기변동에 그치지 않고 우리 사회와 경제의 구조적 변화 가속화와 근본적인 영향을 미치고 있다(조대형 외, 2020). 코로나 19 대응과정에서 기존의 편리함을 추구하는 소비자 니즈에 접촉 포비아(Phobia, 공포) 현상이 더해지면서 비대면 온라인 소비의 규모와 범위가 빠르게 증가했으며, 이 과정에서 축적된 소비자의 디지털 경험은 코로나 19 이후에도 비대면 온라인 소비를 지속시킬 관성으로 작용할 전망이다. 즉 소비방식에 있어 온라인은 기본이 되고 오프라인은 부가적으로 인식되면서 전면적으로 디지털화된

---

30) NFT는 대체불가능한토큰(Non Fungible Token)이라는 뜻으로, 희소성을 갖는 디지털 자산을 대표하는 토큰을 말한다. NFT는 블록체인 기술을 활용하지만, 기존의 가상자산과 달리 디지털 자산에 별도의 고유한 인식 값을 부여하고 있어 상호교환이 불가능한 특징이 있다[네이버 지식백과].

소비문화가 정착될 전망이다(한국전자통신연구원, 2020). 따라서 부동산분야도 비대면 온라인에 의해 서비스가 제공되는 프롭테크는 더욱 확대되고 가속화될 것으로 보인다. 예를 들어 부동산 매매 및 임대 등 거래에서 XR(VR, AR, MR)에 의해 임장활동이 대체되고 스마트계약(Smart Contract)과 블록체인에 의해 비대면거래가 이루어지게 될 것이다.

section 6 프롭테크의 미래

호모사피엔스는 호모데우스를 가르칠 수 있을 것인가? 이스라엘의 역사학자 유발 하라리(Yuval Noah Harari)는 그의 저서 호모 데우스(History of the Tomorrow)[31]에서 인간은 불멸·신성에 도전하는 존재로 진화할 것이라 한다. 또한 정보과학과 생명공학의 발전으로 인해 기대수명이 엄청나게 길어진 신인류는 기존의 인류와 의식과 문화가 근본적으로 다를 것이라고 한다.

미래학자 레이 커즈와일(Raymond Kurzweil) 역시 그의 저서인 특이점이 온다(The singularity is Near)에서 기술은 생각보다 매우 빠른 속도로 발전하여 기하급수적인 변화에 의해 필연적으로 엄청난 변곡점을 만들어 2045년에는 인공지능이 인간의 지능을 뛰어넘게 되는 '특이점'에 도달할 것이라 하였다. 그는 2024년에 저술한 "The singularity is Nearer"라는 책에서는 특이점이 2029년에 도래할 것으로 예상하며 더욱 빠르게 다가올 것이라 한다. 그리고 최근 2024년에는 머스크와 하시비스 등은 향후 5년 이내 인간의 지능을 뛰어넘는 일반인공지능(AGI: Artificial General Intelligence)[32]이 나오게 될 것이라 한다. 머지않은 미래에 우리가 겪어보지 못하고 생각하지 못한 세상이 우리 눈앞에 펼쳐질지 모른다는 것이다.

사람들의 의식과 생각 그리고 사회현상 등에 전혀 다른 혁신적 변화가 이루어질

---

31) 호모 데우스: 히브리어: רחמה לש הירוטסיהה, 영어: History of the Tomorrow
32) 범용인공지능이라고도 불리며, 인간 수준의 사고가 가능하여 주제에 구애받지 않고 성공적으로 문제를 해결할 수 있는 인공지능을 말한다.

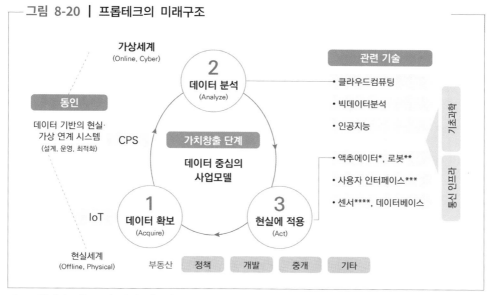

그림 8-20 | 프롭테크의 미래구조

가상세계
(Online, Cyber)

동인
데이터 기반의 현실·
가상 연계 시스템
(설계, 운영, 최적화)

CPS

2
데이터 분석
(Analyze)

가치창출 단계
데이터 중심의
사업모델

1
데이터 확보
(Acquire)

3
현실에 적용
(Act)

IoT

현실세계
(Offline, Physical)

관련 기술

· 클라우드컴퓨팅
· 빅데이터분석
· 인공지능

· 액추에이터*, 로봇**
· 사용자 인터페이스***
· 센서****, 데이터베이스

기초과학

통신인프라

부동산 | 정책 | 개발 | 중개 | 기타

자료: 최병삼 외(2017) 저자 재구성

때를 혁명이라 한다. 이제 제4차산업혁명시대에 진입한 지 상당한 시간이 지난 지금 앞으로 우리는 지금까지 전혀 경험하지 못한 새로운 세계를 맞이할 것이라고 많은 전문가들은 예견하고 있다. 그러므로 이러한 변혁에 지혜롭게 대응하고 대비한다면 새로운 기회를 맞이하게 될 수도 있지만 아무도 경험하고 가보지 않았기에 예측할 수 없는 영역으로 위험에 노출될 수도 있는 것이다.

제4차산업혁명 시대 부동산 분야에도 미래에는 많은 기회와 위험이 상존하는 현상이 전개되어 부동산산업의 혁신적인 발전이 이루어질 것이다. 디지털 전환으로 인해 시간적, 공간적 영역 확장으로 부동산산업은 프롭테크를 통해 글로벌화되고 승자독식의 현상이 나타나게 될 수도 있다. 빅데이터, 인공지능, 가상현실 등 스마트기술에 의해 종전의 부동산거래가 모두 디지털화된 환경으로 변화되어 장기적으로 보면 부동산시장은 국경이 모호해지는 초국가적인 부동산시장으로 더욱 확산될 수도 있을 것이다. 특히 블록체인에 의한 부동산 자산은 디지털화된 토큰행태로 거래가 가능해지고 메타버스에 의해 부동산시장은 공간적으로 더욱 확대될 것이다.

데이터가 새로운 경쟁원천으로 대규모 데이터를 확보하는 글로벌 빅테크 기업이 글로벌시장을 주도하듯이 프롭테크도 다양한 분야에서 대량의 데이터를 확보한 뒤 활용하는 플랫폼 및 생태계 중심으로, 부동산산업의 구조적 변화와 치열한 경쟁이 나타날 것으로 보인다.

그리고 지능형 부동산 플랫폼을 통해 다양하고 대량의 데이터를 확보하고 이를 분석하여 개인 맞춤식 수요자중심의 부동산정보와 지식을 제공할 수 있는 기업의 양극화 현상이 심화될 것이다. 이러한 부동산 플랫폼은 누구든지 쉽게 필요한 부동산정보를 이용할 수 있도록 될 것이다.

또한 플랫폼화된 부동산시장은 실시간에 의해 현실세계에서 데이터를 실시간으로 수집하여 가상세계에서 데이터를 수집과 저장, 분류, 분석하여 다시 현실세계에서 그 결과를 적용할 수 있는 실시간으로 지능화된 부동산 플랫폼을 운영하여 합리적인 부동산시장이 실현될 수 있을 것이다.

혁신적 정보기술에 의한 지능형 부동산 플랫폼은 부동산정보의 비대칭성 문제를 해소하여 공급자 중심의 부동산 산업에서 소비자 중심으로 변하게 될 것이다. 프롭테크는 부동산 수요자와 공급자, 중개인 등이 부동산정보를 원활하게 주고받을 수 있도록 하는 정보포털이면서 부동산거래를 위한 마켓플레이스 역할을 할 수 있도록 진화되어야 할 것이다. 따라서 부동산에 대한 상세정보, 데이터분석 등을 제공하는 임대 및 개발공급업과 부동산 관리 및 중개업 등에서 프롭테크 활성화가 이루어져야 한다.

해외 프롭테크는 서비스 차별화, 다양한 비즈니스영역 간 연계를 통한 네트워크 효과를 통해 경쟁력을 확보하는 추세이다. 또한 부동산 플랫폼에 의한 스타트업기업은 대량의 데이터를 확보 활용하고 디지털 기술을 적용함으로써 부동산 플랫폼시장의 지배력을 선점하고 있다. 따라서 기존의 전통적인 부동산기업은 이러한 선도기업과의 경쟁에 불리하게 되어 있어 이를 타개하기 위해 서비스를 다각화하게 될 것이다.

2020년 옥스퍼드대 연구소에서 발표한 연구보고서에 의하면 프롭테크는 빅데이터, 블록체인, 증강현실과 가상현실 등 다양한 정보기술 발전에 따라 향후 5~7년 이후 활발하게 활용하게 될 것이라 한다. 따라서 중개 및 임대분야, 부동산개발, 부동산 관리, 부동산 금융 등에서 이러한 디지털 발전과 더불어 프롭테크는 더욱 발전하게 될 것이다.

그림 8-21 | 가트너의 부동산 기술적용 하이퍼사이클

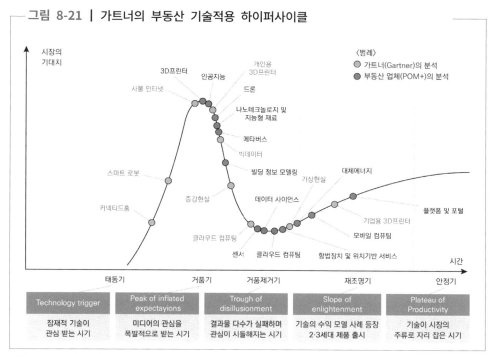

자료: Gartner(2017)

가트너와 부동산 관련 컨설팅업체에서 분석한 혁신적 기술의 부동산 적용시기를 분석한 [그림 8-21]과 [그림 8-22]를 보면 메타버스는 거품기를 지나 거품제거기에 있는 것으로 보인다. 특히 생성형 AI의 급속한 발전은 프롭테크 발전을 가속화할 것으로 보인다. 대규모언어모델(LLM: Large Language Model)과 대규모멀티모달모델(LMM: Large Multimodal Model)의 발전은 부동산 활동에 혁신적인 서비스를 할 수 있는 프롭테크 발전에 크게 기여할 것으로 보인다.

급속한 생성형 AI 발전에 대해 좀 더 살펴보면, 챗GPT와 딥시크(DeepSeek)를 필두로 다양한 대규모언어모델(LLM)의 실생활 활용이 증가하여 다양한 산업 분야에 LLM을 적용해 실용성을 비약적으로 발전시키면서 실제 업무 현장과 실생활 속에서도 누구나 쉽게 LLM을 활용할 수 있는 기회가 확대되었다.

디지털 시대의 패권을 좌우하는 핵심 디지털 기술이 보편화된 생성형 AI 시장은 수천억 개 이상의 매개변수를 가진 텍스트 기반의 대규모 언어모델이 주도했지만, 최

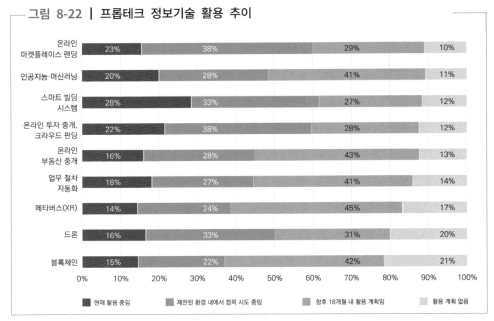

그림 8-22 | 프롭테크 정보기술 활용 추이

분야	현재 활용 중임	제한된 환경 내에서 접목 시도 중임	향후 18개월 내 활용 계획임	활용 계획 없음
온라인 마켓플레이스 렌딩	23%	38%	29%	10%
인공지능·머신러닝	20%	28%	41%	11%
스마트 빌딩 시스템	28%	33%	27%	12%
온라인 투자 중개, 크라우드 펀딩	22%	38%	28%	12%
온라인 부동산 중개	16%	28%	43%	13%
업무 절차 자동화	18%	27%	41%	14%
메타버스(XR)	14%	24%	45%	17%
드론	16%	33%	31%	20%
블록체인	15%	22%	42%	21%

자료: Gartner(2017)

근에는 소규모언어모델(SLM: Small Language Model)의 개발로 활용이 늘어나면서 대규모 멀티모달 모델과 대규모 액션 모델로 확장되고 있다.

젠슨 황과 엔리케 로레스 등은 2024년 최신 모바일 워크스테이션에서 대규모 언어모델을 구축, 테스트 및 실행할 수 있게 되어, 생성형 AI가 개인화(Personalization)되는 해가 될 것이라 하였다.

생성형 AI에 의해 프롭테크는 어떻게 발전할 것인가를 살펴보면 사전에 훈련된 AI 모델은 부동산의 특정 작업을 수행하기 위해 대규모 데이터 세트로 훈련된 딥러닝(Deep Learning) 모델로, 현재 상태로 그대로 사용하거나 다양한 부동산 활동의 애플리케이션 사항에 맞게 사용자를 지정 가능하게 할 것이다.

더욱이 사전 훈련된 AI를 사용하게 되면 AI 모델을 처음부터 구축하지 않고도 각 상황에 맞는 요구 사항을 충족할 수 있도록 커스터마이징이 가능하여 누구나 쉽게 다양한 구현하게 될 것이다.

AI 환경은 텍스트의 영역을 넘어 인간 의사소통의 복잡성과 풍부함을 전체적으로 포용하면서 빠르게 진화하여 텍스트, 이미지, 오디오, 비디오를 비롯한 다양한 형태의 데이터를 처리하고 이해할 수 있는 대규모 멀티모달 모델의 발전으로 프롭테크는 혁신적 발전을 이루게 될 것이다.

메타버스 부동산 활용

section 1 부동산의 메타버스 활용 필요성

▮ 비대면시대 부동산 메타버스 활용 가속화

전통적으로 저차원적 기술(Low–Tech)산업으로 인식되었던 건축과 부동산분야에서 새로운 부가가치 창출 및 산업생태계 생존을 위해 확장현실(XR: eXtended Reality) 활용이 부상하고 있다. 종전에는 물리적 공간에 있는 실물 혹은 장소에 관한 건축 설계, 분양 시공, 부동산 매매 등을 위해 여러 이해관계자와의 대면 위주의 거래와 협업이 이루어졌다.

그러나 메타버스는 인프라 구축을 통해 다양한 이해관계자들과의 원격협업이 가능해지고 있다. 기존의 복잡한 부동산 산업의 거래구조를 XR과 융합하여 언제 어디서든지 시간과 공간에 제약 없이 공급자와 수요자가 가상공간에서 부동산 거래와 협업을 할 수 있는 메타버스 인프라가 구축이 되고 있다. 다시 말해 부동산 산업의 새로운 거래 생태계가 구축되어 주거공간, 상업·산업 공간, 역사·문화 공간 등 물리공간에서 가상 부동산, 가상 투어, 가상 스테이징(Staging),[1] 가상 전시관, 원격 건축 관리

---

1) 스테이징은 건축물, 부동산 등의 상품을 더 좋은 가격으로 판매하기 위해 상품을 꾸미고 장식하는 단계를 의미함.

등으로 가상공간 활용이 확대중인 것이다.

코로나 19 위기로 부동산 개발 및 분양 현장, 관광, 전시회 등 기존 물리공간과 XR의 융합에 대한 수요가 폭발적으로 증가하고 있으며, 중국의 VR 기반 부동산 플랫폼 기업인 Beike Zhaofang은 2020년 2월 가상주택을 구축 활용함으로써 그 조회가 2020년 1월 대비 35배[2] 증가하였으며, 중국 내 120곳 이상 도시에서 400만 개가 넘는 가상 투어가 제공되는 중에 있다.

국내 부동산분양업에 올림플래닛은 가상현실 팬덤 플랫폼인 '엑스로메다(XROMEDA)'를 개발하여 운영하며, 주택업계에 '실감형 사이버 모델하우스'를 제공하며 현재까지 국내외 100여 개 사이버 모델하우스 제작 보유[3]에 있다. 또한 미국 OpenSpace는 코로나 19로 건설 현장 내 감독·관리 인력감소에 대응하기 위해, 비대면 서비스 구축을 통해 건설현장 감독 추적을 실시중[4]이다.

메타버스는 물리적 세계와 디지털 또는 시뮬레이션 된 세계의 경계를 모호하게 하여 사용자에게 몰입감 있는 가상의 경험을 제공한다. 메타버스는 일반적으로 가상현실(VR), 증강현실(AR), 혼합현실(MR) 등의 확장현실(XR: eXtended Reality) 기술에 의해 구현된다.

가상현실(VR: Virtual Reality)은 실제 물리적 환경을 대체하는 디지털 환경으로서 컴퓨터로 생성된 3D 환경을 제공하여 사용자를 에워싸고, 헤드마운트 디스플레이(HMD)와 헤드 트래킹(Head Tracking)을 통해 사용자의 행동에 반응한다. 헤드 트래킹과 촉각에 따른 피드백을 제공하는 장갑도 사용할 수 있다. 증강현실(AR: Augmented Reality)은 실제 물리적 환경에 텍스트, 그래픽, 오디오 및 기타 가상의 기능 향상 정보를 실시간으로 통합하여 사용한다. 증강현실은 이러한 현실 세계의 요소로 가상현실과 차별화되며, 시뮬레이션과 비교하여 사용자의 실제 세계와의 상호작용에 가치를 통합하고 더한다. 혼합현실(MR: Mixed Reality)에서 가상콘텐츠는 증강현실에서처럼 실

---

2) https://supchina.com/2020/03/12/coronavirus−real−estate−agents−in−china−embrace−virtual−house−tours/

3) https://www.dnews.co.kr/uhtml/view.jsp?idxno=20200428020350892O126

4) https://venturebeat.com/business/how−ai−and−remote−collaboration−tools−could−help−the−construction−industry−get−back−to−work/

제 환경에 중첩되지 않고 해당 환경에 고정되어 상호 작용한다. 혼합현실에서는 증강현실에서와 마찬가지로 가상객체를 볼 수 있지만 이러한 객체도 실제 세계와 상호 작용할 수 있다. 어떤 의미에서 혼합현실은 보다 몰입감 있고 상호작용하는 유형의 증강현실이다.

이러한 가상현실, 증강현실, 혼합현실에 의해 구현되는 몰입형 기술(메타버스 기술)은 가트너의 전략 기술 트렌드 중 하나로 매년 언급되고 있으며, 이미 많은 산업에서 널리 활용되고 있다. "가트너 10대 전략 기술 트렌드 2019"에서는 2022년까지 70%의 기업이 소비자 및 기업용으로 몰입형 기술을 실험하고, 25%는 생산에 배치할 것으로 전망한 바 있다.

메타버스는 현실세계와 디지털 가상세계인 디지털 트윈을 연계하여, 현실세계의 사용자가 시간 및 공간의 물리적 제약을 극복하며, 가상세계에서 직면한 현실의 문제해결과 편리한 사용자 참여, 다양한 경험 및 가치 창출을 구현할 수 있다. 구체적으로 살펴보면 첫째, 현실세계의 문제에 대한 다양한 대안을 가상세계에서 시뮬레이션하며 현실세계에 직접 적용하는 것과 비교하여 시간 및 비용면에서 효율적이며 최적의 해결안을 도출할 수 있다. 둘째, 현실세계의 사용자가 시간, 거리 등의 물리적 제약을 극복하는 가상세계에 다수의 이해관계자를 한자리에 참여하게 하여 상호 의견을 공유하고 협업하기 용이하다. 셋째, 현실세계에서 어렵거나 불가능한 것들을 가상세계에서 경험하거나 창작할 수 있고, 이를 다시 현실세계에 반영할 수 있어 사회·경제·문화적으로 기존과는 달리 새로운 경험과 가치를 창출할 수 있다.

디지털 트윈 기반의 메타버스는 사용자에게 제공할 수 있는 문제 해결 최적화, 편리한 사용자 참여, 새로운 경험 및 가치 창출의 세 가지 중요 이점이 있어, 부동산 분야에 메타버스를 도입함으로써 얻을 수 있는 공공의 가치는 토지운영의 최적화, 정책의 투명성과 정합성 확보 및 거버넌스, 혁신적인 대민 서비스를 도출할 수 있다. 토지비용의 최적화는 도시공간에 대한 메타버스를 통해 현실세계의 도시를 실시간 모니터링하고, 주거, 안전, 환경 관리 등 도시의 다양한 기능과 관련하여 토지이용의 다양한 문제를 사전에 예측하는 것이다. 그리고 이를 방지할 수 있는 최적의 해결안을 도출하거나, 실제 적용하기 어려운 계획이나 대안을 검증함으로써 한정된 자원을 효과적으로 배분할 수 있다는 것을 의미한다. 부동산정책 및 거버넌스 측면에서는 메타버스를 통해 이해관계자가 어디에 있더라도, 물리적 거리의 제약 없이 부동산 메타버스에 모여 의사결정에 참여할 수 있고, 전문적인 지식 없이 의견을 쉽게 도식화하며 직관적으로 소통할 수 있으며, 다양한 부동산 활동에 대해 협업할 수 있다.

그리고 부동산의 메타버스에서는 사용자가 아바타를 통해 어디에 있더라도 원하는 부동산 활동의 과거 · 현재 · 미래를 경험할 수 있다. 따라서 이해관계자의 거버넌스 구축을 용이하게 하고 궁극적으로 부동산 정책과정의 투명성 확보에 기여할 수 있어 부동산의 서비스 측면에서도 혁신을 기대할 수 있다.

II **부동산의 메타버스 활용 필요성**

거시적 환경 및 기업의 일하는 방식의 변화와 비대면 기술의 발전에 따른 산업 생태계 변화의 필요성을 TOE 프레임워크 분석을 통해 도출하여 보면 다음과 같다.

TOE 프레임워크 분석

기업이 기술혁신을 도입하고 구현하는 과정은 기술적 배경, 조직적 배경, 환경적 배경에 의해 영향을 받는다고 설명, 이에 관한 최초 연구는 Tornatzky & Fleischer에 의해 진행됨.

- T(Technology Context) 기업과 연관된 내부 및 외부 기술 모두를 의미하며 현재 기업에서 사용하고 있는 기술과 시장에서는 가능하지만, 기업에서 채택하지 않는 기술을 포함
  * 기술혁신 단계에는 세 가지 기술유형(점진적, 합성적, 불연속적인 기술변화)
- O(Organization Context) 기업의 규모 및 경영 구조와 같은 기업의 특징과 일하는 방식 등과 같은 기업의 문화를 의미
- E(Environmental Context) 기업의 경쟁업체들, 미시경제의 배경, 그리고 규제적 환경 요소들을 포함

표 9-1 | 부동산 메타버스 활용 필요성

구분	종전의 제한		변화 발전 필요성(메타버스 활용)
기술적 변화	• 2D 도면 건축 시뮬레이션 및 제어 시스템이 여전히 많이 존재 • 고객 데이터 등 디지털 활용 어려움	⇒	• 물리적 공간을 비대면 XR 기반 디지털 트윈 기술로 전환 • 디지털화된 고객 데이터 기반 맞춤형 시뮬레이션 활용
조직적 변화	• 개발자, 시공사, 금융사, 광고인, 상담사 등 이해관계자들과의 대면 작업을 위한 조직 • 대면기반 건설 현장 관리 감독 인력 조직	⇒	• 건축 개발, 마케팅, 상담 분양, 중개, 유통 현장관리 등을 XR 공간을 활용하여 비대면 작업을 위한 일하는 방식의 변화 • 비대면 원격 기반 건설현장 관리 감독을 위한 인력 조직
환경적 변화	• 대면 환경 • 오프라인 리테일 쇠퇴의 시작 • 역 디지털화의 필요성 대두 • 공유경제의 가속화	⇒	• 비대면 환경 • 오프라인 리테일 쇠퇴 가속화 • 역 디지털화의 가속화 • 공유경제의 쇠퇴 • 차별적, 과시적, 체험공간, 팝업 공간 요구 증대
물리공간에서 XR환경 전환	• 건축, 부동산 등 대면 중심으로 이해관계자들과의 협업으로 물리적 공간에서 이루어짐 • 부동산, 물리적 스테이징, 전시관 등 물리공간 기반 • 건축이 제조업 및 Low-tech 기반	⇒	• 비대면 XR 공간 창출 • 가상 투어, 가상 부동산 플랫폼, 가상 스테이징, 가상 전시관 등 XR 공간의 확대로 이어짐 • 건축이 High-tech 기반으로 중심 이동 • 양적 생산에서 가치 창조로 새로운 부가가치 창출

첫째, 기술(T: Technology Context)면에서 보면 부동산 분야의 디지털 전환이 가속화되면서 비대면 기술의 핵심요소인 XR과 메타버스에 주목하고 있다.

기존에는 물리공간에서 가상공간으로의 전환은 부동산분야에 디지털 전환가속화에 기인하여 공간데이터의 자유로운 활용으로 시·공간의 제약 없이 비대면 가상공간에서 체험을 가능하게 한다.

둘째, 조직(O: Organization Context)에서 보면 코로나 19 상황으로 인해 기업 내 일하는 방식의 변화로 비대면 재택근무와 원격협업 등이 확대되고 코로나 19로 인해 대면 기업조직에서 비대면 스마트워크로의 가속화가 이루어지게 되었다(PWC, 2020).[5]

---

5) PWC(2020.04), 코로나19가 가져올 구조적 변화: 디지털 경제 가속화.

코로나 19 창궐 이후 글로벌 기업의 재택근무 시행 비중이 88%(Gartner, 2020) 증가 하였으며, 복잡한 이해관계로 구성된 기존 대면방식의 부동산 업무처리방식에서 비 대면 메타버스와 XR을 활용한 가상공간에서의 업무처리 방식으로 전환하게 되었다 는 것이다.6)

셋째, 환경(E: Environmental Context)적 측면의 변화로 코로나 19로 인해 촉발된 사회의 변화로 비대면 서비스에 대한 차별화된 가상체험 공간에 대한 요구가 증대되 고, 코로나19 사태에 따라 비대면과 비접촉 공간 형태의 차별적이며 독립적 형태 요 구 증가하게 된 것이다(김경민, 2020). 특히 국내에서는 비대면 기술에 익숙한 MZ 세 대와 알파세대가 시장을 주도하면서 비대면 온라인서비스 요구가 가속화될 전망이다.

넷째, 기술혁신의 필요성 측면에서 보면 혁신적 기술의 발전과 일하는 방식 그리 고, 환경의 변화에 따른 비대면 서비스의 수요증대로 가상공간 창출의 필요성이 증대 되고 있는 것이다. 또한 부동산 분야에 새로운 부가가치 창출과 산업생태계의 생존을 위함과 비대면 가상공간 창출로 기존 물리공간을 VR 기반 부동산, 가상 스테이징, 가 상 전시회, 가상투어 등으로 전환할 필요성이 증대되고 있는 것이다.

section 2 부동산의 메타버스 활용

I 부동산 비즈니스 협업

디지털 기술의 급속한 발달로 더 이상 인터넷 환경은 단순히 데이터를 생성하고 추출하는 행위에 그치지 않고 더 나아가 다양한 외부 자원과의 협력과 융합이 요구되 고 있다. 이러한 협력과 융합을 위한 온라인 공간은 기업과 기업, 기업과 개인, 개인과 개인 간의 무수한 상호작용이 가능한 핵심 역할을 하면서 물리적으로 제한되었던 자원 활용의 범위를 무한대로 확장시키고 있다. 따라서 이러한 패러다임의 변화로 사용자는

---

6) https://www.sedaily.com/NewsVIew/1Z1JAVO8P

시간과 공간적 제약사항에 대한 노력과 비용이 감소하게 되었고, 오프라인에 비해 적은 노력과 시간, 비용으로 유동적인 협력과 지식 교류가 가능해지고 있는 것이다.

그리고 디지털 기술의 발전에 의한 정보의 공유 및 확산을 통해 창의적인 지식의 생산 활동은 발전을 거듭하고 있으며, 웹(Web)을 기반으로 한 상호적 정보의 생산 형성 과정은 자생적으로 진화하고 있다. 이러한 환경변화는 종전의 내부자원을 이용하던 방식을 벗어나 온라인 플랫폼을 이용하여 외부에 있는 다양한 자원을 이용하는 개방형 협업(Open Collaboration)을 가능하게 하고 있다.

기업의 입장에서 보면 개방형 협업은 풍부하고 다양한 전문지식을 가진 외부 자원을 효율적으로 활용할 수 있으며, 내부 자원만으로 해결하기 어려운 문제를 효과적으로 해결할 방법을 모색할 수 있다. 더불어 외부 자원으로서 참여자들은 기업에서 일방적으로 제공받는 제품이나 서비스를 직접 참여하여 스스로 생산하고 유동하는 시장주도형 참여자로 이에 대한 적절한 보상과 지위를 확보할 수 있게 되는 것이다.

이런 현상은 성숙기에 접어든 디지털 기술의 발달로 오늘날의 비즈니스 측면의 패러다임이 생산자 중심에서 소비자 중심으로 전화되고 있고, 기능중심의 제품은 사용자의 기본적 욕구를 넘어 새로운 고객에게 통합적 경험(Holistic Experience)을 제공하는 서비스의 중요성이 커져가고 있다. 이러한 관점에서 개방형 협업은 개인의 적극적 참여를 증진시킴으로써 생산과 공유뿐만 아니라 다수의 공동참여와 협업에 의한 사회적 생산(Social Production)방식이 중요한 메커니즘으로 작용하게 되는 것이다.

과거 2002년에 가트너(Gartner)는 정보기술을 활용한 비즈니스 개선 방안의 일환으로 실시간 기업(RTE: Real-Time Enterprise)을 준비해야 한다고 주창하였다. 실시간 기업이란 최신 정보를 활용해 핵심 업무 프로세스의 관리와 실행에 존재하는 시간 지연을 계속 제거하는 기업을 의미한다. 낭비와 지연을 없애고 경쟁력있는 고객 서비스를 제공하며 경영 의사결정을 개선하고 보다 투명한 경영 의사결정이 가능해지는 등의 도입효과를 제시하였다.

실시간 기업의 기본조건은 변화를 감지(sense)하고 대응(respond)하는 능력이다. 가트너가 실시간 기업(RTE)를 제안하던 당시에는 정보기술이 주로 기업 내부의 업무 운영에 사용하고, 기업의 범위를 가치사슬 전반으로 확대해 관리하는 확장형 기업이라야 그나마 변화를 좀 더 빨리 감지할 수 있었다. 효율적인 변화를 감지하고 정확한 상황과 맥락을 이해하려면 한 기업의 노력만으로는 충분치 않을 뿐 아니라 변화에 실시간으로 대응하려면 더욱 더 여러 이해관계자와의 협업이 요구된다. 이제 상당한 시간이 지난 현재 데이터 폭증의 시대를 살아가는 디지털 비즈니스가 실시간 대응력을 확보하려면 무엇보다 자신의 강점과 차별화 요소에 집중하면서 이를 보완하고 완성할 수 있는 디지털 기술과 역량, 경험이 있는 스타트업, 소프트웨어 업체 등과 협업이 더욱 중요하다. 연결과 소통을 통해 쏟아져 나오는 데이터를 활용해 학습하고 예측하면서 문제나 기회가 자리잡기 전에 미리 대응하는 능력을 서둘러 확보하려면 이처럼 외부와의 협업이 더욱 긴요한 것이다.

메타버스는 현실공간뿐만 아니라 현실공간이 확장된 가상공간으로 확대하게 하며, 또한 대면에 따른 시간적 공간적 제한을 극복할 수 있게 한다. 메타버스는 앞에서 살펴본 바와 같이 디지털 비즈니스가 실시간 대응력을 확보하기 위한 개방형 협업과 실시간 기업 구현을 가능하게 하는 중요한 기술이다.

메타버스는 부동산의 중개, 컨설팅, 개발 등에 따른 현실공간이 확장된 온라인 가상공간에서 시간적 공간적 제한 없이 비즈니스 협업을 가능하게 한다. 그 예로 메타에서 개발하여 운영하는 메타의 호리즘 워크룸스(Horizon Workrooms)란 가상공간에서 현실공간과 동일한 회의, 논의 등 협업할 수 있으며, 현대자동차의 자동차 디자인을 개발할 경우 세계적인 디자이너를 동일한 시간과 장소에 소집하지 않고 온라인상에서 논의를 하게 하는 사례가 있다. 따라서 이를 부동산 비즈니스 활용에 적용할 수 있을 것이다.

또한 직방은 2021년 국내에서 처음 개발한 가상오피스인 '메타폴리스'라는 가상건물에서 전 직원이 근무를 한다. 이 메타폴리스라는 메터버스 공간에 실제와 동일하게 출근을 하여 옆 동료와 논의를 하거나 협조를 하기도 하고 회의를 진행한다.

직방은 이 메타폴리스를 글로벌 마케팅까지 확대해 런칭한 신규 브랜드인 소마(SOMA)를 출시하였다. 직방은 실제 2년 이상 가상공간 근무를 통한[7] 실시간 의견수

---

7) 2021년 8월부터 최근 2년 동안의 일일 이용자 평균은 1,500명 이상, 일평균 체류시간 6.35시간으로 가상오피스가 직원들의 실질적 업무공간으로 운영

┌─ 그림 9-1 │ 부동산 비즈니스 협업

메타폴리스(직방)   소마(soma)

Horizon walk rooms   HyunDai SONATA Design

자료: 경정익(2024)

집과 문제점을 개선해 소마 비즈니스를 하는 것이다.

그리고 2021년 9월에 출시된 호라이즌 월드(Horizon World) 내에서는 함께 하나의 공간에서 협업을 이루는 것은 물론이고, 그 내부에서 만든 어떤 데이터 혹은 상품을 가지고 경제적인 활동(P2E)으로 이어지게 하거나 디지털 세계를 넘어 현실에서도 가치를 발휘할 수 있을 것으로 보인다.

호라이즌 홈즈(Horizon Homes)은 오큘러스 퀘스트2 등의 VRE헤드셋 등의 장치를 활용하여 가상공간으로 입장할 수 있으며, 입장 후 사용자 간 소통이나 게임, 영화 등 다양한 콘텐츠를 즐길 수 있다. 또한 호라이즌 워크룸스를 출시하며 화면을 통해한 가상공간에 모여 프레젠테이션 공유, 업무처리, 아이디어 브레인스토밍 등 다양한 업무를 수행할 수 있는 몰입형 가상 사무실을 제공하고 있다.

이렇듯 가상환경의 도입은 사용자들이 아바타를 직접 만들어서 가상공간에서 다른 사용자들과 상호작용할 수 있으며, 크게는 도시나 국가 단위의 역할 및 형태에 많은 변화를 가져올 것으로 판단된다(Allam et al., 2022)[8]고 하듯이 부동산 중개, 컨설팅,

그림 9-2 | 부동산 비즈니스 협업

자료: 경정익(2024)

개발 등에서도 메타버스를 통해 시간적 공간적 제약없이 활발한 협업을 가능하게 할 것이다.

Ⅲ 부동산 시뮬레이션

메타버스는 실제세계와 연계를 통해 현실정보를 가상세계로 가져와 사용자에게 더 풍부하고 유용한 경험을 제공하게 한다. 이러한 연계는 현실세계에서 발생하는 이벤트와 활동을 가상환경에서 모방하고 확장하는 데 중요한 역할을 한다.

시뮬레이션 기반의 디지털 트윈 구축은 부동산의 공간적 확장성과 효율성을 기할 수 있게 하며, 스마트도시 건설과 부동산 개발의 목적을 보다 빠르게 달성시킬 수 있는 이점이 있다. 디지털 트윈이 작동하기 위해서는 드론, 센서, 모바일 디바이스, 교통 등 실제 도시에서 실시간 데이터(Real−Time Data) 수집이 선결과제이다. 그리고

---

8) Allam, Z., Sharifi, A., Bibri, S. E., Jones, D. S. and Krogstie, J. 2022. The Metaverse as a Virtual Form of Smart Cities: Opportunities and Challenges for Environmental, Economic, and Social Sustainability in Urban Futures. Smart Cities vol.5, no.3: 771−801.

그림 9-3 | 부동산 시뮬레이션

싱가포르 스마트네이션

드론 외벽 품질검사 (호반건설)

자료: 경정익(2024)

지능형 메타버스 도시를 기반으로 접근방식을 구현함으로써 여러 국가들은 선행적으로 디지털 트윈을 구축해 대규모 프로젝트로 인한 모든 위험을 전략적으로 계획하고 신중하게 평가하는 것이다.

UAE는 두바이를 인공지능(AI)과 웹 3.0을 중심으로 한 첨단기술의 글로벌 수도로 변모시키려는 국왕의 비전을 실현하기 위해 「두바이 메타버스 전략」을 발표하였다. 「Dubai Metaverse Assembly Outcome(Dubai Future Foundation, 2022)」 보고서에 따르면, 추진전략으로 다음의 네 가지에 목표를 두고 UAE내 두바이와 아부다비를 디지털 트윈 기반 메타버스 도시로 개발할 계획을 수립하였다. 이 계획 중 메타버스 친화적인 부동산 정책을 하기 위해 두바이 도시의 디지털 트윈 도시를 만들고 글로벌 몰입형 쇼핑 경험을 구현하고자 하고 있다.

메타버스는 가상세계에서 참여자들의 자유로운 의견 수렴과 시뮬레이션이 가능한 협업 플랫폼으로 활용될 수 있다. MIT 미디어랩(Media Lab)은 지난 10여 년 동안 AR 기술 기반의 증강된 도시계획(Augmented Urban Planning) 및 부동산개발을 현실에 적용해오고 있다. 사용자에게 익숙한 레고에 토지이용(용도), 밀도, 시설 등의 데이터를 입력하고, 행위자의 의사결정과 변화에 따라 시뮬레이션하면서 변화되는 도시공간 및 부동산 개발 공간을 즉각 확인할 수 있는 MIT 미디어랩의 'CityScope' 플랫폼을

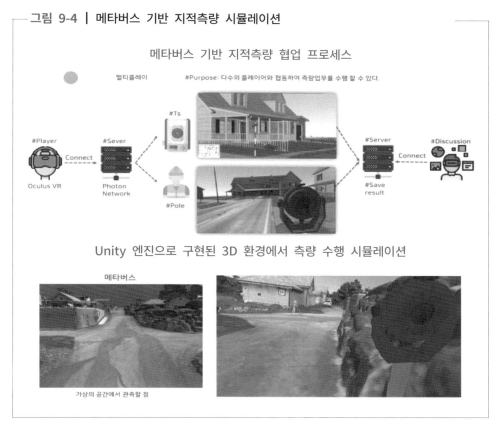

그림 9-4 | 메타버스 기반 지적측량 시뮬레이션

메타버스 기반 지적측량 협업 프로세스

멀티플레이   #Purpose: 다수의 플레이어와 협동하여 측량업무를 수행 할 수 있다.

#Player   #Sever   #Ts   #Server   #Discussion

Connect   Connect

Oculus VR   Photon   #Pole   #Save   result
Network

Unity 엔진으로 구현된 3D 환경에서 측량 수행 시뮬레이션

메타버스

가상의 공간에서 관측할 점

자료: 장찬우(2023), 국토연구원(2023)

운영하고 있다. 에이전트 기반 모델링(ABM)을 기초로 설계된 이 플랫폼은 실제 전 세계 다수의 도시(파리 샹젤리제 재개발, 함부르크 난민 수용소 입지 결정 등)에서 대형 프로젝트에 사용되고 있다. 향후 메타버스에 의해 구축된 도시계획 및 부동산 개발(안)을 체험하면서 계획 참여자들이 협업할 수 있는 플랫폼의 도입으로 참여형 도시계획과 부동산 개발계획 수립에 더욱 가까워질 수 있을 것으로 보인다.

한국국토정보공사는 2020년 지적측량 업무 교육을 목적으로 지적측량 전반의 내용을 담은 시뮬레이션인 LX 측량 시뮬레이터를 시범적으로 구축하였다. 이 LX 측량 시뮬레이터는 유니티(Unity)와 함께 VR을 기반으로 구축되었으며 다양한 현장상황을 고려한 측량 장비 등 지적측량 요소가 구현되어 가상현실 속에서 지적측량 업무를 수

행할 수 있다. 다양한 프로젝트에서 메타버스에 의해 실제 사례 공유를 통한 다양한 사례의 간접체험 등을 통해 전사적인 업무능력의 향상을 기대할 수 있다.

Ⅲ 부동산 개발

부동산개발 초기에는 기획 및 계획의 부정확성으로 인한 개발사업의 불투명성과 높은 리스크, 낮은 노동생산성, 아날로그적인 정보전달 체계 등의 문제점이 존재한다. 따라서 부동산개발은 메타버스를 포함한 다양한 기술에 의한 디지털 전환으로 이러한 문제점을 해결하여 성과를 높이고 높은 부가가치를 창출할 수 있다.

메타버스는 부동산 개발과정에서 커뮤니케이션 도구로 유용하게 활용이 확대될 것이다. 부동산개발은 건축물 등 물리적 환경을 대상을 다루며, 개발과정에서 아직 실체가 없는 계획안을 메타버스에 의한 가상의 도면과 모형, 3D 모델링 등 가상의 방식으로 표현할 수 있으며, 보편적으로 기존에 사용되는 3D 모델링 도구와 메타버스를 연계하여 효율성을 높일 수 있다. 그리고 메타버스는 몰입감 있는 사용자 경험을 제공하여 건축가와 시공자, 건축주간의 의사소통을 원활하게 할 수 있다.

그 적용 범위와 활용 사례를 살펴보면 첫째, 먼저 설계안 검토 및 건축주에 대한 설계도면을 설명하기 위한 활용으로, 기존에는 설계안을 검토할 때 도면이나 축소 모형을 통해 건축주와 의사소통하거나 팀내 협업을 진행하였다. 그래서 건축 도면의 공간감이나 공간상의 이미지를 건축주에게 온전히 전달하기가 어려웠으며, 축소 모형은 도면보다 이해도를 높이는 데 효과적이나 실제 크기와 상이하여 건축주와 의사소통의 많은 제한이 있다. 특히 축소모형은 고가의 제작비용과 제작의 장시간이 소요되는 단점이 있다. 따라서 VR, AR, MR 등의 메타버스에 CAD(Computer Aided Design),9) BIM(Building Information Modeling)10) 도구와 연동되는 어플리케이션 및 하드웨어를

---

9) CAD(Computer Aided Design)는 컴퓨터 지원 설계로 컴퓨터 소프트웨어로 스케치, 드로잉 및 설계(Design)하여 2D 도면 또는 3D 객체 파일을 생성하는 것을 말한다.
10) BIM(Building Information Modeling)은 기존의 CAD 등을 이용한 평면도면 설계에서 한 차원 진화해 3D 가상공간을 이용하여 전 건설분야의 시설물의 생애주기 동안 설계, 시공 및 운영에

그림 9-5 │ 메타버스에 의한 설계도면 설명(Penkins+Will사 개발)

자료: 건축도시공간연구소(2018)

통해 빠르게 설계도면의 가상세계를 모델링할 수 있다. 메타버스 활용은 기존의 도면이나 축소모형을 대체하여 설계안의 검토 및 조정 과정에서 시간과 비용을 절약하고 팀 내 협업과 건축주와의 의사소통을 원활하게 함으로써 다음과 같은 설계 및 개발서비스의 효율성과 질을 높일 수 있다.

그림 9-6 │ 부동산 개발

AI기반 최적의 단지 배치 설계 도출 (현대건설)

자료: 경정익(2024)

필요한 정보, 모델을 작성하는 기술이다(나무위키).

그림 9-7 │ 제조공정의 디지털 트윈 모델

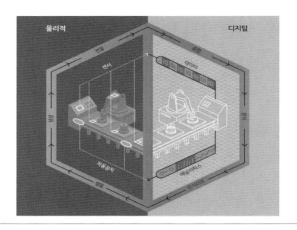

첫째, 메타버스를 기반으로 건축 설계 및 건설 산업을 대상으로 하는 여러 개의 전용 어플리케이션과 서비스가 개발되어 활용되고 있으며 일부 기업에서는 이를 직접 개발하여 사용하기도 한다.

둘째, 개발현장의 체크 및 원격 답사, 설비 등의 유지관리 부문에서 메타버스(증강현실) 기술은 건설현장의 효율적인 관리를 위해 사용이 확대되고 있다. 건축가 또는 건설 관리자는 시공 전 현장에서 태블릿이나 헤드마운트 기기 등을 통해 시공 후 가상 이미지를 동시에 함께 볼 수 있어 실제 현장 상황과 설계안의 정합성을 검토하여 설계 오류를 조기에 확인하여 수정하고, 시공이 제대로 이루어지는지 점검하고 오류를 조기에 수정할 수 있다. 또한 현장 작업자가 3D 카메라를 통해 현장정보를 전송하는 경우 건설현장에서 멀리 떨어져 있는 건축주나 건축가가 시공관리를 위해 현장을 방문해야 하는 번거로움을 덜고, 현장 작업자와 원격으로 보다 자주 의사소통을 통해 개발공정을 원활히 진행할 수 있다.

셋째, 실제세계의 객체 또는 시스템의 디지털 재현을 가능하게 하는 디지털 트윈 (Digital Twin)을 통한 부동산 운영관리의 효율성을 기할 수 있다. 디지털 트윈은 실시간으로 생성되는 방대한 양의 데이터에 의해 움직이는 동적인 가상 모델이라는 점에서 물리적 객체 또는 공간을 단지 가상으로 재현하는 것보다 폭넓은 개념이라 할 수 있다.

디지털 트윈의 중요성은 물리적 세계와 디지털 가상세계 간의 실시간에 가까운 연결이 가능해지기 때문으로, 양 세계 간 상호작용을 통해 기존 방법으로는 불가능한 근본적인 설계 및 공정 등 개발과정에서 적절한 대응이 가능해질 수 있다.

디지털 트윈은 사물인터넷(IoT: Internet of Things)을 통해 물리적 세계의 데이터를 실시간으로 수집하고, 수집된 데이터를 통합해 빅데이터 및 기계학습 기술 등을 통해 분석하여 공정 및 운영을 위한 개선을 실행에 옮길 수 있도록 하게 된다.

이와 같이 부동산개발에서 디지털 트윈은 BIM, IoT 등의 디지털 기술과 함께 구현될 수 있다. 건축 관련 정보를 종합적으로 구축과 관리하는 도구인 디지털 트윈은 BIM 등을 토대로 건축과정 또는 건축물의 운영관리 시 발생하는 동적 데이터를 수집·분석하여 문제점을 개선하거나 운영을 최적화하기 위한 가상 시스템으로 부동산개발의 효율성을 기할 수 있다.

Ⅳ 부동산 관리 및 임장활동

디지털 트윈은 부동산 시설관리(FM) 측면에서 건물의 공조시스템(HVAC),11) 조명기구, 엘리베이터, 공간 점유 형태 등을 모니터링 및 분석함으로써 시설 및 설비의 예방적 유지보수, 전력 및 자원 소비 절감, 상업업무 공간의 효율적 활용 등에 활용됨으로써 건물 소유자나 운영자에게 인력과 비용의 절감 등 편익을 제공할 수 있다.

메타버스는 시간과 공간의 제약을 넘어 사람 간 의사소통하고, 일하고, 여가를 즐기는 방식의 변화를 주도하면서 비대면 시대에 메타버스의 사회·경제적 파급효과가 커져 선제적 대응방안 모색과 XR을 새로운 사회·경제의 영역으로 바라보는 인식의 전환이 이루어지고 있다.

부동산 기업은 생존성 관점에서 메타버스 활용방안을 모색하면서 산업과 가치사

---

11) HVAC(heating, ventilation, & air conditioning)는 난방, 환기, 냉방 즉 이들을 통합하여 실내 및 자동차 환경의 안락을 위해 쓰이는 기술

표 9-2 | XR 및 메타버스 기반 임장활동 관련 국내외 기업

국내외 기업명		분류	콘텐츠 제작	내용
해외 메타버스 프롭테크	Matterport	• (HW) 3D카메라, • (SW·콘텐츠) VR 플랫폼	실사 이미지	• 클라우드 기반 건축용 XR공간 플랫폼 • VR기반 부동산, 디자인, 건축, 여행 등 XR공간 확대
	Beike Zhaofang	• (SW·콘텐츠) VR/AR 플랫폼	실사 이미지	• 클라우드 기반 부동산 매매를 위한 VR 플랫폼 • VR투어를 위한 세계 최대 데이터베이스를 제공하는 주거용 부동산 VR플랫폼
	Holobuilder	• (SW·콘텐츠) VR/AR 플랫폼	실사 이미지	• 클라우드 기반 건설 시공 및 관리 플랫폼 • 건설 현장 내 이미지 캡처, 3D 모델링을 위한 VR/AR 플랫폼 제공 • 이미지 캡처를 위한 AI 로봇 활용
	OpenSpace	• (SW·콘텐츠) AR 플랫폼	실사 이미지	• 클라우드 기반 원격 건설 시공 및 관리 추적 AR 플랫폼 • 이미지 캡처, 컴퓨터 비전, 데이터 시각화 등의 기술을 통해 건설현장 3D 모델링 구축, 현장관리 및 공사 진행 현황을 추적하는 AR 플랫폼
	Shapespark	• (SW·콘텐츠) VR 플랫폼	Full 3D	• 클라우드 기반 원격 건설 시공 및 관리 추적 AR 플랫폼 • 이미지 캡처, 컴퓨터 비전, 데이터 시각화 등의 기술을 통해 건설현장 3D 모델링 구축, 현장관리 및 공사 진행 현황을 추적하는 AR 플랫폼
국내 메타버스 프롭테크	올림플래닛	• (SW·콘텐츠) VR 플랫폼	Full 3D	• 클라우드 기반 건설·부동산 마케팅 등 비대면 VR 플랫폼 • VR 기반부동산, 가상투어, 가상전시회 등으로 XR공간 확대 • VR 기반부동산 플랫폼의 집뷰 활용 증가
	큐픽스	• (SW·콘텐츠) VR/AR 플랫폼	실사 이미지	• 부동산 매매를 위한 비대면 VR 플랫폼 • 건축 현장의 관리를 위한 AR 플랫폼 제공

자료: 소프트웨어정책연구소(2020)

슬을 고려할 필요가 있다. 기존의 오프라인 부동산 기업은 향후 축소 또는 도산에 직면하게 되는 반면, 가상 부동산 기업은 폭발적인 성장을 하는 등 메타버스가 비대면 시대 부동산 기업의 성패를 좌우하는 중요한 요소로 부각될 가능성이 있다.

부동산은 현존하여 직접 눈으로 보고 그 자리에 있어야 한다는 고정관념을 탈피하여 가치사슬을 재구성을 고려하여야 할 것이다. 기존에는 모델하우스가 없으면 절대로 안 되고 대면 영업해야 한다는 환경이 확연히 달라지고 있는 것이다(소프트웨어

정책연구소, 2020).

메타버스에 의한 부동산 임장활동 관련 사례를 살펴보면, Matterport, Beike Zhaofang, holobuilder, Shapespark, 올림플래닉, 큐픽스 등 주요 프롭테크가 있으며, 이러한 메타버스 프롭테크는 XR 및 메타버스 기반의 콘텐츠 및 플랫폼 개발, 가상공간을 제작하기 위한 투자를 확대하고 생태계 구축 및 확장을 추진하고 있다.

1. 해외 메타버스 활용

미국의 메타포트(Matterport)는 세계 최대의 XR 및 메타버스 기반 건축물을 보유하고 있으며, 가상 스테이징, 가상 투어 등을 Zillow, JP&Associates, Carpenter Realtors, ARUP 등의 프롭테크를 통해 계속 확산하고 있다.

메타포트는 메타버스와 관련한 카메라 기반으로 다양한 건축을 가상공간으로 제작하여 클라우드 기반의 부동산 개발 및 건축용 플랫폼을 개발하여 제공하고 있다. 메타포트는 3D 카메라를 통해 실제 이미지를 캡처, 측정, 수집 및 데이터화하여 위치 기반 3D 렌더링을 생성하고 편집 및 공유하는 기술과 AI 엔진으로 2D 파노라마 및 360도 이미지를 3D 이미지로 변환하는 기술을 개발하여 VR부동산, 가상 스테이징, 가상 전시관 등 가상공간에서 임장활동을 할 수 있도록 한다.

또한 중국의 Beike Zhaofang은 주택 판매를 위한 가상 부동산 플랫폼 구축으로

─ 그림 9-8 ┃ 메타포트의 3D VR 기술로 매핑된 시설 및 내부

자료: https://matterport.com/industries/gallery/nike−store−milan

그림 9-9 ｜Beike Zhaofang의 부동산 VR 서비스

자료: Beike Zhaofang 홈페이지

세계 최대 규모의 주택에 대한 데이터베이스를 구축하고 있다.

이 기업은 소프트웨어와 콘텐츠부분에서 VR 투어를 제공하는 주거용 가상 부동산 플랫폼을 구축하여 중개인은 온라인으로 고객을 만나고 온라인으로 질문에 답변하며 온라인으로 거래가 가능한 등 모든 것이 디지털화되어 운영 효율성이 크게 증가하는 효과를 얻고 있다.

가상 부동산 플랫폼인 Beike Zhaofang에서 제공하는 자료에 의하면, 코로나 19 이후 몇 주 동안 해당 업체의 VR 시청률이 작년 평균보다 35배 증가하였다고 하며, 기존에는 주택 구입 방식은 제한된 주말 시간 동안 여러 업체를 방문하는 구매자와 에이전트가 다른 구매자에게 정보를 반복적으로 제공했다. 그러나 Beike Zhaofang은 중국의 주택시장을 오프라인 중심에서 온라인 VR 주택 플랫폼으로 혁신을 하여 구매자는 방문하기 전에 온라인으로 더 많은 주택을 보고 상담원은 일주일 동안 온라인으로 더 많은 고객에게 서비스를 제공할 수 있는 효과를 얻고 있다. 그리고 VR 및 라이브 스트리밍을 포함한 디지털 데이터로 모든 사람이 보고자 하는 주택을 쉽게 확인할 수 있게 한다.

독일과 미국의 홀로빌더(Holobuilder) 프롭테크는 AR에 기반하여 건설현장의 360도 전망을 생성하는 SW를 개발한 스타트업으로 세계 상위 100개 종합건설사 중 59%가 이 소프트웨어를 사용 중이다. 홀로빌더는 자체 개발한 클라우드 기반 모바일 SW 활용해 건설개발부터 유지관리까지 360도 전방위로 제공되는 동영상에는 건설에 필요한 철근의 크기, 간격, 번호, 전기 용량, 배선까지 전반적인 정보가 포함되어 대규

모 건설 현장 관리를 용이하게 하며 사진 관련 작업시간 50% 이상 절감하는 효과를 얻고 있다.

폴란드의 Shapespark 메타버스 프롭테크는 Full 3D 기반 실시간 랜더링 기술로 3D 모델링을 한 건축물을 온라인으로 이동하면서(Online Workthrough) 가상에서 임장 활동을 할 수 있도록 한다. 개발한 SW로 건축가, 디자이너, 건축 시각전문가 등을 위해 손쉽게 3D 건축 모델링/디자인을 제시하고 마케팅을 위한 건축 시각화 공간 제공한다. 웹브라우저 내에서 3D 모델을 모바일, PC, VR기기를 통해 볼 수 있도록 제공하여 개발자들이 손쉽게 활용할 수 있도록 제공하여 가상공간을 자유롭게 투어하고 모든 각도에서 고화질의 현장감을 체험할 수 있게 한다.

2. 국내 메타버스 활용

부동산 분양 및 매매를 위해 가상공간을 활용하고 가상전시관, 원격 건설 현장 관리 등으로 가상공간을 확대하고 있는 국내 메타버스 프롭테크가 출현하고 있다.

올림플래닛은 대림산업 등 국내 대표 시공사에게 XR 및 메타버스기반 부동산 플랫폼을 제공하여 비대면 중심의 모델하우스를 구축하여 부동산 산업생태계 혁신에 기여하고 있다.

올림플래닛은 Full 3D 기반 이미지 추출 자동화 기술을 통해 3D 공간데이터를 추출하며, 사전에 설정된 모든 지점을 추적하여 웹 또는 모바일 환경과 HMD기기에 최적화된 형식으로 일괄 자동 업로드되어 웹, 모바일, HMD 기반 스트리밍 서비스가 자동 구현되는 기술을 보유하고 있다. 이 기업이 보유하고 있는 기술은 SaaS 기반의 올림 클라우드 에디터 솔루션을 기반으로 드래그앤 드롭 방식의 기능 추가와 에디팅 (Editing)을 통해 각 산업에 최적화된 형태의 Full 3D 실감형 콘텐츠를 별도의 서버 구축 없이 사용자와의 인터랙션이 가능한 스트리밍 서비스 제공하는 것이다.

올림플래닛의 XR 및 메타버스기반 부동산 플랫폼은 기존의 시행사, 건축주, 건설사, 설계사, 광고사, 중개업자, 소비자 등의 다양한 이해관계자 간의 유통구조와 시간과 비용 및 협업 측면에서 비효율적이고 복잡한 공급구조를 혁신적으로 부동산 산

그림 9-10 | 실감형 콘텐츠 3D 뷰어 및 SaaS 기반 실감형 콘텐츠 퍼블리싱 에디터

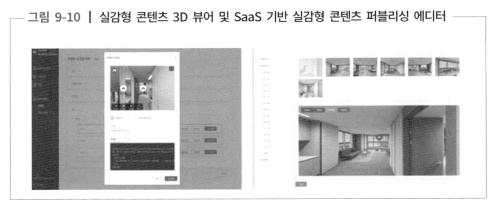

자료: 올림플래닛 웹페이지(https://www.olimplanet.com/)

업의 가치사슬의 모든 단계에 실감콘텐츠 기반의 XR솔루션을 적용한 인프라 구축하여 실감형 부동산 솔루션 집뷰를 통해 부동산 거래방식을 간편화한 것이다.

올림플래닛의 메타버스 플랫폼은 VR 및 메타버스 기반의 사용자 인터랙션이 가능한 공간 솔루션을 기반으로 전시, 쇼핑, 교육 등의 다양한 산업에 확대 적용하여 기업과 고객의 새로운 XR커뮤니케이션 문화를 개척하여 부동산의 온라인 가상 임장활

그림 9-11 | 큐픽스사의 공간 위치 데이터 측정 프로세스 사례

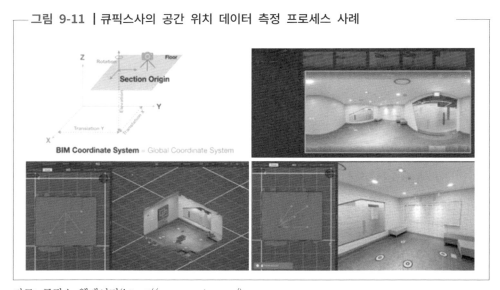

자료: 큐픽스 웹페이지(https://www.cupix.com/)

동의 혁신에 기여할 것으로 기대된다.

직방에서 부동산 내부를 360도 볼 수 있게 하는 서비스인 VR 홈투어는 큐픽스(Cupix)의 가상투어 기술로 XR과 메타버스 기반의 부동산 플랫폼 구축하여 가상의 임장활동을 가능하게 하며 원격 건축관리 감독을 위해 가상공간을 확대하는 중이다.

큐픽스는 XR과 메타버스 기반의 부동산 임장활동과 시설관리(FM) 분야에서 실내 파노라마 사진과 비디오를 바탕으로 가상공간을 생성하는 클라우드 기반 건축용 플랫폼 제공한다.

큐픽스는 자체 개발한 플랫폼인 Cupix mobile 또는 web app에 의해 직방 VR 홈투어에 적용된 3D 스캐너 장비없이 360도 카메라로 찍은 사진 몇 장으로 공간을 입체적으로 자동 재구성하는 XR기반 SW 솔루션 제공하고 있다. 그리고 Cupix Work 를 통해 자동 3D얼라인먼트 기술을 활용한 클라우드 기반의 AI SW로 360도 사진과 비디오를 이용해 가상공간을 생성한다.

따라서 큐픽스는 사용자가 자동 재구성된 가상공간을 실제로 걸어다니는 것처럼 보면서 구석구석 확인할 수 있는 가상 투어(임장활동)를 가능하게 하며, 건설 관리용으로 직접 현장에 가지 않고도 시공 진행 과정을 확인하는 등 현장 관리와 부동산 시설 관리 및 도면 3D BIM 모델 기능을 제공한다.

메타버스 프롭테크

■ 메타버스 프롭테크 도입 배경

　　디지털 기술은 배달, 택시 주문으로부터 원격 의료에 이르기까지 우리 생활의 방식을 혁신하고 있다. 이렇게 급변하는 국가와 기업, 개인의 디지털 전환은 이제 선택이 아니라 생존을 위한 필수 조건이 되고 있다.

　　이와 같이 디지털기술의 발달은 새로운 산업과 서비스를 시장에 제공함으로써 국가경제 발전과 경쟁력 강화에 기여하고 있다.

　　1980년대 초부터 출생하여 이미 40대 중반에 이르는 MZ세대[1]를 중심으로 폭넓게 활용되는 메타버스 가상공간을 기반으로 하는 가상부동산 거래서비스가 부동산시장에 도입되고 있다. 메타버스 기술은 여러 분야에 접목되며 많은 관심을 불러일으키고 있어 소셜미디어뿐만 아니라 가상부동산을 거래하는 프롭테크에도 적용되고 있는 것이다(유종영, 2022).

---

1) MZ세대는 1980~2000년 출생의 밀레니얼(Millennial)세대와 1990년대 중반~2000년대 중반에 태어난 Z세대를 합쳐서 일컬음(자료: 종합시사매거진(https://www.sisanewszine.co.kr)

인류는 지구라는 공간의 한계성 때문에 부동산 측면에서 지구 이외의 행성에 대한 관심을 메타버스 기술을 활용하여 새로운 가상공간(부동산)으로 이동시키고 있는 것이다. 다시 말해 디지털 전환시대의 중심으로 떠오르고 있는 메타버스에 의해 새로운 공간의 출현으로 부동산의 개념에도 변화가 오는 것이다. 이러한 새로운 가상공간에서 혁신적인 부동산거래 서비스가 등장하고 있는 것이다. 즉 메타버스 기술로 가상공간에서 가상부동산의 거래가 이루어지고 있는 메타버스 프롭테크(Metaverse Proptech)가 나타나고 있다.

종전의 보수적이며 오프라인 중심인 부동산산업에도 디지털전환이 이루어지고 있는 것이다. 다시 말해 부동산분야도 온라인과 오프라인이라는 이분법적인 사고에서 온·오프라인이 통합된 옴니 채널의 형태로 공간정보를 바라볼 수 있는 기술 도입이 되는 사고의 전환이 이루어지고 있는 것이다.

더욱이 최근 코로나 19로 인한 비대면 트렌드의 확산과 디지털 기술의 발전이 맞물려 빚어진 결과로 오프라인 방문이 어려워짐에 따라 가상공간에 대한 관심이 더욱 증가하게 되었다. 따라서 가상공간에서 물리적 공간을 뛰어넘는 몰입 경험을 제공하는 서비스들을 통해 점점 그 수요가 더욱 늘어나는 상황이 될 것으로 예상된다. 특히 '메타버스(Metaverse)'로 불리는 디지털 혁명과 함께 가상공간 경험은 점차 진화되어 부동산을 공급하고 소비하는 방식이 크게 변화되고 있는 것이다.

디지털 전환은 부동산산업에서 상호간 원활한 소통을 하기 위한 중요한 패러다임의 변화이다. 특히 코로나 19으로 인해 부동산 활동에도 대면의 많은 제약을 극복하기 위한 디지털전환이 더욱 필요하게 된 것이다. 예를 들어 부동산 개발 및 분양 시장에서 종전에는 오프라인 모델하우스를 운영하던 것이 가상현실(VR)과 디지털 트윈 기술에 의한 가상공간 체험 형태로 변화되고 있다. 코로나 19로 인해 모델하우스의 현장방문을 못하게 됨에 따라 온라인을 통한 정보의 취득이 중요하게 된 것이다.

또한 부동산 시장에서도 구매력이 높아지고 있는 MZ세대에 의한 소비 트렌드의 변화가 가상공간의 디지털 전환을 가속화시키고 있다.[2]

---

2) 부동산 개발업체 피데스개발에서 조사한 '2019년 미래주택 소비자 인식 조사'에 따르면 주택 구매의 중요한 요인으로 20대 후반과 30대들은 '인테리어/스타일'을 중요하게 생각하고 있다. 이

가상으로의 모델하우스 진화

　1세대 가상모델하우스에서는 촬영 기반의 360도 이미지를 공유하며 정보를 제공하였다. 하지만 건립하지 않은 세대의 정보를 보여주지 못하며 전시되어 있는 인테리어 정보만 제공하는 것이 가능했다. 이는 가상공간으로 변환되면서 실제공간에는 없더라도 모든 세대 정보를 구현하는 것이 가능하게 되었고 기본 모습과 인테리어된 모습을 교차해서 확인할 수 있게 되었다.

　새로운 건설 분양 트렌드 외부 환경 및 소비자의 변화에 따라 건설 분양 시장에서도 새로운 트렌드가 생겨나고 있다. 설계, 마감재, 가전 옵션 등 공간 구성의 세세한 부분까지 시각화해서 보여주는 가상공간 경험을 소비자에게 제공한다. 특히 오프라인 모델 하우스에서 건립하지 않은 세대 정보를 가상로 구현하여 소비자들이 모든 세대 정보 타입을 경험할 수 있게 된 것이다. 소비자 중심의 맞춤형 설계 평면 및 다양한 옵션을 가상으로 보여주는 것은 기존의 조감도, 배치도, 평면도 등의 CG와 건축모형을 대체하며 시장의 표준이 되고 있다.

　온/오프라인이 통합된 형태의 공간 경험이 건설 분양 시장에 접목되고 있으며 모델하우스는 직접 방문하는 오프라인 견본주택에서 오프라인 견본주택을 촬영하여 정보를 제공하는 가상모델하우스를 지나 이제 가상 3차원 공간을 구축하는 2세대 메타버스 견본주택으로 진화하고 있습니다.

　오프라인에서는 디지털 스크린 기반으로 더욱 상세한 시각적 정보를 제공받을 수 있으며 온라인에서는 가상으로 구현한 물리적 공간을 생생하게 경험할 수 있다. 가상공간 솔루션은 모바일, PC, 태블릿, 키오스크, 프로젝터 등 기기를 넘나들며 소비자를 새로운 공간으로 유도한다. 이처럼 온·오프의 경계는 허물어지고 있으며 소비자들은 점점 경계없이 통합된 풍성한 공간 경험에 익숙해지고 있다. 뿐만 아니라 온라인 방문으로 소비자가 남긴 행동 데이터는 기업이 비즈니스 전략을 세우고 새로운 상품과 서비스를 만드는 데에도 의미있게 활용되고 있어 가상공간 경험의 가치는 점점 증대될 것이다.

　는 40대와 50대는 '단지배치/향'을 가장 중요하다고 답변한 내용과 대조적으로 MZ세대의 주택 구매 기준이 변화하고 있음을 보여준다.

그 예로 이제 단순히 건설이나 분양 사업자의 세대 정보를 제한적으로 제공하던 것에서 나아가 가상공간이 건설사의 브랜딩을 위한 수단으로 사용되고 있다. 오프라인의 주택갤러리를 가상공간에 디지털 트윈으로 구현하여 연간 상시로 운영할 수 있다. 이러한 가상의 주택전시관에서는 물리적 공간의 제약이 없으며 프로젝트마다 건축하고 철거하는 비용과 시간을 절감하며, 효율적으로 가상의 프로젝트를 추가할 수 있다. 다시 말해 오프라인 공간에 설치된 하드웨어에 가상공간 콘텐츠만 추가하면 쉽고 간편하게 버추얼 공간정보를 무한으로 제공할 수 있다. 그리고 비전모드를 통해 개발 전후 모습을 한눈에 파악할 수도 있으며 앞으로 발전되는 지역 개발 상황과 조망권을 생생하게 경험할 수 있다.

▐ 메타버스 프롭테크 의의

메타버스에 의해 현실공간의 연장으로 가상공간에서의 비대면 트렌드가 확산되면서 메타버스 프롭테크라는 새로운 개념이 확산되어 부동산분야의 혁신이 나타나고 있다.

메타버스 프롭테크는 메타버스라는 기술을 부동산의 다양한 분야에 적용하여 이루어지는 부동산의 비즈니스, 기업, 서비스를 의미한다.

일반적으로 메타버스는 가상현실을 구축하는 것을 목적으로 가상현실을 통해 새로운 부가가치를 창출할 수 있다는 것이 중요한 핵심이다. 메타버스 프롭테크는 가상공간에 현실세계를 반영하고 이를 통해 소비자에게 진정한 부동산 가치(Value)를 부여하는 것이 중요한 핵심이라 할 수 있다.

B2B 시장의 메타버스는 고객 경험, 기술, 경제 가치의 의미를 재정의하고 있다. 고객 경험은 디바이스가 휴대에서 착용의 형태로 발전함에 따라 상호작용, 화면과 공간 확장성과 같은 기존 방식과의 차별화를 가져오고 있다. 여기서 상호작용은 키보드, 터치에서 음성, 동작 등 오감을 이용하는 것으로 진화하고 있다.

기술의 발전은 여러 산업에서 활용되어 기존 산업의 혁신을 촉진시키기도 하고 새로운 산업을 창출하기도 한다. 증기기관, 전기, 인터넷 등과 같이 세상을 바꾸고 혁신을 가져온 기술을 범용기술(GPT: Genaral Purpose Technology)[3]은 3단계로 확산된다. 1단계는 기존 방식의 근간은 유지하면서 부분적으로 신기술을 대체하고, 2단계는 해당 신기술이 잠재력을 발휘하도록 업무절차를 변경해 新부가가치 창출한다. 3단계는 해당 신기술이 사회에 정착해 사회와 산업 변혁 주도해 나간다. 이와 같이 범용기술은 생산성 효과와 경제효과가 발현되기까지 상당한 시간이 소요된다(한국지능정보사회지능원, 2024).[4]

메타버스를 아직 범용기술이라고 할 수는 없으나, 메타버스를 이러한 범용기술 적용단계를 기준으로 살펴본다면 현재 2단계에 해당하여 향후 다양한 범용기술이 복합적으로 적용되어 산업을 발전 확대시키게 될 것이다. 또한 경제 가치는 가상공간에서의 새로운 소비 확산으로 가상의 공간에서 소비자와 소통하고 소비하는 경험으로 진화되며 오프라인, 온라인을 넘어 가상융합 경험으로 발전하는 것이다.

메타버스 발전의 이면에는 디바이스와 미디어의 발전을 확인할 수 있다. 컴퓨터, 엔터테인먼트, 텔레콤 등의 개별 산업에서 개발된 디바이스는 현재 스마트폰으로 통합되었다. 퀄컴, 메타(페이스북), 애플 등의 발표에 따르면 착용 형태의 웨어러블(Wearable) 디바이스가 시장에 출시되면서 기존의 디바이스의 대체가 확대될 것이다. 디바이스를 착용이 확대되는 시대가 오면 작은 스크린 기반의 UI/UX는 공간 기반으로 전환되어 정보를 탐험하는 시대가 올 것이다.

이는 미디어의 진화 또한 메타버스 확장의 이유가 되고 있다. 정보를 전달하는 수단인 미디어는 텍스트, 이미지, 음성, 비디오, 그리고 실감형 콘텐츠로 발전되고 있다. 디지털 정보의 발전에 따라 메타버스는 포스트 인터넷(Post Internet)으로 주목받으며 디지털 콘텐츠를 표현하는 새로운 채널이 되어 가고 있다.

공간을 거래하는 메타버스 프롭테크에서 실재감있는 경험은 소비자가 부동산을 이해하는 데 가장 중요한 요소이다. 이러한 실재감있는 가상공간 경험이란 효과는 부

---

3) GPT(General Purpose Technology)는 장기간 폭넓게 확산되어 경제사회를 혁신시키는 기술로 정보통신·교통·에너지 등 사회 기반을 지원하는 것이 많으며 생산성 향상, 생산방식·산업구조·고용구조 변화 등 경제사회 전반에서 혁신 유발함.

4) 범용기술 중 증기기관은 경제효과 발현까지 80년, 전기는 확실한 생산성 향상 효과가 나타날 때까지 40년 정도 소요됨(Paul, 1990).

그림 10-1 | 웨어러블 디바이스

동산 정보를 제공하는 것뿐 아니라 가상 주택전시관 또는 건설사 브랜드관을 통해서 소비자에게 브랜드 이미지를 강화하는 데 사용되고 있다. 메타버스 프롭테크는 디지털 문화에 익숙한 MZ세대를 중심으로 기존의 온라인상에서 경험할 수 없었던 가상공간에서의 소통과 새로운 경험을 제공하며 확장하고 있다. 실제 공간이 아닌 제작된 가상공간에서 실시간 라이브 촬영이 가능한 버추얼 스튜디오 기술은 물리적인 현실공간을 확인하지 않더라도 공간정보를 확인 활용할 수 있게 되는 것이다.

　메타버스 프롭테크는 가상공간의 부동산에 기술을 융합하며 새로운 가치를 만들어내고 있다. 실제와 실재의 유사한 가상공간에 버추얼 휴먼, 빅데이터, 디지털 큐레이션, AI휴먼 등의 기술이 접목되어 오프라인의 경험을 가상공간의 부동산 개발, 중개, 임대, 거래, 금융에 이르기까지 부동산 활동을 체험할 수 있다.

　그리고 메타버스 프롭테크에서의 아바타는 인공지능의 융합으로 캐릭터 생성을 넘어 실제와 가까운 형태의 새로운 소통을 제공하는 개념으로 발전해 나갈 것이다. 그리고 메타버스 프롭테크는 가상공간 안에서 버추얼, AI휴먼을 통한 상담을 받으며 부동산 활동을 하게 될 것이다. 또한 직접 현장에 가지 않고도 인테리어를 살피고 계약까지 하는 비대면 부동산 시대로 발전될 것이다. 코로나 19 이후 오프라인 중심의 문화가 비대면 중심으로 변화하면서 부동산 산업에서도 실재감있는 공간 경험을 통해 오프라인의 경험을 가상공간에서 하게 되면서 이를 제공하는 메타버스 프롭테크가 더욱 확장 발전할 것이다.

　이러한 메타버스 프롭테크는 향후 인공지능(AGI, ASI), 블록체인 등 다양한 기술이 결합되어 가상의 공간에서 부동산 정보를 경험하고 상담을 받을 수 있다. 그리고 스마트계약 또는 전자 결제를 통해서 계약까지도 가능하며 인테리어, 이사, 금융 등의 서비스가 추가되어 메타버스 공간 안에서 현실의 부동산을 거래하는 등 현실세계와 동일한 부동산 활동이 구현될 것이다.

Ⅲ 메타버스 프롭테크 전망

CNBC는 2022년 2월 메타버스 데이터 제공업체인 메타메트릭 솔루션즈(MetaMetric Solutions) 자료를 통해 전망하기를 2021년 한해 메타버스 가상 부동산 판매량은 5억 달러, 2022년 1월 8,500만 달러로 2022년 말까지 10억 달러에 육박할 것이라 하며, 2028년까지는 연평균 30% 성장할 것이라 한다(코인리더스, 2022).[6]

그림 10-2 | 메타버스 프롭테크 거래 및 판매 현황

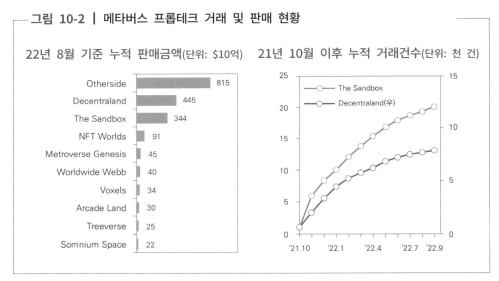

자료: 국제금융센터(22. 10. 31), 글로벌은행들의 메타버스 진출 현황[5]

---

5) 국제금융센터(2022), 글로벌은행들의 메타버스 진출 현황, 은행산업분석(2022. 10. 31)
6) 코인리더스 보고서(2022.2.5), 2022년 메타버스 가상 부동산 판매량 10억 달러 전망.

메타버스(Metaverse)는 현실과 가상의 융합을 통해 시공간의 한계를 초월하여 다양한 형태의 연결과 소통을 통해 협업을 지원하는 제4차산업혁명의 핵심기술이자 플랫폼이다.

　　메타버스에 의해 형성되는 가상부동산은 크게 두 가지 형태로 구분할 수 있어 하나는 게임과 같이 공간에 가상의 토지를 만들어 거래하는 형태, 그리고 현실의 부동산을 그대로 옮겨 아파트나 건물을 가상세계에서 거래하는 형태이다. 여기에 현실 부동산을 가상세계에 옮기는 방식의 거래에서 대체불가능토큰(NFT)이 활용된다.

　　메타버스 기술은 부동산과 의류, 신발 등 산업 전반에 영향을 주고 있다. 의류를 기반으로 하는 구찌, 버버리, 루이비통 등 명품 패션 브랜드 등도 메타버스 기반 서비스에 진출하고 있다. 구찌는 자사의 패션 스토리를 담은 영상을 NFT 발행으로 25,000 달러(약 3,370만 원)에 판매했고, 루이비통도 창립 200주년을 기념해 2021년 8월 NFT

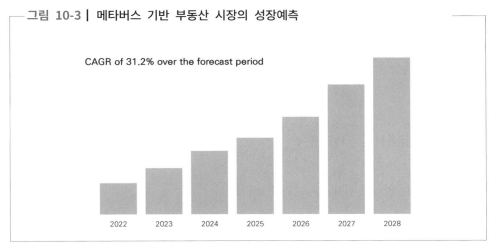

그림 10-3 | 메타버스 기반 부동산 시장의 성장예측

자료: Realtrends(2022)

---

7) 김종성 외(2022), 가상부동산 플랫폼과 지적제도 연계를 위한 탐색적 연구

그림 10-4 | 주요 가상부동산별 거래수단

자료: 매일경제(2021)

를 적용한 '루이 더 게임'이란 모바일 게임을 출시하고 있다. 나이키도 메타버스 플랫폼으로 나이키랜드를 구축하고 있으며, 완성되면 메타버스 공간에서 에어포스1, 나이키 블레이저 등의 제품을 착용해볼 수 있도록 하고 있다.

블록체인 전문 조사기업인 '댑 레이더(DappRadar)'는 지난 2021년 한해 19억 3,000만 달러(약 2조 7,300만원) 상당의 암호화폐로 메타버스 기반 가상부동산을 매입하였다고 발표했다(Blockmedia, 2022).[8] 이처럼 2028년까지 31.2%의 연평균 복합성장률(CAGR) 의미는 현재 가상부동산 분야 투자에 대한 충분한 잠재력이 있음을 알 수 있다. 그리고 국내외 메타버스 프롭테크에서 가상부동산을 거래하는 플랫폼별 거래수단은 [그림 10-4]와 같이 통용되는 화폐, 신용카드 또는 가상화폐 등이 있다.

Ⅰ 해외 메타버스 프롭테크

1. 디센트럴랜드(Decentraland)

디센트럴랜드는 이더리움 블록체인을 기반으로 한 VR 3D 플랫폼으로 사람들이 시뮬레이션된 환경에서 활동하고, 실제 세계에서 대화형 활동에 참여할 수 있도록 하

---

8) Blockmedia(2022), 메타버스 부동산은 괜찮나?…작년 2조원 이상 몰려,
   https://www.blockmedia.co.kr/archives/268330

는 가상 플랫폼이다. 이 메타버스 플랫폼은 자신만의 아바타를 만드는 것부터 시작하여, 옷을 입고 활동하며 자유롭게 여행을 하기도 하는 등 플랫폼 전체에서 수익을 창출하기도 한다.

디센트럴랜드 플랫폼은 자체 개발한 암호화폐인 마나(MANA)로 가상토지를 랜드(LAND) 단위로 구매할 수 있으며 사용자 간 거래를 통해 수익이 발생되는 메타버스 프롭테크이다.

거래되는 랜드(LAND)는 대체불가능토큰(NFT)에 의해 블록체인 시스템상에 기록 및 저장되어 소유권이 증명되며, 소유한 가상토지에 원하는 건물을 개발할 수 있으며, 다른 사용자와 거래를 할 수도 있다.

디센트럴랜드에서 가상토지 거래단위인 랜드(LAND)는 10m×10m로서 90,601개의 개별 랜드로 구획되어 각 랜드의 소유권은 ERC-721 형태의 대체불가능토큰(NFT)으로 증명되며, 메타버스의 특정좌표를 찾을 수 있다. 그리고 자체 개발한 '빌더(BUILDEF)'라는 3D건축을 할 수 있는 Tool에 의해 해당 토지를 가상에서 개발할 수도 있다.

디센트럴랜드는 2017년 8월 경매방식으로 34,356개의 랜드를 339억원에 최초 거래를 하였으며, 그 거래규모는 2021년 6월 기준으로 6,300만 달러 이상으로 추산되고 있다. 거래가 이루어진 랜드에는 빌더라는 툴(Tool)에 의해 미술관, 카지노 등의 건물들을 가상공간에서 개발하고 세계적인 경매회사인 소더비사는 가상갤러리를 오픈하기도 하였다.

그리고 2021년 11월 25일 캐나다의 가상자산 투자회사인 토큰스닷컴의 자회사

그림 10-5 | 디센트럴랜드(Decentraland)

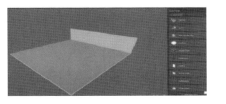

그림 10-6 | 디센트럴랜드의 가상공간 개발 툴(BUILDEF)

'메타버스 그룹(Metaverse Group)'은 디센트럴랜드의 가상공간인 패션 스트리트 구역의 116개 토지를 NFT 형태로 매입이 이루어졌다. 구입한 총 116구역(Parcel)의 조성된 전체 토지면적은 6,090평방피트(약 170평)로 61만 8,000마나(MANA)에 판매되어 달러로 환산하면 242만 8,740달러(약 29억원)이다.

메타버스 그룹은 시장의 관심과 가상부동산 기반으로 쇼와 제품을 홍보하는 공간으로 활용하려는 목적으로 구매한 것으로 이 거래는 그동안 디센트럴랜드에서 가장 고가로 거래된 규모보다 두 배가 넘는 가격에 거래가 이루어진 것이다(조선비즈, 2021).

그림 10-7 | 메타버스 가상토지 메입

가상공간인 패션 스트리트 구역 운영

JPMorgan의 Onyx Lounge설치

그리고 영국의 Transac사는 세계 최초로 디센트럴랜드 메타버스상에 ATM기기를 설치하여 가상자산을 법정화폐로 거래가 이루어지고 있다(국제금융센터b, 2022).

2. 어스 2(Earth 2)

어스 2(Earth 2)는 현존하는 지구와 또 다른 디지털로 복제된 가상지구를 구현하겠다는 계획으로 개발한 구글 어스 기반 메타버스(The Geolocational Metaverse) 플랫폼으로 거대한 지구 규모의 가상상의 경제와 메타버스를 경험하는 '가상경제 생태계'를 구축하는 것을 장기적인 목표로 하고 있다. 이 가상경제 생태계는 어스 2의 토지 소유자, 창작자 및 메타버스 참여자들이 함께 참여하는 메타버스 프롭테크이다.

어스 2의 가상토지는 유저(User) 소유이기 때문에 고유한 본질적 가치를 지니며, 플레이를 통해 얻는 가상 보상과 광고, 블록체인, 사용자 제작 콘텐츠 도구 등을 포함하여 어스 2의 모든 경제 및 메타버스 활동의 출발점이 된다. 특히 어스 2의 메가시티(Megacity)는 유저 간 공통의 목표와 규칙, 놀이 공간을 공유하면서 거대한 도시 구축을 목표로 하고 있다. 따라서 향후 3D 오픈월드가 서비스되면 토지 소유자들이 건설하는 거대도시와 아바타가 활동할 수 있는 공간적 영역으로 확대될 예정이다.

어스 2는 2020년 지구를 복제한 가상공간에서 토지를 타일단위로 실제 부동산을 거래하는 것처럼 가상부동산을 사고파는 거래 플랫폼인 메타버스 프롭테크로 구글맵(Google Map, www.google.co.kr/maps)을 기반으로 전 세계를 대상으로 가상부동산을 소유, 구매, 판매할 수 있다.

어스 2는 구글 맵을 기반으로 2020년 11월에 론칭하여 운영중으로 아직은 개발 초기 상태로 매핑한 가상공간의 땅이 구글맵을 기반으로 $10 \times 10m$, 즉 $100m^2$를 나타내는 타일단위로 거래가 이루어진다. 초기에는 1타일 당 0.1달러의 가격으로 판매되었으나, 2021년 6월 1일 기준으로 국내에서는 1타일 당 26달러로 거래되는 등 가격이 급등하는 현상이 나타나기도 하였다.[9]

---

9) 같은 시간 기준 미국이 58달러, 중국이 8달러 수준을 기록하면서 국가마다 투자 수요에 따라 가격 편차를 보이고 있다.

그림 10-8 | 어스 2 국가별 가상부동산 거래현황 (E$)

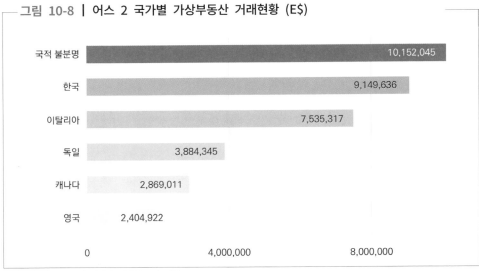

그림 10-8 | 어스 2 국가별 가상부동산 거래현황 (E$)

자료: 어스 2(www.earth2.io)

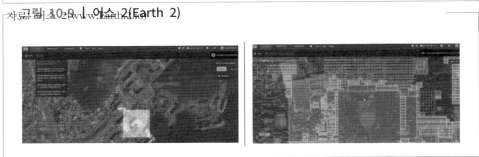

그림 10-9 | 어스 2(Earth 2)

자료: https://earth2.io/

투자자를 국가별로 집계한 결과를 보면 한국 투자자들의 가상 부동산 자산 가치 총액은 1,178만 달러(139억 원)로 2위를 차지할 정도로 국내 관심이 높다. 그중 국내 DGB금융그룹은 2022년 어스 2에서 DGB대구은행 제2본점 건물(대구 북구 칠성동 위치)을 약 100만 원에 구매하면서 화제가 되기도 했다(매일경제, 2022).[10]

10) 매일경제(2022), 금융권 첫 메타버스 본점 나온다… DGB '어스2'에서 100만원에 매입(2022.1.20)

모든 플레이어 소유 자산은 Earth 2에 의해 Tier 1로 분류되며, Earth 2의 모든 소유권 없는 토지는 Tier 2로 분류된다. 이 변경으로 현재 어스 2에서는 Tier 2 타일만 구매할 수 있으며 가격은 E$0.10에서 다시 시작되어 더 많은 타일을 구매할수록 가치가 높아진다.

Tier 2 타일은 마켓플레이스에서 거래할 수도 있고 Tier 1 타일은 Tier 1 부동산소유자로부터 구매하거나 Tier 2 타일에서 업그레이드하여 얻을 수 있다. 그러나 Earth 2에서 할당한 원래 Tier 1 타일은 원래 Tier 1 부동산 소유자와 플레이어 간 거래를 통해서만 가상토지를 매입할 수 있다.

플레이어는 Tier 2 속성을 Tier 1 속성으로 언제든지 업그레이드할 수 있다. 그러나 업그레이드 비용은 Tier 1 토지 타일당 가격이 유동적이며 계속 증가할 것이기 때문에 다양할 것이다.

Earth 2의 개발단계를 페이즈(Phase)라 하여 개발진들이 내놓은 일종의 대규모 업데이트 분기점으로 페이즈 1, 2, 3으로 구분되어 발전되고 있다.

기본적으로 Earth 2는 게임 플랫폼인 여타 온라인게임과 같이 주기적인 업데이트가 이루어진다. 따라서 업데이트를 할 때마다 개발진은 미리 어떤 방향으로 게임을 진행할지에 대한 정보를 홈페이지에 게재하고 있어 이에 대해 살펴보면 다음과 같다.

◆ 페이즈(Phase) 1

페이즈(Phase) 1에서는 Land Value와 LIT(Land Income Tax)의 두 가지 기능을 개발하여 구현하고 있다. Land Value는 타일을 저가에 매수해서 고가에 매각하는 것을 의미하며, LIT(land income tax)는 주식의 배당소득에 해당된다. 이 배당소득은 일배당으로 이루어지며 소유한 타일 가치의 배당률을 기준으로 유저에게 배당된다.

페이즈 1의 LIT는 위 그림에서 보는 바와 같이 클래스 1에서 클래스 4까지로 구분하여, 클래스 1은 그 나라에서 먼저 0~100k 순서까지 팔린 타일을 의미하며, 클래스 2는 100k~300k, 클래스 3과 클래스 4는 그 이후로 팔린 타일이다.

그림 10-10 | 어스 2의 클래스 등급

Tax income explained

Class 1: - 0-100k sold tiles in country
- 0,1% Tax income

Class 2: - 100k-300k sold tiles in country
- 0,0375% Tax income

Class 3: - 300k-100k sold tiles in country
- 0,005% Tax income

Class 4: - 500k sold tiles in country
- No taxes

페이즈 1에서는 선호하는 국가 또는 중요지역의 랜드마크를 먼저 선점하는 것이 핵심인 것이다.

◆ 페이즈(Phase) 2

페이즈(Phase) 2에서는 현재 Phase 1이 단순히 Class로 구분된 타일을 거래하는 수준의 플레이만 가능한 상태이나, 페이즈 2에서는 EPL(Earth2 Property Location)와 에센스(Essence), 자원 타일 등 세 가지 기능이 있어 이에 대해 살펴보면 다음과 같다.

첫째, EPL(Earth2 Property Location)로 어스 2를 플레이하다 타일 정보를 클릭하면 아래와 같이 자신의 EPL이라는 것을 쉽게 볼 수 있다. EPL은 아직 비활성화 상태로 어스 2 세상에서는 대중교통으로 일일이 이동하기보다는 텔레포트 기능으로 일종의 순간 이동을 하게 하는 것이다. 그때 이 EPL이 좌표가 되는 것으로 URL과도 유사하다.

예를 들어 유튜브를 시작하면 처음에는 구독자가 적어 자신만의 채널 링크가 없다. 하지만 구독자가 늘어나면서 자신만의 URL 링크가 부여되는 것과 같이 EPL도 비슷하여 링크는 아니지만 일종의 토지번호와 같은 개념으로 EPL을 입력하면 마치 인터넷 주소를 입력하면 해당 인터넷 홈페이지로 이동하는 것과 동일하게 그 EPL 주소를 가진 타일로 바로 이동하게 되는 것이다. 즉 일일이 타일 찾아서 이동할 필요 없이 EPL 타고 바로 텔레포트 이동하는 것과 같다.

현재는 아직 이런 EPL이 없기 때문에 특정 지역을 일일이 찾아들어가야 하지만, EPL이 도입되고 메타버스 세상이 확장되면, 예를 들어 'Master WOO의 강남땅에서 미술 전시회가 열리니까 놀러 오세요~'하면서 EPL 주소만 올려두면 쉽게 해당 EPL 주소를 입력해서 참석할 수 있게 되는 것이다. 즉 당장의 활용은 아니지만 향후 광고/홍보, 이벤트, 공연 좌표를 지정해 주는 데 유용하게 사용될 것이다.

둘째, 에센스(Essence)에 대해서는 아직 구체적으로 밝혀진 것이 없으나 타일을 소유한 유저에게 일종의 보상으로 에센스가 부여될 것으로 예상된다. 예를 들어 타일 1개 소유자는 1에센스, 2개 소유자는 2에센스 이런 식으로 타일 수량에 비례해 부여할 것으로 보인다. 에센스는 곧 어스 2 세상의 화폐와 비슷한 기능을 할 것으로 어스 2 세상에서 에센스를 통해 자원을 거래하거나 타일을 거래하게 하는 것이다. 이는 현재 타일을 확보하는 방식 이외에는 거래가 안 되기 때문에 타일이 희소성이 있으나, 향후에는 에세스 확보도 중요하다는 의미이기도 하다.

셋째는 자원타일 기능이다. 그동안 메가시티, 입지 좋은 곳, 랜드마크성 지역들 위주로 많은 매수가 있어 웬만한 자원 지역은 모두 거래가 이루어졌다. 따라서 이를 인식하는 유저들은 철광석, 금, 석탄 광산등이 있는 자원타일을 매수를 하고 있다. 현재 물, 모래는 왠지 쉽게 구할 것 같다는 느낌이었는데 이런 자원 타일이 오픈되면서 Phase 2가 드디어 가시화된 것이 아닌가 하는 추측을 하기도 한다.

자원 타일이 오픈되면 구체적으로 자원이 있는 곳은 유저들의 상당한 매수가 이뤄질 것이고, 해당 타일 가격은 또 상승할 것으로 예상된다.

◆ 페이즈(Phase) 3

EPL 도입 이후 어스 2는 업데이트되어 페이즈(Phase) 3에서는 쥬얼(Jewel), 홀로 빌딩(Holo building), 자원(Resource)이 도입될 것으로 보인다.

쥬얼은 이미 도입되었으나 현재 Small Size만 있어 이들을 합쳐서 Medium Size

쥬얼을 만들고, 사이즈가 클수록 쥬얼의 능력도 높아질 것으로 보인다. 이 부분은 어스 2 개발진도 이미 몇 차례 언급한 적이 있고, 현재 단계에서 비교적 손쉽게 업데이트가 가능한 측면이므로 머지않아 도입될 것이라는 것이다.

현재 잉여 '쥬얼(Jewel)'로 인해 쥬얼 가격이 상당히 하락하고 있으나 쥬얼이 자원에도 적용되고 합성이 가능해진다면 쥬얼의 희소성은 현재보다 높아질 것이다. 즉 아직은 쓰임이 적기 때문에 프로퍼티에 설치하여 에테르 감지율을 높이는 정도로만 활용 중이지만, 활용이 증가하면 당연히 가치도 상승할 가능성이 있다.

다음은 '홀로빌딩(Holo building)' 업데이트로 각 유저가 자신의 타일에 홀로빌딩 건물을 짓고, 다른 유저들의 홀로빌딩 건물도 맵상에서 볼 수 있게 하는 것이다. 현재는 유저 자신이 만든 홀로빌딩을 자신만 볼 수 있으나 맵상에서 다른 유저들이 만든 홀로빌딩을 다 같이 볼 수 있게 하여 더욱 도시적이고, 3D 느낌인 맵 구현이 가능하게 될 것이다. 또한 홀로빌딩에서 필수적인 블루프린트(건축설계도) 마켓도 중요하여 유저 간 블루프린트 거래를 통해 재미있는 건축물들이 많이 생성되어 블루프린트 자체가 어스 2 내의 즐길 만한 다양한 콘텐츠가 될 것으로 보인다.

마지막은 '자원'으로 홀로빌딩과 자원 중 어느 것이 먼저일지는 모호하나 홀로빌딩은 자원을 저장하는 역할이다. 즉 홀로빌딩 없이 자원은 모일 수 없으며, 자원없이 홀로빌딩은 별다른 의미를 갖지 못한다. 즉 현재 공개된 업그레이드 수준에서는 자원과 홀로빌딩은 서로를 필요로 하는 존재로서 자원 역시 홀로빌딩과 비슷한 시점에 업데이트 될 것이다.

사실 자원(Resource)은 이미 리스트가 공개되었고, 어느 나라, 어느 지역에 무슨 자원을 배치해야 전체적인 밸런스가 맞춰질지가 문제이다. 특정 국가에 자원이 몰리면 나머지 국가들이 소홀해지는 문제가 발생할 수 있기 때문에 자원은 여러 국가에 걸쳐서 꽤 균형있게 분배될 것으로 어스 2에서 더 많은 타일이 거래되어 더 많은 수익을 얻게 될 것이다. 현재는 자원 발생이 거의 확실해 보이는 현실과 매치가 되는 가상의 자원 광산 위주로 많은 유저들이 타일 매수를 진행하고 있으나, 향후 자원이 균형되게 배분된다는 사실이 밝혀지면 광산 쏠림 현상은 완화될 것으로 보인다.

3. 더 샌드박스(the Sandbox)

더 샌드박스는 사용자(User)가 자신의 경험을 구축하고 소유 및 수익화할 수 있는 가상세계를 특징으로 하는 블록체인 기반 게임 플랫폼이자 메타버스 프롭테크이다. 또한 유저가 자신의 가상세계를 자유롭게 만들고 창의성과 상상력을 통해 다른 사람들과 협력하면서 원하는 사용자를 지정할 수 있다.

더 샌드박스는 사용자가 다양한 경험을 즐길 수 있는 디지털 가상토지를 랜드(LAND) 단위로 이더리움 기반의 코인에 의해 거래가 이루어지며, NFT(ERC−721)에 의해 등기하여 소유권을 증명한다. 더 샌드박스의 가상지도에는 가상토지 총 166,464개의 랜드(LAND)가 있으며 각 랜드의 면적은 96m×96m 단위로 거래가 이루어진다.

더 샌드박스는 가상토지가 가장 활발하게 거래가 이루어지는 메타버스 프롭테크 중에 하나라 할 수 있다.

세계 최대 NFT 마켓 플레이스인 오픈시(Open Sea)에 따르면, 가상 부동산을 거래하는 메타버스 기반 게임을 만드는 '더 샌드박스'가 발행한 NFT가 거래액 순위에서 1위를 차지하고 있다. 더 샌드박스는 2019년에 랜드당 50달러 수준에서 최초 가상토지 거래가 시작되어 2021년에는 7일 동안 랜드당 1,650만원에 15,701이더리움(ETH, 약 876 억원)이 거래가 되었다. 하루 평균 125억원 이상의 거래가 이루어진 것이다.

그림 10-11 │ 더 샌드박스(the Sandbox)

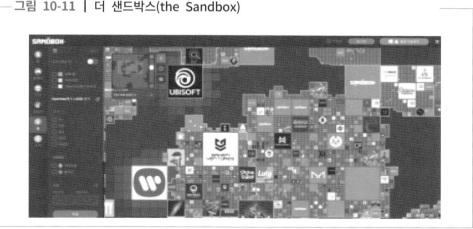

자료: https://www.sandbox.game/

그림 10-12 │ 리퍼블릭렐름 '판타지 아일랜즈'(Fantasy Islands)

자료: https://www.sandbox.game/

　　그중 2021년 11월 미국의 메타버스와 NFT(대체불가능토큰)의 전문투자사인 리퍼블릭렐름(Republic Realm)은 더 샌드박스(the Sandbox)에서 메타버스 가상부동산 거래액으로는 역대 최대 규모인 430만 달러(약 52억원)어치의 가상토지를 매입하였다. 리퍼블릭렐름(RepublicRealm)은 샌드박스 플랫폼에 있는 이 공간에 '판타지 아일랜즈'(Fantasy Islands)라고 하는 100개의 섬 개발 프로젝트를 추진하였다. 각 섬은 다양한 형태의 개별 빌라가 들어선 개인 전용 섬으로 보트와 제트스키 등도 즐길 수 있다. 분양한 첫날에 90개 섬이 각각 15,000달러(약 1800만원)에 팔렸고, 이 중 일부는 10만 달러가 넘는 가격에 다시 매물로 나왔다(비즈니스플러스, 2022).[11]

　　샌드박스에서의 이러한 거래는 플랫폼에서 판매 가능한 총 166,464개 랜드 중 70% 이상이 판매가 된 것으로, 가상토지 소유자는 1만 6,000여 명으로 미국인 다음으로 한국인 회원이 많은 것으로 전해지고 있다.

---

11) 비즈니스플러스(2022), [포커스]메타버스에서도 뜨거운 부동산… '피라미드 사기' 논란도(2022. 2. 2)(https://www.businessplus.kr)

4. 업랜드(UpLand)

업랜드는 2019년 EOS(오픈형 블록체인 플랫폼) 블록체인을 기반으로 출시된 디지털 메타버스이자 메타버스 프롭테크로 3m×3m 크기의 업스케어(Upsquare)단위로 가상토지 거래가 이루어지며, 블록체인 기술을 활용한 NFT에 의해 소유권이 증명된다.

업랜드는 오래전부터 블루마블이나 모노폴리와 같이 유사한 게임형태로 가상세계를 현실의 지도를 그대로 사용하여 만들었기 때문에, 현실에서는 가질 수 없는 고층빌딩, 번화가에 위치한 부동산 등을 가상세계에서 소유할 수 있다는 특징이 있다.

업랜드에서는 UPX라는 자체 가상화폐를 통해 거래가 이루어지면서 수익이 발생하게 된다. 실제로 존재하는 건물과 교통시설 등을 가상현실로 옮겨와 소유한 부동산

그림 10-13 ┃ 업랜드 가상토지 거래

자료: https://play.upland.me/store

표 10-1 ┃ 메타버스 프롭테크 특징 비교

구분		거래단위	거래(암호)화폐	설명
국외	더 샌드박스	랜드	샌드(SAND)	메타버스 게임 플랫폼, 가상부동산 랜드 거래
	디센트럴랜드	랜드	마라(MARA)	커뮤니티 기반 가상세계 토지 거래
	어스 2	타일	신용카드, 페이팔	구글어스 기반 지구를 1대1 스케일로 구현
	업랜드	업스퀘어	UPX	현실 주소 기반 가상부동산 증서(NFT) 제작
국내	메타렉스	지번	아스터코인(ATC)	국내 최초 가상부동산거래 플랫폼
	메타버스2	타일	메타코인	랜드마크 NFT화

을 활용해 임대료를 받고 재투자할 수도 있어 부동산 경제 시스템을 메타버스에 그대로 구현하고 있는 것이다.

5. eXp Realty

EXP Realty는 2009년 글렌 샌포드(Glenn Sanford)가 창립하여 많은 중개사를 고용해 시너지 효과를 창출하는 메타버스 프롭테크이다. 즉 메타버스 기술을 기반으로 부동산중개서비스를 제공함으로써 전통적으로 Low-Tech 산업에 속하는 부동산 산업에도 디지털 혁신을 가속화하고 있다.

eXp Reality의 가상 사무실 시스템은 중개인들에게 신속하고 강력한 업무 지원을 제공하여 모든 직원이 현실의 사무공간 없이 가상공간인 eXp World에서 근무를 한다. eXp Reality는 가상공간에서 중개활동을 함으로써 사무실 임대료라는 중개업의 가장 부담이 되는 고정비용을 절감하는 강점으로 크게 활성화되어 2018년에 나스닥에 상장하였다. eXp Reality 측은 물리적인 사무실 운영을 하였다면 지금 같은 성장은 있을 수 없었을 것이라 한다.

eXp Reality는 기존의 장소기반 부동산중개를 가상공간에서 언제, 어디에서나

그림 10-14 | eXp Reality 매출 변화

자료: eXp Reality(2021)

그림 10-15 │ eXp Reality 직원들이 일하는 eXp World

자료: https://www.youtube.com/watch?time_continue=1&v=C_2AJ97rnPw&feature=emb_logo

할 수 있는 혁신적인 중개서비스를 제공하는 메타버스 프롭테크로 프랜차이즈가 아닌 가상공간의 글로벌 부동산중개회사로 데스크 수수료, 로열티 수수료, 프랜차이즈 수수료 지불이 없으며, 중개수수료 나눔의 원칙과 최소 비용으로 최상의 수단과 서비스를 제공하고 있다.

eXp Reality에 소속되어 미국 49개 주와 캐나다 3개 도에서 활동중인 부동산 에이전트(중개사) 수는 13개국 이상의 75,000명으로 메타버스 기반의 eXp World에서 함께 업무를 수행한다. 즉 직원들은 eXp World를 다운로드 받아 PC로 접속해서 일하고 고객들도 만나며, 메타버스 사무실에서 아바타로 모여서 회의하고, 캠퍼스를 걷거나 자유공간에서 휴식을 하기도 한다. eXp World는 현실처럼 안내해주는 창구도 마련되어 있어 궁금한 사항을 언제든 물어볼 수도 있다.

eXp Reality는 현재 75,000명 이상의 중개사가 활동중으로 매일 온라인상에서 모임을 주관하며, 주 20시간의 온라인 교육으로 동료 간 최고의 경험 공유하는 등으로 폭발적인 성장하고 있다.

eXp Reality는 2022년 글래스도어(Glassdoor)에서 발표한 가장 일하기 좋은 100대 기업에서 4위를 차지하기도 하였다. 가장 일하기 좋은 기업 1위는 엔비디아가 차지했으며, 구글을 제치고 4위에 등극하기도 하였다. 응답자의 95%가 친구에게 eXp Reality를 추천하겠다고 하며, CEO에 대한 평가도 매우 높은 수준이다.

ⅡⅡ 국내 메타버스 프롭테크

국내에서 메타버스 프롭테크를 출시했거나 준비 중인 플랫폼은 엔비티, 위에 이알(We−AR), 메타렉스, 메타버스2, 오픈메타시티 등이 있다. 앞서 언급한 디센트럴랜드, 어스 2 등 해외 가상부동산 메타버스 프롭테크들이 관련 서비스로 주목을 받자 최근 국외 사업모델들과 유사한 국내 플랫폼이 많아지고 있다.

국내 가상부동산 플랫폼 서비스 유형은 크게 두 가지로 구분된다. 하나는 디센트럴랜드처럼 가공의 세계를 만드는 유형과, 또 하나는 어스 2와 같이 실제 국가나 도시를 가상공간에서 그대로 구현하는 유형이다.

가상부동산 거래는 토지를 타일 단위로 나누거나 청약을 통해 건물을 분양하는 등의 방식으로 이루어지고 있다. 실제 세계의 분양방식을 도입함으로써 사용자에게 현실감을 더욱 제고하고 있다.

1. 직방

인터넷 부동산 기업인 직방은 현실세계의 사무공간 없이 2021년 2월부터 전면 메타버스 기반에서 업무를 수행한다. 종전에는 강남역에 있는 오프라인 빌딩에서 업무를 수행하였으나 직접 개발한 가상건물인 메타폴리스로 출근하여 업무를 수행한다.

직원들은 각자 거주하는 주택이든 여행지든 선호하는 위치에서 PC로 아바타를 설정하고 메타폴리스에 로그인하여 업무를 수행한다. 이 메타폴리스라는 가상 사무실은 가능한 현실과 유사한 공존감을 느낄 수 있도록 메타버스에 의해 회의실, 가상건물 로비도 있고 엘리베이터를 타고 업무 층에 내리면 회사 동료들이 아바타로 존재하여 아바타 가까이 가면 얼굴이 보이면서 대화를 할 수 있고 멀어지면 얼굴이 사라지고 소리가 소멸되어 실제 현실과 차이 없이 업무를 수행하는 것이다.

─ 그림 10-16 | 직방의 가상공간 메타폴리스 사옥

종전 강남역 건물 임대　　　　　　현재 가상건물 메타폴리스

자료: https://career.zigbang.com/work

─ 그림 10-17 | 직방 직원 메타버스에서 일하는 모습

자료: https://www.youtube.com/watch?v=xXxkWu6wGBs

　　직원들은 출퇴근에 소요되는 시간의 감소와 직원이 선호하는 제3의 지역에서 근무를 가능하게 하여 근무 만족도가 높으며, 회사 측면에서는 임대비용 등 비용을 절감할 수 있으며, 해외 어느 지역에 있는 인재도 채용할 수 있는 장점이 있다.

　　최근 직방은 메타버스 근무로 인한 직원 간 친밀감 저하를 방지하기 위하여 1달

─ 그림 10-18 | 직방라운지(좌: 서현역, 우: 당산역)

자료: https://career.zigbang.com/work

에 1번은 오프라인에서 만나는 Meet-up Day를 갖는다. 또한 메타버스 접속 여건이 좋지 않은 직원을 위해 지역에 오프라인 직방 라운지를 운영하여 고객과 회의하거나 장소가 필요한 직원이 일 할 수 있도록 지원을 한다.

2. 메타렉스(meta REX)

메타렉스는 국내 최초로 가상부동산 거래 플랫폼을 운영중인 메타버스 프롭테크로서, 가상자산인 아스터코인(ATC)을 통해 가상부동산 거래가 이루어진다. 아스터코인(ATC)은 아스터 플랫폼 생태계에서 사용되는 가상화폐로 가상부동산을 구매하거나 판매를 할 수 있다.

메타렉스는 현실의 실물경제와 연동하여 확장된 메타버스 세계에서 부동산을 소유하고 판매할 수 있게 하는 거래 플랫폼이다. 이 플랫폼은 메타버스 세계에서 지속적인 건축 환경의 재구성을 통해 실물경제와 같은 수요를 만족시킬 수 있도록 개발을 추진하고 있다. 또한 디센트럴랜드의 빌더(Builder)와 같은 가상토지에 건축 또는 개발을 할 수 있는 툴(Tool)을 제공하고 개발, 분양, 임대 및 부동산 금융과 같이 현실공간에서 이루어지는 부동산활동의 프로젝트 구현이 가능하다.

그리고 최근 이용자의 자산보호를 위해 가상화폐 거래량이 TOP 50 범위 내의 암호화폐 거래소에서 입출금 지원이 가능하도록 하고 있다.

자료: https://metarex.global/map

3. 메타버스2(Metaverse2)

메타버스2는 현실세계를 그대로 반영하지만 현실세계를 확장한 가상공간으로서, 이용자들은 메타버스2 안에서 원하는 것을 이룰 수 있고, 현실 세계의 다양한 경험을 할 수 있는 메타버스 프롭테크이다.

메타버스2 프롭테크는 사용자에게 가상의 토지를 구매하거나 다른 사용자에게 판매할 수 있는 기능을 제공한다. 그리고 토지를 입찰하고, 토지의 가격을 흥정할 수도 있다. 거래 대상의 가상토지는 전 세계 지구를 10×10m의 가상 타일 한 칸이 가장 작은 단위로 구분하여 거래가 이루어진다. 사용자들은 전 세계의 토지를 격자 형태의 타일 형태로 접할 수 있으며, 이 토지 타일 한 칸을 구매하거나, 또는 여러 개의 타일을 구매하거나 소유하고, 판매할 수 있다.

메타버스2 플랫폼에서 사용되는 메타토큰은 핵심 역할을 하는 암호화폐이며 시스템 내에서 보증되는 자산이다. 그리고 이 메타토큰은 솔라나[12] 블록체인을 기반으

---

12) 솔라나는 2017년에 설립된 고성능 블록체인 플랫폼으로 빠른 거래 속도와 저렴한 수수료라는 장점이 있다. 이 블록체인 네트워크는 분산형으로 운영되며, 트랜잭션 처리 속도를 향상시키기 위해 Proof of History (PoH)라는 독특한 합의 알고리즘을 사용한다.

그림 10-20 | 메타버스2 가상토지

자료: https://metaverse2.com/land

로 유통되며 플랫폼 내에서 이루어지는 모든 아이템과 자원거래를 위한 재화 역할을 수행한다. 이 메타토큰은 현재 토지에서 채굴을 통해 얻을 수 있으며 현재까지 약 1억 3,784만개가 유통되고 있다(더퓨처컴퍼니, 2022).13)

4. 오픈메타시티(Open Metacity)

오픈메타시티는 NFT부동산 플랫폼내에서 세계 도처에 있는 가상 아파트를 분양하는 메타버스 프롭테크이다. 플랫폼에서 분양중인 가상 아파트를 선택해서 일반적으로 절차와 동일하게 청약을 통해 아파트를 분양받아 소유할 수 있다. 청약을 통해 당첨된 소유권은 NFT로 발급되며, 향후 스마트계약으로 매매할 수 있으며, 소유한 아파트로 임대 및 매매수익을 가질 수 있다.

---

13) 더퓨처컴퍼니(2022), METAVERSE2 WHITE PAPER.

그림 10-21 | 오픈메타시티

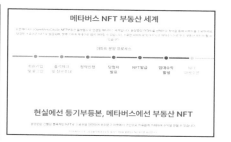

자료: https://openmeta.city/land

5. 기타

최근 가상자산인 클레이튼 기반의 '클레이시티(Klay City)'는 주목받는 플랫폼으로 P2E(Play to Earn)를 표방하는 부동산 투자 메타버스 플랫폼이자 메타버스 프롭테크이다. 클레이시티 플랫폼은 종로구의 티어1 684번지의 가상토지를 NFT로 2022년 3월 3일 NFT거래 플랫폼인 오픈씨(OpenSea)에서 12만 클레이(약 1억 7,000만 원)에 거래하며 사상 최고가를 경신한 바 있다.

그리고 2021년 12월엔 전국을 대상으로 한 메타버스 기반 가상 부동산 서비스 '트윈코리아'도 론칭을 하였다. 당시 서울 지역 사전청약에서 신사, 강남, 홍대 등 인기지역은 개시 1분 만에 마감되기도 하였다. 2022년 1월 진행한 판교, 분당, 과천 등 주요 신도시 청약도 1시간 만에 완판된 바 있다.

---

section 3 메타버스 프롭테크 평가

미래에는 가상부동산을 거래하는 메타버스 프롭테크에서 부동산 투자 및 거래하는 것은 인터넷 쇼핑몰에서 물건을 구입하는 것만큼이나 쉬워질 것이다.

종전에는 발품을 팔고 부동산 등기사항증명서 확인과 계약서를 작성하고 잔금을 지불하고 소유권 이전이 완료되기까지 몇 개월이 소요되었다. 이러한 현실세계의 복잡한 부동산 거래는 메타버스에 의해 온라인상에서 임장활동이 이루어지며, 생성형 AI에 의해 최적 매물을 최적의 시기에 거래할 수 있도록 되며, 스마트계약에 의해 부동산계약이 체결하게 된다. 그리고 블록체인에 의해 스마트계약과 거래 계약서 증명, 계약금과 잔금 등 비용이 안전하게 지불하게 될 것이다. 즉 세계은행에서 제시한 부동산의 블록체인 적용단계의 최종 8단계인 상호운용성(Interoperability)14) 단계에 이르게 되면 부동산거래에 관련된 은행, 법무사, 세무사 및 세무관청 등과 연계된 복잡한 과정이 일거에 이루어지게 될 것이다.

또한 가상세계에서의 부동산 거래는 현실세계와 동일하게 생성형 AI, 스마트계약, 블록체인이 함께 적용이 될 것이며, 특히 메타버스에 의해 가상부동산거래의 거래는 전 세계가 하나의 가상부동산 시장이 형성이 될 것이다.

이러한 메타버스 프롭테크의 또 하나의 특성은 현실세계에서 투자하기 쉽지 않은 부동산이지만 가상에서는 투자를 가능하게 하고, 이러한 투자의 수익률은 현실보다 더 큰 실현이 가능하게 될 수도 있다.15)

국내 최고 상급지는 2024년 11월 현재 평당 1.5억원에 이르고 있다. 국민평형 전용 84㎡(34평)가 50여 억 원에 거래가 이루어지고 있다. 반면 가상세계인 어스 2에서는 해당 위치의 부동산 가격이 18,054달러(약 2,527만 원, 457타일)다. 거래단위인 타일(10m×10m)당 39달러(54,600원)이다.

현실과 가상세계는 공통점이 있다면 급격한 부동산 가격 상승이다. 현실세계만큼이나 가상세계에서도 부동산 가격이 상승하고 있다. 어스 2에서 최 상급지 아파트에 해당 타일의 가격은 77달

---

14) J. Michael Graglia &, Christopher Mellon(2018), BLOCKCHAIN AND PROPERTY IN 2018: AT THE END OF THE BEGINNING, World Bank

15) 국내 최고 상급지는 2024년 현재 평당 1.5억원에 이르고 있다. 국민평형 전용 84㎡(34평)가 50억 6천 만원에 거래가 이루어지는 반면 가상세계인 어스2에서는 해당 위치의 부동산 가격이 18,054달러(약 2,166만원)이다. 거래단위인 타일(10m×10m)당 39달러(4만 6,800원)에 거래가 이루어지는 것이다.

러로 타일당 0.16달러에 불과했으나 1년 사이에 2만% 이상 상승한 것이다.

가상 부동산 거래는 가상부동산 플랫폼인 메타버스 프롭테크를 통해 거래가 이뤄진다. 거래 과정에서 NFT(Non-Fungible Token. 대체불가능토큰)를 적용함으로써 현실에서 해당 부동산이 '내 것'임을 증명해주는 '등기권리증'과 같은 역할을 한다.

영끌(영혼까지 끌어올 정도로 대출을 받다)로도 내집마련이 어렵고 아파트 청약 문턱마저 높은 2030세대들이 이런 가상 부동산에 끌리는 것은 자연스런 현상이 될 것으로 보인다. MZ세대들은 이미 메타버스와 같은 가상현실에도 친숙하다. 푸드테크 플랫폼 식신 대표이자 최근 메타버스 플랫폼 트윈코리아를 론칭한 안병익 대표는 그의 저서 '메타 유니버스 초세계(2021)'에서 "MZ세대들은 구직난에 힘들어하고 멈출 줄 모르는 집값 폭등에 상심한다"며 "이런 현실을 벗어나 가상세계에서 대리만족을 느끼고 싶어 하고 현실과 다른 '부캐'로 살아가는 걸 즐긴다"고 평했다. 더욱이 이미 비트코인과 같은 가상자산 투자 경험을 갖고 있는 세대들에겐 가상 부동산을 통한 자산 증식에도 기대가 크다(원정희, 2022).[16]

앞에서 기술한 국내외 메타버스 프롭테크를 살펴보면 다음과 같은 면을 발전적 측면에서 고려해 보아야 할 것이다.

첫째, 메타버스 프롭테크는 각각 가상부동산의 거래단위 및 면적의 상이하다. 가상부동산의 기본 거래단위는 파셀(Parcel)로서 토지를 개별 단위로 구분해 놓은 최소 등록 단위인 필지에 대응되는 개념이라 할 수 있다.

현재 메타버스 프롭테크별로 거래되는 기본 단위가 상이함에 따라 합리적으로 통용되는 가격 산정과 비교가 모호하여 일물일가의 법칙이 가상부동산에서는 적용되기 어렵다는 것이다. 즉 가상부동산 가격이 형성되는 기준이 불명확하고, 가격에 영향을 미치는 요인도 명확하지 않다. 또한 가상부동산의 타일단위를 쪼개어 세분화된 토지에 투자할 수 있는 수단이 NFT라 할 수 있는데, 이러한 NFT가 특정금융정보법상의 가상자산에 해당할 수 있을지에 대해서도 논란의 여지가 있다.[17]

---

16) 원정희(2022), 나도 강남 부동산 오너, 가상부동산의 유혹, KISO JOURNAL Vol.46.
17) 법무법인 유원(2022.4.26), [AI뉴스레터] 가상 부동산의 현황과 법적 쟁점.

표 10-2 | 메타버스 프롭테크 특징 비교

구분	어스	디센트럴 랜드	업랜드
성격	가상부동산 거래 게임	가상부동산 거래 게임	가상부동산 거래 게임
지도	구글맵을 기반	현실 세계 기반 지도	EOS 블록체인 기반
가격	시장의 수요, 공급기반	시장의 수요, 공급기반	시장의 수요, 공급기반
기타	-	NFT(대체불가능토큰) 형태	-

자료: 유종영(2022)

둘째, 최근 테라나 루나와 같은 가상자산이 폭락한 경우와 같이 가상부동산도 디지털 자산으로서 가격의 변동성이 큰 위험자산에 해당되는 것이다. 예를 들어 주식의 상장폐지와 같이 실제 현실세계에서 거래되는 부동산이 아닌 가상공간에서의 부동산이 하루아침에 사라질 가능성이 상존하는 것이다. 뿐만 아니라 디지털 자산이 마약 밀매 조직을 위한 자금세탁 등 사이버 범죄 증가에 일조한다는 점에서도 자유롭지 못한 상황이다.[18]

셋째, 최근 판교 C&C 데이터센터 화재로 인해 발생한 카카오 서비스 장애 사례에서와 같이 가상부동산의 경우에도 해당 서버가 화재 또는 다양한 이유로 정상적인 서비스 제공이 어려워지게 되면 이용자의 부동산 거래 기록 및 자금 또한 함께 사라질 가능성이 높은 위험이 있다.

마지막으로 국내외 가상부동산 플랫폼 간 차별성이 부족하다. 물론 국내에서 운영 중인 플랫폼의 경우 우리나라 부동산 여건을 반영한 청약 제도 등을 도입하고 있지만 사실상 거래방식 등은 유사하여 이에 대한 세밀한 논의와 검토를 통해 발전이 요구된다.

---

18) 한국경제신문(2022), 제2의 루나사태 막아라…美, 가상자산 규제 강화(2022.9.17).

　　마치 인터넷에 의한 정보공유를 통해 새로운 서비스를 창출을 경험한 것과 같이 블록체인기반의 메타버스라는 기술에 의해 우리의 현실세계가 자연스럽게 가상세계로까지 확대되고 있다.

　　MZ세대는 기존 세대들이 경험하지 못했던 다양한 기술과 서비스를 통해 가상 부동산의 가치가 창출됨으로써 기존의 부동산 자산가치 변화 및 투자에 대한 인식과 개념에 변화가 나타나고 있다. 즉 무형의 가상자산에 대한 가치와 투자가 이루어지고, 이를 통해 수익을 창출할 수 있다는 믿음을 보여주고 있는 것이다. 따라서 이렇게 새롭게 등장하는 개념과 서비스를 얼마나 빠르게 인식하고 접근하느냐가 이를 통해 경제적 가치를 실현하느냐가 중요하다. 더 나아가 궁극적으로 국가의 산업발전을 통해 수익을 확대하고 국가 경쟁력 강화에 기여할 수 있게 되는 것이다.

　　국가 산업의 한 부분인 부동산분야의 메타버스 프롭테크의 향후 발전을 위한 가상 부동산의 원활한 생성과 운영을 위한 메타버스 생태계의 구성요인에 대해 살펴보고자 한다.

Ⅰ 메타버스 프롭테크 생태계 구성

1. 서비스 사용자

　　가상화폐거래소가 최초 등장시에는 온라인에서 잘 알지도 못하는 코인을 거래하는 것에 초기에는 매우 회의적이었으나, 환경이 변화하고 비트코인 한 개에 1억 5천만원(2025. 2월)이 넘는 가격으로 거래가 이루어지는 것을 우리는 경험하고 있다.20)

---

19) 유종영(2022), 메타버스 기반 가상부동산 거래 서비스 연구, 한국인터넷방송통신학회 논문지 제 22권 제2호.

20) 2009년 1월 사토시 나카모토에 의해 최초 블록제네시스 블록이 형성되면서 비트코인이 생성이 이루어진 이후, 2010년 5월 8일 라즐로(Laszlo)에 의해 비트코인 1만개로 30달러의 피자 2판을

따라서 일부 투자자들은 이와 비슷한 맥락으로 초기 시장에 저가의 가격으로 가상부동산을 구매 보유 후에 가격이 상승하게 되면 자산증식 수단으로 이용할 수 있다는 생각으로 투자가 이루어지고 있다.

즉 가상부동산은 비트코인과 같이 현재가치보다는 사용자들이 더욱 많이 참여하게 되면 수요와 공급의 원리가 적용되어 수요자가 증가하고 희소성의 원리에 따라 자연스럽게 가격이 상승할 것이라는 미래가치에 투자하는 것이다. 물론 이에는 투자와 위험의 개념이 적용되어 이에 따른 리스크는 투자자 본인이 부담하게 된다.

그리고 일부 사용자들은 변화되는 시장에 대한 기술과 환경을 이해하기 위해 구매를 하기도 한다. 실제 구매업무를 통해 수행되는 원리를 이해하고 그 내용에 대해 공유하고 사회적으로 어떻게 수용되고 반응하는 연구적인 측면에서 투자하는 것이다.

2. 서비스 제공자

기존에 없던 새로운 기술이 등장하고 이를 통해 새로운 서비스를 기업이 발굴하고 일부는 서비스를 기반으로 새로운 시장이 창출되기도 한다.

가상부동산의 구매 거래는 현실세계에서 이루어지는 서비스를 가상세계에 이동하는 아이디어로 출발하여 서비스와 수익을 창출하는 것이다. 이러한 서비스는 가상부동산 구매 사업을 통해 직접 관심이 있다고 고려되는 가상 지역의 일부를 직접 거래할 수 있는 기술적인 플랫폼을 제공하고 있다. 또한 이에 따른 자금과 거래 수수료뿐만 아니라 참여자가 증가함에 따라 광고 등 다양한 수익모델을 발굴하여 제공할 수 있다. 그리고 이를 통해 새로운 서비스를 통해 일자리와 정보제공의 역할을 수행할 수 있다.

구입하여 비트코인의 가치가 최초로 인정되는 역사적인 사건으로 매년 5. 8일에는 '비트코인 피자데이'라는 행사를 함.

3. 이해관계자

미국 디지털 담보 기업인 업이퀴티(UpEquity)에 의하면, 메타버스가 머지않아 현실세계의 부동산 거래에 영향을 미치면서 가상세계와 현실세계의 부동산 시장 형태를 재구성할 것이라 한다.

블록체인 기반의 NFT 기술의 발달은 무형의 가상의 부동산의 소유권을 명확하게 제공하여 구매와 거래를 안정적으로 지원할 수 있다. 이 환경을 통해 메타버스에서 제공되는 가상부동산의 거래, 개발 등 서비스가 등장하고 있는 것이다.

또한 이해관계자로서 정부는 새로운 기술과 가상부동산의 등장을 이용하여 가상부동산에 소요되는 인력과 서비스가 창출하고 경제적 이익을 확보할 수 있게 한다. 물론 정부는 이러한 새로운 부동산 서비스 출현과 시행에 따른 위험을 완화하면서 시장에 안정적으로 정착할 수 있도록 다양한 제도적 지원을 한다.

Ⅱ 메타버스 프롭테크 환경과 인식 변화

인터넷에 의한 정보공유를 통해 다양한 새로운 서비스 창출을 경험하는 것과 같이 메타버스 기술을 통해 우리가 살고 있는 현실세계가 가상세계로 자연스럽게 확대되고 있다.

MZ 세대들이 기존의 새대들이 경험하지 못했던 다양한 서비스를 통해 가상 부동산의 가치와 이에 따른 새로운 서비스가 창출되어 기존의 부동산 자산 가치 변화 및 투자에 대한 인식과 개념이 변화되고 있다. 즉 무형의 가상자산에 대한 가치와 투자가 이루어지고 이를 통해 부동산의 수익을 창출할 수 있다는 확신에 더욱 가까이 다가가고 있는 것이다. 따라서 새롭게 등장하는 서비스를 얼마나 빠르게 접근하고 이를 통해 부동산의 가치를 실현하느냐가 중요한 핵심이다.

■ 메타버스 프롭테크 상호작용 유형

코로나 19로 인해 일상에 상상 이상의 많은 변화를 가져오게 되었다. 전대비문의 팬데믹으로 인한 거리두기 정책으로 대면 활동이 제약되면서 업무, 교육, 금융 서비스와 같은 생산 활동을 비롯한 쇼핑, 여가, 오락에 이르기까지 소비 활동에 대한 비대면 플랫폼의 수요가 폭발적으로 증가하게 되었다. 또한 일상생활의 전반이 온라인으로 전환되면서 포스트 코로나 시대에도 지속적인 영향이 미치고 있다.

그러나 한편으론 서비스 제공자와 사용자의 대면 빈도가 높고 공간적, 물리적인 상호작용이 필수적인 산업분야에서는 온라인 전환이 한계가 있을 것으로 나타나고 있다.[21]

이러한 온라인상의 제한되는 상호작용을 극복할 수 있는 플랫폼이 메타버스이다. 메타버스는 현실에 기반을 하지만 가상세계를 표현함으로써 공간적, 물리적 한계가 존재하지 않는다. 메타버스는 기존의 온라인 플랫폼과는 달리 사람과 정보가 가상화된 공간 속에서 사회적, 물리적 상호작용으로 끊임없이 소통할 수 있는 기반을 제공한다는 특성이 있어 다양한 비즈니스 분야에 접목되고 있다(산업연구원, 2021).

특히 기존 온라인 전환에 제한과 한계가 있는 산업에 메타버스의 가상공간을 활용한 디지털 전환을 통해 더 많은 서비스 기회를 창출하거나 현존 서비스의 효율성과 효과성을 높일 수 있어 메타버스를 고려하고 있다.

메타버스는 유희적인 가상세계와 사회적 가상세계로 구분된다. 유희적 가상세계는 허구적 배경에서 아바타가 콘텐츠를 소비하는 형태이고, 사회적 가상세계는 현실 재현에 중점을 두고 메타버스 환경에서 일상과 유사한 사회, 경제적 활동을 할 수 있는 형태로 제시되고 있다(한혜원, 2008).[22]

---

21) 산업연구원(2021). 코로나19 대응을 위한 디지털전환 및 시사점, 월간 KIET 산업경제.
22) 한혜원(2008). 메타버스내 가상세계의 유형 및 발전방향 연구. 〈디지털콘텐츠학회논문지〉, 9(2).

표 10-3 │ 생활·산업 메타버스 활용사례

구분	주요 내용	사례
부동산	• 가상 모델하우스, 매물소개 등 다양한 프롭테크 서비스 제공 • 가상공간의 부동산 건설 및 공간 임대	• 직방 3D 단지 투어, 코비e하우스, Decentraland, Earth 2, UpLand 등
제조	• 현장 작업자의 업무 효율 향상과 안전보호 • 설비 조작, 재난안전관리, AR 원격 협업 서비스 제공 • 디지털 트윈을 통한 공정상황 실시간 확인 및 오류 여부 확인	• 지멘스 EWA, GE Perdix, BMW Omniverse, 현대자동차 메타팩토리
교육	• 가상공간 활용 몰입감 있는 교육 경험 제공 • 가상캠퍼스, 양방향 원격 강의, XR 활용 실습 등	• Gather.town, XR Class, Horizon Workrooms, Spatial
의료	• 원격 수술실 참관, 의료 훈련 솔루션, VR 재활, 스마트 수술실 운영(가상 시뮬레이션)	• 분당서울대학교병원 스마트 수술실, 국립암센터 닥터메타, MEDIP PRO
유통	• 가상 지점 개설 및 운영, 온라인 제품 홍보 및 맞춤형 쇼핑 정보 제공 • AR 활용 제품 인터랙션 및 가상 지점 체험 제공	• 이마트24 E-Verse, GS25 신한 메타버스점, 신세계백화점 제페토점, IKEA PLACE
행정	• 시민 참여형 가상 정책토론장 운영 • 관광, 홍보, 행사 관련 행정 서비스 제공	• 메타버스 서울, 버추어 싱가포르, 지자체 행사(부산관광벤처 페스티벌, 충북 소통혁신 역량강화 워크숍 등)

자료: 박준현(2023)[24]

유희적 가상세계의 예로는 '게임 기반 메타버스(Game Based Metaverse)'가 있으며, 사회적 가상세계의 예로 '소셜기반의 메타버스(Social Based Metaverse)'로서 로블록스(Roblox), 제페토(Zepeto)와 같이 소통, 쇼핑, 게임 중심의 메타버스가 대표적이다. 그리고 최근에는 사회적 가상세계의 한 부분으로 팬데믹을 겪으면서 비즈니스, 교육, 상담 업무 등 사회적 가상 세계기반의 '생활·산업 메타버스'가 성장하고 있다.

이러한 메타버스는 중개업, 임대업, 분양업, 컨설팅업 등 부동산 서비스분야에서 상호작용 강화를 위해 효율적으로 활용될 것으로 기대되어 이에 대해 자세히 살펴보면 다음과 같다.

메타버스 프롭테크 상호작용 유형을 살펴보기 전에 먼저 상위 개념인 디지털 콘텐츠 상호작용의 3가지 유형을 살펴보면 첫째, '사용자와 사용자 간 상호작용', 둘째, '콘텐츠와 사용자 간 상호작용', 셋째, '시스템과 사용자 상호작용'으로 구분할 수 있다.

그림 10-4 | 메타버스 프롭테크 상호작용 유형

상호작용 유형		하위 유형	내용
사용자와 사용자간	사회적 상호작용	사회적 실재감	가상에서 타인과 상호작용하거나 반응하고 있다고 느끼는 수준
			가상에서 사회적 교류가 실제의 상황과 유사한 조건 및 결과로 나 타나는 수준
		의사소통	아바타를 이용해 비언어적 표현 표출과 사용자간 실시간으로 대화 하며 반언어적 표현을 통한 상호작용
		상호 호혜성	가상의 공간에서도 사용자 간 교류가 진행 될 때 상호 간의 호의적 인 관계
콘텐츠와 사용자간	공간적 상호작용	원격 실재감	가상현실에서 사용자가 매개된 환경에 있는 것처럼 느끼는지 여부
		구축 유연성	시간과 공간, 자원의 제약 없이 새로운 현실을 만들 수 있는 비어 있는 세계
	물리적 상호작용	시뮬 레이션	메타버스 환경은 무한대에 가까운 경우의 수를 테스트하고 검증해 볼 수 있는 기회 제공
		객체 동기화	객체와 상호작용 공유좌표계를 구성하여 각 사용자에게 공유하여 같은 상호작용이 일어나도록 하는 것
		3D객체 지원	디지털 개체를 상호작용하게 해 주는 도구를 개발함으로써 단순한 시각효과, 사실적으로 반응하는 3D 객체 지원
시스템과 사용자간	공통	정보 습득	가상현실에서는 언어를 통한 정보습득과 듣고, 느끼는 감각의 경험 을 통해 정보 습득
		시스템 통제성	기록, 저장 등 주문 기반의 정보에 대한 탐색 및 접속이 사용자들 의 통제하에 있는 것을 의미

자료: 박준현(2023) 재구성

그리고 디지털 콘텐츠 상호작용을 기반으로 메타버스 프롭테크 상호작용을 사회적 상호작용, 공간적 상호작용, 물리적 상호작용으로 유형을 분류해 볼 수 있다(김창수 외, 2011).[23]

디지털 콘텐츠의 상호작용에서 '사용자와 사용자 간 상호작용'이란 커뮤니케이션 과정의 참여자들이 상호 간의 담화를 통제하고 역할을 교환하는 것을 의미한다. 따라서 메타버스 프롭테크는 가상부동산, 아바타를 매개로 참여자들이 의사소통을 통해 정보를 공유하고 사회적 교류를 형성할 수 있기 때문에 메타버스 프롭테크는 사회적 상호작용에 해당한다.

---

23) 김창수·이성호·오은해(2011), 디지털 콘텐츠의 상호작용요인이 몰입과 사용의도에 미치는 영향, 한국콘텐츠학회논문지, 제11권제9호.

그리고 디지털 콘텐츠의 상호작용에서 '콘텐츠와 사용자 간 상호작용'이란 사용자가 실시간으로 매개된 환경의 형식과 내용을 수정 및 제어하는 것을 의미한다. 이는 콘텐츠가 생동감 있게 상호작용할수록 사용자 경험의 실재감이 증가함을 확인할 수 있다. 메타버스 프롭테크는 기존 디지털 환경과는 달리 가상공간을 기반으로 공간과 가상객체의 제어를 통해 매개된 환경을 보다 생생하게 경험할 수 있게 한다. 따라서 실재감 있는 콘텐츠 제공을 목적으로 '콘텐츠와 사용자 간 상호작용'은 메타버스 프롭테크의 공간적 상호작용과 물리적 상호작용에 해당한다고 할 수 있다.

또한 '시스템과 사용자간 상호작용'은 사용자 개인이 시스템과 상호작용하는 것을 의미하는 것으로, 커뮤니케이션이나 정보의 탐색, 저장이 사용자의 통제하에 있는 것을 의미한다. 해당 상호작용은 사회적 상호작용에 속하는 사용자간 커뮤니케이션, 공간적 상호작용의 매개에 속하는 가상공간, 물리적 상호작용의 매개에 속하는 가상객체를 통해 얻은 정보를 저장하거나, 기능을 사용자가 통제하는 것을 의미하므로 상위 3가지 상호작용의 공통 항목에 해당한다.

따라서 메타버스 프롭테크는 사회적, 공간적, 물리적 상호작용을 고려하여 설계 구성하여야 하는 것으로 이에 대해 좀 더 상세하게 살펴보면 다음과 같다.

1. 사회적 상호작용

사회적 상호작용이란 개인의 생각과 행동, 태도가 다른 개인에게 영향을 미치는 것[25]으로(Turner, 1988) 메타버스상에서는 아바타를 통해 언어적 표현과 비언어적 표현으로 사회적 관계를 형성하는 것을 의미한다(임태형 외, 2022). 따라서 메타버스 프롭테크에서는 아래와 같은 '사회적 실재감', '의사소통', '상호호혜성' 등의 하위항목을 고려하여야 할 것이다.

가상부동산 플랫폼의 원활한 사회적 상호작용을 위해서는 가상공간의 환경에서 타인과 상호작용하거나 반응하고 있다고 느끼는 수준이 가상공간에서의 사회적 교류

---

24) 박준현(2023), 서비스업종의 메타버스 기회요인 분석 및 개선방향 제안.
25) Turner, J. H.(1988). A theory of social interaction. Stanford: Stanford University Press.

가 실제의 상황과 유사한 조건 및 결과로 나타나는 수준인 사회적 실재감에 있다는 것을 고려하여야 한다. 그리고 가상공간에서 아바타를 이용한 비언어적 표현과 표출로 사용자간 실시간으로 대화하며 반언어적 표현을 통한 상호작용하는 의사소통을 고려하여야 한다. 그리고 가상의 공간에서도 사용자 간의 교류가 진행될 때로 상호 간의 호의적인 관계를 의미하는 상호호혜성이란 요소의 고려가 요구된다.

2. 공간적 상호작용

공간적 상호작용의 전통적인 의미는 공간상의 지점간의 사람, 물품, 정보, 돈 등 모든 종류의 흐름으로 정의하고 있다(이상일, 2012). 최근 가상공간이 우리 삶에 차지하는 영역이 넓어지며 메타버스에서 구성되는 가상공간은 현실과 융합하여 현실공간과 영향을 주고받는 공간으로 정의되고 있다(이지혜 외, 2022).

메타버스 프롭테크 내의 공간적 상호작용은 공간과 사용자간 상호작용이 발생하며 사용자의 경험에 변화가 일어나는 것을 의미한다. 따라서 '원격 실재감'과 '구축 유연성'을 고려할 수 있을 것이다. 가상현실에서 사용자가 매개된 환경에 있는 것처럼 메타버스 프롭테크에서는 원격 실재감과 시간과 공간, 자원의 제약 없이 새로운 현실을 만들 수 있는 비어있는 세계를 의미하는 구축 유연성이란 요소를 고려하여야 한다.

3. 물리적 상호작용

가상공간은 물리적 개체들로 이루어져 있으며, 이러한 물리적 개체는 객체, 물질 등을 포함한다. 사용자가 조작하는 아바타 또한 객체로서, 가상공간을 구성하는 일정한 형태를 가진 모든 것을 의미한다(박종희 외, 2012).

메타버스 프롭테크의 물리적 상호작용은 아바타, 물질, 객체 등 각각의 개체가 상호 연관되어 발생하는 현상으로 정의된다. 따라서 '시뮬레이션', '객체 동기화', '3D 객체 지원'이란 항목을 고려하여야 할 것이다.

메타버스 환경은 무한대에 가까운 경우의 수를 테스트하고 검증해 볼 수 있는 기회 제공이란 의미의 시뮬레이션과 객체와 상호작용의 공유좌표계를 구성하여 각 사용자에게 공유하여 동일한 상호작용이 일어나도록 하는 것이다. 따라서 객체동기화, 디지털 개체를 상호작용하게 하는 도구를 개발함으로써 단순한 시각 효과만이 아니라, 사실적으로 반응하는 3D 객체 지원이란 요소를 고려하여야 한다.

4. 공통적용 항목

메타버스 프롭테크의 사용자 간 상호작용으로 사회적, 공간적, 물리적 상호작용에 공통적으로 적용되는 항목으로 상호작용을 통한 정보 습득, 시스템 자체 기록 및 저장하는 행위이다. 메타버스 프롭테크는 사용자가 시스템에 시간과 공간적 제약없이 언제 어디서나 접속이 가능하고 사용자에게 통제권이 부여됨으로 조작이나 기록이 자유롭다. 정보습득에서 텍스트, 음성 등 언어를 통해 정보를 얻는 것을 보고, 듣고, 느끼는 감각을 통한 경험으로 정보를 습득할 수 있다.

메타버스 프롭테크는 현실세계와 유사한 환경인 가상공간을 기반으로 사용자와 사용자, 콘텐츠와 사용자 간의 복합적인 상호작용을 통해 온라인 플랫폼에서 경험하지 못한 새로운 경험 가치를 제공할 것으로 기대된다.

따라서 가상현실에서 언어를 통한 정보 습득을 보고, 듣고, 느끼는 감각의 경험을 통한 정보 습득과 기록, 저장 등 주문 기반의 정보에 대한 탐색 및 접속이 사용자들의 통제하에 있는 것을 의미의 시스템 통제성이란 요소를 고려하여야 한다.

▎▎ 메타버스 프롭테크 구현 방안

국내 표준직업분류(KSCO)에서 소분류된 156개 직업 중 서비스 업종은 대면 빈도가 높고 공간적, 물리적인 상호작용이 불가피한 특성으로 온라인 전환에 한계가 있는 업종으로 분류하고 있다(오삼일 외, 2020).[26]

---

26) 오삼일·이상아(2020), 코로나 19에 대한 고용취약성 측정 및 평가. 한국은행 BOK 이슈노트,

그러나 메타버스는 효율적인 상호작용을 통해 이러한 서비스업종에서 온라인 전환의 한계를 극복할 수 있다. 이러한 서비스업종 중 하나인 부동산서비스는 메타버스의 복합적인 상호작용을 적용한 디지털 전환을 통해 서비스의 효율성과 효과성을 높일 수 있을 것으로 기대된다.

러브락(Lovelock, 1983)은 서비스 행위의 성격에 따라 서비스를 4가지로 분류하였다. 서비스 행위를 직접 받는 대상이 사람인지 혹은 사물인지, 또 그 행위가 유형적인지 혹은 무형적인지에 따라 신체에 대한 서비스, 정신에 대한 서비스, 유형자산에 대한 서비스와 무형자산에 대한 서비스 등 4가지로 분류하고 있다.[27]

러브락이 정의한 서비스 분류 기준인 신체에 대한 서비스와 정신에 대한 서비스, 서비스 제공자와 사용자의 즉각적인 상호작용이 일어나는 동기적(Synchronous) 서비스, 메타버스 프롭테크의 특징인 공간적 서비스를 분류 기준으로 물리적인 업무환경에 대한 의존도가 높고, 대면접촉이 잦은 부동산서비스 분야에서 메타버스 상호작용을 통해 온라인 전환의 구현방안을 살펴보면 다음과 같다.

메타버스 프롭테크는 부동산 서비스를 제공하기 위한 행위로 공간을 기반으로 매물 크기, 구조, 주변 환경 등 다양한 정보를 탐색하게 하는 것이다.

온라인과 오프라인 플랫폼에서 습득할 수 있는 정보는 명확한 차이가 있기 때문에 서비스의 목적을 달성하기 위해서는 온라인과 오프라인 플랫폼 전체를 사용하는 사용자 경험이 요구된다. 그리고 사용자는 서비스 제공자와의 소통에서 부담을 느끼며, 각자 이익을 위한 경쟁적 관계로 인식하는 경향이 있어 사용자 스스로 얻는 정보에 대한 신뢰도가 높은 것으로 나타나고 있다.

온라인 부동산 플랫폼에서는 사용자 맞춤형 정보 탐색에 강점이 있어 부동산 커뮤니티 또는 동영상 플랫폼을 통해 실거주자의 후기를 참고하여 정보를 탐색하는 것에 높은 효율이 나타나고 있다.

하지만 공간과 사용자가 상호작용을 하지 않아 공간과 환경 정보를 탐색하는 것

제2020-9호.

27) Lovelock, C. H.(1983). Classifying services to gain strategic marketing insights. Journal of marketing, 47(3), 9-20.

표 10-5 | 부동산 서비스 유형별 특징

부동산서비스			
서비스 특징	• 공간 기반 정보 탐색이 주요 서비스 • 습득하고자 하는 정보에 따라 플랫폼 활용의 차이가 명확함 • '온라인-오프라인' 플랫폼 간 콘텐츠 상호대체 불가능 • '제공자-사용자' 간 각자의 이익을 위한 경쟁적 관계		
플랫폼	온라인	오프라인	메타버스
콘텐츠	• 사전 정보 탐색	• 실제 매물 확인	• 현실 매물이 반영된 가상공간 확인
플랫폼 특징	• 온라인을 통한 정보 탐색이 부동산 서비스 정보의 80% 이상 차지 • 매물을 선택하는 과정에서 현장 방문의 사전 정보 탐색의 용도 • '제공자-사용자', '공간-사용자' 간 인터랙션이 발생하지 않는 일방향적 서비스 • 시간과 장소에 제약 없이 정보 탐색	• 실제 매물의 온라인에서 파악이 불가할 세부 정보를 탐색하기 위함 • 집 크기 및 구조, 집 상태, 주변 환경을 상세히 경험하기 위해 방문 • '제공자-사용자', '공간-사용자' 간 인터랙션이 발생하는 양방향적 서비스 • 정해진 시간과 장소에서 정보 탐색	• 온라인에서 파악이 불가능한 일조량, 3D 구조, 전경을 탐색하기 위함 • '제공자-사용자', '공간-사용자' 간 인터랙션이 발생하는 양방향적 서비스이나, 가상공간 내에서 서비스 제공자와 소통할 수 없는 한계 존재 • 시간과 장소에 제약 없이 정보 탐색

자료: 박준현(2023) 재구성

에 한계가 있고 왜곡된 이미지나 허위매물 등의 부정확한 정보 때문에 현장 방문(임장활동)이 필수적으로 요구된다. 또한 제공자와 유선(온라인)으로 매물정보를 얻거나 방문일정을 정하는 것에 심적 부담을 느끼는 것으로 나타나고 있다.

오프라인 플랫폼은 실매물 확인과 주변 환경의 경험을 통한 정보탐색에 효과적으로 온라인에서 한계가 나타나는 공간 정보와 환경 정보를 탐색 가능한 특성이 있다. 온라인 플랫폼을 통한 부동산 탐색이 전체 서비스 프로세스의 80%를 차지하지만 오프라인에서 경험을 통해 얻는 공간적, 환경적 정보가 부동산 계약에 더 중요한 요인으로 나타났다(박준현, 2023). 현장에서도 현재 거주자의 짐이나 가구로 인하여 세부적인 공간 파악에 한계가 나타났으며 온라인에서 탐색한 공간에 대한 정보와 실제 매물의 불일치로 인해 제공자에 대한 신뢰도가 감소하는 부정적인 사용자 경험이 나타나고 있다.

메타버스 플랫폼은 실제 부동산과는 달리 시간과 계절에 상관없이 언제든지 내부 구조와 외부 경관을 확인할 수 있는 공간적 상호작용이란 이점이 있으며, 온·오프라인 플랫폼에서 도출된 정보탐색의 한계를 보완할 수 있다. 하지만 현재 메타버스 플랫폼 내에서 위치 이동이 제한적이며, 아바타와 세부 인터랙션과 같은 물리적 상호 작용이 부재하여 부동산의 공간적 인지력에 한계가 있다.

따라서 이러한 메타버스 프롭테크의 이러한 한계점을 극복하기 위해서는 사용자들이 가상으로 체험할 수 있는 부정적인 인터랙션 기능과 기존 온·오프라인 플랫폼에서 저하된 신뢰도를 회복할 수 있는 방안으로 아래와 같은 사항을 고려하여야 할 것이다.

1. 아바타를 통한 실재감 구현

기존 부동산 서비스는 아바타가 부재하여 공간의 크기를 추측하기 어렵고 정해진 위치로만 이동할 수 있어 정보탐색에 한계가 있다. 사용자는 자신과 유사한 아바타를 통해 공간의 크기와 높이를 파악하는 것에 도움이 된다. 즉 아바타를 공간에 존재하게 함으로써 사용자들은 현실과 유사한 경험을 할 수 있다.

메타버스 프롭테크에서는 아바타를 운영하게 하여 자유로운 이동으로 인하여 공간의 세부적인 부분까지 확인하여 부동산의 전체적인 느낌과 더불어 작은 부분까지 실제 경험과 유사하게 체험할 수 있게 될 것이다.

2. 가구 배치 및 인테리어 커스터마이징

부동산 메타버스 프롭테크의 사용자는 집 내부의 인테리어 요소들을 선택하고 배치할 수 있는 기능이 필요하다. 사용자는 메타버스 프롭테크상에서 인테리어 시뮬레이션을 통해 가구를 배치하고 채광을 확인하며, 벽지 색상과 조명의 변화에 대한 시각적인 효과를 미리 확인할 수 있어야 한다. 사용자가 내부 공간의 크기 및 레이아웃 등을 시각적으로 파악하여 신중한 부동산 구매를 도울 수 있다.

3. 세부 공간 확인 필요

오프라인 현장 확인에서는 현 거주자의 짐이나 프라이버시로 인해 세부 공간에 대한 정보탐색에 한계가 나타나고 있으며, 플랫폼에서도 수납장의 깊이나 크기, 문 개폐 방향을 확인할 수 없어 세부 공간 정보를 파악에 한계가 있다.

부동산 메타버스는 공간의 구조 외에도 세부적인 요소에 대한 인터랙션을 통해 공간에 대한 상세한 체험이 필요하다.

4. 실거주자 및 사용자들과의 의견 공유

매물에 대한 신뢰도를 향상시키고 공간 정보 외에 다양한 정보를 수집하기 위해 실거주자나 다른 사용자와의 커뮤니티가 중요하다. 부동산 메타버스에서 사용자들은 커뮤니티 공간에서 부동산 거래정보를 공유하거나, 서로에게 매물을 추천하는 등의 정보제공이 요구된다. 또한 커뮤니티 공간을 통해 메타버스 프롭테크는 서비스 제공 자가 사용자의 요구와 의견을 수집하고 이를 반영함으로써 서비스를 개선하는 데 도움이 될 것으로 예상된다.

5. 공인중개사 소통수단 부담감 완화

기존 부동산 온라인과 오프라인 플랫폼에서 공인중개사와 소통수단은 유선으로 되어 있어 불편하다는 의견이 많다. 기존 플랫폼 또한 상담신청을 하게 되면 유선으로 연락이 오는 시스템으로 구성되어 있어 부동산 메타버스는 채팅과 메시지 등의 소통수단으로 초기 소통의 부담을 덜어낼 수 있는 방안이 요구된다.

메타버스 부동산 시장이 폭발적으로 확대될 것이란 전망들이 있는 반면 여전히 현대판 '봉이 김선달'이란 우려도 있다.

어스 2는 가상 부동산 거래 후 현금화하려면 운영자에게 메일을 보내 현금화하기까지 한 달에서 수개월 이상 걸리기도 한다. 더욱이 50달러 미만의 금액은 현금화 할 수도 없으며, 또한 일부 부동산 가상플랫폼에서 거래하는 가상화폐는 코인거래소

표 10-6 | 부동산 서비스 메타버스 플랫폼 개선방향

메타버스 상호작용	하위항목	메타버스 플랫폼 개선방향
공간적 상호작용	원격 실재감	• 아바타를 통한 자유로운 이동 및 시점 변환
물리적 상호작용	3D 객체 지원	
공간적 상호작용	원격 실재감	• 사용자와 유사한 아바타를 통한 공간의 크기 유추(키, 체형 등)
	구축 유연성	• 설정한 시간대에 따라 매물의 주변 환경(교통상황, 소음 등)을
물리적 상호작용	시뮬레이션	확인할 수 있는 기능
	3D 객체 지원	• 수납장, 문 개폐 방향 등 세부 공간에 대한 인터랙션 기능
	시뮬레이션	• 가구 배치 및 인테리어 커스터마이징 기능
사회적 상호작용	사회적 실재감	• 커뮤니티 공간을 통한 '제공자-사용자', '사용자-사용자' 매물 정
	정보습득	보 공유
	의사소통	• 채팅이나 메시지와 같은 부담스럽지 않은 초기 연락수단
	정보 습득	• 중개인, 매물에 대한 후기 및 평가 확인

자료: 박준현(2023) 재구성

에 상장되지 않아 역시 현금화가 제한된다.

현실세계에서 아파트는 빌라나 단독주택보다 높은 가치를 인정받고 투자가 집중되는 이유는 아파트는 표준화된 상품으로 가격산정(평가)이 용이하고 환금성이 높기 때문이나 가상 부동산은 가치산정이 모호하다.

그러나 장기적으로 보면 가상세계에 존재하는 자산이 실제 자산과 동등하게 인정받는 시대가 올 것이라 기대된다. 따라서 가상 부동산을 포함한 메타버스의 진정한 의미는 현실과의 단절이 아니라 현실의 연장(과학기술정책연구원)이라 하며 가상공간에서 벌어들인 수익(가상화폐)이 해당 플랫폼에서만 통용되는 게 아니라 현실에서 화폐 가치를 갖는 게 중요하다는 지적도 있다.

또한 "플랫폼이 지속되려면 상당한 유저의 참여가 유지되어야 한다는 전제가 필요한데 유저들이 없으면 가상 부동산 가치는 제로"라면서 가상세계가 유지되지 않거나 사이트를 닫으면 가상부동산도 소멸한다고 하여 시장이 성숙하기까진 기술과 플랫폼의 옥석이 가려지는 과정이 필요하다. 그리고 지금 당장 가치를 부여할 수 있는 서비스와 20~30년 후 실현될지 안 될지 모르는 공상과학적인 내용 등 중장기적으로 가능한 것들이 당장 가치가 있는 것처럼 부풀려져 거품이 있다는 지적도 있다. 뿐만 아니라 가상자산의 개념이 형성된 지 얼마 안 돼 위험하다고 생각하는 것은 당연하다

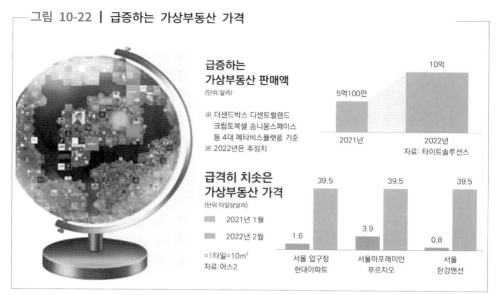

그림 10-22 | 급증하는 가상부동산 가격

급증하는
가상부동산 판매액
(단위:달러)

※ 더샌드박스 디센트럴랜드
크립토복셀 솜니움스페이스
등 4대 메타버스플랫폼 기준
※ 2022년은 추정치

5억100만 — 2021년
10억 — 2022년

자료: 타이트솔루션스

급격히 치솟은
가상부동산 가격
(단위:타일당달러)

2021년 1월
2022년 2월

=1타일=10m²
자료:어스2

서울 압구정 현대아파트 1.6 / 39.5
서울마포래미안 푸르지오 3.9 / 39.5
서울 한강맨션 0.8 / 39.5

자료: 한국경제(2022)[28]

면서도 "대부분의 투자와 마찬가지로 해당 기술과 플랫폼에 대한 이해가 필요하고 이런 과정을 통해 옥석이 가려져야 한다(김승주 교수)"고 말한다(원정희, 2022).

따라서 위에서 언급한 다양한 의견을 참고하여 장기적인 측면과 단기적인 측면을 고려한 메타버스 프롭테크를 발전시킬 수 있어야 할 것이다.

---

28) 한국경제(2022), 16m² '디지털 땅'이 1,750만원…메타버스서도 부동산 열풍

참고문헌

AI 타임즈(2023), 다보스포럼, 상시 프로젝트 진행할 '메타버스 플랫폼 공개(2023.1.19).

Allam, Z., Sharifi, A., Bibri, S. E., Jones, D. S. and Krogstie, J.(2022), The Metaverse as a Virtual Form of Smart Cities: Opportunities and Challenges for Environmental, Economic, and Social Sustainability in Urban Futures. Smart Cities vol.5, no.3: 771－801.

Andrew Baum, Andrew Saull, Fabian Braesemann(2020). PROPTECH 2020: THE FUTURE OF REAL ESTATE. University of Oxford Research.

Austin, S.(2021), The new wave of web 3.0 metaverse innovations. Entrepreneur, https://www. entrepreneur.com/article/380250(2021.9.8).

Baruch, L. (2001), Intangibles: Management, measurement, and reporting. The Brookings Institution.

Baum, A., Saull, A., & Braesemann(2020), F., PropTech 2020: The future of real, University of Oxford Research.

Blockmedia(2022), 메타버스 부동산은 괜찮나?…작년 2조원 이상 몰려, https://www.blockmedia.co.kr/archives/268330.

CB Insights.(2022), Metaverse of madness: 13 big industries the rise of virtual worlds could disrupt. ies－disrupted－metaverse(2022.5.18).

Davis, A., Murphy, J. D., Owens, D., Khazanchi, D., & Zigurs, I.(2009), Avatars, people, and virtual worlds: Foundations for research in metaverses. Journal of the Association for Information Systems, 10(2), 90－117.

Ercoskun, O., & Mhlanga, T. S.(2020), Mapping, modeling and measuring photovoltaics potential in urban environments using google project sunroof. Gazi University Journal of Science Part B: Art Humanities Design and Planning, 8(2), 593－606.

EU Commission(2022.9.14), State of Union letter of intent.

eXp Reality(2021), An Introduction to eXp Reality.

FASHIONn(2022), 경계 없는 NFT 도대체 뭐길래? 메타버스에 올라탄 글로벌 패션 10, 스타일.

Fernandez, E., Montes J. M., & Vazquez, C. J.(2000), Typology and strategic analysis of intangible resources: A resource−based approach. Technovation, 20(2), 81−92.

Forrester Research(2018.11), Predictions 2019; Distributed Ledger Technology.

Fried, A.(2010), Performance measurement systems and their relation to strategic learning: A case study in a software−developing organization. Critical Perspective on Accounting, 21(2), 118−133.

Gartner(2021), Hype Cycle for Emerging Tecchnologies.

Geddes, P.,(1910), Cities in Evolution, London: Williams & Norgate.

Hexlant Research(2021), 이슈리포트 vol.15 발췌 및 수정.

Huynh−The, T., Pham, Q. V., Pham, X. Q., Nguyen, T. T., Han, Z. and Kim, D. S.(2023), Artificial intelligence for the metaverse: A survey. Engineering Applications of Artificial Intelligence, 117(5).

J. Michael Graglia &, Christopher Mellon(2018), BLOCKCHAIN AND PROPERTY IN 2018: AT THE END OF THE BEGINNING, World Bank.

Jensen, M. C., & Meckling, W. H. (1976). Theory of the firm: Managerial behavior, agency costs and ownership structure. Journal of Financial Economics, 3(4), 305−360.

Kaplan, A. M., & Haenlein, M.(2009), The fairyland of second life: Virtual social worlds and how to use them. Business Horizons, 52(6), 563-572.

Katharina Buchholz(2023), How the Metaverse is Making Money, Statista(2023.2.17).

KB금융지주 경영연구소(2018), KB지식비타민: 프롭테크로 진화하는 부동산 서비스.

KB증권(2021), 메타버스 디지털 평행세계 새로운 생태계의 태동.

KCA(2021), 차세대 신산업으로 떠오르는 NFT 시장, 제71호.

Kim, C., Lee, S. G., & Kang, M.(2012), became an attractive person in the virtual world: Users' identification with virtual communities and avatars. Computers in Human

Behavior, 28(5), 1663‑1669.

KOTRA(2022.7.20), 메타버스, 중국 디지털 경제의 다음 정거장, Global Market Report.

KPMG, 2018a, Growing pains: 2018 Global CEO Outlook. NL: KPMG.

KPMG, 2018b, The road to opportunity: An annual review of the real estate industry's journey into the digital age. NL: KPMG.

LG 기술 블로그(2022), '보인다 보여!' 데이터가 그려지는 메타버스 제조 현장의 모습은?(2022.4).

LG경영연구원(2024), XR과 만난 산업용 메타버스, 확산 빨라진다. 메타버스 분석보고서.

Lovelock, C. H.(1983), Classifying services to gain strategic marketing insights. Journal of marketing, 47(3), 9−20.

Mann, C. L.(2020), Economics in the time of COVID−19: 8 Real and Financial Lenses to Assess the Economic Consequences of COVID−19, London: CEPR Press, 81−85.

Market.US(2024), Metaverse market revenue worldwide from 2022 to 2032.

Mazzucato & Ouaggiotto(2020), The Big Failure of Small Government, Project Syndicate.

McKinsey&Company(2018), Getting ahead of the market: How big data is transforming real estate. McKinsey&Company Capital Projects & Infrastructure.

McKinsey & Company(2020), Supply−chain recovery in coronavirus times−plan for now and the future.

McKinsey(2022), Value creation in the metaverse(2022.6).

MIT(2023), The emergent industrial metaverse, MIT Technology Review Insights(2023.3).

Nasmedia(2023), Digital Media & Marketing Trend Forecasting.

NIA(2022), 현대인공지능의 역사적 사건 및 산업사회변화 분석, IT & Future Strategy 제11호.

NOKIA EY, The metaverse at work(2023.6).

Nonaka, I., & Takeuchi, H. (1995). The knowledgecreating company: How Japanese companies create the dynamics of innovation. Oxford University Press, USA.

Milgram P. and Kishino F.(1994), Taxonomy of Mixed Reality Visual Displays, IEICE

Transactions on Information and Systems, pp.1321－1329.

OECD(2019), 디지털 전환 발전 3단계.

OECD(2020), Economic Outlook, www.oecd.org/economic－outlook/june－2020.

Park, Sang－Min, and Young－Gab Kim(2022). A metaverse: Taxonomy, components, applications, and open challenges. IEEE access 10, 4209－4251.

Paul A. David(1990), 'The Dynamo and the Computer : An Historical Perspective on the Modern Productivity Paradox' American Economic Review, Vol.80, No.2 (2019 일본 정보통신백서에서 재인용)

Peppard, J., & Ward, J.(2004), Beyond strategic information systems: Towards an IS capability. Journal of Strategic Information Systems, 13(2), 167－194.

Park, S. M., & Kim, Y. G.(2022), A metaverse: Taxonomy, components, applications, and open challenges. IEEE Access, 10, 4209－4251.

Ray Kurzweil(2005), The Singularity is Near.

Ray Kurzweil(2024), The Singularity is Nearer.

Realtrends(2022), Brandessence Market Research.

Rifkin, J.,(1995), The End of Work: The Decline of the Global Labor Force and the Dawn of the Post－Market Era, New York: Tarcher.

Rifkin, J.,(2011), The Third Industrial Revolution: How Lateral Power is Transforming Energy, the Economy, and the World, New York: St. Martin's Press.

Rifkin, J., 2016, The 2016 World Economic Forum Misfires With Its Fourth Industrial Revolution Theme, Huffington Post Roberto Candusio(2018).

Precedence Research(2023), Metaverse Market.

Salim Ismail(2014), Expontial Organization, Singularity University.

Samala, U. Taali, A. L. Bojic, Y. Indarta, D. Tsoy, M. Denden, N. Tas, I. Dewi(2023), "Metaverse Technologies in Education: A Systematic Literature Review Using PRISMA", iJET, Vol.18(5), p.233.

Schwab, Klaus(2016), The Fourth Industrial Revolution, Geneva: World Economic Forum.

Shapiro, C., & Varian, H. R.(1998). Information rules: A strategic guide to the network economy. Harvard Business School Press.

Smart, J., Cascio, J., Paffendorf, J., Bridges, C., Hummel, J., Hursthouse, J., & Moss, R.(2007), A cross—industry public foresight project. Metaverse Roadmap 2007: Pathways to the 3DWeb, 1—28.

Suleiman, H. K.(2021), An outlook of post COVID—19 urban planning & design. The World after the Pandemic, 145—157.

Tinson and Clair(2020), Better housing ic critical for our health and the COVID—19 recovery. 25 Books Rainwater and Lena Gerabhty.

Turner, J. H.(1988), A theory of social interaction. Stanford: Stanford University Press.

Uyyala, Prabhakara, and DYAN CHANDRA YADAV(2023), THE ROLE OF AI IN THE DEVELOPMENT OF NEXTᵗGENERATION NETWORKING SYSTEMS, Vol.15, 1048—1059.

Vinson, D. E., Scott, J. E., & Lamont, L. M.(1977), The role of personal values in marketing and consumer behavior. Journal of Marketing, 41(2), 44—50.

Wang, J.(2020), The Cost of AI Training is Improving at 50x the Speed of Moore's Law: Why It's Still Early Days for AI, May 6., ARK Investment, Retrieved URL: ark—in—vest.com/articles/analyst—research/ ai—training

YTN(2024), "인류 30년 안에 멸종 가능"... AI 대부의 섬뜩한 경고(2024.12.29).

건축도시공간연구소(2018), 제4차산업혁명에 따른 건축서비스산업의 미래전망과 대응전략 연구.

경정익(2015), 부동산분야의 빅데이터 도입의도에 미치는 영향요인에 관한 연구, 한국부동산원, 부동산분석 창간호.

경정익(2018), 플랫폼기반의 프롭테크 기업 출현과 부동산시장 변화, Real Estate Issue & Market Trend, Vol.18, ㈜하나자산신탁.

경정익·권대중(2018), 제4차산업혁명시대 부동산산업의 정보기술 수용의 영향요인에 관한 연구, 대한부동산학회지, 제36권제3호.

경정익(2020), 부동산빅데이터블록체인프롭테크, 박영사.

경정익(2021), 부동산정보기술론, 박영사.

경정익(2023), 코로나 19가 국내 부동산시장에 미치는 영향과 변화에 관한 연구, Journal of Future Society 제14권제8호.

경정익(2024), 부동산정보론 한국금융연수원 프롭테크 강의자료.

고명삼(1993), 생산시스템의 자동화기술의 진화, 대한전기학회.

고영희·이서현(2016). 미디어 콘텐츠 기업의 무형자산 중심 지식자산 가치 연결 전략: 아이 코닉스 애니메이션 뽀로로에 대한 탐색적 사례연구, 지식경영연구, 제17권제3호.

권준형·조든솔·윤성진·최정호·김원희 외(2023), 산업형 메타버스의 현재와 미래, 한국통신학회, 정보와통신, 제41권제1호.

과학기술정보통신부(2022), 메타버스 신산업 선도전략.

과학기술정보통신부(2024a), 2024년 메타버스 지원 사업(2024.2.28).

과학기술정보통신부(2024b), 2024 정보통신산업의 진흥에 관한 연차보고서.

관계부처 협동 보도자료(2022), 메타버스 신산업 선도전략(2022.1).

관계부처 합동(2022.1.3), 메타버스 윤리원칙.

국제금융센터(2022a), 달러 강세는 신흥국 스태그플레이션 위험을 확대, Global View 세계 경제 해외시각.

국제금융센터(2022b), 글로벌 은행들의 메타버스 진출 현황, 은행산업분석(2022.10.31).

국토교통부(2022.6.21), 분양가 제도운영 합리화 방안.

국토교통부(2024), 2024년 부동산서비스산업' 실태조사 결과.

국토연구원(2020), 코로나19가 가져온 부동산시장 충격과 대응방안, 국토이슈리포트 제14호.

국토연구원(2023), 국토 디지털 전환에 대응한 메타버스 구축 및 활용방안.

과학기술정책연구원(2017), 산업주의를 넘어서는 4차산업혁명은 가능한가?, Future Horizon 제33호.

김병철(2022), 메타버스와 디지털트윈, 정보통신기획평가원, 주간기술동향(2022.5.25).

김석관(2017), 4차산업혁명의 기술동인과 산업 파급효과 전망, 과학기술정책연구원.

김승종(2018), 부동산서비스산업의 발전방향.

김시호(2021), NFT와 스마트 컨트랙트: 디지털 자산 거래와 메타버스 생태계, KISA REPORT 제7호.

김영원(2023), 메타버스 및 VR/AR 기반 산업/관광/교육 현장 디지털 전환 동향, 정보통신기획평가원, 주간기술동향.

김유한(2020). 유연근무제 확산을 위한 스마트 워크 선호도 증대에 관한 연구. 한국인사행정학회보, 제19권제3호.

김 은·김미정·김범수·김영훈·이애리·이태진·정대영·조호정·최동석·하희탁·한순홍·현용탁(2017), 4차산업혁명과 제조업의 귀환, 클라우드나인.

김인석(2024), 메타버스 시스템 연구 동향과 교육용 메타버스 개발 방안, 정보통신기획평가원, 주간기술동향(2024.12.18.).

김재영·박승봉(2021), 프롭테크 비즈니스 가치창출 프레임워크, 지식경영연구 제22권제1호.

김종성·강현철·박성현(2022), 가상부동산 플랫폼과 지적제도 연계를 위한 탐색적 연구, 한국지적정보학회한국지적정보학회지 제24권제3호.

김태완(2021), 디지털 휴먼의 현재와 미래, ETRI 이슈리포트.

김창수·이성호·오은해(2011), 디지털 콘텐츠의 상호작용요인이 몰입과 사용의도에 미치는 영향, 한국콘텐츠학회논문지, 제11권제9호.

김태완(2021), 디지털 휴먼의 현재와 미래.

김태완(2022), 디지털 휴먼의 기술 변화 방향 및 시사점, 한국건설산업연구원, ETRI 이슈리포트.(2022.9).

김현준(2023), MZ세대의 특성이 메타버스 지속적 사용의도에 미치는 영향 분석: TTF−UTAUT 모형을 중심으로, 부산대학교 박사학위논문.

남현우(2023), 메타버스를 위한 요소 기술과 활용사례 분석, TTA저널 제205호.

넥스텔리전스·ETRI 정책용역보고서(2022), 윤커뮤니케이션즈 블로그 (https://blog.naver.com/yooncoms/).

노경탁(2021), NFT, 메가트렌드가 될 것인가, 유진투자증권 Initiate: Internet.

더퓨처컴퍼니(2022), METAVERSE2 WHITE PAPER.

매일경제신문(2022.3.3), 코로나 이후 일터의 다섯 가지 변화.

매일경제(2022), 금융권 첫 메타버스 본점 나온다… DGB '어스 2'서 100만원에 매입

(2022.1.20.).

문련준(2022), Metaverse 및 NFT 기술 동향, 주간기술동향(2022.7.27.).

문화일보(2022), 전 세계 가상인간 70%가 한국출생(2022.11.3).

박종희 · 김태균(2012), 가상현실에서 물리적 현상들과 공간관계들의 표현, 한국콘텐츠학회 논문지 제12권제6호.

박준현(2023), 서비스업종의 메타버스 기회요인 분석 및 개선방향 제안.

박현일(2020), 코로나19 이후 새로운 기준의 건설, 건축, 제64권제8호.

방송통신위원회(2022), 지능정보사회 이용자 패널조사.

백종현 · 박은정 · 김정하 · 고인석 · 정원섭 · 김경환(2017), 제4차 산업혁명과 포스트휴먼 사회, 철학문화연구소, 철학과 현실. 통권112호(2017년 봄).

법무법인 유원(2022), [AI뉴스레터] 가상 부동산의 현황과 법적 쟁점(2022.4.26.).

비즈니스플러스(2022), [포커스]메타버스에서도 뜨거운 부동산... '피라미드 사기' 논란도 (2022.2.2)(https://www.businessplus.kr).

산업연구원(2021), 코로나19 대응을 위한 디지털전환 및 시사점, 월간 KIET 산업경제.

삼일PWC경영연구원(2023.3), Chat GPT, 기회인자위협인가.

소프트웨어정책연구소(2022), 주요국 메타버스 정책 현황과 시사점, ISSOU REPORT (2022.11.30).

심진보 외(2021), 메타버스 생태계 활성화를 위한 ICT 전략, ETRI 인사이트 리포트(2021. 12.31).

양승철(2020), 코로나19 팬데믹과 부동산 시장의 변화, 한국감정평가학회, 감정평가학 논집 제19권제2호.

오삼일 · 이상아(2020), 코로나 19에 대한 고용취약성 측정 및 평가, 한국은행 BOK 이슈노트, 제2020 - 9호.

우운택(2023), 메타버스 동향 그리고 전망, 정보통신기술평가원, 주간기술동향(2023.9.6).

원정희(2022), 나도 강남 부동산 오너, 가상부동산의 유혹, KISO, JOURNAL 제46호.

유종영(2022), 메타버스기반 가상부동산 거래 서비스 연구, 한국인터넷방송통신학회 논문지 제22권제2호.

윤여각(2018), 미래사회와 인간의 삶, 한국유아교육학회 2018년 춘계정기학술대회.

윤정현 외(2021), 메타버스 가상세계 생태계의 진화전망과 혁신전략, STEPI Insight 제284호 (2021.12.22).

윤 주(2017), 4차산업혁명에 대한 소고, STEPI Future Horizon 제34호.

윤창옥(2023), 메타버스 시대, 게임 콘텐츠의 진화, 정보통신기술평가원, 주간기술동향 (2023.12.6).

이승환·한상열(2021), 메타버스 비긴즈(BEGINS): 5대 이슈와 전망, 소프트웨어정책연구소.

이경주·김은영(2020), 플랫폼 서비스 혁신에 있어 인공지능(AI)의 역할과 효과에 관한 연구: 카카오 그룹의 인공지능 활용사례 연구. 지식경영연구, 제21권제1호.

이상일(2012), 공간적 상호작용론의 본질과 연구 영역: 인문지리학에 대한 통섭적 접근, 한국지리학회지 제1권제1호.

이지혜·주정민(2022), 메타버스 이용자의 자아정체성 인식에 관한 연구: 상징적 상호작용 이론 관점, 한국언론학보, 제66권제3호.

이진희·김동근·박효숙·박민숙·박정호·이경주·손종혁(2021), 감염병 대응을 위한 공간 정책 방향, 국토연구원, 국토 2022년 3월호(통권 제485호).

이하섭(2021), VR/AR 하드웨어, 인터페이스 최신 기술 동향, 정보통신기획평가원, 주간기술 동향.

이현송(2021), 미국의 부동산 중개업의 변화, 국제·지역연구 제30권제4호.

임태형·류지헌·정유선(2022), 메타버스 학습환경에 사회적 상호작용 여부와 수업유형이 실재감과 흥미 발달에 미치는 효과. 한국교육학연구(구 안암교육학연구), 제28권제1호.

장세형(2022a), NFT와 메타버스 관점에서 본 블록체인 활용 동향.

장세형(2022b), NFT 실체와 가치, 부제 NFT와 블록체인이 이끌어갈 메타버스 시대의 경제 생태계, 위키북스.

전성현·박동준(2017), 21세기 디지털 조직 전략실천에 대한 생태론적 고찰, 지식경영연구 제18권제3호.

정보통신기획평가원(2023), 차세대 디지털 융합 플랫폼 구현을 위한 메타버스 핵심기술개발.

정보통신기획평가원(2025), 2025 ICT 10대 이슈, AX시대 디지털 변화의 흐름.

정보통신산업진흥원(2024), 품목별 ICT 시장동향(메타버스).

정용택(2022), 글로벌 인플레이션, 팬데믹 대응 과정서 발생한 복합적 현상, KCI 특집.

정은수(2021), 메타버스 거부할 수 없는 세계, 메리츠증권(2021.7.26).

정익중(2020). 코로나19로 인한 아동돌봄 문제에 대한 해외 대응과 그 시사점, 국제사회보장 리뷰, 2020(여름).

정재호(2006), 미래예측 이론과 실제, 글로벌포커스 나라경제 10월호.

정희남 · 김승종 · 송하승(2015), 부동산산업의 국제비교와 시사점, 국토정책 Brief, No.540.

조선비즈(2021), 메타버스 기반 가상 부동산, 29억원에 팔렸다(2021.12.17).

조선비즈(2022), NFT, 메타버스 경제의 핵심 퍼즐, 데스크 칼럼(2022.2.12).

조선일보 Weekly Biz(2023), 각광받던 프롭테의 몰락(2023.2.24.).

조선일보(2025), AI가 구현한 '인체 내비게이션'으로 질병 찾아가 치료(2025.1.2).

조용민(2021), 메타버스 투자지도, 신한금융투자(2021.11.19.).

조호정(2013), 독일의 창조경제: Industry 4.0의 내용과 시사점: 제조업의 진화 전략이 필요하다, 현대경제연구원 VIP 리포트, 현대경제연구원.

조혜림 · 윤성범 · 정영제(2020), 코로나19로 인한 서울 통행 변화 분석 및 미래 대응방안, 교통기술과 정책 제17권제3호..

중소벤처기업부(2020), 부산 스마트공장 보급 확산 사업안내.

중소기업중앙회(2020), 코로나19 관련 긴급 중소기업 피해실태조사.

중앙일보(2020.5.26), 미국 3,700조, 일본 1,150조 … 동시에 돈 풀기 나선다.

채다희 · 이승희 · 송진 · 이양환(2022), 메타버스와 콘텐츠, 한국콘텐츠진흥원, Kocca Focus.

최병삼 · 양희태 · 이제영(2017), 제4차 산업혁명의 도전과 국가전략의 주요의제, 과학기술정책연구원 STEPI Insight Vol.215.

최천운(2021), 코로나 19 이후 부동산 법제도 개선방안, 한국부동산법학회, 부동산법학 제25집.

코인리더스 보고서(2022.2.5), 2022년 메타버스 가상 부동산 판매량 10억 달러 전망.

통계청(2020), 인구로 보는 대한민국.

통계청 보도자료(2021), 2020년 12월 온라인쇼핑 동향 및 연간 온라인 쇼핑 동향(2021.2.3).

통계청 보도자료(2022), 2022년 3월 온라인쇼핑 동향 및 1/4분기 온라인 해외 직접 판매 및 구매 동향(2022.5.2).

통계청(2016), 장래인구특별추계: 2015~2065년(2016.12.8).

통계청(2023), 장래인구특별추계: 2022~2072년(2023.12.14.).

통계청(2024), 장래인구추계 시도편_2022_2052년_보도자료(2024.5.28).

통계청(2024b), 2023년 국민대차대조표 결과(잠정)(2024.7.18.).

한경 비즈니스(2022), 서울·경기 찍고 제주까지… 전국으로 퍼지는 공유 오피스.

한국건설산업연구원(2021), 포스트 코로나 시대 건설업체의 경영 현안 및 대응 과제.

한국경제신문(2022), 집값의 미래는 재택근무가 결정한다(2022.5.26).

한국경제신문(2022), 제2의 루나사태 막아라… 美, 가상자산 규제 강화(2022.9.17).

한국경제(2022), 16㎡ '디지털 땅'이 1,750만원…메타버스서도 부동산 열풍.

한국건설산업연구원(2020), 코로나19 사태의 부동산경기 파급효과 및 대응 방안.

한국인터넷진흥원(2022), 메타버스의 서비스적 특성 도출.

한국전자통신연구원(2020), 코로나 이후 글로벌 트렌드, ETRI Insight 2020－01.

한국전자통신연구원(2023), 융합 서비스 확산을 위한 메타버스 기술 동향, 전자통신동향분
　　　석 제38권제2호.

한국전자통신연구원(2022), 디지털전환의 개념과 디지털전환 R&D의 범위.

한국주택금융공사(2023), 싱글라이제이션, 늘어나는 1인가구, 주택금융리서치 제32호.

한국지능정보사회지능원(2024), 생성AI 시대, 새로운 혁신의 시작과 대응, IT & Future
　　　Strategy 제1호(2024.5.20).

한국콘텐츠진흥원(2021), FEELREAL Multisensory VR Mask, 실감콘텐츠 동향분석.

한국프롭테크포럼(2023), 국내 프롭테크 산업의 평가와 발전방향 모색.

한국프롭테크포럼(2024), 2024 PROPTECH LIST BOOK(2024.12).

한상열 외(2022), 주요국 메타버스 정책 현황과 시사점. 소프트웨어정책연구소.

한혜원(2008), 메타버스 내 가상세계의 유형 및 발전방향 연구, 디지털콘텐츠학회논문지 제
　　　9권제2호.

황지영(2020), 코로나가 촉발한 연택트 소비트렌드와 미래전망, STEPI Future Horizon
　　　Focus 제46호.

찾아보기

경정익

저자는 빅데이터, 블록체인, 인공지능, CPS 등 정보기술의 부동산 활용과 제4차 산업혁명, 인구구조 변화, 도시 변화, 북한 부동산 변화 등 메가 트렌드에 대한 연구에 관심을 두고 있으며, 미래 부동산의 변화와 발전을 주제로 연구·집필 활동을 수행하고 있다. 또한 대학 및 공공·교육기관에서 자문과 강의를 진행하며, 부동산 정보기술 및 미래 부동산 분석에 대한 특별 강연을 하고 있다.

현재 인하대 정책대학원, 명지대·한성대 부동산대학원, 동국대 행정대학원, 중앙대, 세종사이버대, 서울·한양·세계사이버대 등에서 부동산 정보론, 부동산 빅데이터 분석, 부동산 블록체인 활용, 미래 부동산 분석 등의 강의를 맡고 있으며, 한국금융연수원 및 다수의 부동산 최고위 과정(매일경제사, 동국대, 아주대, 부산교대, 성동구청, 서초구청 등)과 명지대, 국민대, 인하대 등에서 제4차 산업혁명과 정보기술 발전의 활용을 주제로 강연을 진행하고 있다.

학력

행정학박사(부동산 정보화정책)
부동산학석사, 공학석사(정보통신학)

경력

인하대학교 정책대학원 초빙교수
국토교통부 국가공간정보사업 기술평가위원
한국부동산정보분석연구원장
국민대학교 정보기술연구소 연구위원
도시계획/도시재생 심의/평가위원(강북구, 관악구, 동대문구, 의정부시, 평택시, 가평군, 성남시)
한국자산관리공사 온비드 발전 자문위원장
서대문구 공유재산심의위원회 부위원장
공인중개사 자격시험 출제위원
국토교통과학기술진흥원 자문 및 평가위원
성남도시개발공사 기술자문위원
인천도시공사 기술자문위원
한국광해관리공단 심의자문위원
NCS(국가직무능력표준) 부동산분야 집필/검토위원
한국데이터베이스진흥원 부동산 빅데이터 자문교수
인천신용보증재단 자문위원
포항 테크노파크 빅데이터 자문위원
하나자산신탁 빅데이터 자문위원
광명시 빅데이터 공모심사위원
산업통상자원부 지식경제 기술혁신 전문위원
중소기업기술정보진흥원 평가위원
공공기관 정보화사업부문 기술자문 및 평가위원
(한국해양과학기술진흥원, 정보통신기술진흥센터, 국가산업융합지원센터, 경기과학기술진흥원, 한국산업기술진흥원, 한국산업기술평가관리원, 한국산업기술평가관리원, 서울산업진흥원, 경북 S/W 진흥센터)
개인정보보호위원회 및 한국인터넷진흥원 개인정보보호 전문강사
문화체육관광부 개인정보보호 자문위원
㈜씨에이에스 개인정보보호 자문위원
한국공인중개사협회, 대한주택건설협회, 대한주택관리사협회 교수
경기도 공무원 연수교육 외래교수
한국금융연수원 강사
한국천문연구원 평가위원

한국부동산산업학회 학술부위원장
한국부동산경영학회 학술이사
한국부동산분석학회 정회원
한국정책분석평가학회 정회원
한국정책포럼 학술이사
서울시 도시공간정보포럼 운영위원

주요 저서
부동산정보화의 이해(2013)
개인정보보호 이해와 해설(2015)
스마트 빅데이터 시대 부동산정보화의 이해(2015)
행정안전부 개인정보보호 중개업 자율규약(2017)
제4차산업혁명시대 부동산정보기술론(2018)
부동산빅데이터블록체인프롭테크(2020)
국민체감형 부동산정보제공 공저(2021)
부동산정보기술론 개정판(2021)
부동산중개 경영이론과 실무 공저(2024)

주요 학술논문
- 부동산 정보시스템의 품질이 중개업무성과에 미치는 영향(2010), 한국부동산분석학회, 「부동산학연구」 제16집제1호.
- 부동산정보정책의 성공요인에 관한 연구(2010), 한국공공관리학회, 「한국공공관리학보」 제24집제3호.
- 부동산정보화정책의 영향요인에 관한 연구(2011), 가천대학교 박사학위논문.
- 부동산정보화정책의 효율성을 위한 개선방안(2011), 한국부동산분석학회, 「부동산학연구」 제17집제3호.
- 부동산정보화정책의 성공요인에 대한 인식분석 : 중앙정부와 지방정부 비교(2012), 한국공공관리학회, 「한국공공관리학보」 제26집제1호.
- 모바일 부동산 정보시스템의 특성이 만족도와 재사용의도에 미치는 영향 (2012), 한국부동산분석학회, 「부동산학연구」 제18집제3호.
- 부동산 포털사이트의 매물정보 품질 개선에 관한 연구(2013), 한국부동산분석학회, 「부동산학연구」 제19집제3호.
- 기술수용모델을 이용한 공인중개사의 정보화활용 행동에 관한 연구(2014), 한국부동산분석학회, 「부동산학연구」 제20집제4호.
- 부동산분야의 빅데이터 활용 방안과 정책적 제언(2014), 한국부동산경영학회, 「부동산경영」 제10집.
- 부동산분야에서 빅데이터 전략적 활용의 영향요인에 관한 연구(2015), 한국부동산산업학회, 「부동산산업연구」 창간호.
- 부동산분야의 빅데이터 도입의도에 미치는 영향요인에 관한 연구(2015), 한국감정원, 「부동산분석」 창간호.
- 빅데이터에 의한 부동산활동 의사결정모형에 관한 연구(2015), 한국부동산경영학회 학술대회 연구발표.
- Text Mining에 의한 부동산 빅데이터 감성분석 모형 개발 연구(2016), 한국주택학회, 「주택연구」 제24권제4호.
- 빅데이터에 의한 부동산정책 현안진단 및 수용예측방법론(2017), 한국부동산경영학회, 「부동산경영」 제15집.
- 부동산 분야의 빅데이터 활용(2017), ㈜하나자산신탁, 「Real Estate Issue & Market Trend」 Vol.15. June.
- 제4차산업혁명시대, 부동산산업의 정보기술 수용의 영향요인에 관한 연구(2018), 대한부동산학회, 「대한부동산학회지」 제36권제3호.
- 블록체인에 의한 부동산 변화 연구(2019), 한국부동산경영학회 후반기 세미너 연구발표.

- 제4차산업혁명시대 도시재생의 스마트기술 도입 활성화에 미치는 영향요인(2020), 한국감정원, 「부동산분석」 제6권제1호.
- 블록체인에 의한 부동산 산업과 시장의 혁신에 관한 연구(2020), 한국부동산분석학회 제5차 부동산산업의 날 학술대회 연구발표(2020.11.11).
- 제4차산업혁명시대 부동산분야의 블록체인 수용의도에 미치는 영향요인(2021), 미래사회전략연구소, 「미래사회」 제12권제1호.
- 뉴 노멀시대 프롭테크 발전방향(2021), 한국부동산산업학회 「부동산산업연구」, 제4권제1호.
- 프롭테크 동향과 진화방향에 대한 소고(2022), 한국부동산융복합학회, 「부동산융복합연구」 제2권제2호.
- 블록체인기반 부동산거래플랫폼의 구축 핵심요인에 관한 연구(2022), 한국부동산원, 「부동산분석」 제8권제3호.
- 코로나 19가 국내 부동산시장에 미치는 영향과 변화에 관한 연구(2023), 미래사회전략연구소 「Journal of Future Society」 제14권제8호.

주요 연구수행

- 2011년 (한국연구재단) 모바일 부동산 정보시스템의 특성이 만족도와 재사용의도에 미치는 영향
  (국립방재연구원) 거버넌스형 안전도시 포털시스템 설계
- 2012년 (한국연구재단) 부동산 포털사이트의 매물정보 품질 개선에 관한 연구
  (행정안전부) 안전지수DB 구축 및 안전지수 활용방안 연구
  (국토지리정보원) 지명법 제정에 따른 하위규정 제정(안) 마련 연구
- 2013년 (한국연구재단) 기술수용모형을 이용한 공인중개사의 정보화활용 행동에 관한 연구
  (국립재난안전연구원) 안전정보 통합운영관리 ISP수립 및 지역안전진단 시스템 개발
- 2014년 (한국연구재단) Text Mining에 의한 부동산 Big Data 감성분석 모형 개발 연구
  (대한지적공사 공간정보연구원) 창조경제와 일자리 창출을 위한 공간정보생태계 활성화 전략 연구
- 2015년 (한국연구재단) 빅데이터에 의한 부동산정책 현안진단 및 예측방법론 개발
- 2016년 (한국연구재단) 빅데이터분석을 통한 부동산정책 평가방법론 개발
  (한국산업인력공단) NCS 학습모듈 개발(부동산중개 정보제공)
  (한국인터넷진흥원) 중개업 개인정보보호 자율규약 작성
- 2017년 (한국연구재단) 제4차산업혁명시대 부동산산업의 정보기술 수용의 영향요인에 관한 연구
- 2018년 (한국연구재단) 제4차산업혁명시대 도시재생의 스마트기술 도입 활성화에 미치는 영향요인
- 2019년 (한국연구재단) 제4차산업혁명시대 부동산분야의 블록체인 수용의도에 미치는 영향요인
- 2020년 (한국연구재단) 블록체인기반 부동산거래플랫폼의 구축 핵심요인에 관한 연구
- 2021년 (한국연구재단) 코로나 19가 국내 부동산시장에 미치는 영향과 변화에 관한 연구
  (국토연구원) 국민체감형 부동산정보제공 방안 공동연구
- 2022년 (인천광역시) 인천광역시 제6차 환경계획수립
  (인천신용보증재단) 인천신용보증재단 미래발전 전략 연구
- 2023년 (인천광역시) 한강하구 생태환경 보존관리 연구
- 2024년 (한국연구재단) 사용자의도 중심의 가상부동산플랫폼 개발에 관한 연구
  (인천광역시 연수구의회) 공동주택관리 운영 실태조사 연구
  (인천광역시) 한강하구 생태환경 협력지원사업 연구

미래부동산
메타버스 프롭테크

초판발행	2025년 4월 10일
지은이	경정익
펴낸이	안종만·안상준
편 집	전채린
기획/마케팅	김민규
표지디자인	BEN STORY
제 작	고철민·김원표
펴낸곳	(주) **박영사**
	서울특별시 금천구 가산디지털2로 53, 210호(가산동, 한라시그마밸리)
	등록 1959. 3. 11. 제300-1959-1호(倫)
전 화	02)733-6771
f a x	02)736-4818
e-mail	pys@pybook.co.kr
homepage	www.pybook.co.kr
ISBN	979-11-303-2266-7 93320

정 가   29,000원

이 저서는 2024년 대한민국 교육부와 한국연구재단(NRF-2024S1A5B5A17037481)의 지원과
세종사이버대학교 출판지원사업의 지원을 받아 저술하였음